KB165973

한국 제4차 산업혁명 정책

평가와 혁신

한국기술혁신학회 창립 20주년 기획연구 ❸

"과학기술이 만드는
더 행복한 사람, 더 좋은 세상을 꿈꾸며"

▌ 책을 펴내며

2016년 이후 세계는 제4차 산업혁명의 열기에 휩싸였다 해도 과언이 아닐 것이다. 선진국은 물론 신흥국들도 제4차 산업혁명을 새로운 국가 성장동력으로 만들기 위한 노력을 경주하고 있고, 우리나라도 예외가 아니어서 2017년 11월부터 본격적으로 제4차 산업혁명 정책을 범정부 차원에서 추진하고 있다.

문재인 정부의 제4차 산업혁명 정책은 디지털 전환 또는 정보통신·생명과학·물리기술의 융·복합이라는 과학기술 환경의 변화에 따라 발생하는 새로운 사회문제를 신속하게 정부정책으로 채택한 정책혁신의 성공적인 사례라고 할 수 있을 것이다. 초기의 빠른 정책혁신에도 불구하고, 2020년 5월 현재 시점에서 제4차 산업혁명 정책의 성과에 대해서는 긍정적인 평가와 함께 비판적인 시각이 존재하고 있다. 여러 비판 중에서도 가장 유의할 점은, 파괴적인 기술혁신에서 촉발되는 산업, 경제, 사회, 규제 영역에서의 변화 현상을 정부정책이 포괄하지 못하고 있다는 점이다. 다시 말해 패러다임 전환의 성격을 갖고 있는 제4차 산업혁명에서는 정책이 각 영역에서의 혁신을 효과적으로 뒷받침하거나 때로는 시의적절 하게 선도해야 함에도 불구하고, 오히려 정책이 혁신의 걸림돌로 작용하는 현상이 곳곳에서 발생하고 있다는 점이다.

정책은 순환적 정책과정(policy process) 속에서 다양한 내·외부의 정책환경 변화와 정책대상자의 수요를 합리적으로 반영하는 것으로 시기적절하게 정책변동이 관리되어야 한다. 이런 점에서 우리나라의 제4차 산업혁명 정책이 성공하기 위해서는 계속하여 변화하는 정책환경과 핵심 정책대상자의 수요를 반영하여 합리적인 정책승계나 유지 혹은 과감한 정책종결과 혁신 등의 정책변동 전략이 필요할 것이다.

이런 관점에서 이 책은 한국기술혁신학회가 2018년도에 출간한 〈한국 제4차 산업혁명 연구: 기술·경제·사회·정책 혁신의 통합적 접근〉의 후속 연구로서 이루어졌다. 구체적으로는 다음과 같은 세 가지 연구목적을 달성하기 위하여 집필이 진행되었다. 첫째로는 정부 부처가 제4차 산업혁명 정책이라고 제시하고 있는 하위정책들이 기술·경제·사회·정책 혁신의 통합적 관점에서 제4차 산업혁명의 개념과 가치에 부합하는지를 분석하였다. 둘째로는 정부 부처의 하위정책들이 제4차 산업혁명의 개념과 가치에 부합된다면, 종합적 관점에서 의도하였던 정책결과(policy result)가 산출되고 있는지를 분석 및 평가하였다. 셋째로 만일 원하는 정책결과가 나오지 않았다면, 향후 각각의 정책이 의도하는 정책결과를 산출하기 위한 영역별 또는 분야별 정책혁신을 중심으로 하는 정책변동 방안을 논의하였다.

이상의 연구를 통해 집필진은 패러다임 전환이 필요한 제4차 산업혁명의 성공을 위해서는 (1) 범국가적인 혁신정책(national innovation policy)

에서 기술혁신 뿐만 아니라 경제혁신, 사회혁신, 정책혁신의 관점을 강화할 필요가 있으며, (2) 정책변동에서는 창의적인 정책혁신과 과감한 정책종결을 통해 정책내용 및 정책과정 자체의 혁신이 필요함을 주장하고 있다. 저자들은 이러한 주장을 통해 정부 부처가 각자의 입장에서 칸막이로 접근하고 있는 제4차 산업혁명 정책을 범국가적인 혁신정책으로 통합하기 위한 실증자료 확보와 이론적 근거가 마련될 수 있기를 기대하고 있다.

2020년 8월
대한민국 혁신의 발원지 대덕에서

참여 집필진의 열정에 감사하며, 이찬구

차 례

❝

Integrated Approach of
The 4th Industrial Revolution Policy

❞

제1부

제4차 산업혁명 정책의
통합적 접근

이론적 논의와 분석의 틀 – 이찬구 · 이향숙 · 장문영

이론적 논의와 분석의 틀

이찬구 · 이향숙 · 장문영

66

이 연구의 목적은 우리나라의 성장과 발전을 위한
분야별 정책에 대해 제4차 산업혁명의 통합적 관점에서
정책평가를 수행하고 미래의 발전방향을
정책변동의 관점에서 논의하고자 하는 것이다.

99

제1절 문제의식 및 연구목적

2016년 1월에 스위스 다보스에서 열린 세계경제포럼(WEF; World Economic Forum)을 계기로 세계는 제4차 산업혁명 열기로 뜨거워지기 시작하였다. 우리나라도 예외는 아니어서, 2016년 후반기부터 학계, 산업계, 문화계, 정치계 등 다양한 주체들이 각자의 기존 지식과 관점에서 제4차 산업혁명의 필요성과 성공전략을 주장하고 있다.

2017년 5월 출범한 문재인 정부는 이러한 사회현상을 반영하여 2017년 9월에 민·관 합동으로 '대통령 직속 4차산업혁명위원회'(이하, 4차산업혁명위원회 라고 한다.) 구성하고, 11월에는 범정부 국가전략인 '4차 산업혁명 대응계획'을 발표하였다. 이상과 같은 문재인 정부의 결정은 정책환경 변화에 따라 발생한 새로운 사회문제를 신속하게 '제4차 산업혁명 정책'이라는 이름으로 채택한 성공적인 정책혁신 사례라고 할 수 있을 것이다. 그러나 제4차 산업혁명 정책을 결정·집행한 이후 3년여가 지난 2020년 5월 현재, 제4차 산업혁명 정책을 추진하는 정부 역할과 정책결과에 대해서는 긍정적인 평가와 함께 비판적인 시각이 존재하고 있다.

현 정부의 제4차 산업혁명 정책에 대한 여러 비판 중에서도 제4차 산업혁명의 이해와 성공전략을 주로 기술혁신 관점에서 접근함으로써, 파괴적인 기술혁신으로부터 촉발되는 산업, 경제, 사회, 규제 영역에서의 변화 현상을 정부 정책이 포괄하지 못하고 있다는 점에 특히 유의할 필요가 있다. 즉, 패러다임 전환의 성격을 갖고 있는 제4차 산업혁명의 성공을 위해서는 이를 뒷받침하거나 때로는 이를 선도해야 할 정책영역(정책내용과 정책과정)에서의 혁신이 필수적임에도 불구하고 정책이상과 정책현상 간의 매우 큰 괴리 또는 시차가 발생하고 있다는 점이다.

이러한 문제인식은 다음과 같은 세 가지의 연구질문(research question)으로 이어질 수 있을 것이다. 첫째, 정부 부처가 제4차 산업혁명 정책이라고 제시하고 있는 하위정책들이 제4차 산업혁명의 '개념'과 '가치'에 부합하는가? 둘째, 정부 각 부처의 하위정책들이 제4차 산업혁명의 개념과 가치에 부합된다면, 종합적 관점에서 정책결과(policy result)가 산출되고 있는가? 셋째, 만일 원하는 정책결과가 나오지 않았다면, 향후 각각의 정책이 의도하는 정책결과를 산출하기 위한 영역별 또는 분야별 정책혁신을 포함한 정책변동 방안은 무엇인가?

이상과 같은 세 가지의 연구질문에 답하기 위한 이 연구의 일차적인 목적은 2018년도에 출간된 한국기술혁신학회의 〈한국 제4차 산업혁명 연구 : 기술·경제·사회·정책 혁신의 통합적 접근〉(이찬구 외, 2018)의 연장선에서 살펴보고자 한다. 구체적으로는 과학기술정책, 산업정책, 규제정책, 교육정책, 노동정책 등 우리나라의 성장과 발전을 위한 분야별 정책에 대해 제4차 산업혁명의 관점에서 정책평가(policy evaluation)를 수행하고, 미래의 발전방향을 정책변동(policy change)의 관점에서 논의하고자 한다. 이러한 통합적 관점의 연구는 기획재정부, 과학기술정보통신부, 산업통상자원부, 교육부, 고용노동부, 보건복지부 등 모든 정부 부처가 칸막이 정책으로 접근하고 있는 제4차 산업혁명 정책을 범국가적인 혁신정책(national innovation policy)으로 통합하기 위한 실증자료를 확보하고 이론적 근거를 제공할 수 있을 것으로 기대한다.

제2절 제4차 산업혁명 정책의 새로운 해석 : 기술·경제·사회·정책 혁신의 통합적 접근

현재와는 많이 다른 모습으로 우리의 삶과 사회를 바꿔 놓을 것으로 예상되는 제4차 산업혁명은 기술혁신, 경제혁신, 사회혁신, 정책혁신이 동시다발적으로 발생하면서, 각 혁신 활동의 전개와 관계가 즉각적이며 상호 영향적일 것으로 논의되고 있다. 따라서 관련 정책의 결정과 집행에서도 기존 선형모형에 의한 분석과 처방이 적실성과 타당성을 확보하지 못할 것은 자명하다. 한편, 제4차 산업혁명에서는 각 분야의 혁신 활동이 그 자체로서 종결되는 것이 아니라, 이것이 출발점이 되어 다른 분야에서 또 다른 혁신을 유발하는 핵심 동인으로 작용하게 될 것이다. 각 영역에서의 혁신이 촉발 또는 촉진됨은 물론, 개별 영역에서의 혁신이 다른 영역으로 확산·이전됨과 동시에 통합되는 현상이 발생할 것으로 예측되고 있다.

이처럼 총체적인 사회변화(societal change)를 유발시킬 것으로 예상되는 제4차 산업혁명을 기존의 정태적인 혁신이론(innovation studies) 또는 정책학(policy sciences)으로는 현상분석은 물론 정책처방도 쉽지 않다는 자성론에서 한국기술혁신학회는 2018년도에 〈한국 제4차 산업혁명 연구: 기술·경제·사회·정책 혁신의 통합적 접근〉 기획연구를 수행하였다. 이 연구는 (그림 1)과 같은 기술·경제·사회·정책 혁신의 '통합모형'(integrated innovation model)을 설계하면서, 기술혁신(technology innovation), 경제혁신(economic innovation), 사회혁신(social innovation), 정책혁신(policy innovation)에서 각 영문의 첫 자를 채택하여 약칭으로 'TESP 통합혁신 모형'을 제안하였다(이찬구 외, 2018: 32).

이상의 논의에 근거하면, 제4차 산업혁명으로 대변되는 혁신성장 정책이 성공하기 위해서는, (1) 파괴적 혁신을 이끌어 낼 수 있는 새로운 과학기술 지식의 발견과 응용(기술혁신 ; technology innovation), (2) 급진적인 기술혁신의 결과를 활용할 수 있는 산업구조와 경제체제로의 변화(경제혁신 ; economic innovation), (3) 기술혁신이 수반하는 각종 변화를 수용할 수 있는 개인과 집단 차원에서의 인식과 관련 제도의 전환(사회

(그림 1) 기술·경제·사회·정책 혁신의 통합모형 : TESP 통합혁신 모형

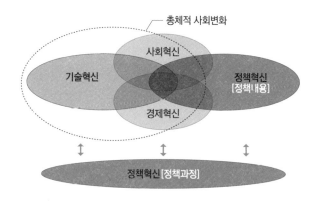

혁신 ; social innovation), (4) 각 영역에서의 다양한 혁신을 지원하기 위한 관련 정책 및 제도의 설계와 정책과정 자체의 혁신(정책혁신 ; policy innovation)이 긴밀하게 연계되어야 할 것이다.

한편, 정책은 새로운 환경변화에 대응하기 위한 정부의 활동이므로 기술혁신, 경제혁신, 사회혁신 등은 정책체계에 새로운 정책환경으로 작용하게 되고, 이에 대응하기 위한 새로운 정책활동이 다시 필요하게 될 것이다. 이처럼 환경과 정책의 상호작용 관점에서 제4차 산업혁명 시대의 정책과제를 정리하면 〈표 1〉과 같이 나타낼 수 있을 것이다(이찬구 외, 2018: 33).

<표 1> 제4차 산업혁명 시대의 정책과제

혁신영역 분석요소	기술혁신	경제혁신	사회혁신	정책혁신
핵심 원천	융·복합 핵심기술	기술혁신	기술혁신+경제혁신	기술혁신+경제혁신 +사회혁신
내용	초연결 사회 초증강 현실 지능정보 사회	신경제 시스템 지능정보 혁명 플랫폼 경제 공유 경제	소비 변화 일의 변화 교육 변화	정책과정 혁신 정책내용 혁신
특징	디지털 행성	생산성 향상 신산업 창출 국가현안 해결	양극화 심화	정책의 절차와 내용 동시 포함
정책과제	광범위한 사회변화 촉발	제조업 변화 보건의료 발전 금융생태계 변화	기회 불균형 고용 불안전성	영역별 혁신의 지원과 선도

제3절 배경 이론 및 제4차 산업혁명 정책에의 적용

이 연구의 목적은 앞에서 논의했듯이, 문재인 정부의 제4차 산업혁명 정책을 대상으로 (1) 정책결정 당시의 정책목표와 부합하는 정책효과가 산출되고 있는지를 통합적 관점에서 판단 및 평가하고, (2) 기대했던 정책효과가 산출되지 않고 있다면 장기적 관점에서 향후 원하는 정책효과를 유도할 수 있는 정책혁신을 포함한 정책변동의 방향과 전략을 논의하고자 하는 것이다. 따라서 이 연구에서는 정책평가와 정책변동이 가장 핵심적인 이론적 기초가 될 것이다.

한편, 체계적이고 과학적인 정책평가와 합리적이고 효율적인 정책변동을 위해서는 해당 정책의 정책과정 전체에 대한 이해가 선결되어야 한다. 이는 정책평가와 정책변동이 선행(先行) 단계의 정책과정인 정책결정과 정책집행으로부터 직접적인 영향을 받음은 물론 앞의 두 단계로 정책정보가 환류되는 상호작용의 관계이기 때문이다.

이하에서는 정책과정, 정책평가, 정책변동에 관한 일반적인 사항보다는 연구 목적에 직접적으로 관련된 내용에 한정하여 각각의 이론이 제4차 산업혁명 정책에서 어떻게 활용될 수 있는지를 중심으로 논의를 진행할 것이다.

1. 정책과정

정책과정(policy process)은 정책의 일생(life cycle of policy)으로서 정책이 만들어져 실행되고 평가를 거쳐 다음 단계의 정책에 영향을 미치는 모든 정책활동의 연속적인 과정을 의미한다. 이러한 정책과정은 특정한 사회문제가 정치체제로 투입되어 정책으로 채택·집행·평가·변동이 발생하는 역동적인 과정을 설명하기 위한 이론이라고 할 수 있다. 정책과정은 분석적으로는 (그림 2)와 같이 정책의제설정, 정책형성, 정책집행, 정책평가, 정책변동의 개별적인 활동으로 분류할 수 있으나, 현실 정치에서는 각각의 활동이 상호 영향을 미치며 중복되는 연속적 과정으로 이루어진다.

정책과정을 구성하는 각각의 정책활동 범위와 내용에 관해서는 학자에 따라 다양한 논의가 있으나, 일반적으로는 정책의제설정, 정책형성, 정책집행, 정책평가, 정책변동으로 구분하고 있다(정정길 외, 2013). 정책의제설정(agenda setting)은 국가가 사회문제를 해결하고자 하는 공식적인 의지표명이 이루어지는 과정으로 이때부터 비로소 정책과정이 시작된다고 할 수 있다. 정책형성(policy formation)은 정책의제설정을 통해 확정된 정책

(그림 2) 정책과정과 주요 정책활동 개관

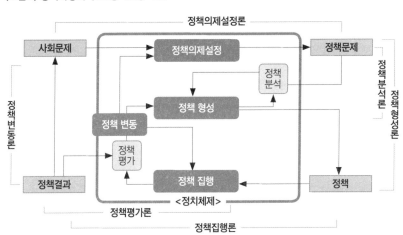

자료 : 정정길 외(2013)에 근거하여 재작성

문제를 해결하기 위해 적절한 수준에서 정책목표를 설정하고 이를 달성하기 위한 정책수단과 도구를 탐색하는 분석적·체계적 활동을 의미한다. 정책집행(policy implementation)은 행정부가 입법부로부터 위임받은 권한을 활용하여 집행정책(execution policy)을 형성하고 구체적인 집행방법을 수립하여 이를 정책현장에 실제로 적용하는 활동이다. 정책평가(policy evaluation)는 정책집행 과정 중에 또는 정책집행이 종료된 이후에 당초 의도했던 정책목표의 달성 여부와 정책결과의 질적 우수성을 판단하고자 하는 체계적이고 지적인 활동을 말한다. 정책변동(policy change)은 집행과정과 정책평가를 통해 획득한 정책정보를 활용하여 다음 단계의 정책을 합리적으로 수정하거나 보완 또는 해당 정책의 종결을 가져오는 활동을 의미한다.

이상의 정책과정에 관한 논의를 제4차 산업혁명 정책에 적용하여 각 단계에서의 정책활동을 분석하기 위한 핵심 자료와 구체적인 분석 내용은 〈표 2〉와 같이 종합할 수 있다. 여기서는 정책과정의 각 단계 분석에 필요한 사항을 원론적 관점에서 최대한 포괄적으로 기술하고 있으나, 특정 정책을 대상으로 한 실제 분석에서는 분석 내용에 대한 개별적인 취사선택이 필요하게 될 것이다.

한편, 제4차 산업혁명 정책이 정부의제로의 채택과정을 통해 공식적인 정부정책으로 공표된 시점은 2017년 상반기이다. 따라서 정책변동과 관련해서 집행과정에서 단기적이며 소규모의 정책변동은 파악이 가능할 것이나, 체계적이고 종합적인 정책평가에 의한 중장기적이며 대규모의 정책변동은 아직 일어나지 않았다고 볼 수 있을 것이다. 따라서 개별 정책의 정책과정 분석에서 정책변동은 제외될 것이며, 정책과정 분석과 정책평가를 통

<표 2> 제4차 산업혁명 정책의 정책과정 분석내용 종합

정책과정	분석 자료	주요 분석 내용
정책의제 설정	• 2016년 제7대 지방선거 공약 • 2017년 제19대 대통령선거 공약 • 문재인 정부 국정과제 • 관련 부처의 업무보고(2016-2019) • 관련 부처 장관의 중점 시책 등	• 의제설정 유형 (사회주도형, 내부접근형, 동원형 등) • 의제의 진행 과정 (사회문제→사회쟁점→공중의제→정부의제) • 의제설정 형태 (점진형, 급진 확산형, 폭발형 등)
정책형성	• 관련 법령의 제정, 개정, 폐지 현황 • 관련 부처의 예산안 및 사업설명 자료 (2016-2019)	• 정책환경 변화에의 대응성 • 정책목표 설정의 합리성 (정책기조→이상목표→상위목표→계획목표) • 정책대안(목표-수단)의 합리성, 효율성, 실현 가능성 등 • 정책도구(조직, 규제, 유인, 정보, 설득 등)의 정합성 등
정책집행	• 집행정책: 시행령, 시행규칙, 행정규칙 (행정규칙: 시행세칙, 규정, 규칙, 고시, 준칙, 예규, 훈령, 기본계획, 5개년 계획 등) • 관련 부처의 예산안 및 사업설명 자료 (2016-2019)	• 집행정책 형성의 구체성과 충분성 • 집행전략의 효율성 (상향적 접근, 하향적 접근, 통합적 접근 등) • 집행주체의 순응성 (정책결정 주체와 집행 주체와의 관계) • 정책대상자의 수용성 (결정주체/집행주체와 정책대상 집단/개인과 의 관계)
정책평가	공식·비공식의 각종 평가자료 (국정감사, 감사원 감사, 정부업무평가, 부처 자체평가, 언론, 학술논문, 연구보 고서 등)	• 정책기조→이상목표→상위목표→계획목표 에 따른 정책성과 파악 • 계획목표의 평가에서는 단기 산출과 함께 경 제혁신, 사회혁신으로의 확산과 이전 가능성 등의 중장기적 정책성과 중시 필요

해 밝혀진 새로운 정책문제를 해결하기 위해 필요한 정책변동 관리전략을 미래 관점에서 다루는 별도의 절(節)에서 논의하게 될 것이다.

2. 정책평가 : 효과성 평가 모형을 중심으로

정책평가는 평가목적과 평가대상의 분야에 따라 다양하게 논의할 수 있으나, 정책의 실제적인 결과에 초점을 맞추는 내용중심 평가(substantive evaluation model)와 정책 결정 및 집행상의 절차를 중시하는 절차중심 평가(procedural evaluation model)로 대분할 수 있다. 그럼에도 불구하고 현실의 평가에서는 (1) 당초에 기대했던 정책효과가 나타났는지, (2) 나타난 정책효과의 질적 수준은 적절한지에 1차적인 초점을 맞추는 것이 일반적이라 할 것이다. 따라서 이론적으로는 다양한 정책평가 모형(evaluation model)이 제시·논의되고 있지만, 일반적으로 현실에서는 정책효과의 파악과 이의 질적 수준을 판단하고자 하는 내용중심 평가의 한 유형인 효과성 모형(effectiveness evaluation model)의 활용도가 가장 높다 할 수 있을 것이다.

한편, 정책효과(policy effect)를 무엇으로 인식하는가에 따라 효과성 모형은 다시 세부적인 여러 평가모형으로 분류할 수 있다(Vedung, 2009: 36). 우선, 정책결정자 또는 정책집행자의 관점에서 정책효과와 이를 산출해 내는 정책과정에 초점을 맞추는 평가모형을 논의할 수 있다. 여기에는 당초 의도했던 또는 의도하지 안았든 간에 정책목표의 달성도를 중시하는 목표달성 모형(policy goal evaluation model), 처음에 설정한 정책목표와 무관하게 최종적으로 나타난 정책결과만을 중시하는 정책결과 모형(목표배제 모형)(goal-free evaluation model), 정책의 결과뿐만 아니라 정책결정과 정책집행의 과정도 같이 살펴보려 하는 포괄적 평가모형(comprehensive evaluation model) 등이 해당될 것이다. 나음으로 정책효과 그 자체가 아니라 정책대상자나 이해관계자들이 인식하는 주관적인 징책효과에 주목하는 고객만족 모형(client-oriented evaluation model)과 이해관계자 모형(stakeholder evaluation model)을 생각할 수 있다.

이 연구는 정부 정책을 통해 나타나는 정책효과 자체를 우선적으로 파악

<표 3> 효과성 평가 모형과 주요 평가 내용

평가 모형 / 정책 과정	포괄적 평가 모형		목표달성/정책결과 모형	
	정책결정 합리성(4)	정책집행 효율성(3)	의도된 정책효과(1)	의도하지 않은 정책효과(2)
정책결정 단계	기존 정책의 승계/유지, 종결, 혁신 관점에서 평가 · 정책환경 변화 대응성 · 정책목표 설정 · 정책수단·도구 탐구 및 개발 · 정책목표와 수단 간 연계성 등			
정책집행 단계		· 집행전략 효율성 · 정책도구 효율성 · 집행주체 순응성 · 정책대상자 수용성 등		
정책평가 / 단기 효과			□	□
정책평가 / 중장기 효과			○	○

하고자 하는 것이므로, 효과성 모형 중에서도 목표달성 모형, 정책결과 모형, 포괄적 평가 모형이 유용하게 활용할 수 있을 것이며, 이는 〈표 3〉과 같이 종합할 수 있다.

정책평가의 효과성 모형에 관한 일반론을 제4차 산업혁명 정책에 적용하면 다음과 같은 절차와 내용으로 정책평가를 수행할 수 있을 것이다.

첫째, 제4차 산업혁명 정책의 평가에서는 1단계로 당초에 의도한 정책목표를 달성했는지(목표달성 모형) 또는 처음의 정책목표와는 일치하지 않지만 합리적인 정책결과를 산출했는가를(정책결과 모형) 판단해야 할 것이다. 특히 정책효과는 다양한 관점에서 판단할 수 있는데, 당초 설정한 정책목표와의 관계에서는 '의도된 효과'와 '의도하지 않은 효과'로 분류할 수 있고,

효과발생의 시기적 관점에서는 '단기 효과'와 '중장기 효과'로 구분할 수 있으므로 이에 대한 판단이 필요할 것이다. 특히, 제4차 산업혁명 정책처럼 패러다임 전환적 특성을 가질 것으로 예상되는 경우에는 기술·경제·사회 분야에서의 다양한 파급효과가 정책결정 당시의 정부의 의도와는 무관하게 중·장기적으로 나타나게 될 것이므로 이에 대한 분석과 평가가 이루어져야 할 것이다.

둘째, 정책목표의 달성도와 이로 인한 정책효과의 질적 수준은 정책결정과 정책집행에 의해서도 좌우될 수 있다. 따라서 2020년 현 시점에서 제4차 산업혁명 정책의 정책효과가 모호하거나 미흡한 경우에는 '정책집행 효율성'과 '정책결정 합리성'도 같이 판단하는(포괄적 평가 모형) 2단계의 평가 작업을 수행할 필요가 있다.

이상의 논의를 제4차 산업혁명 정책의 평가에 적용하여 정책과정과 함께 살펴보면 〈표 4〉와 같이 (1) 정책산출, (2) 정책성과, (3) 정책영향, (4) 정책집행 효율성, (5) 정책결정 합리성의 순서에 따라 평가를 시행해야 할 것이다.

〈표 4〉 제4차 산업혁명 정책의 효과성 평가 모형

평가모형 / 정책과정		2단계 포괄적 평가 모형		1단계 목표달성/정책결과 모형					
		(5) 정책결정 합리성	(4) 정책집행 효율성	(1) 정책산출		(2) 정책성과		(3) 징책영향	
				의도	비의도	의도	비의도	의도	비의도
정책의제 설정									
정책결정									
정책집행									
정책 평가	단기 효과								
	중장기 효과								

3. 정책변동 : 정책혁신·종결과 정책유지·승계의 균형

정책변동(policy change)은 집행과정에서 획득한 정책정보 또는 공식·비공식적 평가결과를 활용하여 정책 자체에 대한 수정과 변화를 도모함으로써 정책과정의 합리성을 높이고자 하는 역동적인 활동이라 할 수 있다. 따라서 정책변동을 정책과정상의 혼란이나 소모적인 활동이 아닌, 당초의 정책목표를 달성하거나 원하는 정책효과를 산출하기 위해 필요 불가결한 활동으로 인식할 필요가 있다.

정책과정에서 정책변동의 유발 요인으로는 정책 자체의 내부요인과 외부환경 요인으로 구분할 수 있으며, 현실에서는 두 요인이 상호 복합적으로 작용하는 경우가 좀 더 일반적일 것이다(강근복 외, 2016: 329-332). 정책 자체로부터 야기되는 정책변동 내부요인은 정책목표의 적합성 여부, 정책대안 및 도구의 적절성 여부, 조직·인력·예산·기간 등 집행자원의 변화, 정책집행의 순응확보 문제 등을 생각할 수 있다. 외부환경에 의한 정책변동 요인은 정책문제의 변화, 정책대상 집단의 요구 변화와 수용성 문제, 정책환경과 자원의 변화 등이 논의되고 있다.

정책을 둘러싼 내·외부 요인의 변화로 인해 나타나는 정책변동의 구체적인 유형으로 Hogwood와 Peters(1983)는 정책혁신(policy innovation), 정책유지(policy maintenance), 정책승계(policy succession), 정책종결(policy termination) 네 가지로 분류하고 있다. 각 정책변동 유형은 기본 성격과 법률·조직·예산의 측면에서 차이를 보이는데, 이를 종합하면 〈표 5〉와 같이 정리할 수 있다.

이상의 정책변동이론을 제4차 산업혁명 정책과 연계하여 논의하면, 앞

<표 5> Hogwood와 Peters의 정책변동 유형

구 분	정책혁신	정책유지	정책승계	정책종결
기본 성격	의도적 성격	적응적 성격	의도적 성격	의도적 성격
법률 측면	기존 법률 부재	법률 변화 없음	몇몇 법률 대체	관련 법률 모두 폐기
조직 측면	기존 조직 부재	의도적인 조직변화 없음	최소한 조직 이상의 변화 수반	기존 조직 폐지
예산 측면	기존 예산 부재	예산 항목 지속	몇몇은 기존 예산 존재	기존 예산 폐지

에서 제시한 기술·경제·사회·정책 혁신의 통합모형(TESP Model)의 관점에서, 각 혁신 영역의 정책결과가 다른 영역으로 자연스럽게 확산되거나 또는 의도적인 이전을 가능하게 하는 정책변동, 특히 정책혁신의 방향을 논의하는 것이 필요할 것이다.

이런 관점에서 패러다임 전환적 특성을 가지게 될 제4차 산업혁명 정책의 정책변동은 정책혁신과 정책종결을 우선하면서도, 정책유지와 정책승계가 필요한 정책영역에서는 급격한 변화로 인해 축적된 기존의 지적 자본이 유실되지 않도록 균형을 맞추는 정책설계가 이루어져야 할 것이다.

먼저 영역별 혁신정책에서 정책혁신과 정책종결을 위해서는 〈표 6〉과 같이 (1) 정책기조의 전환, (2) 근거 법령의 폐지 및 제·개정, (3) 관련 부처

<표 6> 제4차 산업혁명 정책의 정책변동 전략 : 혁신·종결과 유지·승계의 균형

구 분	정책혁신	정책유지	정책승계	정책종결
(1) 정책기조 전환				
(2) 법률 제·개정				
(3) 거버넌스 재설계				
(4) 예산 재배정				
(5) 인력 교육/재배치				

및 위원회 등 거버넌스의 재설계, (4) 관련 예산의 재배정, (4) 관련 인력의 교육 및 재배치 등을 위한 정책방향을 논의하고 구체화를 위한 집행전략이 마련되어야 할 것이다.

특히, 4차산업혁명위원회의 역할과 관련하여 많은 논의가 필요한 제4차 산업혁명 정책의 거버넌스 재설계와 관련해서는 다음과 같은 사항들이 동시에 검토되어야 할 것이다. 첫째, 제4차 산업혁명의 파괴적인 기술혁신의 특성을 최대한 반영하기 위해서는 민간의 창의성과 자발성을 극대화할 수 있는 형태로 정부와 민간 간의 역할 분담이 설정되어야 한다. 둘째, '수평적 거버넌스'(horizontal governance) 관점에서 4차산업혁명위원회를 포함한 정부 내의 각종 위원회와 관련 부처 간 권한의 합리적 배분과 통합조정이 효율적으로 작동하고 있는지를 검토한다. 셋째, '수직적 거버넌스'(vertical governance) 관점에서 각 혁신 영역의 정책의 결정 주체, 집행 주체, 정책대상자 간 합리적인 관계 등을 검토할 필요가 있다.

중앙집권적이고 정부주도형 국가발전의 전통이 강한 우리나라에서는 중앙정부의 개별 부처가 정책결정에 좀 더 집중해야 함에도 불구하고 집행권한을 과도하게 보유함으로써 발생하는 규제를 최소화할 수 있는 세심한 정책 설계가 필요한 상황이다. 특히, 민간의 창의성과 자율성을 통해 파괴적인 혁신을 이루고자 하는 기술혁신과 경제혁신 분야에서는 경제규제(economic regulation)의 관점에서 규제완화를 뒷받침할 수 있는 수직적 거버넌스가 설계되어야 할 것이다. 반면에 파괴적 혁신의 부작용을 최소화 또는 방지하기 위한 사회혁신 분야에서는 포용적 혁신(inclusive innovation)의 관점에서 규제의 합리적 강화 또는 규제패러다임의 전환과 같은 사회규제(social regulation) 차원의 수직적 거버넌스를 검토해야 할 것이다.

한편, 제4차 산업혁명은 기본적으로 파괴적인 기술혁신에서 출발하기 때문에 이러한 현상을 뒷받침할 수 있는 과감한 정책혁신과 정책종결이 필요함은 물론이다. 그러나 장기간에 걸쳐 누적적이며 연속적인 과정의 결과로 나타나는 과학기술 혁신의 특성을 반영하기 위해서는 합리적인 정책유지와 정책승계 전략이 동시에 모색될 필요가 있다. 특히, 정권 변화와 함께 과학기술정책의 연속성과 일관성이 심히 훼손되는 우리의 현실에서는 정책의 경로의존성을 극복하면서도 각 정권의 국정과제를 반영할 수 있는 정책유지와 정책승계 전략이 반드시 필요하다 할 것이다.

제4절 연구대상 세부 정책 선정

제4차 산업혁명 정책을 구성하는 세부 정책은 정부 부처별, 영역별, 분야별로 매우 다양하게 나타날 것이다. 정책은 적용대상의 수준에 따라 법, 시행령, 시행규칙, 행정규칙, 자치법규 등의 형태로 나타날 수 있으나, 대의민주주의 국가에서는 행정부의 모든 정책은 국회의 입법 및 심의과정을 거쳐 정당성을 확보하게 된다. 따라서 이 연구에서는 이러한 점을 활용하여 분석 대상인 세부 정책을 네 번의 단계를 거쳐 확정하였다.

첫째, 행정부가 추진하고자 하는 제4차 산업혁명 정책이라고 국회에 보고한 자료를 활용하여 포괄적으로 도출하였다. 둘째, 제4차 산업혁명 관련 정책을 기술·경제·사회·정책 혁신의 통합적 관점에서 재구성하였다. 셋째, 행정부의 제4차 산업관련 정책을 정책혁신, 정책유지, 정책승계, 정책종결 등 정책변동 유형으로 분석하였다. 넷째, 브레인스토밍을 활용하여 구체적으로 분석할 핵심정책을 혁신 영역별로 2-3개씩 선정하였다. 이하에서는 각 단계별 내용을 좀 더 자세하게 설명하고자 한다.

1. 행정부의 제4차 산업혁명 정책 도출

우리나라 행정 각 부처는 2017년 12월부터 2018년 3월까지의 약 4개월 동안 국회의 '4차산업혁명 특별위원회'에 부처별 '제4차 산업혁명 대응정책'을 보고한 바 있다(정준화, 2018). 이처럼 행정부처가 국회에 보고한 내용은 우리나라의 권위 있고 공식적인 제4차 산업혁명 정책으로 의제(擬制)할 수 있을 것이다. 국무조정실을 포함한 행정 각 부처는 각각 자신들의 소관 업무 중에서 제4차 산업혁명과 직·간접으로 관련 있는 사항을 제4차 산업혁명 대응정책으로 제시하고 있다. 이를 종합하면 제4차 산업혁명 정책의 총괄적인 내용은 〈표 7〉과 같이 정리할 수 있고, 개별 정책의 상세내역은 〈부록 1〉에 표시하였다.

〈표 7〉 제4차 산업혁명 정책의 총괄

부 처	주요 정책
국무조정실 (3)	• 우선허용·사후규제(포괄적 네거티브 규제 전환) • 신산업 현장 중심의 규제혁파 • 선제적 규제혁파 로드맵 구축
과학기술정보통신부 (5)	• 데이터 자원의 가치 창출 • 신산업 활성화를 위한 규제혁신

부 처	주요 정책		
과학기술정보통신부 (5)	• 일자리·교육 등 사회변화 대응 • R&D 지원체계 강화 • 사이버 보안 대응 역량 강화		
산업통상자원부 (4)	• 4차 산업혁명 대응 신산업 창출 • 주력산업의 성장 활력 회복 • 중소·중견기업의 혁신역량 강화 • 균형발전을 위한 지역혁신 역량 강화		
중소벤처기업부 (2)	• 신산업 창출 • 기존 중소기업의 혁신성장		
금융위원회 (3)	• 규제 샌드박스 확립 • 금융 분야 빅데이터 활성화 • 기타 과제 (블록체인, 핀테크 등)		
교육부 (4)	• 학생의 소질·적성을 키우는 학교교육 혁신 • 핵심인재 육성을 위한 고등교육 경쟁력 제고 • 언제 어디서나 미래역량을 키울 수 있는 평생직업 교육 구축 • 모든 국민의 성장을 위한 교육희망 사다리 강화		
보건복지부 (2)	• 새로운 사회적 위험에 대비하는 사회안전망 강화 • 혁신기술을 통한 4차 산업혁명 선도 및 사회문제 해결		
고용노동부 (4)	• 일자리 변화 예측 및 조사 • 4차 산업혁명 인재 양성 • 사회안전망 구축 • 노동법 체계 개편		
기획재정부 (5)	4대 분야 혁신지원	• 과학기술 • 산업 • 사람 • 사회제도	
	• 조속한 성과창출 및 소통 강화		
공정거래위원회 (3)	• 경쟁 친화적 시장구조·환경 조성 • 혁신 저해행위 감시 강화 • 신기술·신유형 거래분야 소비자보호 강화		
행정안전부 (5)	• 정부시스템·서비스의 클라우드 전환 • AI·IoT의 행정서비스 활용 • 빅데이터 활용기반 마련 • 개인정보 활용과 보호의 조화 • 공공 선도를 통한 시장창출		

부 처	주요 정책
방송통신위원회 (6)	• 비식별 조치된 정보의 활용 • 사전 동의 규제의 합리적 개선 • 신산업 활성화를 위한 위치정보 규제 혁신 • 위치정보 활용사업 활성화 지원 • 개인정보 보호 관련 국제협력 강화 • 안전한 개인정보 보호 환경 조성
국토교통부 (9)	• 스마트 시티 • 자율주행 자동차 • 드론 • 스마트 건설기술 • 제로에너지 빌딩 • 연구개발 • 규제개선 • 인력양성 • 기타 (국토 가상화, 스마트 공항, 스마트 물류 등)
문화체육관광부 (2)	• 기술과 문화체육관광 서비스 융합 촉진 • 문화적 가치와 제4차 산업혁명의 조화로운 접목
14개 부처	57개 정책

　종합적으로 우리나라에서는 14개 행정 부처가 총 57개의 제4차 산업혁명 관련 정책을 추진하거나 계획하고 있음을 알 수 있다. 구체적으로는 과학기술정보통신부, 산업통상자원부, 국토교통부 등 주요 기술혁신 정책을 관장하는 부처 외에도, 국무조정실, 금융위원회, 공정거래위원회, 방송통신위원회, 기획재정부, 교육부, 보건복지부, 고용노동부 등 경제혁신, 사회혁신, 정책혁신을 관장하는 모든 행정 부처의 정책이 포함되어 있음을 알 수 있다.

　이처럼 거의 모든 행정 부처가 관련 정책을 제시하고 있는 것은, 제4차 산업혁명이라는 정책문제가 단지 기술혁신만으로는 해결될 수 없는 특성을 갖고 있기 때문에 이를 반영하기 위한 범국가적인 노력의 일환이라고 보여진다. 따라서 문재인 정부 출범과 함께 본격화된 우리나라의 제4차 산업혁명 정책은 정책의제설정과 정책형성 과정에서 정책목표 설정의 소망성과 합리성을 비교적 적절하게 구비하고 있는 것으로 판단할 수 있을 것이다.

2. 기술·경제·사회·정책 혁신의 관점에서 재구성

행정 부처가 2016년 이후 추진하고 있는 제4차 산업혁명 관련 정책을 기술혁신, 경제혁신, 사회혁신, 정책혁신의 관점에서 재구성하는 것은, 제4차 산업혁명이 단지 기술혁신으로만 이루어질 수 있는 것이 아니며 행정 부처 간 정책연계 및 정책통합이 절대적으로 필요하기 때문이다. 그런데 통상 상위 수준의 대규모 정책은 단일의 혁신 영역으로 명백하게 분류되기 보다는 다른 혁신 영역과의 관계 속에서 정책결정과 집행이 이루어지는 것이 일반적인 현상일 것이다. 따라서 이 분석에서도 단일 영역으로 비교적 명확하게 분류될 수 있는 정책이 아닐 경우에는 복수의 혁신 영역으로 분류하는 방법을 활용하였다.

종합적인 분석 결과는 〈표 8〉과 같이 14개 행정 부처들이 기술혁신, 경제혁신, 사회혁신, 정책혁신을 위한 정책을 비교적 균형적으로 추진하고 있음을 알 수 있다. 다만 미미한 차이이기는 하지만 경제혁신과 정책혁신 영

〈표 8〉 제4차 산업혁명 정책의 혁신 영역별 분류 종합

혁신 영역	관련 부처 (복수 분류)	주요 정책 (복수 분류)
기술혁신	8개 부처	19개 정책
경제혁신	10개 부처	22개 정책
사회혁신	8개 부처	19개 정책
정책혁신	13개 부처	32개 정책

역에 비하여 사회혁신 영역의 정책이 특정 부처에 집중되어 있고, 정책 분야도 교육, 일자리 및 고용, 사회안전망 등에 한정되어 있는 것으로 분석되었다. 향후 제4차 산업혁명은 총체적인 사회변화(societal change)를 유발할 것으로 예측되기 때문에, 좀 더 다양한 관점에서 사회변화를 예측하고 이에 대응하기 위한 사회혁신 영역의 정책 개발을 위한 노력이 필요할 것으로 생각한다.

구체적으로는 우선 〈표 9〉와 같이 행정 부처의 관련 정책 57개를 네 개의 혁신 영역으로 분류하였다. 분석 결과 제4차 산업혁명 정책을 추진하고 있는 모든 부처는 단일한 혁신 영역의 정책을 추진하기보다는 2개 또는 3개의 혁신 영역과 연계된 정책을 추진하고 있는 것으로 나타났다. 다만 부처의 고유 업무와 연계하여 상대적으로 더 강조하는 혁신 영역이 있는 정도로 분석되고 있다.

예로 과학기술정보통신부와 산업통상자원부, 국토교통부, 문화체육관광부 등은 기술혁신, 경제혁신, 사회혁신, 정책혁신 등 각 영역을 균형있게 추진하고 있는 것으로 나타났다. 반면 교육부, 보건복지부, 고용노동부 등은 사회혁신 영역에 좀 더 높은 비중을 두고 있으며, 국무조정실, 금융위원회, 공정거래위원회, 방송통신위원회 등은 정책혁신을 위한 정책을 상대적으로 강조하고 있음을 알 수 있다.

<표 9> 부처별 제4차 산업혁명 정책의 혁신 영역 분류

부 처	주요 정책	혁신 영역
국무조정실 (3)	• 우선허용·사후규제(포괄적 네거티브 규제 전환) • 신산업 현장 중심의 규제혁파 • 선제적 규제혁파 로드맵 구축	• 정책혁신 • 경제혁신/정책혁신 • 정책혁신
과학기술 정보통신부 (5)	• 데이터 자원의 가치 창출 • 신산업 활성화를 위한 규제혁신 • 일자리·교육 등 사회변화 대응 • R&D 지원체계 강화 • 사이버 보안 대응 역량 강화	• 기술혁신/경제혁신 • 경제혁신/정책혁신 • 사회혁신 • 기술혁신/정책혁신 • 기술혁신/사회혁신
산업통상자원부 (4)	• 4차 산업혁명 대응 신산업 창출 • 주력산업의 성장 활력 회복 • 중소·중견기업의 혁신역량 강화 • 균형발전을 위한 지역혁신 역량 강화	• 경제혁신 • 기술혁신/경제혁신 • 기술혁신/경제혁신 • 경제혁신/정책혁신
중소벤처기업부 (2)	• 신산업 창출 • 기존 중소기업의 혁신성장	• 경제혁신/정책혁신 • 기술혁신/경제혁신
금융위원회 (3)	• 규제 샌드박스 확립 • 금융 분야 빅데이터 활성화 • 기타 과제 (블록체인, 핀테크 등)	• 정책혁신 • 정책혁신 • 기술혁신/정책혁신
교육부 (4)	• 학생의 소질·적성을 키우는 학교교육 혁신 • 핵심인재 육성을 위한 고등교육 경쟁력 제고 • 미래역량을 키울 수 있는 평생직업 교육 구축 • 모든 국민의 성장을 위한 교육희망 사다리 강화	• 사회혁신 • 사회혁신/정책혁신 • 사회혁신/정책혁신 • 사회혁신
보건복지부 (2)	• 새로운 사회적 위험에 대비하는 사회안전망 강화 • 혁신기술을 통한 4차 산업혁명 선도 및 사회문제 해결	• 사회혁신 • 기술혁신/경제혁신/사회혁신
고용노동부 (4)	• 일자리 변화 예측 및 조사 • 4차 산업혁명 인재 양성 • 사회안전망 구축 • 노동법 체계 개편	• 경제혁신/사회혁신 • 경제혁신/사회혁신 • 사회혁신/정책혁신 • 사회혁신/정책혁신

기획재정부
(5)
	4대 분야 혁신지원 • 과학기술
	             • 산업
	             • 사람
	             • 사회제도
		• 기술혁신
		• 경제혁신
		• 사회혁신
		• 정책혁신

	• 조속한 성과창출 및 소통 강화	• 경제혁신/사회혁신
공정거래위원회 (3)	• 경쟁 친화적 시장구조·환경 조성 • 혁신 저해행위 감시 강화 • 신기술·신유형 거래분야 소비자보호 강화	• 정책혁신 • 정책혁신 • 정책혁신

부 처	주요 정책	혁신 영역
행정안전부 (5)	• 정부시스템·서비스의 클라우드 전환 • AI·IoT의 행정서비스 활용 • 빅 데이터 활용기반 마련 • 개인정보 활용과 보호의 조화 • 공공 선도를 통한 시장창출	• 기술혁신/정책혁신 • 사회혁신/정책혁신 • 기술혁신/정책혁신 • 정책혁신 • 경제혁신/정책혁신
방송통신위원회 (6)	• 비식별 조치된 정보의 활용 • 사전 동의 규제의 합리적 개선 • 신산업 활성화를 위한 위치정보 규제 혁신 • 위치정보 활용사업 활성화 지원 • 개인정보보호 관련 국제협력 강화 • 안전한 개인정보 보호 환경 조성	• 정책혁신 • 정책혁신 • 경제혁신/정책혁신 • 경제혁신/정책혁신 • 정책혁신 • 정책혁신
국토교통부 (9)	• 스마트 시티 • 자율주행 자동차 • 드론 • 스마트 건설기술 • 제로에너지 빌딩 • 연구개발 • 규제개선 • 인력양성 • 기타 (국토 가상화, 스마트 공항 및 물류 등)	• 기술혁신/경제혁신/사회혁신 • 기술혁신/경제혁신/사회혁신 • 기술혁신/경제혁신/사회혁신 • 기술혁신/경제혁신 • 기술혁신/경제혁신 • 기술혁신 • 정책혁신 • 사회혁신 • 기술혁신
문화체육관광부 (2)	• 기술과 문화체육관광 서비스 융합 촉진 • 문화적 가치와 제4차 산업혁명의 조화로운 접목	• 기술혁신/경제혁신/정책혁신 • 사회혁신/정책혁신
14개 부처	57개 정책	

다음으로는 〈표 10〉과 같이 4개 혁신 영역을 기준으로 부처의 주요 정책을 재구성하였다. 이에 따르면 기술혁신 영역에서는 과학기술정보통신부, 산업통상자원부, 국토교통부 등이 상대적으로 제4차 산업혁명의 본질을 잘 반영할 수 있는 핵심 과학기술 연구개발 및 확산을 위한 정책을 추진하고 있는 것으로 분석되고 있다. 기술혁신 결과를 활용하고자 하는 경제혁신 영역에서는 기본적으로 산업정책을 담당하는 산업통상자원부와 국토교통부의 정책이 좀 더 다양한 것으로 나타나고 있다. 기술혁신과 경제혁신의 증진과 함께 이의 부작용에 대응 및 적응하기 위해 필요한 교육제도, 일자리, 고용제도, 사회안전망 등을 다루는 사회혁신 영역은 전통적인 사

회정책 부처인 교육부, 보건복지부, 고용노동부 등의 정책에 잘 반영되어 있는 것을 알 수 있다. 마지막으로 정책혁신은 거의 모든 행정 부처에서 나타나고 있으나, 많은 경우 정책내용의 혁신에 초점이 맞추어져 있으며, 정책과정 자체의 혁신을 대상으로 하는 정책은 상대적으로 적은 것으로 파악되고 있다.

<표 10> 혁신 영역에 의한 부처별 제4차 산업혁명 정책의 재구성

혁신 영역	주관 부처	주요 정책
기술혁신	과학기술정보통신부	• 데이터 자원의 가치 창출 • R&D 지원체계 강화 • 사이버 보안 대응 역량 강화
	산업통상자원부	• 주력산업의 성장 활력 회복 • 중소·중견기업의 혁신역량 강화
	중소벤처기업부	• 기존 중소기업의 혁신성장
	금융위원회	• 기타 과제 (블록체인, 핀테크 등)
	보건복지부	• 혁신기술을 통한 4차 산업혁명 선도 및 사회문제 해결
	기획재정부	• 4대 분야 혁신 지원 : 과학기술
	행정안전부	• 정부시스템·서비스의 클라우드 전환 • 빅 데이터 활용기반 마련
	국토교통부	• 스마트 시티 • 자율주행 자동차 • 드론 • 스마트 건설기술 • 제로에너지 빌딩 • 연구개발 • 기타 (국토 가상화, 스마트 공항 및 물류 등)
	문화체육관광부	• 기술과 문화체육관광 서비스 융합 촉진
경제혁신	국무조정실	• 신산업 현장 중심의 규제혁파
	과학기술정보통신부	• 데이터 자원의 가치 창출 • 신산업 활성화를 위한 규제혁신
	산업통상자원부	• 4차 산업혁명 대응 신산업 창출 • 주력산업의 성장 활력 회복 • 중소·중견기업의 혁신역량 강화 • 균형발전을 위한 지역혁신 역량 강화

혁신 영역	주관 부처	주요 정책
경제혁신	중소벤처기업부	• 신산업 창출 • 기존 중소기업의 혁신성장
	보건복지부	• 혁신기술을 통한 4차 산업혁명 선도 및 사회문제 해결
	고용노동부	• 일자리 변화 예측 및 조사 • 4차 산업혁명 인재 양성
	기획재정부	• 4대 분야 혁신지원 : 산업 • 조속한 성과창출 및 소통 강화
	방송통신위원회	• 신산업 활성화를 위한 위치정보 규제 혁신 • 위치정보 활용사업 활성화 지원
	국토교통부	• 스마트 시티 • 자율주행 자동차 • 드론 • 스마트 건설기술 • 제로에너지 빌딩
	문화체육관광부	• 기술과 문화체육관광 서비스 융합 촉진
사회혁신	과학기술정보통신부	• 일자리·교육 등 사회변화 대응 • 사이버 보안 대응 역량 강화
	교육부	• 학생의 소질·적성을 키우는 학교교육 혁신 • 핵심인재 육성을 위한 고등교육 경쟁력 제고 • 언제 어디서나 미래역량을 키울 수 있는 평생직업 교육 구축 • 모든 국민의 성장을 위한 교육희망 사다리 강화
	보건복지부	• 새로운 사회적 위험에 대비하는 사회안전망 강화 • 혁신기술을 통한 4차 산업혁명 선도 및 사회문제 해결
	고용노동부	• 일자리 변화 예측 및 조사 • 4차 산업혁명 인재 양성 • 사회안전망 구축 • 노동법 체계 개편
	기획재정부	• 4대 분야 혁신지원 : 사람
	행정안전부	• AI·IoT의 행정서비스 활용
	국토교통부	• 스마트 시티 • 자율주행 자동차 • 드론 • 인력양성
	문화체육관광부	문화적 가치와 제4차 산업혁명의 조화로운 접목
정책혁신	국무조정실	• 우선허용·사후규제(포괄적 네거티브 규제 전환) • 신산업 현장 중심의 규제혁파 • 선제적 규제혁파 로드맵 구축

혁신 영역	주관 부처	주요 정책
정책혁신	과학기술정보통신부	• 신산업 활성화를 위한 규제혁신 • R&D 지원체계 강화
	산업통상자원부	• 균형발전을 위한 지역혁신 역량 강화
	중소벤처기업부	• 신산업 창출
	금융위원회	• 규제 샌드박스 확립 • 금융 분야 빅데이터 활성화 • 기타 과제 (블록체인, 핀테크 등)
	교육부	• 핵심인재 육성을 위한 고등교육 경쟁력 제고 • 언제 어디서나 미래역량을 키울 수 있는 평생직업 교육 구축
	고용노동부	• 사회안전망 구축 • 노동법 체계 개편
	기획재정부	• 4대 분야 혁신지원 : 사회제도
	공정거래위원회	• 경쟁 친화적 시장구조·환경 조성 • 혁신 저해행위 감시 강화 • 신기술·신유형 거래분야 소비자보호 강화
	행정안전부	• 정부시스템·서비스의 클라우드 전환 • AI·IoT의 행정서비스 활용 • 빅 데이터 활용기반 마련 • 개인정보 활용과 보호의 조화 • 공공 선도를 통한 시장창출
	방송통신위원회	• 비식별 조치된 정보의 활용 • 사전 동의 규제의 합리적 개선 • 신산업 활성화를 위한 위치정보 규제 혁신 • 위치정보 활용사업 활성화 지원
	방송통신위원회	• 개인정보보호 관련 국제협력 강화 • 안전한 개인정보 보호 환경 조성
	국토교통부	• 규제개선
	문화체육관광부	• 기술과 문화체육관광 서비스 융합 촉진 • 문화적 가치와 제4차 산업혁명의 조화로운 접목

3. 정책변동 유형(혁신, 승계, 유지, 종결) 분석

세부적인 연구 대상을 선정하기 위한 세 번째 단계로, 연구진은 행정부처의 제4차 산업혁명 정책을 정책변동 유형에 따라 정책혁신, 정책유지, 정책승계, 정책종결로 구분하여 분석하였다. 합리적이고 발전적인 정책과정 설계와 운영을 위해서는 기존 정책의 경로의존성을 극복하기 위한 정책혁신과 정책종결이 우선적으로 필요하고, 이와 함께 정책과정을 통해 축적된 경험과 지식의 유지가 필요한 분야에서는 정책유지와 정책승계가 정책효과를 높일 수 있기 때문이다.

이런 관점에서 제4차 산업혁명 정책의 정책변동 유형 분석은 2016년 이후 패러다임 전환의 정책환경에 대해 정책주체인 대한민국 정부가 얼마나 효율적으로 대응 또는 선도하여 왔는지를 판단할 수 있는 방법이 될 것이다. 이를 통해 기술혁신, 경제혁신, 사회혁신, 정책혁신 등 특정 혁신 영역에서의 정책의 결과가 다른 영역으로 확산·이전되는 정책변동과 정책혁신 방향을 도출할 수 있는 기초자료를 확보할 수 있을 것으로 기대한다.

이를 위하여 연구진은 대한민국 제4차 산업혁명의 최상위 정책이라고 할 수 있는 (1) '제4차 과학기술기본계획'(2018년 2월), (2) '혁신성장을 위한 사람 중심의 제4차 산업혁명 대응계획'(I-KOREA 4.0)(2017년 11월), (3) '제4차 산업혁명에 대응한 지능정보사회 중장기 종합대책'(2016년 11월)을 대상으로 정책변동 유형을 분석하였다. 다음에는 개별 부처의 각 년도 업무계획, 각 년도 예산안 및 사업설명 자료, 해당 사업 관련 계획 등을 활용하여 해당 정책의 정책목표, 거버넌스, 예산, 법령 등을 분석하여 개별 부처 차원에서의 정책변동 유형을 분석하였다.

연구진은 이상과 같은 1차 자료를 활용하여 14개 행정 부처의 57개 주요 정책을 대상으로 정책변동의 유형을 분석하였다. 여기에서는 57개 모든 정책의 분석 결과를 제시하기보다는, 제4차 산업혁명 정책의 실질적인 주관 부처인 과학기술정보통신부의 정책을 대상으로 분석한 정책변동 유형 도출과정을 예시적으로 제시하고자 한다. 먼저 〈표 11〉과 같이 과학기술정보통신부의 제4차 산업혁명 정책 5개를 대상으로 '혁신영역-정책-정책변동' 간 관계도를 작성하였다.

〈표 11〉 과학기술정보통신부의 혁신영역-주요정책-정책변동 간 관계도(상세)

혁신 영역	주요 정책	세부 정책	정책변동 유형		
			혁신	유지/ 승계	종결
기술 혁신	데이터 자원의 가치 창출	**[양질의 데이터 구축 및 개방]** (정책방향) 누구나 쉽게 데이터로 새로운 가치를 만드는 데이터 기반사회로의 도약			
		◙ 개방형 과학기술 지식정보서비스 구축 **정책목표** 이용자 중심의 지능형 국가과학기술 지식정보 제공 서비스 구축 **거버넌스** 성과평가정책국, 국가연구개발정보관리위원회('16) **예산(백만)** ('16)9,487→('17)10,339(9%)→('18)8,935→('19)7,960(△10.9%) **법령** 과학기술기본법 제26조, 시행령 제40조, 정보의 범부처 공동 활용을 위한 공동관리 규정 개정(제27조 제12항 신설)('17.5)		유지	
		[분야별 빅데이터 전문센터 육성] (정책방향) 국가 빅데이터 지원체계 마련			
		◙ 빅데이터 플랫폼 및 네트워크 구축 **정책목적** 기관별 빅데이터센터 육성 및 분야별 빅데이터 플랫폼 구축 통해 데이터 구축·유통을 활성화와 데이터의 거래기반 마련 지원 **거버넌스** 인터넷융합정책관, 한국정보화진흥원, 한국데이터진흥원, 분야별 전문성 가진 부처·지자체 협력, 한국방송통신전파진흥원 **예산(백만)** ('16) ('17) ('18) ('19) 74,306 (순증) **법령** 전기통신기본법 제4조, 국가정보화기본법 제17조, 제18조, 제20조 **경과** '빅데이터 서비스 활성화 방안' 수립(방통위, '12.6), '제4차 산업혁명에 대응한 지능정보사회 중장기 종합대책'(ICT전략위 심의·의결, '16.12), '빅데이터 산업상생발전 공동협약' 체결('17.12)		유지	

혁신 영역	주요 정책	세부 정책	정책변동 유형		
			혁신	유지/ 승계	종결
경제 혁신	신산업 활성화를 위한 규제혁신	▣ **혁신형 일자리 선도사업(2017)** → 혁신성장 청년인재 집중양성(2019) **정책목표** 산업맞춤형 프로젝트 수행과 실무 교육훈련으로 4차 산업혁명 8대 선도사업분야 청년인재 양성과 일자리 창출 **거버넌스** 소프트웨어정책관, IITP, 주관연구기관 **예산(백만)** ('16) ('17)2,500 → ('18) 24,000 → ('19)28,000(16.7%) **법령** '소프트웨어산업진흥법' 제10조, '정보통신산업진흥법' 제16조 **경과** 제5차 일자리위원회 「청년일자리대책」(관계부처 합동)('18.3) – 4차 산업혁명 선도인력 양성을 통한 미래 핵심인재 육성		승계	
사회 혁신	일자리·교육 등 사회변화 대응	**[미래 일자리 예측 및 직무역량 강화]** (정책방향) 국가과학기술 경쟁력 강화			
		▣ **빅데이터 전문가 및 데이터 과학자 양성** (과학기술인력 육성지원 기반구축사업) **정책기조(목표)** **거버넌스** 미래인재정책국, 한국연구재단, 주관연구기관 **예산(백만)** ('16)3,200→ ('17)2,972(△7.13)→ ('18)2,926→ ('19)2,588(△11.6%) **법령** '국가과학기술 경쟁력 강화를 위한 이공계지원 특별법' 제4조~제7조, '과학기술기본법' 제6조, 제17조, 제23조		유지	
		▣ **이공계 전문기술인력 양성** **정책목적** 기업맞춤형 전문인력 양성 및 취업 연계, 차세대 공학자 육성, 실전문제 해결 역량 가진 이공계 인재 양성 **거버넌스** 미래인재정책국, 한국산업기술진흥협회, 주관기관 **예산(백만)** ('16)10,436→('17)19,083(82.9%)→('18)20,344 →('19)22,327(9.7%) **법령** '과학기술기본법' 제23조, 제16조, 제16조의4, '국가과학기술경쟁력강화를 위한 이공계지원 특별법' 제22조 및 '시행령' 제25조, '청년 고용촉진 특별법' 제12조, '산업교육진흥 및 산학연협력촉진에 관한 법률' 제4조		유지	
		▣ **여성과학기술인지원센터 설치·운영** **정책목적** 우수 이공계 여성인력 육성 및 활용 활성화 **거버넌스** 미래인재정책국, 한국여성과학기술인지원센터, 한국연구재단 **예산(백만)** ('16)2,100→('17)2,170→('18)2,170→('19) 5,147(137.2%) **법령** '과학기술기본법' 제22조, 제24조, '여성과학기술인 육성 및 지원에 관한 법률' 제7조, 제9~16조 **특이** 기타공공기관으로 신규 지정('17.1)으로 인건비 및 기관운영비 확보		승계	

혁신 영역	주요 정책	세부 정책	정책변동 유형		
			혁 신	유지/ 승계	종 결
정책 혁신	R&D 지원체계 강화	**[R&D 지출한도 설정 권한을 기재부에서 과학기술정보통신부로 이관]**			
		▣ 과학기술 종합조정 **정책목적** 국가 과학기술 및 연구개발 종합조정기능(정책, 예산 배분·조정, 성과관리)를 유기적으로 연계하는 기능을 강화하여 R&D 시스템 선진화 구현 **거버넌스** 과학기술정책과, 한국과학기술기획평가원, 수행기관 **예산(백만)** ('16)9,917→('17)11,535(16.3%)→('18)10,450→ ('19)10,128 **법령** '과학기술기본법' 제7조~제12조의2, 제15조의2, 제23조~제 28조, 제31조, '국가연구개발사업 등의 성과평가 및 성과관리에 관 한 법률', '과학기술종합조정지원사업 운영에 관한 훈령'		유지	
정책 혁신	R&D 지원체계 강화	▣ 범부처 연구비통합관리시스템 구축 및 운영 **정책목표** 연구현장의 행정부담 완화 및 연구개발비의 투명한 관리 추진 **거버넌스** 성과평가정책국, 연구제도협의회(관계부처 실무자), 실무자협의회(대표전문기관 실무팀장), 국가과학기술자문회 의 운영위원회, NTIS사업 추진위원회, 총괄주관기관(KISTI, KISTEP), 협동연구기관(KISTEP) **예산(백만)** ('16)→('17)2,500→('18)4,330→('19)3,092(△28.6%) **법령** 국가연구개발사업의 관리 등에 관한 규정 제12조의4 **경과** '범부처 연구비집행 통합모니터링시스템 구축계획' 수립 (국가R&D정보관리위, '16.5), '범부처 연구비통합관리시스템 구축 및 활용계획' 심의·의결(국과심, '17.6), '연구비지원시스템' 통합구축 추진 계획 수립('18.9)		승계	

다음으로, 앞의 분석을 통해 과학기술정보통신부의 혁신영역-주요정책-정책변동 간 관계를 총괄적으로 표기하면 〈표 12〉와 같이 나타낼 수 있다. 분석 결과, 과학기술정보통신부의 4차 산업혁명 정책은 정책혁신보다는 정책유지와 정책승계의 형태로 나타나고 있다. 이러한 결과는 문재인 정부의 제4차 산업혁명 정책이 정권 출범 직전인 2016년 11월에 박근혜 정부가 발표한 '제4차 산업혁명에 대응한 지능정보사회 중장기 종합대책'을 근간으로 하였기 때문으로 해석할 수 있을 것이다. 한편 제4차 산업혁명 정책이 아직은 정책과정의 초기라서 의미 있는 정책종결의 사례는 나타나

지 않는 것으로 파악되고 있다.

　이어 연구진은 과학기술정보통신부의 정책을 분석한 것과 동일한 절차와 방법으로 14개 행정 부처의 제4차 산업혁명 정책에 대해 정책변동 유형을 분석하였다. 이를 위하여 1차적으로 총괄연구자책임자 주관으로 각 부처 정책의 변동 유형을 분석한 다음, 한국기술혁신학회 혁신영역 분과장 4명과 전·현직 학회장 3명 등 총 7명의 전문가를 대상으로 2회의 초점집단면접(FGI: Focus Group Interview)을 시행하였다. 이 과정을 통해 연구진은 혁신 영역의 분류 또는 정책변동의 유형 구분을 좀 더 정교하게 수행할 수 있었다.

　특정 정책을 하나의 혁신 영역으로만 분류하기 쉽지 않은 현실을 고려하여 일부 정책은 복수의 혁신 영역으로 분류하였다. 또한 정책변동 유형 구분

<표 12> 과학기술정보통신부의 혁신영역-주요정책-정책변동 간 관계도(총괄)

혁신영역	주요 정책	정책변동 유형			
		혁신	유지	승계	종결
기술혁신	**[데이터 자원의 가치 창출]** • 개방형 과학기술 지식정보서비스 구축 • 빅데이터 플랫폼 및 네트워크 구축 • 유망 표준기술 발굴 및 표준화 추진		○ ○ ○		
경제혁신	**[신산업 활성화를 위한 규제혁신]** • 혁신형 일자리 선도 사업			○	
사회혁신	**[일자리·교육 등 사회변화 대응]** • 빅데이터 전문가 및 데이터 과학자 양성 • 이공계 전문기술인력 양성 • 여성과학기술인지원센터 설치·운영 **[사이버 보안 대응 역량 강화]** • K-MyData 프로그램 도입		○ ○ ○	 ○	
정책혁신	**[R&D 지원체계 강화]** • 과학기술 종합조정 지원 • 범부처 연구비통합관리시스템 구축 및 운영			○ ○	

은 변동 유형의 특성이 명확하게 나타나지 않는 경우도 있어 △로 표시하는 방법을 채택하였다. 특히 정책혁신의 경우에 이런 사례가 다수 나타나고 있다. 기존 관련 정책과의 차별화는 어느 정도 이루어지고 있으나, Hogwood 와 Peters(1983)가 주장하는 정책혁신의 요소들을 충분히 반영하지 못하는 경우에는 부득이 '약한 수준'의 정책혁신으로 판단하고자 하였다.

최종적으로 대한민국의 제4차 산업혁명 정책의 정책변동 유형의 분석 결과는 〈표 13〉과 같이 종합할 수 있다. 이를 통해 기술혁신 영역에서는 정책혁신이 상대적으로 많이 나타나고 있으며, 경제혁신 영역에서는 정책유지와 정책승계의 혼합 형태가, 사회혁신 영역에서는 정책유지가 상대적으로 많이 나타나고 있는 것으로 분석되었다. 마지막으로 정책혁신 영역에서는 약한 수준의 정책혁신이 좀 더 많은 것으로 판단할 수 있을 것이다.

〈표 13〉 제4차 산업혁명 정책의 '혁신영역–주요정책–소관부처–정책변동 유형' 관계

혁신 영역	주요 정책	소관 부처	세부 정책	정책변동 유형			
				혁신	유지	승계	종결
기술 혁신	핵심기술 연구개발 정책	과기부	• AI와 타 분야 혁신 시너지 확보(신약, 미래소재, 의료, 농업 / 산업응용 / 국민생활연구)	○			
			• 차세대 AI 기술 확보 추진(뇌과학 / 신경망 컴퓨팅 / 기술탐색형 연구)	○			
			• AI 기술역량 확보(대형 공공특화프로젝트 추진 / 챌린지 확대개편 / AI 국가전략프로젝트 재 구조화 / AI HW투자 확대)	○			
			• 혁신성장동력 추진전략(17. 10)(13대 분야, 빅데이터, 차세대통신, AI, 자율주행차, 드론, 맞춤헬스케어, 스마트시티, 가증증강현실, 지능형로봇, 지능형 반도체, 첨단소재, 혁신신약, 신재생에너지)	△			
			• 4차 산업혁명 선도를 위한 지능화 핵심 인프라 (D-N-A) 구축 (data, network, AI)	△			
			• 전 산업의 지능화를 위한 다부처 대형 프로젝트 기획·추진		○		

혁신 영역	주요 정책	소관 부처	세부 정책	정책변동 유형			
				혁신	유지	승계	종결
기술 혁신	핵심기술 연구개발 정책	기재부	• 도전적 R&D활성화		○		
		산자부	• AICBM과 이업종·산업이 융합한 5대 신산업 선도 프로젝트 (5대 선도 분야에 R&D 투자) - 전기·자율주행차, IoT가전, 에너지 신산업, 바이오헬스, 반도체·디스플레이			○	
		중기부	• 중소기업 전용 R&D 확대		○		
		복지부	• 미래 유망기술에 대한 전략적 투자 확대 - 3대 전이암, 차세대 세포치료제, 신약개발 등		○		
		국토부	• 혁신성장동력 육성 - 스마트시티, 자율주행차, 드론	△			
		문화부	• 문화기술, 스포츠 R&D		○		
	빅데이터 통합플랫폼 개발 및 활용	과기부	• 빅데이터 플랫폼, 네트워크 구축 • 빅데이터 전문가, 데이터 과학자양성 • 인공지능 자원 제공(AI허브 구축-데이터 구축·개방, 컴퓨팅), 인공지능 기술혁신 플랫폼 구축	△	○ ○		
		금융위	• 금융분야 빅데이터 활성화, 빅데이터 활용제약 해소	△			
		행안부	• 공공데이터 개방 및 이용활성화 지원 • 정부·공공부문의 클라우드 컴퓨팅 전환 • 주민자치형 공공서비스 구축	△	○ ○		
		노동부	• 국가일자리정보플랫폼 및 머신 러닝기반 일자리 매칭시스템 구축 • 빅데이터 활성화	△ △			
		산자부	• 산업별(차량데이터, 바이오헬스, 에너지 등) 플랫폼 구축			○	
		복지부	• 보건의료 빅데이터 시범사업 추진		○		
		문화부	• 빅데이터 활용(스포츠빅데이터센터 구축)			○	
경제 혁신	신산업 창출	기재부	• 신산업분야 R&D와 사업화 위한 시설투자 세제·금융지원 • 기업활력제고특별법 제정(2016) • 창업 활성화 등 신산업 생태계 구축 • 핵심 선도사업 집중(드론, 셀프드라이빙카, K-city, 스마트시티) • 스마트공장·산단, 미래차, 핀테크, 바이오헬스 등 4대 신산업에 대한 제도개선과 재정·세제 등 집중 지원 방안 마련			○ ○ ○ ○ ○	

혁신영역	주요정책	소관부처	세부 정책	정책변동 유형			
				혁신	유지	승계	종결
경제혁신	신산업창출	산자부	• 주력산업의 성장활력 회복 　– 스마트화: 로봇, 센서, AR/VR, 3D프린팅 　– 고도화: 항공·드론, 조선, 철강 　– 서비스화: 전·후방 서비스 산업		O		
		금융위	• 금융과 IT융합(Fin-tech) 생태계조성, 인프라 구축, 규제개선 (핀테크활성화 로드맵 발표 2018.2.)	△			
		국토부	• 혁신성장동력 육성 　– 스마트시티, 자율주행차, 드론 • 기존 산업 첨단화 　– 스마트건설, 제로에너지 빌딩, 기타(국토 가상화, 스마트공항, 신교통서비스, 스마트 물류)	△	O		
	중소기업지원	중기부	• 민간중심의 혁신창업 생태계 조성 • 벤처투자촉진법 제정(19년 상반기) • 기존기업의 혁신성장 　– 스마트공장 보급 및 고도화 추진('22년까지 2만개로 확대)		O	O O	
		기재부	• 창업·투자 혁신인프라 구축 • 관광·보건·콘텐츠·물류 등 4대 유망서비스업 혁신 방안 추진			O O	
		산자부	• 주력산업의 스마트화, 고도화, 서비스화 • 중소, 중견기업의 디지털 제조 혁신 확산 유도		O O		
		문화부	• 혁신콘텐츠기업 육성, 스포츠 기업 창업 및 육성 • 관광벤처기업 육성, 공유경제 활성화(공유 민박업, 신숙박서비스)	△	O		
사회혁신	일자리	과기부	• 혁신형 일자리 선도사업 • 인공지능 브레인 랩(연구거점) 조성	△		O	
		산자부	• 신남방, 북방과 전략적 무역, 통상 정책으로 새로운 먹거리 창출		O		
		노동부	• 국가일자리정보 플랫폼 및 머신 러닝기반 일자리 매칭시스템 구축(맞춤형 고용서비스)	△			
	인력양성	과기부	• 이공계 전문기술인력 양성 • 인공지능 고급인재 양성(인공지능 대학원 신설 / 글로벌 ICT인재양성 / 국제공동연구 / 대학연구센터 활용 고급인재 양성) • 인공지능 융복합 인재 양성(AI프로젝트형 교육 / AI 실무인력 교육, MOOC활용 융복합 양성)	△	O		O

혁신 영역	주요 정책	소관 부처	세부 정책	정책변동 유형			
				혁 신	유 지	승 계	종 결
사회 혁신	인력 양성	노동부	• 미래 유망분야 고급인력 양성 훈련과정 확대(선도 인력 양성과정, 하이테크 훈련과정, 기술혁신 중소 기업의 인적자원개발 지원, 4차 산업혁명 미래유망 분야 선도 고졸인력양성)		○		
		산자부	• 미래산업 전문인력 양성(1.5만명, ~'22년)		○		
		교육부	• 학교교육 혁신: 미래사회 핵심역량 강화 • 고등교육 경쟁력 제고: 대학의 산학협력 및 취·창업 제고 • 평생교육 강화: 미래사회 직업대비 직업, 진로교육 내실화(직업교육마스터플랜 마련, '18)		○ ○ ○		
		문화부	• 창의적 문화예술 인재 양성		○		
		기재부	• 교육방식 및 직업능력 개발체계 혁신을 통한 창의 인재 육성		○		
	사회 안전망	기재부	• 취약계층 사회안전망 강화(고용보험 보장성 강화, 보험적용 확대) • 복지사각지대 단계적 해소		○ ○		
		노동부	• 취약계층 직업훈련 지원 강화 • 사회보험 사각지대 해소		○	○	
		교육부	• 생애단계별 실질적 교육기회 보장 • 소외계층 우수인재 육성, 성인 문해 지원 강화		○ ○		

		복지부	• 다층적 소득보장을 통한 사회안전망 강화
			  – 노후소득, 양육부담, 저소득층, 장애인
			• 국민의료보장에 대한 국가책임 강화
			  – 건강보험 보장성 강화, 보편적인 필수보건의료
			    서비스 보장 강화
			• 생애주기별 사회서비스에 대한 국가책임 강화
			  – 보육·아동 돌봄, 노인 돌봄, 사회서비스 확충
					○
					
					○
					
					○		

정책 혁신	규제 샌드박스	국조실	• 포괄적 네거티브 규제 전환(규제샌드박스)	△			
		과기부	• ICT 분야(정보통신융합특별법 개정 추진)	△			
		금융위	• 핀테크 분야 규제샌드박스 확립(금융혁신지원특별 법 제정 추진)	△			
		산자부	• 산업융합 분야(산업융합촉진법 개정 추진)	△			
		중기부	• 규제샌드박스형 지역혁신성장특구(지역발전특구규 제특례법 개정 추진)	△			

혁신 영역	주요 정책	소관 부처	세부 정책	정책변동 유형			
				혁 신	유 지	승 계	종 결
정책 혁신	규제 샌드박스	기재부	• 유연한 규제시스템(그림자규제 정비, 규제샌드박스 입법 추진)	○			
		방통위	• 신산업 활성화를 위한 위치정보 규제 혁신	△			
		공정위	• 빅데이터·헬스케어·ICT 등 신산업분야 경쟁제한적 규제 개선			○	
		국토부	• 드론 등 *규제개선 추진계획(스마트시티, 자율주행차, 드론, 제로에너지, 공간정보, 신교통서비스, 물류)	△			
	공공정보 활용 (개인 정보보호)	행안부	• 개인정보 활용을 위한 제도개선 – 개인정보보호위원회 운영, 개인정보 유출 및 오남 용 방지, 개인정보보호 국내외 협력체계 구축	△			
		방통위	• 비식별조치 활용 확대 • 신산업 활성화를 위한 위치정보 규제 혁신 • 사전동의 규제 합리적 개선 • 개인정보보호 국제협력 • 안전한 개인정보 보호환경 조성	△		○ ○ ○ ○	
	R&D지원 정책	과기부	• R&D 지원체계 강화 – 과학기술 종합조정 – 범부처 연구비통합관리시스템 구축 및 운영 • 기술혁신 성과 제고를 위한 관리규정 개정(포상금, AI과제) • 오픈소스 SW 확산(AI 과제에 적용) • 혁신성장동력: 맞춤형 전략, 관리체계 정착	△	○ ○	 ○	
		산자부	• 지역혁신 거점 조성 – 혁신도시·산단 등을 혁신성장의 대표 거점으로 육성 – 인력, 자금, 마케팅 등 패키지 지원 프로그램 가동		○		
		기재부	• 예산·세제·제도 등 정부·민간의 R&D 투자 지원 강화 – R&D 투자 확대, 세액공제율 확대, 연구관리전문 기관 재편 등			○	
		공정위	• 대기업의 중소·벤처기업 기술유용행위 근절		○		
		복지부	• 혁신기술 연구·시장 진입을 위한 제도 개선 – 배아줄기세포·유전자가위 연구범위, 혁신형 의료 기기 기업 지원 • 보건산업 혁신창업 생태계 조성	△	○		
		국토부	• 자율주행차(기술개발부터 제도·인프라까지 패키지형 지원 정책 추진) • 스마트시티 조성전략 추진 • 법정 R&D종합계획(18-27) 수립, R&D혁신방안 마련(18. 6)	△ △ △			

4. 분석대상 핵심 정책 선정

연구진은 마지막 단계로 구체적으로 분석할 핵심 정책을 혁신 영역별로 2-3개씩 선정하였다. 이를 위해 연구진은 총괄연구책임자와 혁신 영역 분과장들이 참여한 브레인스토밍을 통해 기술혁신, 경제혁신, 사회혁신, 정책혁신 영역별로 행정 각 부처의 제4차 산업혁명 정책 중 상징성을 가질 수 있는 중상위(macro 또는 meso level) 수준의 정책을 선정하였다. 다음으로 4개 혁신 영역별로 정책혁신, 정책유지, 정책승계, 정책종결에 해당하는 대표적인 정책을 1개씩 선정하는 방법으로 세부 정책의 범위를 좁혀 나갔다.

이러한 과정을 통해 연구진은 패러다임 전환이 필요한 제4차 산업혁명의 성공을 위해서는 (1) 범국가적 혁신 정책(national innovation policy)은 기술혁신 뿐만 아니라 경제혁신, 사회혁신, 정책혁신의 관점을 강화할 필요가 있으며, (2) 정책변동은 창의적인 정책혁신과 과감한 정책종결을 통해 정책내용 및 정책과정 자체의 혁신이 필요함을 주장할 수 있는 논거를 도출하고자 하였다.

최종적으로 분석 대상으로 결정된 세부 정책은 〈표 14〉와 같이 제시할 수 있다. 이 연구에서 분석 대상으로 선정한 총 9개의 정책은 각 혁신 영역의 상위 수준 정책으로 포괄적이다. 따라서 특정 부처에서 전담하는 정책이기보다는 여러 부처의 협력과 조정이 있어야 효율적인 정책집행과 합리적인 정책평가, 그리고 시의적절한 정책변동이 가능한 범부처적 정책이라고 할 수 있을 것이다. 이처럼 분석 대상을 범부처적인 정책으로 설정한 이유는 제4차 산업혁명이라는 패러다임 전환의 정책환경에서는 기술·경제·사회·정책 영역에서의 개별적인 혁신보다는 영역 간의 연계와 통합을 이룰

<표 14> 혁신 영역별 분석대상 핵심 정책 목록

혁신 영역	분석대상 핵심 정책	정책변동 유형 종합
기술혁신 (2)	핵심기술 연구개발 정책	정책혁신, 정책유지
	빅데이터 통합플랫폼 개발·활용 정책	정책혁신, 정책유지·승계
경제혁신 (2)	신성장 정책	정책혁신, 정책유지·승계
	중소기업 지원 정책	정책유지
사회혁신 (2)	일자리 정책	정책혁신, 정책유지·승계
	인력양성 정책(SW 인력양성)	정책유지
정책혁신 (3)	규제개혁 정책	정책혁신
	개인정보 보호·활용 정책	정책혁신, 정책승계
	연구개발 지원 정책(R&D 예비타당성조사 제도)	정책혁신, 정책유지·승계

수 있는 국가 차원에서의 혁신 영역별 정책의 통합이 필요하기 때문이다.

여기에서 연구진이 세부 연구대상으로 선정한 9개의 정책이 우리나라의 제4차 산업혁명 정책을 명실공이 대표할 수 있는가에 대해서는 다른 의견이 제기될 수 있다. 예로서 이 연구에서는 제외되었지만, 사회안전망 정책은 사회적 약자의 보호라는 사후적·수동적 정책기조에서 혁신의 지속가능성을 담보하기 위한 포용혁신(inclusive innovation)이라는 선제적·능동적 관점에서 학계가 심도 있게 논의할 정책의 하나라고 생각한다. 그럼에도 이 연구에서는 참여 연구진의 한계로 인해 연구대상에서 제외할 수밖에 없는 아쉬움이 있었다. 사회안전망 정책 외에도 사회혁신 영역의 정책들은 제4차 산업혁명 정책이 정책결정의 단계를 넘어 본격적인 정책집행 또는 정책변동의 단계에 진입하게 되면 그 중요성이 더욱 커지게 될 것이다. 따라서 향후 제4차 산업혁명의 진전과 함께 사회혁신 분야에서 더 많은 정책문제들(policy issues)이 나타날 것이고, 이에 대응하기 위한 학계의 분석적이고 규범적인 연구가 뒷받침되어야 할 것이다.

한편 분석대상 정책을 정책변동의 유형 관점에서 논의하면 정책혁신, 정책유지, 정책승계의 사례를 모두 포함하고 있음을 알 수 있다. 다만, 정책종결의 사례가 없는 것은 우리나라에서 제4차 산업혁명 정책이 아직은 정책집행의 초기 단계에 있기 때문으로 판단된다. 정책과정의 전체적인 관점에서 볼 때 정책종결은 정책결정과 정책집행 전체에 대한 정책평가를 전제로 이루어지는 활동이라는 점을 감안하면 현 시점에서 정책종결 사례를 찾기가 쉽지 않을 것이다. 또한 이미 논의하였듯이, 문재인 정부의 제4차 산업혁명 정책이 박근혜 정부의 지능정보사회 정책에 기반하고 있다는 점도 정책종결보다는 정책유지와 정책승계가 주로 나타나는 요인으로 해석할 수 있을 것이다. 따라서 문재인 정부의 제4차 산업혁명 정책은 최상위(mega level) 수준에서는 정책혁신의 성공적인 사례라고 할 수 있을 것이나, 상위(macro level) 수준 또는 중범위(meso level) 수준의 정책에서는 경로의존성 또는 연속성이라는 정책의 속성으로 인해 정책유지와 정책승계가 좀 더 빈번하게 나타나고 있다.

제5절 책의 집필 방법

이 책의 집필진으로는 우리나라 과학기술정책과 혁신연구의 최대 집단 지성체라고 할 수 있는 한국기술혁신학회의 회원들이 참여하였다. 한국기술혁신학회가 지향하는 학문적 목표 중 하나는 과학기술(science and technology)과 혁신(innovation)이라는 사회 현상을 학제적 관점(interdisciplinary)에서 분석하고 정책대안을 제안하는 것이다. 따라서 학회에는 자연과학, 공학 등 이공계 전공자는 물론 철학, 역사학, 경제학, 경영학, 행정학, 정책학, 교육학, 사회학 등 인문사회 전공자들이 참여하고 있다. 이러한 학회 구성원의 다양성은 과학기술과 혁신 현상을 실증적으로 분석하고 규범적인 방향을 논의하는 경우에도, 특정한 학문적 배경이 지배적인 영향을 미치지 않게 함은 자명한 일이라 할 것이다.

이 연구는 위와 같은 특성을 가진 한국기술혁신학회의 공동 작업으로 수행되었기 때문에 기술혁신, 경제혁신, 사회혁신, 정책혁신 4개의 혁신 영역을 구성하는 세부 정책들을 담당한 연구진 역시 각기 다른 학문적 배경과 다양한 정책현장을 경험한 전문가로 구성되었다. 비록 제1부에서 이론적 배경과 연구대상 선정 방법으로 정책학(policy sciences)적 관점을 제시하고는 있으나, 이러한 사항이 세부 정책의 구체적인 실증분석과 정책대안의 모색에서 절대적인 기준이 될 수는 없을 것이다. 따라서 개별적인 세부 정책의 연구를 담당한 개별 연구자들은 각자의 학문적 배경을 활용하여 최선의 개념정립과 분석방법을 활용하는 유연성과 자율성을 가지고 연구를 진행하였다. 이에 따라 세부 정책의 구체적인 연구에서는 양적 연구방법과 질적 연구방법이 상황에 따라 적절하게 혼합적으로 채택되었다. 이를 통해 연구진은 학제간 연구(interdisciplinary) 또는 다학문적 연구(multidisciplinary)를 지향하는 한국기술혁신학회의 학회 정체성을 최대한 살리고자 노력하였다.

정책은 다양한 관점에서 정의할 수 있으니, 문제해결의 시각에서 '개인이나 사회가 해결할 수 없는 문제를 풀기 위한 공공부문의 의사결정과 자원관리 활동'이라고 정의할 수 있다. 한편, 모든 학문은 '더 바람직한 사회를 지향하는' 규범성을 내재적으로 가지고 있다. 따라서 모든 학문이 제시하는 규범적 논의는 사용하는 용어가 무엇이든 간에 정책학적 관점의 공공정책(public policy)으로 재구성이 가능하다. 즉, 정책, 전략, 개선, 발전, 기획 등의 용어는 '말은 다르되 뜻은 같은' 이어동의(異語同意)로 사용할 수 있을 것이다. 이런 관점에서 세부 정책의 연구에서 비록 집필진이 채택한 용어가 정책이 아니더라도, 현재 우리나라가 추진하고 있는 제4차 산업혁명 정책을 통해 '더 행복한 사람, 더 좋은 세상(a better world for happier people)'을 구현하고자 하는 노력에는 차이가 없음을 밝히고자 한다.

<부록 1> 제4차 산업혁명 정책의 상세 내역

부 처	정 책	주요 내용
국무조정실	우선허용·사후규제 (포괄적 네거티브 규제 전환)	· 네거티브 리스트 방식 외에 포괄적인 개념 정의, 유연한 물류체계를 도입하는 등 입법 방식의 전환 · 일정 조건 하에서 규제의 일부를 면제·유예하여 현장 테스트를 허용하는 규제 샌드박스 제도 도입
	신산업 현장 중심의 규제혁파	· 업계 간담회, 유관부처·연구기관 협력, 현장방문 등을 통해 현장의 규제개혁 수요 반영
	선제적 규제혁파 로드맵 구축	· 자율주행차·드론·헬스 케어 등 신기술·신산업의 핵심규제 이슈를 사전에 발굴하여 선제적으로 대응하는 로드맵 구축
과학기술정보통신부	데이터 자원의 가치 창출	· 양질의 데이터 구축 및 개방 · 분야별 빅데이터 전문센터 육성 · 개인정보를 안전하게 활용할 수 있는 제도적 개선방안 마련 · 산업계가 필요로 하는 데이터 전문인력 양성
	신산업 활성화를 위한 규제혁신	· 혁신 친화적 규제체계 마련(규제 샌드박스, 임시허가 등) · 신산업과 현행 개별규제와의 상충 문제 해결(이해관계자 상충, 신제품에 맞춘 새로운 기준 부재 등 해결)
	일자리·교육 등 사회변화 대응	· 미래 일자리 예측 및 직무역량 파악 · 미래사회에 부합하는 교육혁신 · 사회안전망 보완을 통한 새로운 복지체계 마련
	R&D 지원체계 강화	· R&D 예비타당성조사 권한을 기재부에서 과학기술정보통신부로 이관 · R&D 지출한도 설정 권한을 기재부에서 과학기술정보통신부로 이관 · 기초·원천 R&D는 과학기술정보통신부에서 통합 수행하고, 개별 부처는 특정 산업 수요 기반의 R&D 담당
	사이버 보안 대응 역량 강화	· 사이버 보안 대상을 확대하고 대응체계 고도화 · 지역중소기업 사이버보안 대응역량 강화 · 정보보호 R&D 투자 및 전문가 확대

부처	정책	주요 내용
산업통상자원부	4차 산업혁명 대응 신산업 창출	• 전기·자율주행차, IoT 가전, 에너지 신산업, 바이오·헬스, 반도체·디스플레이 등 5대 신산업 선도 프로젝트 추진 • R&D 확대, 데이터 활용 환경 개선, 실증을 위한 규제특례 추진, 전문 인력 양성 등 혁신성장 핵심역량 확충
	주력산업의 성장 활력 회복	• 로봇·센서·VR/AR·인공지능·3D프린팅 등을 적용한 제조·생산의 스마트화, 항공·조선·철강 등 주력산업의 고도화, 서비스 산업의 육성 • 국내 기업투자 확대를 통한 산업 경쟁력 강화 • 해외 시장 확대를 위한 신남방·신북방 정책의 추진, 디지털 무역의 내실화, 신통상규범 대응
	중소·중견기업의 혁신역량 강화	• 주력산업과 연계, 맞춤형 지원 등을 통해 중견기업을 새로운 성장 주체로 육성 • 스마트공장 보급, 기업·업종간 디지털 네트워크 구축을 통한 중소·중견기업의 디지털 제조 혁신 확산 • 업종별 상생협의체 구성을 통한 자유적 상생협력 촉진
	균형발전을 위한 지역 혁신역량 강화	• 신산업 분야별 시도간 협력을 유도하여 균형발전과 지역의 자립적 산업 생태계 견인 • 혁신도시·산단을 혁신성장의 대표 거점으로 육성 • 인력·자금·마케팅 등 패키지 지원 프로그램 가동
중소벤처기업부	신산업 창출	• 벤처기업 확인을 민간주도 방식으로 전환, 벤처투자촉진법 제정 등을 통해 민간 주도의 혁신창업 생태계 조성 • 중소기업 전용 R&D 확대, 혁신펀드 조성 등을 통해 신기술 개발 및 사업화 집중 지원 • 중소기업 제품 우선구매, 생산시설 없는 창업기업의 공공조달 허용 등을 통해 정부·공공기관의 신시장 판로개척 역할 강화 • 규제샌드박스형 지역특구 도입 및 신사업 규제 발굴 및 해소
	기존 중소기업의 혁신성장	• 스마트공장 보급 및 고도화 추진('22년까지 2만개로 확대) • 스마트 제조 전문인력 및 기초 R&D 인력 양성 • 메이커 운동 활성화를 통한 제조 창업의 저변 확대
금융위원회	규제 샌드박스 확립	• 혁신적인 핀테크에 대해 시범인가, 규제특례, 지정대리인 등 규제샌드박스를 허용하는 방안 검토
	금융분야 빅데이터 활성화	• 「신용정보법」 개정 등을 통해 금융분야 빅데이터 활성화와 정보보호의 균형과 조화를 달성하는 방안 모색
	기타 과제	• 금융권 블록체인 기술 활용 방안 모색 • 금융고객 본인정보에 대한 핀테크 기업의 활용 여건 마련 • 전자금융거래의 소비자 보호 강화 • 핀테크 지원센터 강화, 핀테크 기업에 대한 금융지원 확대 등

부 처	정 책	주요 내용
교육부	학생의 소질·적성을 키우는 학교교육 혁신	• 교과목간 칸막이 조정 등 교육과정 혁신, 교원 역량 강화, 미래 교육환경 구축, 고교 학점제 도입 등 학교교육 혁신 역량 강화 • STEAM 교육 등 창의·문제해결력 제고, 토론·문제해결형 수업 확산을 통한 비판적 사고력 함양, 인성교육 강화 등 협업·소통능력 육성, 기업가정신 교육 등 도전정신 함양을 통한 미래사회 핵심역량 함양
	핵심인재 육성을 위한 고등교육 경쟁력 제고	• 대학 진단 및 재정지원 개편을 통한 대학의 자율적 발전 기반 조성 • 대학 학사제도 개선, 연구역량 혁신 등 대학의 학사 개선 및 교육·연구혁신 • 산학협력 강화, 창업 활성화, 취업 지원 강화
	언제 어디서나 미래역량을 키울 수 있는 평생직업 교육 구축	• 대학·지역·온라인 평생교육을 강화를 통해 성인 역량 개발을 위한 양질의 평생교육 기회 제공 • 직업계 고등학교 현장성 제고, 전문대학 역량 강화, 진로개발 지원을 통해 미래사회 직업대비 직업·진로교육 내실화
	모든 국민의 성장을 위한 교육희망 사다리 강화	• 국민의 생애단계별 실질적 교육기회 보장 • 소외계층 장학금 지원, 성인 문해지원 강화 등을 통해 소외계층 맞춤형 역량 개발 지원
보건복지부	새로운 사회적 위험에 대비하는 사회안전망 강화	• 새로운 변화에 맞추어 국민연금, 기초연금, 아동수당, 기초생활보장, 장애인 소득보장을 조정하는 등 다층적 소득보장을 통한 사회안전망 강화 • 건강보험 보장성 강화, 필수 보건의료 서비스 보장 강화 등을 통한 국민 의료보장에 대한 국가책임 강화 • 보육·아동노인 돌봄 강화 등을 통한 생애주기별 사회서비스에 대한 국가 책임 강화
	혁신기술을 통한 4차 산업혁명 선도및 사회문제 해결	• 미래 유망기술(맞춤형 암 진단, 신약, 융복합 의료기기 등)에 대한 전략적 투자 확대, 혁신기술(배아줄기세포, 유전자가위 등) 연구 및 시장 진입을 위한 제도개선, 보건산업 혁신창업 생태계 조성 등을 통한 4차 산업혁명 시대 유망 분야 육성 • 보건의료 빅데이터 시범사업, 진료정보 교류 확대, 감염병·정신건강 대응 역량 제고, 노인·장애인 등 건강 취약계층 지원 등 혁신기술을 활용한 사회문제 해결 역량 제고
고용노동부	일자리 변화 예측 및 조사	• 일자리 변화를 예측하는 '4차 산업혁명 인력수급전망' 실시하고 새로운 고용 형태인 플랫폼 노동이 확산됨에 따라 '플랫폼종사자 실태조사' 실시
	4차 산업혁명 인재 양성	• 폴리텍, 한국기술교육대, 민간교육기관, 학교 등을 통해 미래 유망 분야 혁신인재 양성 • 중소기업 재직자를 대상으로 고숙련·신기술 교육 지원 • 사회적 기업가 육성 • e러닝·VR 등을 적용한 스마트 직업훈련 생태계 구축 및 국가기술자격 개편과 같은 직업능력개발 인프라 혁신 등을 통한 미래형 직업능력 개발 인프라 마련

한국 제4차 산업혁명 정책 : 평가와 혁신 **057**

부처	정책		주요 내용
고용노동부	사회안전망 구축		• 일자리 취약계층에 대한 직업능력개발 기회 확대 및 평생직업 능력개발 체계 구축 등을 통한 직업훈련의 사회안전망 기능 강화 • 고용보험 적용 확대 등을 통한 일자리 안전망 사각지대 해소 • 실업급여 보장성 강화 등을 통한 일자리 안전망 보호수준 강화
	노동법 체계 개편		• 플랫폼 종사자 등 새로운 노무제공 방식 확산에 대한 대응 • 근로시간 단축 및 일하는 방식의 변화에 대한 대응
기획재정부	4대 분야 혁신 지원	과학기술	• 4차 산업혁명 관련기술에 대한 R&D 투자 확대, 중소기업의 신성장 동력 R&D 세액공제율 확대 등을 통한 예산·세제·제도 등 정부·민간의 R&D 투자 지원 강화
		산업	• 기술혁신형 창업 활성화를 위한 재정지원 확대 및 인프라 조성, 공공 부문 출자를 마중물로 신규 벤처투자 펀드를 조성·투자 추진 등을 통한 투자자금 증대·투자 선순환 구축 등을 통한 혁신창업 국가 실현 • 신서비스 개발 및 시장 활성화를 저해하는 규제 발굴·개선, 첨단 기술을 활용하여 주요 서비스 분야별 경쟁력 강화 등을 통한 신서비스 활성화 및 서비스산업 경쟁력 강화 추진
		사람	• 교육방식 및 직업능력 개발체계 혁신을 통한 창의인재 육성 지원
		사회제도	• 규제 샌드박스 도입, 행정규제 개선, 혁신성장 옴부즈만·혁신성장지원단 등을 통한 혁신성장 토대 마련을 위한 규제개선 본격 추진 • 고용보험의 보장성 강화, 취약계층의 보험 적용 확대 등을 통한 양질의 일자리 창출을 위한 사회안전망 강화 • 혁신적인 제품·서비스, 우수 R&D 결과물 등의 공공조달을 통해 기업의 기술경쟁 유도 및 혁신성장 지원
	조속한 성과창출 및 소통 강화		• 국민이 실생활에서 변화를 체감할 수 있도록 핵심 선도사업을 통해 조속한 성과 창출 • 혁신성장에 대한 기업·이해관계자·국회 등 소통강화, 대국민홍보 추진
공정거래위원회	경쟁 친화적 시장구조·환경 조성		• [신산업 분야 경쟁 제한적 규제 개선] 혁신기업 등의 시장진입을 억제하고, 사업자의 혁신적 사업활동을 가로 막는 경쟁제한적 규제를 적극 발굴·개선하고, 특히 4차 산업혁명의 원동력인 '개인정보(빅데이터)'와 빅데이터의 산업적 파급효과가 큰 '헬스케어' 부문에 대해 소관부처 협의를 통해 집중 개선 추진
			• [신산업 분야 M&A의 효과적 대응] 경쟁제한 우려가 낮은 M&A는 최대한 신속히 심사하여 중소·벤처기업에 대한 투자인수 등을 적극 지원하고, 신산업 분야의 경쟁 제한적 M&A에 대한 효과적 대응을 위해 제도개선

부처	정책	주요 내용
공정거래위원회	혁신 저해행위 감시 강화	• [대기업의 중소·벤처기업 기술유용행위 근절] 위반 억지력을 높이기 위해 '정액과징금 상한 인상' 등 제도 보완, 실효성 있는 피해구제를 위해 징벌적 손해배상액 인상 및 활용 유인 강화, 법위반 개연성이 높은 업종을 선별하여 직권조사 실시 등을 추진
		• [지식재산권 등 시장지배력 남용 방지]시장선도사업자의 혁신경쟁 저해 행위를 선제적으로 차단하고, 데이터 기반 혁신시장에 대한 분석 및 대응역량 강화
	신기술·신유형 거래분야 소비자보호 강화	• 신기술·신유형 거래 관련 소비자 보호 강화를 위해 전자상거래법 개정 및 법 집행 강화 • 4차 산업혁명 기술 관련 제품의 품질·안전성 등에 대한 비교정보 제공을 통하여 소비자의 분별력 있는 상품선택 유도 • 신유형 소비자피해 구제수단의 확충 및 지원체제 강화
행정안전부	정부시스템·서비스의 클라우드 전환	• 정부·공공부문의 클라우드 컴퓨팅 전환 • 민간 클라우드 임대 활용 확산 검토
	AI·IoT의 행정서비스 활용	• 국민 삶의 질을 높이는'비서 서비스'구현 • 공무원 정책수립을 지원하는'정책 도우미'구현 • 전국 방방곡곡'생활 밀착형'서비스 제공 • 주요 상황 인지형 '365-24 안전'서비스 제공 • 전자정부를 보호하는 사이버 보안시스템 구축 • 블록체인을 활용한 투명성·신뢰성 확대
	빅데이터 활용기반 마련	• 빅데이터 기반 과학적 행정체계 구축 • 공공 데이터 품질 제고 및 개방 확대 • 주소체계 고도화 및 민간활용 지원
	개인정보 활용과 보호의 조화	• 개인정보 활용을 위한 제도개선(개인정보 개념 명확화, 개인정보 비식별 조치의 법적 근거 마련) • 빅데이터 기업의 개인정보보호 책임 강화방안 마련
	공공 선도를 통한 시장창출	• 신제품·서비스 도입 촉진을 위한 규제 개선 • 전자정부사업 수발주제도 개선
방송통신위원회	비식별 조치된 정보의 활용	• 개인정보 개념을 식별 수준에 따라 익명정보(비식별 정보)·가명정보·개인정보로 구분하여 활용할 수 있는 방안을 마련 • 재식별화 및 개인정보 유출 우려를 고려하여 재식별화를 엄격히 금지 하고 시민단체 감시제·집단소송제 등 안전장치 강화 추진
	사전동의 규제의 합리적 개선	• 사전동의 예외 추가, 동의 방법 다양화, '구체적이고 명확한 동의 원칙' 제시

부 처	정 책	주요 내용
방송통신위원회	신산업 활성화를 위한 위치정보 규제 혁신	• 사물위치정보만을 수집하는 위치정보사업에 대해서는 현행 허가제를 신고제로 완화하고, 소상공인 등 소규모 사업자에 대하여는 위치기반 서비스사업 신고 절차를 간소화 • 사생활 침해 우려 없는 사물위치정보는 정의에서 제외하고 개인위치정보만을 위치정보로 정의 추진 • 위치정보의 기술적·관리적 보호조치는 목적과 방향성만 제시하고 특정 기술을 한정하지 않음으로 다양한 기술 개발·도입 유도
	위치정보 활용사업 활성화 지원	• 위치정보를 활용한 신규 서비스가 개발될 수 있도록 공모전을 실시하여 우수 비즈니스 모델 발굴 • 국내 스타트업·중소기업 대상 맞춤형 컨설팅 및 보호조치 인프라 지원
	개인정보보호 관련 국제협력 강화	• 우리 기업이 EU 시민의 개인정보를 자유롭게 국내로 이전하여 활용할 수 있도록 EU 적정성 평가 추진
	안전한 개인정보 보호 환경 조성	• 과징금 상향, 국외이전 중단 명령 등 사후 규제 강화 • 집단소송 제도 도입 등 피해구제 강화 검토 • 개인정보 제3자 유상판매 시 고지 의무화, 개인정보 처리정지 요구권 신설 및 프로파일링에 대한 이용자 통제권 강화 추진
국토교통부	스마트 시티	• 스마트시티 국가 시범도시 기본구상안과 시행계획을 마련하고 조성공사 착공을 추진, 스마트시티 관련 기술개발 추진, 도시별 특성에 따른 맞춤형 스마트시티 조성사업 확산
	자율주행 자동차	• 세계 최고 수준의 테스트베드 K-City 완공, 자율주행에 필수적인 스마트 인프라를 전국 고속도로 및 주요도심에 구축, 자율주행차에 적합한 안전기준 및 보험제도 마련
	드론	• 공공분야 드론 수요 형성, 규제샌드박스를 적용한 드론 서비스 조기상용화 지원, 전용 비행시험장 및 종합시험장 등 인프라 확보, 5G·ICT·AI 등을 활용해 다수 드론이 원격·자율비행하는 미래형 교통관리체계인 K드론시스템 개발
	스마트 건설기술	• 건설산업을 첨단 기술 기반의 고부가가치 산업으로 혁신시키고, VR 활용 가상시공, 3D 프린터 활용 건설부재 공장 제작, AI 탑재 건설로봇 현장 조립 등 건설 자동화 기술개발
	제로에너지 빌딩	• 제로에너지 건축의 단계적 의무화, 인증제 도입, 시범사업 추진, 기술개발 지원 등을 종합적으로 추진
	R&D	• 국토부 R&D 종합계획 수립
	규제개선	• 규제특례, 실증기회 확대, 규제샌드박스 도입, 기존 이해관계자와의 상생방안 조성 등 다양한 규제개선 추진

부처	정책	주요 내용
국토교통부	인력양성	• 스마트시티, 녹색건축, 공간정보, 드론, 자율차 등 주요 분야에 대한 신산업 수요 맞춤형 교육, 창업 지원, 산학연 연계, 자격증 등을 종합적으로 추진
	기타	• 국토 가상화, 스마트 공항, 신교통 서비스, 스마트 물류 추진
문화체육관광부	기술과 문화체육관광 서비스 융합 촉진	• [융합형 첨단 콘텐츠 육성] 문화기술(CT) 연구개발, VR·AI 기술 등과 융합한 첨단 콘텐츠 본격 육성, 혁신콘텐츠기업 육성
		• [스포츠산업 및 서비스 영역 확대] 실감형 스포츠 콘텐츠 발굴, 스포츠 빅데이터 활용, 스포츠기업 창업 및 육성, 5대 전략분야에 대한 스포츠 R&D 추진
		• [맞춤형 스마트관광 서비스 기반 조성] 관광벤처기업 육성, 공유민박 도입 등 공유경제 활성화, 주요 관광지에 무료 WiFi 인프라 구축 등 스마트관광 기반 조성
		• [문화 기반시설 서비스 혁신] 도서관, 박물관, 미술관, 전시관의 서비스 혁신
		• [개방·공유 환경에 부합하는 저작권 이용환경 조성] 빅데이터의 수집·처리 과정에서 수반되는 저작물 복제행위에 대한 저작권 침해 책임을 면책토록 저작권법을 개정하고, 신규 저작권 침해에 대한 기술적 대응 강화
	문화적 가치와 제4차 산업혁명의 조화로운 접목	• [창의적 문화예술 인재 양성] 예술과 기술이 결합된 아이디어를 발굴, 문화기술 전문 인재 양성, 공예·미술 관련 메이커스페이스 조성
		• [문화적 가치에 기반 한 중장기 비전 수립] 문화적 권리 보장, 문화적 다양성 보장, 문화자원 융합 역량 강화

출처 : 정준화(2018: 54-59)

참고문헌

정정길 외 (2013), 정책학 원론, 서울: 대명출판사.

강근복 외 (2016), 정책학, 서울: 대영문화사.

황병상 (2019), "한국 제4차 산업혁명 정책의 발전방향 논고–정책문제 정의 및 정책의 구성요소를 중심으로", 과학기술정책연구원, 과학기술정책, 2(1): 1–25.

정준화 (2018), 4차 산업혁명 대응 과제와 향후과제, 국회입법조사처, 입법·정책보고서 16권.

이찬구 외 (2018), 한국 제4차 산업혁명 연구: 기술·경제·사회·정책 혁신의 통합적 접근, 대전: 임마누엘.

Hogwood, B. W. and Peters, B. G. (1983), *Policy Dynamics*, New York : St. Martin's Press.

Technology Innovation Policy :
Evaluation and Innovation

제2부

기술혁신 정책 : 평가와 혁신

1

핵심기술 연구개발 정책

고 영 주

"

제4차 산업혁명의 기술혁신은 역동적이고
장기적인 변혁의 과정으로
새로운 기술정책 체제의 패러다임을
근본적으로 바꾸려는 노력이 병행되어야 한다.

"

제1절 서론

새로운 산업혁명의 실마리가 되거나 산업혁명의 시기를 구분 짓는 기준은 어떠한 파괴적 혁신 기술들이 출현했는가, 그러한 기술 상호 간에, 혹은 기술과 사회와의 상호작용을 통해 동시다발적인 일련의 연쇄 반응과 확산 과정이 어떻게 이루어졌느냐는 질문에서 시작한다. 이러한 기술혁신은 과학기술 연구에서 시작되기도 하고 시장의 수요에 의해 촉발되기도 하며 사회적 욕구와의 결합을 통해 발전하기도 하는 한편 정부의 투자와 정책에 의해 촉진되기도 한다.

지금이 제4차 산업혁명의 시작점인지 아닌지를 판단하는 기준도 기존의 기술, 산업, 사회, 국가시스템의 혁명적인 변화를 몰고 올 파괴적 기술혁신이 일련의 상호작용을 거치며 연쇄적으로 나타나고 있는지, 최소한 그러한 전조가 보이는지 등이 될 것이다. 지난 3차에 걸친 산업혁명이 사후적 분석을 통해 특징적 양상들을 구별해냈다면 앞으로 다가올 제4차 산업혁명은 불투명하고 이제 시발되고 있다는 점에서 어떠한 양상으로 전개될지 가늠하기 어려운 상황이다. 따라서 현재 수준에서 어떠한 파괴적 혁신적 기술들이 나타나고 있고, 이 기술들의 상호작용이 일어나고 있는지, 그것이 몰고 올 산업·사회적 파급효과가 이전 시대 기술혁신의 양상을 뛰어넘는 것인지 등을 분석하고 미래를 예측하려는 노력이 다양하게 나타나고 있다. 이 과정에서 파괴적 기술혁신을 촉진하고 이것이 산업과 사회의 새로운 혁신으로 이어지도록 올바른 방향으로 견인하거나 지원할 정부의 정책적 노력이 매우 중요해지고 있다.

세계 각국은 독일의 인더스트리(industry) 4.0, 미국의 디지털 트랜스포메이션(transformation), 일본의 사회 5.0(society 5.0) 등 표현은 달리하지만, 미래의 기술혁신 주도권을 선점하기 위한 치열한 기술혁신 전쟁을 치르고 있다. 대한민국은 1차와 2차 산업혁명에 동참하지 못하고 나라를 빼앗긴 뼈아픈 과거의 경험을 딛고 제3차 산업혁명의 시대에 빠른 추격자 전략으로 중진국 함정을 넘어 선진국으로의 도약을 꿈꾸고 있다. 이러한 시점에 제4차 산업혁명을 주도할 미래 과학기술혁신 경쟁의 속도와 효과를 높이는 정부의 기술혁신 정책은 매우 중요한 의미를 지닐 것이다. 실제로 최근 3~4년에 걸친 정부의 과학기술혁신 정책에서 제4차 산업혁명이라는 용어와 이와 관련한 기술정책이 강화되고 있고, 문재인 정부는 '제4차산업혁명위원회'를 만들어 이를 총체적으로 촉진할 체계를 갖추고 다양한 정책적 방안들을 내놓고 있다.

현시점에서 정부의 4차 산업혁명 관련 연구개발 정책이 어떠한 혁신적 기술에 관심과 투자를 보이는지, 이러한 기술이 일련의 상호작용을 일으키도록 설계되고 있는지, 실제 집행은 제내로 이루어지고 있는지, 혁신기술의 출현과 이로 인한 변화를 일으키는 양상이 나타나고 있는지, 특히 제4차 산업혁명 패러다임이 등장하기 이전의 연구개발 정책과의 차별성이 무엇인지 등에 대한 분석을 통해 향후 정부의 기술투자와 관련한 정책, 파괴적 기술혁신을 올바르게 촉진할 미래 정책의 방향을 제시해 보는 것은 매우 의미 있는 작업이 될 것이다.

제1차 산업혁명 시대 핵심 선도기술은 증기기관, 방적·방직기술, 다이너마이트 폭탄 기술, 철 제조기술, 증기기관차, 증기선 등이었으며 그러한 기술들은 상호 일련의 상호작용과 연쇄반응을 일으키며 면직물 산업, 석탄산업, 철강산업, 운수산업 등을 일으키면서 공업 국가와 근대 자본주의를 출현시켰으며 경제·사회적인 대변혁을 촉진하였다.

제2차 산업혁명 시대의 핵심 선도기술은 염료와 안료, 석유화학, 전기와 내연기관, 화학비료, 전신전화, 라디오와 TV, 진공청소기, 세탁기, 냉장고 등이었다. 이러한 기술들은 동시다발적으로 출현하며 상호작용을 통해 기술의 시스템화, 기술과 사회의 공진화, 과학기술의 산업화 가속, 석탄에너지 시대에서 석유에너지 시대로의 전환, 대량생산 시대를 열며 산업과 사회의 대변혁을 촉발하였다. 컴퓨터와 인터넷, 이차전지와 자동차, 스마트폰, 신약기술과 바이오, 우주개발 등의 혁신 기술은 제3차 산업혁명의 시대로 접어들게 하였으며 정보화, 산업의 화학화, 과학기술의 개방형 융합 혁신, 소규모 기술혁신 벤처의 확산, 세계화 등을 촉진하며 제4차 산업혁명으로의 진화 기반을 구축하였다.

제4차 산업혁명은 컴퓨터에 정보를 저장하고 인간이 정보를 분석하여 물리 세계의 변화를 추진하던 방식을 넘어 컴퓨터 자체가 지능화하여 정보를 분석하고 문제의 솔루션을 알려주는 방식으로 진화하고 있다. 그러한 인공지능이 로봇, 바이오, 자동차, 드론, 가전제품, 스마트폰 등 일상생활에 깊숙이 들어오고 산업체계 자체를 변화시키기 시작하였다. 그러한 변화는 인간의 노동, 교육, 사회시스템, 산업체계 전반의 혁명적인 변화를 초래하고 인간이 통제하기 어려운 양상으로 발전할 수도 있다는 점에서 기대와 함께 불안하고 위험한 미래에 대한 우려를 키우기도 한다.

한국기술혁신학회와 과학기술연합대학원대학교(UST), 충남대 국가정책연구소는 2018년 1년여에 걸친 기획연구를 통해 이러한 변화를 기술, 산업, 사회, 정책 혁신의 통합적 측면에서 분석하였으며 기술혁신에 중점을 두고 제4차 산업혁명의 양상을 분야별로 다룬 바가 있다(이찬구 외, 2018).

당시 기획연구 중에서 기술혁신 파트는 국내·외 주요기관의 핵심기술 분야 예측, Wordle 프로그램을 이용한 키워드 분석, STEEP 관점에서의 전문가 의견 수렴, 논문 및 기술별 글로벌 네트워크 분석, 대한민국의 연구개발 키워드 분석, 주요 기술 클러스터 분석 등을 통해 제4차 산업혁명의 핵심기술을 도출하고 기술별 동향을 분석하였다. 여기서 도출된 핵심기술은 사물인터넷, 인공지능, 빅데이터, 블록체인, 3D프린팅, 로봇, 자율주행 자동차, 디지털 콘텐츠기술, 합성생물학, 융복합 소재, 신재생에너지 관련 기술 등이다. 그리고 이러한 핵심기술들은 일련의 시간적 진화를 거치며 발전하고 다른 기술과의 상호작용을 통해 동시다발적인 기술혁신의 전조들을 만들어낸다. 그 과정에서 다양한 응용 분야와 결합을 통해 기술 융합과 통합이 이루어지고 있다. 사물인터넷, 빅데이터, 클라우드를 기반으로 한 인공지능이 자율자동차, 로봇, 드론, 융합 소재, 합성생물학 등의 기술과 연결되어 응용될 때 더 빠르고 더 파괴적인 산업과 사회혁신의 양상으로 나타날 것이다. 관련 연구개발의 패러다임도 블록체인과 인공지능 기반으로 바뀌어 갈 것이다. 더 나아가 기술혁신은 기술 자체만이 아니라 경제·사회적 제도, 환경과 상호작용하며 플랫폼, 생태계, 시스템 등을 생성하며 진화한다. 제4차 산업혁명의 기술혁신 영역에서의 정책은 핵심기술의 진화, 기술 간 상호작용, 기술과 제도의 공진화, 이를 촉진하는 플랫폼 등의 구축에 역점을 두어야 하며, 검토를 통해 수정 보완해 가는 프로세스 또한 매우 중요하다.

본 장은 2018년 기획연구 중 핵심기술 분야 분석의 후속연구 성격으로서 당시에 도출된 제4차 산업혁명 관련 핵심기술 분야를 중심으로, 최근 3~4년 간의 정부 정책이 어떠한 것이 있었고 그러한 정책을 추진하고 미래를 선도하기 위한 다양한 노력을 위와 같은 기준으로 평가해 보고자 한다. 이를 통해 기존 기술혁신 정책의 수정·보완과 향후 제4차 산업혁명을 선도할 기술 관련 연구개발 정책의 바람직한 개선방향을 제시해보고자 한다. 이를 위해 본 연구에서는 첫째, 우리나라 제4차 산업혁명 정책 추진의 범부처 조직인 제4차산업혁명위원회는 어떤 노력을 기울이고 있는지 관련 정책을 구조와 과정을 포함하여 개괄적으로 살펴보고, 둘째, 그러한 정책이 제대로 구현되고 있는지, 정책 간 상호 연계성을 가지고 어떻게 추진되고 있는지 기존 정책과의 차이를 정책변동 측면에서 정리해보았다. 그리고 셋째로는 그러한 정책과정에 대한 개략적인 평가와 함께 문제점을 짚어보고 넷째, 이를 바탕으로 정책혁신 방안을 제시해보았다.

제2절 핵심기술 연구개발 정책의 개관

1. 주요 정책내용

정부의 핵심기술 연구개발 정책을 살펴보기 위해 4차 산업혁명 핵심기술과 관련이 있는 정부의 R&D 투자 방향 및 기준과 예산 배분조정 계획, 제4차산업혁명위원회의 기술분야 투자전략, 제4차 과학기술기본계획의 연도별 시행계획, 혁신성장동력 추진계획 및 혁신성장 전략투자방향 등을 기술 관점에서 분석해 보았다. 이에 더하여 최근 일본의 무역보복으로 촉발되어 우리나라 산업구조의 취약성으로 드러난 소재·부품·장비 분야에서 4차 산업혁명 관련 기술 분야를 보기 위해 소재·부품·장비 경쟁력 강화대책 및 소재·부품·장비 연구개발 투자전략 및 혁신대책(안)도 개괄적으로 분석하였다.

1) 2016~2020 정부 R&D 투자 방향 및 기준과 예산 배분조정 계획

2016년 정부 R&D 예산을 보면 (1) 전 생산 과정에 클라우드, 빅데이터, ICT 등의 첨단기술을 접목함으로써 부가가치를 높이는 등 제조업 혁신을 지원하는 제조업 스마트화, (2) 5G 이동통신, 스마트자동차 등 조기 상용화 가능성이 큰 미래성장동력 분야의 전략적 투자, (3) 스마트카의 고속 자율주행 핵심기술 및 안전한 통신기술 개발, 지능형 반도체, SW 등 미래성장 분야, (4) 중소기업의 기술혁신 역량 제고를 위해 산업현장 맞춤형 인력 양성 확대 등 제4차 산업혁명 요소기술 및 기반기술과 관련한 투자가 확대되고 있음을 알 수 있다. 그러나 제4차 산업혁명의 용어를 직접 사용하거나 체계적인 투자와 시스템 혁신과 관련한 내용은 없다.

한편, 2017년 정부 R&D 투자 예산에서 제4차 산업혁명 용어가 처음으로 등장하고, AI-로봇 융합프로그램, 사물인터넷 융합기술 개발 등에 49.6% 증가한 4,707억 원을, 스마트자동차, 고기능 무인기 등에 각 43.8%, 30.0% 등을 증액하여 적극적으로 예산 증액 노력을 기울이는 등 당시 미래부와 산업부의 협업을 통한 융합을 강화하였다.

2018년 정부 R&D 투자에서는 4차 산업혁명 대응을 위해 R&D 투자 방향 재정립을 추진하여 미래성장동력 확충에 집중하여 2017년 대비 25.6%의 예산을 증액한 1.52조 원으로 책정되었다. 특히 제4차 산업혁명의 전략적 투자 범위를 〈표 1-1〉과 같이 5개 분야로 설정하고, 기술 성숙도 및 시장 특성에 따른 차별화 된 투자전략을 적용하는 것을 주요 내용으로 함으로써 2017년에 비해 체계화되고 전략화된 투자전략을 수립하였다. 또한, 연관되는 기술, 산업, 제도를 하나의 시스템으로 구성하여 통합 지원하는 방식을 도입하여 자율주행차, 정밀의료, 미세먼지 3개 분야에 시범 적용하였다. 그리고 일몰 예산과 부처예산 자율 구조조정을 통해 제4차 산업혁명, 일자리 등에 재투자하는 것을 주요한 방침으로 결정한다.

2019년 정부 R&D 예산에서는 제4차 산업혁명 대응역량 강화 분야에 13.4% 증액한 1조 7,467억 원을 투자하였다. 구체적으로는 (1) 차세대컴퓨팅, 인공지능, 빅데이터, 클라우드, IoT 등 핵심기술, (2) 3D프린팅, 5G 이동통신, 정보보안 및 AR·VR 등 기반 기술, (3) 스마트국방, 자율주행차, 고기능 무인기, 스마트시티, 스마트 재난안전 등 융합기술 분야에 집중하기로

〈표 1-1〉 2018년 정부 R&D 투자전략의 5대 영역

영 역	4차 산업혁명 관련 기술
기초과학	제4차 산업혁명 기술혁신의 이론적 기초를 제공하는 과학, 뇌과학 및 산업 수학 등
핵심기술	제4차 산업혁명의 요소기술인 AI, 빅데이터, IoT 등
기반기술	핵심기술과 결합하여 파급력을 증대시키는 부가기술인 이동통신, 반도체 등
융합기술	공공산업융합 분야의 자율주행, 무인기 등
법·제도 개선	제4차 산업혁명 산업혁신을 뒷받침하는 AI 윤리 헌장, 데이터 IP 등

한다. 이와 병행하여 (4) 뇌과학, 산업 수학, 양자기술, 나노소재 등 기초과학에도 투자하기로 하였다.

한편 혁신성장을 새로운 축으로 제시하여 초연결 지능화, 자율주행차, 고기능 무인기, 스마트시티, 스마트팜, 스마트공장, 정밀의료, 지능형 로봇 등 8대 선도 분야를 선정하고 사업별 예산지원 방식에서 탈피, 분야별로 '기술-인력양성-제도-정책'을 패키지로 종합 지원하는 투자 플랫폼인 R&D PIE 시스템(R&D Platform for Investment and Evaluation)을 마련하였으며, 신규사업에 대해서는 다부처 사업 우선으로 추진하였다.

2020년 정부 R&D 예산안 중 제4차 산업혁명 대응 분야 예산은 2019년 대비 17.0% 증액시킨 1조 7,800억 원이다. (1) 인공지능, 블록체인, 지능형 센서 및 반도체 등 핵심·기반기술에 대한 지원을 통해 4차 산업혁명 대응 역량 강화를 도모하고, (2) 자율차, 무인기 등 신산업 창출을 위한 기술, (3) ICT 기술을 접목한 정밀의료, (4) 스마트안전 등 기존 산업의 혁신 투자를 확대하였다. 제4차 산업혁명의 5대 전략 영역을 5대 기술 분류체계로 재편하였다. 또한 법·제도 영역을 해당 분야 인력양성을 골자로 공통기반 분야로 전환했다.

한편 기존의 혁신성장 8대 선도산업을 3대 중점 육성산업, 8대 선도산업으로 재편하여 투자를 확대하였다. 2019년의 8대 선도산업에서 고기능 무인기는 드론으로, 정밀의료는 바이오헬스로, 초연결 지능화와 지능형 로봇은 에너지 신산업과 핀테크로 수정하였다. 그리고 제4차 산업혁명 대응 분야와 혁신성장 분야를 중심으로 2019년 도입한 PIE 패키지형 지원제도를 확대 강화하기로 하였다.

2) 4차산업혁명위원회의 기술 분야 투자전략

4차산업혁명위원회는 출범 이후 4차 산업혁명 대응계획(2017.11.), 초연결 지능형 네트워크, 드론, 스마트공항 추진(2017.12.), 스마트시티 추진전략(2018.1.), 인공지능 R&D 전략, 데이터산업 활성화 전략(2018.6.), 클라우드컴퓨팅 발전계획(2018.9.), 헬스케어 발전전략 및 로봇 시장 창출 전략(2018.12.), 도시혁신 및 미래성장동력 창출을 위한 스마트시티 추진전략(2019.1.), 5G 시대 선도를 위한 실감 콘텐츠산업 활성화 전략(2019.5.), I-Korea 4.0 실현을 위한 인공지능 R&D 전략(2019.7.), 4차 산업혁명 스마트 국방혁신 추진계획(2019.7.), 4차 산업혁명 스마트공장 고도화전략(2019.10.) 등을 의결하였으며, 2019년 10월에는 4차 산업혁명 대정부 권고안을 채택하였다.

2019년 10월의 권고안은 기술혁신 중심의 혁신주도형 성장전략을 강조하고 있다. (1) 노동제도 개혁, 대학 자율 강화, 혁신 안전망 구축 등의 사회혁신 분야와 함께 (2) 개인 의료데이터 이용 활성화 등의 바이오헬스, (3) 수평적 협업 제조, 스마트금융, 스마트 모빌리티 및 물류, 스마트시티, 농수산 신산업화 등을 포함한 산업혁신, 그리고 (4) 인공지능과 데이터, 사이버보안, 블록체인, 스타트업 생태계 등의 지능화 혁신기반을 담고 있으며, 전체적으로 경제 패러다임이 플랫폼 비즈니스 중심의 지능화 혁신을 강조하고 있다. 기술 자체의 진화보다는 기술혁신이 몰고 올 사회 및 산업 변화에 주목하고 기술, 사회, 산업 혁신의 통합적 대응을 강조하는 권고안을 채택했다는 점은 주목할 만하다.

4차산업혁명위원회는 출범 직후인 2017년 11월 "혁신성장을 위한 사람 중심의 4차 산업혁명 대응계획"을 제시한 바 있다. 이 계획에서 위원회는 4

차 산업혁명을 지능화 기술로 경제·사회의 대변혁과 기술·인프라·생태계 혁신을 유발하고, 사람 중심의 혁신성장을 뒷받침하는 원동력(enabler)으로 해석하였다. 아울러 지능화 기술기반으로 전산업의 생산성을 높이는 산업혁신, 고질적 사회문제를 해결하는 사회혁신을 통한 신성장동력 창출, 지능화 기술 경쟁력을 확보하고 미래신성장동력을 창출하는 R&D 강화, 성과 확산을 위한 데이터 네트워크 생태계 고도화, 우수 인재와 일자리 안전망 확충 등의 방향을 제시하였다.

이러한 방향에 맞게 지능화 기반 산업혁신을 촉진하는 구체적인 프로젝트로 스마트 의료, 제조업 디지털혁신, 스마트이동체, 스마트그리드 및 온실가스 저감 미래형 에너지혁신, 스마트 금융물류, 스마트 농수산업 등 6개 분야와 사회문제 해결을 통한 신성장 촉진 프로젝트로 스마트시티, 스마트교통, 스마트복지, 스마트환경, 스마트안전, 스마트국방 등 6개 분야를 제시하였다. 성장동력 기술력 확보를 위해 지능화 기술경쟁력 확보, 기존 19대 미래성장동력과 9대 국가전략프로젝트를 통합한 혁신성장동력 육성, 연구자 중심 R&D 체계 및 연구데이터 플랫폼 구축을 제안하였으며, 산업인프라 생태계 조성을 위해 초연결 지능형네트워크 구축, 데이터 생산공유 기반강화, 신산업 규제개선, 중소벤처 지역거점 성장동력화를 포함하고 있다. 4차 산업혁명의 고용시장 변화에 대응하는 핵심인재 성장지원, 미래교육체계 혁신, 일자리 안전망 확충, 사이버 역기능에 대한 윤리 대응 강화 등은 미래사회변화 대응을 위한 구체적 정책으로 제시하였다.

2017년 11월의 4차 산업혁명 대응계획 이후 위원회가 의결한 내용은 기술 분야별 변화와 기술투자의 방향을 제안한 것이었으며, 주로 기존 과학기술정보통신부의 2차관실에서 관리하는 ICT분야 기술에 집중하였다.

3) 제4차 과학기술기본계획('18~'22)과 연도별 시행계획

제4차 과학기술기본계획 중 전략 3 '과학기술이 선도하는 신산업, 일자리 창출'의 추진과제 11~13에 4차 산업혁명 대응 관련 기술 분야 내용이 포함되어 있다(〈표 1-2〉 참조). 이외에 4차 산업혁명 시대 신 과학문화산업 육성, 4차 산업혁명 분야 특허정보 활용 확대, 4차 산업혁명 유망분야 및 주력산업 고품질 특허·국제표준 확보를 위한 IP-R&D 및 국제표준-R&D 연계 강화 등이 들어가 있고, 혁신성장 분야를 중심으로 '기술-인력양성-제도-정책'을 종합 지원하는 '패키지형 R&D 투자 플랫폼(R&D PIE)'을 도입하는 것을 골자로 하고 있다.

전체적으로 4대 전략과 19대 추진과제를 바탕으로 11개 대분류, 43개 중분류에서 120개 중점과학기술을 도출하였고, 이 중 4차 산업혁명 관련 기술은 인공지능, 스마트홈, 스마트시티, 3D프린팅, 대기오염 대응 등 12개 기술을 신규로 반영하였고 별도로 제4차 산업혁명 기술로 분류하지는

〈표 1-2〉 '과학기술이 선도하는 신산업, 일자리 창출' 추진과제

추진과제		주요 관련 기술
추진과제 11	4차 산업혁명 대응기반 강화	• 인공지능 기반기술 확보 • 초연결 네트워크 기반 구축 • 데이터 공유 활용 역량 강화 및 데이터 활용기반 구축 • 신기술·신비즈니스의 제도적·실증적 생태계 구축
추진과제 12	혁신성장동력 육성	• 4차 산업혁명을 선도할 혁신성장동력 분야(13개) 조기 상용화와 원천기술 확보 및 맞춤형 지원·육성 • 혁신성장동력 전주기(발굴·지원·평가) 관리체계 정착 • 유망산업의 성장동력화 촉진 • 성장동력 산업화를 위한 패키지형 지원 강화
추진과제 13	제조업 재도약 및 서비스업 육성	• 스마트공장 기반 경쟁력 강화 및 제조기업 스마트화 촉진
추진과제 14	중소기업 육성	• 4차 산업혁명 전략품목 등 품목지정형 자유공모 포함

않았다. 이를 바탕으로 국가과학기술자문위원회는 매년 시행계획을 수립·추진하고 있으며, 제4차 과학기술기본계획의 2018년도 시행계획(안)에는 인공지능, 초연결 네트워크, 데이터, 표준 분야로 나누어서 총 4,238억 원을 투입하는 것으로 되어 있다.

한편 2019년도 시행계획(안)은 인공지능 빅데이터, 5G 이동통신 등 4차 산업혁명의 핵심·기반기술의 고도화 및 의료, 교통 자율차, 재난안전, 콘텐츠 미디어 등 기존 산업 서비스와의 융합을 통해 신산업과 일자리를 창출하고, 규제 샌드박스 활성화와 혁신성장동력 분야별 성과 창출을 가속화하기 위한 실증기획 지원 및 다중 활용기술에 대한 규제 발굴 및 제도개선을 추진해 나가는 것으로 되어있다. 2020~2022년까지 스마트공장 3만 개 보급 및 소재·부품·장비, 반도체·디스플레이·배터리, 자동차조선, 섬유, 가전 등 주력 산업군별 고부가가치 전략으로 제조업 혁신을 추진하기로 하였다.

4) 혁신성장동력 추진계획('17.12., '18.5.) 및 혁신성장 전략투자 방향('18.8.)

정부는 2017년 12월 "혁신성장동력 육성으로 손에 잡히는 4차 산업혁명 구현"을 비전으로 한 혁신성장동력 추진계획을 수립하고, 2018년 5월 세부 시행계획을 확정하였다. 기존의 19대 미래성장동력과 9대 국가전략 프로젝트 조기 상용화 분야와 원천기술 확보 분야로 분류하여, 13대 혁신성장동력으로 새롭게 설정하고 이를 4차 산업혁명 기술투자 분야와 연계하여 매칭을 추진하였다. 핵심기술 205개를 도출하고 이를 구성기술 7개 분야, 서비스 6개 분야 등 13대 혁신성장동력 분야로 설정하였으며 매년 신규 분야를 발굴하는 것을 추진하고 있다.

13대 혁신성장 동력은 스마트시티, 가상증강현실, 신재생에너지, 자율주행차, 빅데이터, 맞춤형 헬스케어, 지능형로봇, 드론, 차세대통신, 첨단소재, 지능형 반도체, 혁신신약, 인공지능이며 2022년까지의 총 9조 230억 원의 예산 투자계획과 함께 추진체계 및 매년 실행 점검·보완 체계를 구축하고 있다.

한편 과학기술정보통신부 주도로 이루어진 13대 혁신성장동력 육성 계획과 별개로 기재부 중심으로 혁신성장 전략투자 방향을 발표하였다. 3대 전략투자 분야로 데이터경제, 인공지능, 수소경제를 선정하였으며, 혁신 인재양성을 공통분야로 정하였다. 산업 및 사회 혁신과 사람 혁신, 과학기술 혁신 등 4대 정책방향을 설정하고 스마트 공장, 스마트 팜, 핀테크, 에너지 신산업, 스마트 시티, 드론, 미래 자동차, 바이오 헬스를 8대 선도사업으로 선정하고 플랫폼 경제에 1조 5000억 원, 8대 선도사업에 3조 5000억 원 등을 2019년 예산에 반영하였다. 2020년에도 4차 산업혁명 대응이라는 의제로 핵심 및 기반기술에 1조 7,800억 원을 투입하고 있다.

5) 소재·부품·장비 경쟁력 강화('19.8.5.) 및 R&D 투자전략('19.8.28.)

일본의 반도체, 디스플레이 분야 3개 품목의 대한국 수출규제(2019.7.4.)와 백색국가에서 한국의 배제(2019.8.2. 결정 → 2019.8.28. 시행)로 과도한 대일의존도 구조의 한계를 드러냄에 따라 정부는 경쟁력 강화대책과 R&D 전략을 연이어 발표하였다.

특히 소재·부품·장비를 4차 산업혁명 시대 기술경쟁력의 핵심요소로 인식하고 초경량/고강도 소재(미래차, 로봇), 저전력/고감도 소재(IoT), 고성능 저전력(AI, 빅데이터) 소재 특성에 주목하고 대응책을 마련한 것이다. 경쟁력 강화대책에서는 핵심품목으로 100+@를 선정하였으며, 소재부품장비 과학기술혁신본부장과 민간전문가를 공동위원장으로 하는 '기술특별위원회'를 설치하여 가동하고, 글로벌 가치사슬, 기술수준 및 경쟁력, 국내·외 특허 분석 등을 통해 R&D 측면에서 관리가 필요한 핵심품목을 구체화하고 있다.

핵심품목은 국내 기술 수준과 수입 다변화 가능성을 기준으로 세계화를 목표로 기술개발, 대체품 조기 투입, 새로운 공급망 창출, 공급-수요기업 상생형 연구개발 유형 등 4가지 유형으로 분류하였으며, 내년부터 2022년까지 3년간 5조 원 이상을 소재·부품·장비와 관련 역량 강화에 투입하기로 하였다. 핵심품목 맞춤형 투자를 위해 단기성과 창출이 필수적인 핵심품목, 실증지원, 단기 상용화 지원 등을 패스트트랙으로 지원하고 소재·부품·장비 100개 전문기업을 육성하기로 하였다. 4차 산업혁명을 이끄는 핵심소재를 발굴하고 혁신도전 프로젝트도 추진한다. 국가연구실, 국가연구시설, 국가연구협의체 제도를 지역 기반으로 도입하는 등의 장기적이고 지속적인 연구지원 체제도 함께 추진한다. 긴급 기술개발이 필요한 분야에 대해 예비타당성 조사를 면제하고, 수요기업과 공급기업에 대하여 공동개발 지원을 확대한다. 특히 소재·부품·장비 지원 시 PIE 제도를 적극적으로 확대한다는 것을 골자로 하고 있다.

2. 정책결정 체계

정부는 매년 3월~4월에 다음연도 정부 R&D 투자방향 및 기준을 국가과학기술자문회의(구 국가과학기술심의회 포함)에 제출하여 심의하고 기획재정부 및 관련 부처에 통보한다. 각 부처는 이에 근거해서 투자(안)을 정해 다시 자문회의에 제출하면 자문회의는 6월 말까지 심의를 통해 예산 배분(안)을 확정해서 기획재정부에 통보하면, 기획재정부는 8월 말까지 전체 예산안과 함께 국회에 제출한다. 제4차 산업혁명 관련 기술에 대한 투자는 2016년부터 나타나며 투자방향 및 기준(안)과 예산배분(안)을 보면 개략적인 동향과 특징을 분석할 수 있다.

문재인 정부는 "4차산업혁명위원회 설치 및 운영에 관한 규정"을 통해 대통령 직속 4차산업혁명위원회를 구성하고 4차 산업혁명에 대한 종합적인 국가전략, 4차 산업혁명 관련 부처별 실행계획과 주요정책, 4차 산업혁명의 근간이 되는 관련 과학기술발전 및 성과확산 전략, 전산업의 지능화를 통한 신산업, 신서비스 육성 등을 주요 임무로 운영하고 있다. 4차산업혁명위원회는 위원장과 전체 위원회 이외에 혁신위원회(과학기술, 산업경제, 사회제도)와 특별위원회(스마트시티, 헬스케어 등)로 구성하여 운영하고 있으며 내부에 지원단(총괄기획팀, 기술산업팀, 사회혁신팀)과 과학기술정보통신부의 실무적인 지원을 받고 있다.

정부 과학기술정책의 최상위 계획인 과학기술 기본계획은 과학기술기본법에 근거하여 5년마다 수립, 과학기술자문회의에서 확정하게 되어 있고 정부의 임기에 맞추어 정권 초기에 공표함으로써 5년 임기 동안 추진해야 할 과학기술정책의 바탕을 이룬다. 2018년 2월 발표한 제4차 계획에서 제4차 산업혁명 관련 내용은 4차 산업혁명기반위원회에서 도출한 미래성장동력·주력산업에 집중되어 있고 중점과학기술 분야에 담겨있다.

전체적으로 4대 전략과 19대 추진과제를 바탕으로 11개 대분류, 43개 중분류에서 120개 중점 과학기술을 도출하였고, 이 중 4차 산업혁명 관련 기술들은 인공지능, 스마트홈, 스마트시티, 3D프린팅, 대기오염 대응 등

12개 기술을 신규로 반영하였고 별도로 4차 산업혁명 기술로 분류하지는 않았다. 이를 바탕으로 국가과학기술자문위원회는 매년 시행계획을 수립 추진하고 있으며 기본계획 내용의 추진 점검뿐만 아니라 근간이 바뀌지 않는 선에서 내용의 일부 수정·보완이 이루어진다.

한편 정부는 혁신성장을 강조함에 따라 2017년 12월 "혁신성장동력 육성으로 손에 잡히는 4차 산업혁명 구현"을 비전으로 한 혁신성장동력 추진계획을 수립하고 2018년 5월 세부 시행계획을 확정하였다. 기존의 19대 미래성장동력과 9대 국가전략프로젝트를 조기 상용화 분야와 원천기술 확보 분야로 분류하여 13대 혁신성장 동력으로 새롭게 설정하고 이를 4차 산업혁명 기술투자 분야와 연계 매칭을 추진하였다. 핵심기술 205개를 도출하고 이를 구성기술 7개 분야, 서비스 6개 분야 등 13대 혁신성장동력 분야로 설정하였으며 매년 신규분야를 발굴하는 것을 추진하고 있다.

제3절 정책변동 분석

1. 정책혁신(policy innovation)

정부의 제4차 산업혁명 대응 관련 거버넌스상의 가장 큰 변화는 대통령 직속 4차산업혁명위원회의 설치와 운영이다. 전에 없던 범부처 위원회를 설치하고 4차 산업혁명 대응을 총괄적으로 추진하게 함으로써 Hogwood와 Peters(1983: 26-29)의 정책변동 유형 중 정책혁신(policy innovation)에 해당한다. 위원회 전체회의와 산하 혁신위원회, 특별위원회 소위원회 활동을 통해 4차 산업혁명 대응의 일관성과 체계성, 내용의 진화를 추진하고자 했다.

4차 산업혁명을 박근혜 정부의 창조경제 패러다임을 대체하는 새로운 정부의 정책 패러다임으로까지 추진했는지는 분명하지 않다. 4차산업혁명위원회의 위상이 모호하고 정책 반영이 적으며, 관련 정책수립 과정이 기획재정부, 과학기술정보통신부 등 부처별로 별도로 이루어지면서 산만해진 탓도 있다. 그러나 박근혜 정부에서 창조경제 패러다임 하에서 제4차 산업혁명 관련 기술을 추가로 발굴하고 투자하는 범위를 넘어 대통령 직속의 위원회로 격상하여 대응을 총괄하게 한 것은 기존 정책에는 없던 분명한 정책혁신에 해당한다.

한편, 또 다른 정책혁신은 문재인 정부가 강조한 혁신성장을 구체화하기 위해 기획재정부 중심으로 2018년 8월에 추진한 혁신성장 전략투자 방안이다. 혁신성장의 핵심 축으로 데이터 경제, 인공지능, 수소 경제를 선정하였으며 산업 및 사회 혁신과 사람 혁신, 과학기술 혁신 등 4대 정책방향을 설정하고 8대 선도사업을 선정하여 예산까지 대폭 반영하였다. 기획재정부는 이를 위해 내부에 혁신성장 TF를 신설하여 방안을 만들고 구체화하였다.

일본의 대한국 수출규제와 백색 리트스 제외에서 촉발된 한국 산업의 소재·부품·장비 대외 의존도 이슈는 기존에 없거나 기존 프로그램을 훨씬 뛰어넘는 소재·부품·장비 연구개발 투자 확대, 산업경쟁력 강화 방안 등을 만들어냈고, 이를 위해 정부 R&D 투자가 지난 5년간 아주 낮거나 정부 예산 증가율을 훨씬 밑도는 증가 수준에서 머물던 것을 20% 가까운 증가율로 끌어올린 것은 기존 정책의 승계나 유지를 넘어선 정책혁신에 해당한다.

4차산업혁명위원회와 혁신성장 정책은 창조경제를 대체하는 현 정부의 혁신성장과 포용성장, 혁신적 포용성장의 패러다임을 구체화하기 위한 정책혁신의 축이었고, 소재·부품·장비 경쟁력 강화 방안은 예상하지 못한 외생 변수에 대응하기 위한 국가적 차원의 긴급 대응이자 정책혁신이었다.

2. 정책승계(policy succession)

과학기술정보통신부는 기획재정부의 혁신성장 방안에 앞서 2017년 12월 혁신성장동력 추진계획을 수립하고, 기존 박근혜 정부의 19대 미래성장동력과 9대 국가전략프로젝트를 조기 상용화 분야와 원천기술 확보 분야로 분류하여 13대 혁신성장동력으로 새롭게 설정하고 이를 4차 산업혁명 기술투자 분야와 연계 매칭을 추진하였다. 이 과정에서 박근혜 정부의 국가전략프로젝트는 기존 성장동력 분야로 흡수 통합되거나 보완되어 13개 혁신성장동력 분야로 재조정되었다. 이는 국가전략프로젝트라는 측면에서는 정책종결에 해당하지만, 4차 산업혁명 관련 기술 분야로 접근했을 때 과학기술정보통신부 13대 혁신성장동력 분야의 재설정과 구체화는 정책승계에 해당한다. 기획재정부의 혁신성장방안은 과학기술정보통신부의 혁신성장동력 방안과는 전혀 별개로 추진되었으며 새로운 방식으로 구성하여 정책혁신으로 분류한 것과 대비되는 지점이다.

한편 정부의 국가과학기술 기본계획의 4차 산업혁명 관련 내용은 기존의 기술개발 투자전략에서 발전한 것이긴 하지만 내용상이나 형식상에서 전혀 새로운 것은 아니라는 측면에서 정책승계로 분류할 수 있다. 물론 5년짜리 국가과학기술 기본계획을 추진하는 과정에서 예전에는 없던 2040년 미래사회 예측을 통한 5개년 계획을 수립하였고, 사회문제 해결과 국민 생활의 질을 높이는 분야가 새로운 전략으로 신설되었다는 측면에서 크게 진일보하였지만, 4차 산업혁명 관련해서는 기존의 접근 방식과 내용을 보완하거나 추가하는 방향으로 이루어짐으로써 정책승계로 분류하였다.

3. 정책유지(policy maintenance)

정부 R&D 예산을 조정하고 배분하는 과정은 기존 정부의 법적 프로세스를 유지하고 있으며, 이 과정에서 4차 산업혁명 관련 기술 분야 정책을 별도로 조정 배분하는 정책을 새롭게 구성하지 않았다. 물론 과학기술혁신본부를 과학기술정보통신부의 3차관으로 신설하고, 기존의 국가과학기술

<표 1-3> 핵심기술 연구개발 정책의 변동 내용(혁신, 승계, 유지)

분류		박근혜 정부	문재인 정부
정책기조		• 창조경제	• 혁신성장, 혁신적 포용성장

정책
변
동
유
형
	정책혁신	• 창조경제 패러다임의 국가전략프로젝트	• 4차산업혁명위원회 신설
			  – 제4차 산업혁명 선도기술 발굴
			• 혁신성장 전략투자
			  – 3대 전략, 8대 선도산업
			• 소재·부품·장비 연구개발 투자 확대,
			  산업경쟁력 강화 방안
			  – R&D 투자의 획기적 증대

	정책승계	• 13대 신성장동력기술, 9대 국가전략기술
		• 3차 과학기술기본계획 중 4차 산업혁명
		  기술 관련대응
			• 13대 혁신성장 기술로 승계
			• 제4차 과학기술기본계획 중
			  제4차 산업혁명 기술 관련 대응

	정책유지	• 정부 연구개발예산 중 핵심기술 관련
		  예산 배분조정 프로세스
			• 거의 같게 유지
			  – 과학기술정보통신부와 별개로 기재
			  부의 혁신성장 예산 기획이 추가되었
			  으나, 큰 틀에서는 프로세스 유지

심의회와 국가과학기술자문회의를 통합하여 심의와 자문 기능을 동시에 수행하는 국가과학기술자문회의로 전환한 것은 정책혁신에 해당하나, 제4차 산업혁명 관련 기술 분야 정책구조나 과정에는 특별히 반영하는 정책혁신은 없어 R&D 예산 조정과 배분 구조와 과정은 정책유지로 분류하였다.

이상에서 논의한 문재인 정부의 기술혁신 정책의 변동 유형을 종합하면 〈표 1-3〉과 같이 나타낼 수 있다.

제4절 정책평가

문재인 정부의 핵심기술 연구개발 정책에 대한 평가는 먼저 정부 전체적으로 추진된 연구개발 투자의 효과성과 효율성을 판단하고자 한다. 다음에서는 앞의 제2절에 논의한 주요 정책을 구체화 하기 위해 수행된 국가 연구개발사업의 성과를 중심으로 핵심기술 연구개발 정책에 대한 평가를 수행하고자 한다.

1. 정부 R&D 투자에 대한 평가

2016년 이후 매년 정부 R&D의 투자방향 및 기준 가이드라인과 실제 예산 배분조정에서 제4차 산업혁명 대응 분야는 2017년 계획부터 용어를 사용하기 시작하였으며 초기 일부 기술에 대한 투자에서 5대 전략적 분야, 5대 기술 분야로 분류하고 지속적인 투자를 확대하거나 체계화하고 있다. 특히 박근혜 정부의 미래성장동력 용어와 분야를 폐기하고, 문재인 정부의 혁신성장을 선도할 8대 선도분야에 대한 집중 지원과 함께 혁신성장 플랫폼, 패키지형 PIE 투자 등의 전략을 추진하고 있다.

그러나 무엇보다 5대 기술 분야로 분류하여 투자하는 전략에 대해 각 분야의 기술들에 대한 투자 효과나 미래기술에 대한 분석 없이 진행되다 보니, 지난 3~4년의 제4차 산업혁명 기술혁신 투자의 일관성과 연계성, 효과성 등은 드러나지 않고 있다. 그리고 기술투자 분야를 구체적으로 들여다보면 조금씩 변화하고 있는데, 변화 이유 및 과거 투자와의 연계성에 대한 언급이 없어 해당 기술의 진화를 촉진하는 투자라는 관점에서 한계를 보인다.

또한, 기술 상호 간의 융·복합과 산업, 사회, 제도와의 연계를 통한 발전 혹은 플랫폼 구축에 대해서는 융합기술 분야, PIE 제도 등을 추진하겠다고 하고 있지만, 실질적인 기술 간 융합과 상호작용이 어떻게 발생하고 있는지, 관련 제도와의 상호작용은 어떠한 방향으로 전개되고 있는지에 대한 분석과 평가가 없이 투자계획이 이루어지고 있다. 부처 간 투자의 방향을 제시하고 있지만, 구체적인 진전과 효과에 대한 분석이 없어 실질적인 변화가 미지수다.

한편 4대 플랫폼 전략을 추진하고 있지만, 이는 플랫폼이라기보다는 공공서비스 인프라 성격이 강한 내용으로 구성되어 있고, 기술 및 응용 분야와의 연계성 분석이 없는 상태이다. PIE 시스템은 그 자체로 진일보한 방식이지만, 기존 PBS 제도로 인해 한계가 예상되고 융합과 플랫폼 기반의 제4차 산업혁명을 선도하기 위한 투자전략으로서 기능하려면 더욱 광범위하고 적극적인 PIE 제도 운용이 필요하다. 나아가 4차 산업혁명의 융합기술혁신과 산업혁신, 사회혁신을 촉진하기 위해서는 기존 2세대 연구개발 패러다임의 핵심이었던 PBS를 뛰어넘는 새로운 국가연구개발 제도의 정책혁신이 필요하다.

현재의 정부 R&D 투자방향과 기준, 실제 R&D 예산 조정 등에 효과를 보이기 위해서는 기술의 진화론적 관점의 지원, 기술간 상호작용과 융·복합, 기술과 산업, 사회와의 복합작용, 플랫폼 기반 정책으로의 전환 등에 대한 보다 체계적이고 효과적인 접근이 중요해지고 있다.

2. 4차산업혁명위원회 R&D 사업 평가

2017년 11월 대응계획과 2019년 10월 권고안은 4차 산업혁명을 선도하는 혁신기술에 주목하는 한편, 기술혁신이 몰고 올 산업 및 사회혁신, 미래사회 변화 대응에 초점을 맞춤으로써 기존 연구개발투자 중심의 기술정책보다는 진일보한 변화를 보여주고 있다. 또한, 대응계획에서 제시한 혁신기술 및 산업, 사회변화 기술을 중심으로 분야별 정책제안서를 채택함으로써 내용상으로는 나름 폭넓고 의미 있는 접근을 보여주고 있다.

문제는 위원회에서 제안한 내용을 구체적으로 추진하고 정부 R&D 투자방향과 내용에 접목할 체계가 없고, 부처별 기존 체계 및 R&D 시스템을 벗어나지 못한 한계가 그대로 나타나고 있다. 실제 4차산업혁명위원회가 제안한 제안서와 정부 R&D 투자방향 및 핵심내용, 예산 배분조정 과정에서의 연계성은 드러나지 않고 있다. 박근혜 정부의 19대 미래성장동력과 9대 국가전략프로젝트의 통합을 통한 혁신성장 전략은 문재인 정부의 혁신적 포용성장 전략과 맞물려 채택된 것처럼 보이나, 실제 그것이 내용적으로 진일보한 방향으로 된 것이라기보다는 과거 정부의 브랜드와 키워드, 전략을 벗어나고픈 정부의 문화적 패러다임이 반영된 측면이 크다. 기획재정부를 중심으로 자문회의에서 결정되는 혁신성장의 골격과 4차산업혁명위원회의 혁신성장 전략의 결이 다른 이유의 배경이기도 하다.

2019년 10월 권고안은 역설적으로 그동안 위원회의 기술혁신정책 제안들을 효과적으로 반영하는 체계를 구축하지 못하고 있다는 것을 보여준다. 4차산업혁명위원회 조차도 4차 산업혁명 혁신기술의 진화적 관점, 기술 간 상호작용과 융합적 관점을 유지하면서 기술과 산업, 사회의 통합적 변화의 측면을 분석했다기 보다는 기술 추세에 맞는 새로운 제안을 했고, 다른 위원회 및 정부기구와의 협력체계의 구축은 취약한 형태를 보인다. 때문에 최근 문재인 대통령의 'AI 국가전략수립 비전'은 4차산업혁명위원회나 국가과학기술자문회의의 정부 R&D 투자방향 및 핵심내용과의 연계성이나 연결성은 잘 보이지 않는다. 다행히 2020년 과학기술정보통신부 업무계획에서는 이를 통합적으로 정리하여 국가연구개발과 혁신생태계를 DNA(Data, Network, AI) 디지털플랫폼과 국가·지역·국제 R&D 플랫폼 형태로 혁신하려고 하는 것은 진일보한 계획으로 보인다.

그러나 여전히 4차산업혁명위원회에서 제시하는 기술정책과 국가과학기술자문회의가 결정하고 추진하는 정부 R&D 투자의 지속적인 연결고리 확보와 체계적인 집행 체계를 고민해보아야 하는 시점이다.

3. 제4차 과학기술기본계획 및 시행계획의 평가

제4차 과학기술기본계획은 핵심기술 연구개발 분야를 별도로 포함하고 매년 시행계획에 점검하는 체계는 상당히 잘 구축되어 있다. 그러나 전략과 추진과제와는 다른 대분류, 중분류, 중점 과학기술을 유형화하는 과정에서 4차 산업혁명 전략과 연계한 기술의 진화를 담기가 어려워졌고, 특히 4차 산업혁명 대응기반 강화와 혁신성장동력 육성으로 분류하는 과정에서 4차 산업혁명 관련 기술과 혁신성장 분야를 연계하는 부분에 대한 연결고리가 취약해졌다. 특히 4차 산업혁명 기술혁신을 대부분 ICT 기술 관점에서 접근하고 있고, 산업, 혁신성장, 일자리 측면에서만 연결하려는 기본계획의 기술 분야 프레임은 4차 산업혁명의 파괴적 혁신과 사회적 변화양상을 일부 ICT기술과 산업혁신 측면에서만 바라보는 우를 범하고 있다.

과학기술기본계획이 혁신기술의 진화, 상호작용과 융합, 사회혁신과의 연결고리 등을 잡아내는데 취약한 모습을 보이면서 이후 정부 연구개발투자 계획과 예산배분 조정에도 일정 부분 영향을 미쳐 결국 기획재정부 중심으로 혁신성장의 프레임을 재설계하고, 4차산업혁명위원회에서 2019년 10월 권고안을 제출하는 양상으로 나타나고 있다. 과학기술기본계획이 2040년의 비전을 포함하고 있고, 제4차 산업혁명이 2040년에 미칠 파괴적 영향이 상당히 클 것으로 예상하면서도 기술투자 전략, 상호융합 전략, 사회혁신 연계의 취약성을 보이는 것은 아쉬운 지점이다.

4. 혁신성장동력 육성과 혁신성장 전략투자 방향 평가

과학기술정보통신부를 중심으로 한 13대 혁신성장동력 기술과 기획재정부를 중심으로 한 혁신성장 전략투자 방향은 문재인 정부의 혁신성장과 포용성장(이후 혁신적 포용성장으로 진화), 공정경제의 3두 마차를 견인하기 위한 일환이었으며 모두 4차 산업혁명을 선도하는 핵심기술 분야로 설정하였으나, 상호 연계성이나 전환의 타당성 분석이 부족한 채로 추진되어

혼선을 빚은 사례이다.

13대 혁신성장동력은 기술혁신에 초점을 맞추었으며, 혁신성장 전략투자 방향은 플랫폼 경제 구축을 목표로 선도할 분야의 기술과 산업을 선정한 것으로서, 서로 추구하는 방향과 목표가 달랐으나 대부분 기술이 겹치거나 연결됨으로써 상호 시너지 혹은 연계 보완이 필요한 부분이었다. 특히 혁신성장동력 육성은 국가과학기술자문회의를 통과하여 기획재정부에 통보한 것이었으나, 기획재정부는 혁신성장 전략을 새롭게 다시 설정함으로써 자문회의의 역할과 위상, 예산 통보와 확정 시기 등을 놓고 논란이 일기도 하였다.

5. 소재·부품·장비 대응계획에 대한 평가

정부의 소재·부품·장비 대응계획은 예산 투입과 R&D 투자 방식을 획기적으로 바꾸는 파격적인 내용이다. 지난 3~4년간 정부 R&D 투자가 거의 1% 수준이었고, 2019년도는 5.4%로 정부예산 증가율의 절반 수준이었다. 특히 기획재정부에 R&D 예산안이 통보된 후 일본 사태가 발생하였고 대책을 논의하는 과정에서 17%가 넘은 R&D 예산 증가가 파격적으로 결정되었다. 중기 재정계획에서도 매년 10% 수준의 R&D 예산 증가를 통해 30조 원까지 늘린다는 방침이어서 R&D 예산 30조 시대가 가시권으로 들어오는 등 획기적인 변화로 여겨지고 있다.

R&D 투자도 PBS 소형 과제 공급적 관점에서 탈피하여 유형화하고 맞춤형 지원을 추진하는 한편, PIE형 투자와 국가연구실 지정 투자 등의 방식을 확대 추진하는 것은 기존 연구개발체제의 패러다임의 변화를 초래할 수 있는 큰 폭의 기술정책 변화가 예상된다. 관련 연구관리 및 평가, 성과 확산

방식도 새롭게 재편될 것으로 보인다는 점에서 상당히 긍정적인 평가가 가능하다.

다만 4차 산업혁명의 기술혁신 관점에서 보면 일본의 대응전략 위주로 편성하는 과정에서 너무 현재의 소재 중심의 기술투자가 이루어지면서 미래 소재의 원천성 확보와 기술진화 과정, 기술 간 상호작용, 기술과 산업 및 사회의 통합적 관점에서 기술투자를 바라보고 기존 시스템을 혁신하는 노력이 필요한 상황이다. PIE 투자와 국가연구실 지정 같은 노력도 긍정적이나, 이를 현실화하고 장기적인 지원체계를 만드는 것이 어떻게 가능할 것인지에 대한 고민이 더욱 요구되고 있다. 이는 혁신본부의 위상과 4차 산업혁명 패러다임에 대한 더욱 깊은 이해를 통해 함께 해결해나가야 하는 상황이다. 4차산업혁명위원회가 이 과정에서 거의 역할을 못 한 것은 위원회가 ICT기술 위주로 추진하면서 미래 인공지능의 핵심이 될 소재부품에 대한 고민이 부족하거나 상호 연계 필요성에 대한 공감대가 취약하다는 방증이다.

더구나 소재·부품·장비 개발에 있어서 4차 산업혁명의 미래산업과 연계성 확보와 함께 개발 속도를 당기기 위해 연구개발 자체에 빅데이터, 블록체인, 인공지능을 활용하는 전략이 빠져있어 기존 혁신성장전략, 4차 산업혁명 선도기술, 소재·부품·장비 기술개발이 별개로 추진되거나 연계가 적은 채 일관성을 상실할 가능성이 있어 보완이 요구되는 상황이다.

제5절 정책혁신 방안

1. 정부 R&D 예산 배분·조정의 혁신

정부 R&D 투자에 있어 각 분야의 기술들이 어떻게 진화하고 있고, 기존 투자의 효과나 미래기술 분석이 필요하며 이를 바탕으로 핵심, 기반, 요소, 공통 기술의 진화에 대한 투자 일관성과 연계성, 효과성 등을 확보할 필요가 있다. 또한, 기술 상호 간의 융·복합과 산업, 사회, 제도와의 연계를 통한 발전 혹은 플랫폼 구축과 관련하여 실질적인 기술 간 융합과 상호작용이 어떻게 발생하고 있는지, 관련 제도와의 상호작용은 어떠한 방향으로 전개되고 있는지에 대한 분석과 평가를 기반으로 부처 간 투자의 방향을 조정해야 할 것이다. PIE 시스템은 그 자체로 진일보한 방식으로서 융합과 플랫폼 기반의 제4차 산업혁명을 선도하기 위한 투자전략으로서 기능하려면 더욱 광범위하고 적극적인 PIE 제도 운용이 필요하다. 4차 산업혁명의 융합기술혁신과 산업혁신, 사회혁신을 촉진하기 위해서는 새로운 국가연구개발제도의 정책혁신이 필요한 상황이다.

종합적으로 현재의 정부 R&D 투자방향과 기준, 실제 R&D 예산 조정 등을 기술의 진화론적 관점의 지원, 기술 간 상호작용과 융복합, 기술과 산업 및 사회와의 복합 작용, 플랫폼 기반 연구혁신 정책으로의 전환 등이 요구된다고 하겠다. 특히 과학기술 예산 조정배분의 실질적인 권한을 국가과학기술자문회의와 혁신본부에 주어질 수 있도록 혁신본부를 강화하고 자문회의 예산 조정 최종심의안의 기획재정부 통보 시한을 현행 6월에서 8월 정도로 늦춰 더 심도 있는 검토와 심의를 할 수 있도록 할 필요가 있다.

2. 4차산업혁명위원회 기술 분야의 혁신

4차산업혁명위원회에서 제안한 내용을 구체적으로 추진하고 정부 R&D 투자방향과 내용에 접목할 체계를 구축하거나 부처의 관련 정책을 교차 검토하는 프로세스의 도입이 필요하다. 4차산업혁명위원회에서 관련 기술의 범주를 유형화하여 국가과학기술자문회의에 상정하기 전에 내부 전문가들이 검토하거나 자문회의에 4차 산업혁명 관련 기술 분야 정책을 종합적으로 검토할 수 있는 전문위원회를 4차산업혁명위원회 추천 전문가가 참여하는 구조로 구성할 수도 있다. 이 과정에서 2020년 과학기술정보통신부가 추진하려고 하는 DNA(Data, Netwo가, AI) 디지털플랫폼과 R&D 플랫폼 사업을 제4차 산업혁명 기술혁신으로 연결되도록 4차산업혁명위원회에서 같이 체계화하면 좋을 것이다.

3. 제4차 과학기술기본계획 및 시행계획 R&D 사업 혁신

과학기술기본계획은 핵심기술을 별도로 분류하고 기술트리를 만드는 작업이 필요하며, 4차 산업혁명 관련 기술과 혁신성장 분야의 연결고리를 만들어 체계화가 필요하다. ICT 기술 관점을 넘어 과학기술 기본계획이 제4차 산업혁명을 선도하는 파괴적 혁신기술의 진화, 상호작용과 융합, 사회혁신과의 연결고리 등을 잡아낼 수 있도록 보완이 필요하다. 특히 과학기술기본계획이 2040년의 비전을 포함하고 있고, 제4차 산업혁명이 2040년에 미칠 파괴적 영향이 상당히 클 것으로 예상하기 때문에 기술투자 전략, 상호 융합 전략, 사회혁신 연계를 통해 기본계획을 보완하거나 시행계획에 더 중장기적인 연계가 가능하도록 별도로 재구성할 수도 있다.

4. 혁신성장동력 육성과 혁신성장 전략투자 방향 혁신

13대 혁신성장동력과 혁신성장 전략투자 방향은 과학기술정보통신부가 추진하는 디지털플랫폼, R&D플랫폼을 기반으로 통합적으로 연계 추진할 가능성이 있어 보인다. 보다 체계적인 개선을 위해서는 지금이라도 혁신본부를 강화하여 혁신성장동력과 혁신성장 전략투자 방안을 통합하여 재구성하는 중심역할을 할 수 있도록 하는 것이 혁신적인 방안이 될 수 있다.

5. 소재·부품·장비 대응계획 관련 혁신

소재·부품·장비 분야 R&D 투자 및 경쟁력 강화 계획 및 획기적인 투자 확대를 실질적인 효과로 연결하려면, PBS 패러다임을 탈피하여 전략적으로 유형화하고 맞춤형 지원을 추진하는 한편, PIE형 투자와 국가연구실 지정 투자 등의 방식을 대폭 확대해야 한다. 관련한 성과평가 방식과 투자 효과 관리 방식의 전환도 요구된다. 더 나아가 미래소재의 원천성 확보와 기술진화 과정, 기술 간 상호작용, 기술과 산업 및 사회의 통합적 관점에서 기술투자를 바라보고 기존 시스템을 혁신하는 노력이 필요한 상황이다. 이는 혁신본부의 위상과 제4차 산업혁명 패러다임에 대한 더욱 깊은 이해를 통해 함께 해결해 나가야 할 것이다.

특히 소재·부품·장비 개발에 있어서 부처 간 협업, 산·학·연 협업, 대기업 중소기업 협업, 글로벌 전략 등이 현장에서 구체적으로 나타나도록 아래로부터의 혁신이 필요하며, 연구개발 자체에 빅데이터, 블록체인, 인공지능을 활용하여 개발 속도를 당길 수 있도록 해야 한다. 이를 지역 기반으로 지역혁신협의회 및 광역지자체와 함께 추진하는 것도 하나의 방안이다. 기존 혁신성장 전략, 제4차 산업혁명 선도기술, 소재·부품·장비 기술개발과 관련해서 상호 연계를 통해 일관성을 확보하는 정책혁신이 필요한 상황이다.

제6절 결론

2017년부터 제4차 산업혁명 패러다임이 정부의 과학기술투자 전략에 반영되기 시작하였다. 이는 매년 정부의 R&D 투자 방향 및 예산 배분, 4차산업혁명위원회 활동, 제4차 과학기술기본계획, 혁신성장 전략, 소재 부품·장비 기술투자 전략에 일관되게 반영되고 있고, 과거의 연구개발 정책에서는 보이지 않던 정책변동이다.

그리고 기존 단일기술 개발, 공급적 관점의 기술투자, 산업별 투자, 기술혁신과 별개의 산업혁신 전략 등이 융합적·협업적 관점, 수요 지향, 사회혁신과 연계한 기술투자, PIE, 플랫폼 등으로 변화되었다. 이와 같이 기술-산업-사회-제도혁신을 통합적으로 접근하는 기술투자 방식의 도입 등은 정책혁신과 정책승계 등의 과정을 거치며 새로운 긍정적 변화의 양상을 보인다.

그러나 변화의 실마리가 알파고이거나 일본의 수출통제에서 비롯되었다는 점은 우리의 기술혁신에 대한 구조적 인식과 미래예측 역량에 문제가 있음을 드러내는 것이다. 각종 기술투자 계획에서 제4차 산업혁명 기술의 역동적인 진화의 특성, ICT 기술을 넘어서는 바이오나 소재 등 다른 분야 기술혁신과의 연계성, 기술 상호 간 융합, 기술혁신과 사회혁신의 통합적 관점, 기존 PBS 제도를 혁파할 근본적인 혁신 등에 대한 심층적인 고민과 노력은 부족한 상태이다.

부처 간의 통합적 협업은 소재·부품·장비 분야 계획을 수립하고 추진하는 과정에서 상당 부분 변화의 조짐을 보이나 여전히 과학기술투자와 관련한 거버넌스는 대통령 과학기술자문회의와 기획재정부의 권한과 역할, 혁신본부의 위상과 역할, 과학기술정보통신부와 산업통상자원부의 협력을 둘러싸고 해결해야 할 과제를 던지고 있다.

기술투자 및 기술정책과 관련해서도 심층분석 역량과 체계는 미흡하여 일련의 연계성을 가지고 일관되게 추진하지 못하고 리더십이 바뀌거나 외부 상황의 변화에 따라 쉽게 흔들리거나 다른 접근을 보인다. 과학기술자문회의가 더욱 확고한 자문 역량과 역할을 구축해야 하며 자문회의 심의기능과 기재부의 예산 권한에 대한 명확한 기준과 프로세스 혁신도 필요하다. 과학기술혁신본부를 강화하여 연구개발과 혁신성장, 사회혁신을 추동하는 범부처 역할을 할 수 있도록 문화적 혁신과 거버넌스 혁신을 근본적으로 추진해야 할 것이다. 무엇보다 소형 과제 양적 경쟁 위주의 PBS제도, 부처별로 나뉘어 있고 지역혁신 기반도 취약한 구조로는 미래 4차 산업혁명의 기술혁신 파고를 넘어서기 쉽지 않을 것이다.

제4차 산업혁명 기술혁신은 혁신기술의 연속적 출현과 진화, 기술 간 상호작용, 기술과 사회의 연결성, 새로운 산업과 비즈니스모델의 출현, 혁신주체의 변화, 새로운 글로벌 기술혁신 환경과의 작용 반작용 등이 어우러지며 나타나는 역동적이고 장기적인 변혁의 과정이다.

따라서 지금까지 검토한 핵심기술 관련 다섯 가지의 연구개발 정책은 개별적으로는 혁신과 승계, 종료가 필요한 내용이 포함되어 있지만, 체계적인 정책변동 관리전략이라는 측면에서는 다섯 가지 정책은 상호 연계와 통합적 관점에서의 재구성이 필요할 것이다. 그것이 긍정적인 측면에서의 정책 효과는 극대화하고 효과가 불확실하거나 상호 연계가 부족한 취약 고리는 제거하거나 보완하는 방안이 될 것이다. 과학기술정보통신부가 2020년 업무계획에서 밝힌 디지털 플랫폼과 R&D 플랫폼 전략은 새로운 정책 트렌드 및 기술혁신의 양상과 부합하고 그런 측면에서 정교한 설계와 추진이 필요하다.

그 과정에서 기존 R&D 및 과학기술혁신 정책의 목표와 비전, 목표달성을 위한 전략, 효과적인 전략 추진을 위한 거버넌스, Post-PBS 예산제도, 연구 및 경영방식 등을 총체적으로 혁신하여 새로운 기술정책 체제의 패러다임을 근본적으로 바꾸려는 노력이 병행되어야 한다. 그럴 때 제4차 산업혁명 패러다임이 ICT 기술투자로 그치거나 산업정책의 변종이 되거나 단기성과 위주의 양적 성장의 촉진제가 되는 것을 막고, 대한민국의 기술-산업-사회-정책을 통합적으로 혁신하면서 미래로 나아갈 수 있을 것이다.

참고문헌

과학기술정보통신부 외 (2019), 소재부품장비 연구개발 투자전략 및 혁신대책, 2019.8.

과학기술정보통신부 (2017), 혁신성장동력 추진계획, 2017.12.

관계부처 합동 (2018), 제4차 과학기술기본계획(2018~2022) 2040년을 향한 국가과학기술혁신과
　　　　도전, 2018.2.

국가과학기술심의회 (2015), 2016년 국가연구개발투자 방향 및 기준안, 국가과학기술심의회, 2015.4.

_____ (2016), 2017년 국가연구개발투자 방향 및 기준안, 국가과학기술심의회 운영위
　　　　원회, 2016.3.

_____ (2017), 2018년 국가연구개발투자 방향 및 기준안, 2017.3.

_____ (2018), 2019년 국가연구개발투자 방향 및 기준안, 2018.3.

_____ (2019), 2020년 국가연구개발투자 방향 및 기준안, 2019.3.

기획재정부 (2018), 혁신성장 전략투자 방향, 2018.8.

산업통상자원부 (2019), 소재부품장비 경쟁력 강화대책, 2019.8.

이찬구 외 (2018). 「한국 제4차 산업혁명 연구: 기술·경제·사회·정책혁신의 통합적 접근」, 대전: 임마누엘.

4차산업혁명위원회 (2017), 혁신성장을 위한 사람 중심의 4차 산업혁명 대응 계획, 2017.11.

_____ (2018a), I-Korea 4.0 실현을 위한 인공지능(AI) R&D 전략, 2018.5.

_____ (2018b), 도시혁신 및 미래성장동력 창출을 위한 스마트시티 추진전략, 2018.1.

_____ (2018c), 스마트공장 확산 및 고도화 전략, 2018.3.

_____ (2019), 4차 산업혁명 대정부 권고안, 2019.10.

2

빅데이터 통합플랫폼 개발·활용 정책

장 필 성

"

공공영역에 빅데이터 활용이 도입되면,
행정 고도화뿐만 아니라
데이터산업 발전 등
많은 사회적 가치가 창출된다.

"

제1절 4차 산업혁명과 빅데이터 플랫폼

1. 4차 산업혁명과 데이터

2016년 이세돌과 알파고의 대국을 기점으로 우리나라에서 4차 산업혁명이라는 용어가 본격적으로 화두가 되기 시작된 이래, 4차 산업혁명의 본질이 무엇인지, 4차 산업혁명을 어떻게 이해할 것인지에 대한 논의가 지속되어왔다. 4차 산업혁명을 설명하는 방법은 사회 현상을 아울러 거시적으로 접근되기도 하고, 4차 산업혁명을 이끄는 주요 기술을 중심으로 미시적으로 접근되기도 한다.

과학기술정책연구원에서는 4차 산업혁명을 둘러싼 다양한 논의들과 4차 산업혁명의 맹아적 사례들에 대한 검토를 바탕으로, 크게 세 가지 층위의 정의를 내린 바 있다. 이에 따르면 4차 산업혁명은 기술수준에서는 사물인터넷, 빅데이터 분석, 인공지능 등을 중심으로 한 핵심 기술들을 의미하며 시스템 관점에서는 이들이 서로 연계되어 만들어내는 "데이터기반 가치창출 시스템"을 의미하고, 거시적인 트렌드 관점에서는 정보화 혁명 이후로 이어지고 있는 "디지털 전환의 심화"로 이해될 수 있다.

<표 2-1> 4차 산업혁명에 대한 세 가지 층위의 정의

층위	(미시)요소기술	(중간)시스템	(거시)트렌드
명칭	5대 핵심기술	데이터 기반 가치창출 시스템	디지털 전환의 심화(Deepening of Digital Transformation)
내용	• 사물인터넷 • 클라우드 컴퓨팅 • 빅데이터 분석 • 인공지능 • 로봇	• 5대 핵심기술은 서로 연계되어 데이터 기반 가치창출 시스템을 구성 • 데이터를 매개로 가상세계와 현실세계를 결합하여 공정, 제품, 서비스, 비즈니스 모델 등을 혁신하고 새로운 가치를 창출하는 시스템	• 디지털 전환: 산업과 사회의 각 부문이 디지털화되고 ICT가 적용되어, 생산성을 높이고, 새로운 비즈니스를 창출하며, 소비자 편익을 증진시키는 현상 • 4차 산업혁명은 1970년대부터 시작된 디지털 전환이 5대 핵심기술의 발전으로 더 심화되는 것

출처 : 김석관 외 (2017)

시스템 관점에서의 4차 산업혁명의 정의를 '데이터 기반 가치창출 시스템'으로 선언한 바와 같이 이와 같은 키워드들을 모두 관통하는 것은 '데이터'라고 할 수 있다. 5대 핵심기술 중 사물인터넷은 현상을 데이터로 전환

(그림 2-1) 데이터 기반 가치창출 시스템으로서의 4차 산업혁명

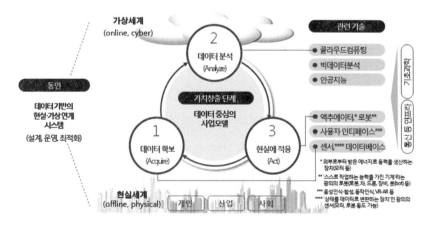

출처 : 최병삼 외 (2017)

하고, 인공지능·빅데이터 분석·클라우딩 컴퓨팅은 현실의 복제판인 거대 데이터들을 효과적으로 분석하는 역할을 한다. 결국 디지털 전환의 심화는 데이터화의 심화를 의미한다. 4차 산업혁명의 정의나 파급효과 등에 대한 여러 논의가 충돌하기도 하지만, 4차 산업혁명을 이해하는 핵심 키워드가 데이터인 것에는 이견이 존재하지 않는다.

이와 같은 배경 속에서 데이터는 4차 산업혁명시대의 새로운 가치를 창출하는 원동력으로 여겨지고 있으며, 4차 산업혁명시대의 '원유', '핵심 동인' 등으로 불리고 있다. 그중에서도 '빅데이터(Big data)'는 점진적으로 발전하던 디지털화 현상을 혁명적으로 바꿀 수 있는 잠재력을 가지고 있다. 빅데이터의 개념과 특징을 살펴보면 다음과 같다.

2. 빅데이터의 개념 및 특징

빅데이터는 데이터 형식이 다양하고 생성 속도가 빨라 새로운 관리·분석 기법이 필요한 대용량의 데이터를 총칭하는 말이다. 빅데이터는 5-V라고 하는 대량의 정보(Volume), 빠른 처리 속도(Velocity), 다양성(Variety), 정확성(Veracity)과 변동성(Volatility) 등의 특징을 가진다. 종래의 데이터들은 각 데이터들이 가지는 의미와 측정지표가 체계적·규칙적으로 축적되었으나 빅데이터는 직접적인 용도나 측정 지표가 있지 않으며, 자료의 형태도 유동적이다. SNS에 업로드 되는 텍스트나 사진 등이 대표적인 빅데이터의 사례라고 할 수 있다. 텍스트나 사진 등에는 다양한 정보가 담겨있을 수 있지만, 그 목적이 특정되어 있지는 않으며, 글의 길이나 사진의 크기나 색상 등 데이터의 구조가 매우 비정형적이다.

<표 2-2> 국제유럽경제위원회(UNECE)의 빅데이터 분류

개인정보 등	사회적 관계서비스(페이스북, 트위터, 링크드인)
	블로그, 논평
	인터넷 등의 검색엔진
	모바일 정보 콘텐츠(문자메시지, 위치정보 등)
비즈니스 정보	공공기관의 생성 자료
	기업의 생성 자료(거래정보, 금융정보 등)
센서 정보	고정형 감지장치로부터 생성(교통카메라 등)
	모바일 감지장치로부터 생성(모바일 위치 등)

출처 : 박인천·박현희 (2018)

오늘날 스마트폰을 비롯하여 세상을 관찰하고 계측할 수 있는 다양한 센서들이 생활과 산업 곳곳에 퍼지고 있다. 이 센서들은 사물인터넷으로서 사진, 영상, 텍스트, 계측 정보 등 다양한 형태의 데이터 즉, 빅데이터를 생산해낸다. 시시각각 생산되고 또 축적 및 공유되는 빅데이터들은 세상을 모사할 수 있는 정보를 담고 있다. 다만 빅데이터는 분석을 위해 활용될 수 있으나, 분석을 주목적으로 생산된 정보가 아닌 만큼 빅데이터를 통해 유의미한 정보를 분석해 낼 수 있도록 하는 빅데이터 기술이 중요해진다. 머신러닝을 비롯한 빅데이터 분석기법들은 방대한 비정형 데이터 속의 유의미한 정보를 분석하는데 활발하게 사용되고 있다.

이와 같은 빅데이터 기술은 데이터 분석기술에 국한되는 것은 아니다. 다양한 데이터들 간에 분산되어 스며들어 있는 정보들이 제대로 식별되고 의미를 도출하기 위해서는 관련 데이터 간의 연계가 필요하게 되는데, 이와 같은 활용을 고려한 빅데이터의 적극적 생산까지도 빅데이터 기술의 영역에 포함되게 된다.

3. 빅데이터와 플랫폼

4차 산업혁명은 아마존, 우버, 에어비앤비 등 주요 플랫폼 기업들의 성공 사례들과 더불어 본격적인 플랫폼 경제의 시대를 촉진하고 있는 것으로 해석되고 있다. 플랫폼이라는 용어의 사용이 범람하는 것에 비하여 그 의미가 분명하게 정의되어 사용되는 것은 아니다. 플랫폼은 교통 승강장 등의 어원에서 시작하였으며, 일반적으로 공급자와 수요자를 연결하며 가치를 창출하는 공간을 지칭하는데 사용된다. 노규성(2014)에서는 플랫폼의 의미를 "공급자와 수요자 등 복수의 그룹이 참여해 각 그룹이 얻고자 하는 가치를 공정한 거래를 통해 교환할 수 있도록 구축된 환경"으로 정의하고 있다(노규성, 2014; Simon, 2011; 최병삼, 2012; 조용호, 2011).

새롭게 출현한 플랫폼들은 기존의 공급자와 수요자들을 연결해줄 뿐 아니라, 더욱 많은 수요와 공급을 촉진함으로써 해당 생태계가 확장되는데 기여하고 있다. 예를 들어 글로벌 동영상 플랫폼인 유튜브의 경우 다양한 동영상 컨텐츠의 공급자와 컨텐츠를 소비하는 시청자 그리고 영상 시청자에게 광고하기 원하는 광고주들이 유튜브 플랫폼 안에서 서로가 원하는 가치를 손쉽게 획득할 수 있도록 설계 되었다. 이를 통해 전 세계의 셀 수도 없는 다양한 참여자들이 유튜브 플랫폼에 참여하고 막대한 경제적 가치를 창출하고 있다.

과거 공급자와 수요자가 만나던 공간이 물리적 공간이었다면, 디지털화는 이와 같은 플랫폼을 디지털 플랫폼으로 변화 시키고 있으며, 이로 인해 더욱 다양한 제품과 서비스가 글로벌 수준의 디지털 플랫폼에서 거래되고 있다. 4차 산업혁명의 원유라고 불리는 빅데이터가 활발하게 생산되고 유통되며, 가치를 창출하기 위해서는, 이와 같은 플랫폼 기반의 빅데이터 전략이 중요해진다. 데이터를 바탕으로 가치를 창출하는 수요자와 데이터를 생산하고 공급하는 공급자 그리고 그 데이터를 가공하거나 유통하는 서비스업자 등 다양한 참여자들이 하나의 플랫폼에서 서로에게 가치를 제공할 수 있어야 한다. 본 장에서는 4차 산업혁명 논의를 거쳐 오며 정부에서 시행해온 데이터 및 빅데이터 정책들을 플랫폼 전략의 관점에서 검토하고 점검하고자 한다.

제2절 빅데이터 통합 플랫폼 정책 개관

1. 정책구조 개관

1) 빅데이터 정책 영역 개관

빅데이터 정책의 영역은 크게 세 가지로 구분될 수 있다. 첫째로 빅데이터 분석 기술, 인력, 인프라 투자에 대한 영역이다. 두 번째로 데이터 활용을 촉진하기 위한 제도를 개선하는 영역이다. 세 번째로 데이터의 가치창출을 강화하기 위한 데이터 구축·유통·활용 촉진 영역이다. 앞서 언급한 바와 같이 지금까지 빅데이터는 분석을 목적으로 생산되는 데이터가 아니었으므로, 여러 경로로 생산된 빅데이터에 담긴 숨은 정보들을 분석을 통해 찾아내기 위해 노력해왔다. 한편, 근래 데이터 기반의 가치창출이 강조되면서, 구체적인 활용 목적을 염두에 둔 빅데이터의 체계적인 생산, 유통, 활용 전

<표 2-3> 빅데이터 정책 영역

	빅데이터 마스터 플랜 (2012)	데이터 산업 활성화 전략 (2018)
빅데이터 기술, 인력, 인프라	• 빅데이터 기술 개발 • 전문인력 양성	• 빅데이터 선도기술 확보 • 전문인력 양성 • 전문기업 성장 지원
데이터 활용 촉진 제도 개선	• 개인정보 보호 등 법제도 개선	• 개인정보 통제·활용 • 데이터 안전 활용 제도화
데이터 구축· 유통·활용 촉진	• 데이터 연계·저장·분석을 위한 공통 기반 및 지원센터 구축 • 공공데이터 개방	• 산업별 데이터 구축 (빅데이터 플랫폼) • 민관데이터개방 • 데이터 거래체계 구축 • 데이터 기반 산업경쟁력 제고· 사회문제 해결 강화

략의 중요성이 높아지고 있다. 이와 같은 정책 영역의 구분에 따라 대표적인 빅데이터 관련 정책인 '빅데이터 마스터 플랜(2012년)'과 '데이터 산업 활성화 전략(2018년)'의 내용은 〈표 2-3〉의 내용과 같이 분류될 수 있다.

본 장에서는 빅데이터 관련 정책들 가운데, 플랫폼 전략의 관점에서 빅데이터의 생산·유통·활용과 관계된 '산업별 빅데이터 구축 및 거래체계 구축' 영역을 중심으로 접근하고자 하며, 정책의 현황(정책구조, 정책 과정)과 정책변동 과정(승계·혁신 여부) 등을 살펴보며 정책평가를 수행하고 정책 혁신 방안을 도출하고자 한다. 구체적으로 해당 정책 영역을 탐색하기에 앞서 '데이터 산업 활성화 전략(2018년)' 정책을 중심으로 데이터 관련 정책 전반의 현황을 개관하고자 한다. 데이터 산업 활성화 전략(2018년)에서는 "데이터를 가장 안전하게 잘 쓰는 나라"를 비전으로 삼아 '데이터 이용제도 패러다임 전환', '데이터 가치사슬 전주기 혁신', '글로벌 데이터 산업 육성 기반 조성'을 주요 전략으로 담고 있다((그림 2-2) 참조).

데이터 산업 활성화 전략(2018년)에서 가장 많은 비중을 차지하고 있는

(그림 2-2) 데이터 산업 활성화 전략(2018년) 추진전략 및 과제

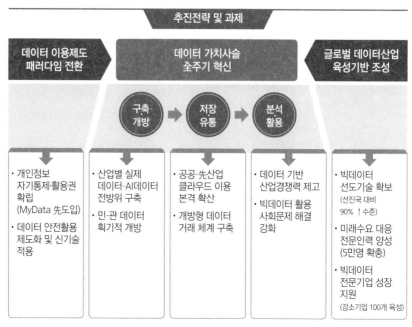

출처 : 4차산업혁명위원회 (2018. 6.)

'데이터 가치사슬 전주기 혁신'의 내용은 크게 ① 구축·개방 ② 저장·유통 ③ 분석·활용 영역으로 구분되며, 세부 내용은 〈표 2-4〉와 같이 정리할 수 있다.

2) 빅데이터 통합 플랫폼 정책 구조 및 내용

빅데이터와 관련하여 전통적으로 지속되어온 정책은 공공데이디의 휠용을 촉진하기 위한 관점에서 접근되었다. 빅데이터와 관련하여 최초 수립되었던 빅데이터 마스터플랜(2012년)에서부터 공공데이터의 개방과 활용을 제고하기 위한 크고 작은 정책적 노력이 지속되어왔다. 공공데이터의 현황 파악 및 개방 확대, 품질 강화 등의 내용으로 추진되어 왔으며, 근래의 데이터 산업 활성화 전략(2018년)에서도 마찬가지로 해당 내용이 포함되어 있다.

빅데이터 통합 플랫폼 정책과 가장 직접적으로 관련된 정책은 "빅데이터 통합 플랫폼 및 센터 구축 사업"이다. 본 사업은 주요 분야별로 각종 빅데이터의 수집·분석·유통을 지원하기 위하여 빅데이터 플랫폼 및 센터를 설립하여 금융, 환경, 문화·미디어, 교통, 국토·도시, 헬스케어, 에너지, 유통·물류, 농수산, 통신 등의 분야 빅데이터의 수집, 분석, 유통을 지원하고,

\<표 2-4\> '데이터 가치사슬 전주기 혁신' 전략의 세부 내용

영역	목 표	주요 세부 과제
구축·개방	산업별 실제데이터, AI 학습데이터를 전방위 구축하고, 공공·민간 데이터의 획기적 개방을 추진	**(공공데이터)** 공공데이터는 원시 데이터(raw data) 형태로 최대한 모으고, 민간 수요가 높은 데이터를 국가중점데이터로 선정, 조기 개방 확대
		(AI用 데이터) 인공지능 산업의 발전을 위해 범용·전문 분야 AI 데이터셋(이미지·상식·법률·특허·의료 등)을 단계적 구축·보급
저장·유통	데이터의 효율적인 저장·관리를 위한 클라우드 본격 확산 및 데이터 유통 촉진을 위해 민간·공공을 연계한 개방형 데이터 기반 구축	**(클라우드)** 공공기관·지자체·스마트시티, 스마트공장, 창업 등에 클라우드 서비스 접목 및 도입 지원
		(데이터 거래 체계) 개방형 데이터 거래 체계 구축 등을 통한 양질의 데이터 유통 촉진 ① 민간공공 데이터 포털을 연계, 개방형으로 고도화 → ② 국내·외 주요 데이터 플랫폼 연계 → ③ 데이터 가공 전문기업과 수요기업 매칭 → ④ 초기시장 활성화를 위해 중소·스타트업에 데이터 바우처(구매·가공비용 등 지원) 제공 → ⑤ 바우처를 통해 가공된 데이터는 상품으로 다시 등록·공유)
분석·활용	데이터를 활용한 산업적·사회적 가치의 본격 창출	**(기업 활용 지원)** 전통 중소기업의 혁신 돌파구 마련을 위해 新제품 개발·맞춤형 홍보 등에 데이터를 활용하도록 빅데이터 분석 전문기업을 매칭 지원
		(사회문제 적용) 바이오 등 연구데이터 집약형 분야에서 산업적 활용 촉진을 위한 선도 프로젝트 및 국민적 관심이 큰 사회문제 해결을 위해 빅데이터 플래그십 프로젝트 실시

출처 : 4차산업혁명위원회(2018. 6)에서 재구성

기관별로 빅데이터를 체계적으로 생산·관리하도록 지원하는 사업이다. "빅데이터 플랫폼 및 센터 구축 사업"을 통하여 분야별 플랫폼 10개소와 이와 연계된 기관별 센터 100개소를 구축하는 것을 목표로 2019년 첫 실시되었다. 2019년 기준 743억 원의 예산이 배정되었다.

주요 기관별로 구축되는 빅데이터 센터에서는 각자 데이터를 생산 및 구축하고 빅데이터 플랫폼과 연계 활용하도록 하며, 빅데이터 플랫폼에서는 빅데이터 센터에서 수집한 데이터를 분석하고, 유통 및 거래를 지원하는 역할을 수행한다. 예를 들어 교통분야의 경우 한국교통연구원이 플랫폼의 주관기관을 맡고 2019년 9월 기준 9개 센터가 참여하고 있다. 교통분야 빅데이터 플랫폼에서는 실시간 교통량, 대중교통, 열차, 고속도로, 네비게이션, 블랙박스, 유동인구, 주차 등의 데이터를 융합하여 도로 및 대중교통 개선 서비스 및 스마트시티 지원 서비스 등을 제공하고자 한다. 교통분야 플랫폼에 참여하는 9개 센터 중 하나인 성남시청 빅데이터 센터에는 유니콤넷과 전자부품 연구원이 함께 참여하고 있으며, 자율주행 센서 정보, CCTV 비정

(그림 2-3) 빅데이터 플랫폼 및 센터 개념도

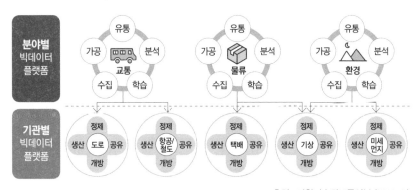

출처 : 과학기술정보통신부 (2019. 9.)

형 도로영상 정보, 계절별·상황별 도로영상 정보, 교통약자 이동 영상 정보 등의 자율주행차 및 주행환경 관련 데이터를 수집 및 구축하고 있다(과학기술정보통신부, 2019. 9.).

빅데이터 플랫폼 및 센터 구축 사업이 빅데이터의 생산 및 유통을 지원하는 사업이라면, 반대로 빅데이터의 수요를 견인하기 위한 정책으로 '데이터 바우처' 제도가 최근 수립되어 시행되기 시작하였다. 데이터 바우처 제도는 중소기업 등을 대상으로 데이터 기반 서비스 개발, 분석 등에 필요한 데이터 구매 또는 가공(일반·AI) 서비스를 전문기업으로부터 제공받을 수 있도록 지원하는 제도이다. 국내의 데이터 거래시장은 약 5천억 원 규모로, 미국 시장의 1/400 수준에 불과하며, 중소기업의 경우 데이터 구매 및 가공에 소요되는 비용의 부담이 높을 것으로 조사되고 있음에 따라, 데이터 바우처 제도를 도입하여 데이터 활용 수요를 확대하고 활발한 데이터의 생산과 활용을 촉진하고자 한다. 2019년 기준 600억 원의 예산이 배정되었다.

(그림 2-4) 데이터 바우처 사업 구조

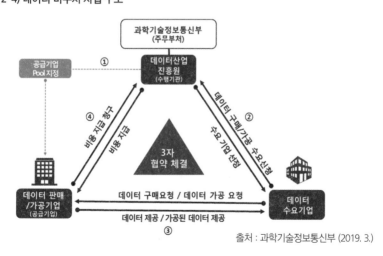

출처 : 과학기술정보통신부 (2019. 3.)

<표 2-5> 2019년 주요 데이터 사업 개요 및 예산 규모

사업 내용	예산규모
(빅데이터 플랫폼 및 센터) 10대 분야 빅데이터 수집·분석·유통 플랫폼 및 이와 연계된 데이터 생산/관리 센터를 구축하여 빅데이터 이용 활성화	743억 원
(데이터 바우처 지원) 데이터 소유 기업은 데이터 판로를 열어주고, 데이터 구매/활용/가공이 필요한 기업에게는 구매/가공 비용 지원	600억 원
(데이터 플래그십) 빅데이터 지능정보기술 활용 선도과제 개발지원 **(중소기업 빅데이터 활용 지원)** 빅데이터 활용 우수 솔루션 개발 지원 **(K-Global DB Stars)** 데이터 활용 혁신 서비스 개발 우수 스타트업 지원	85억 원
(본인정보 활용 지원, MyData) 정보주체 동의를 받은 개인 데이터를 활용한 국민 체감형 서비스 개발 지원	97억 원
(기타) 데이터 인력양성, 기술개발 지원 등	262억 원
합 계	1,787억 원

출처 : 과학기술정보통신부 (2019. 2.)

　앞서 소개한 '빅데이터 플랫폼 및 센터 구축사업'과 '데이터 바우처 사업'은 플랫폼 전략의 관점에서 가장 직접적으로 관련되는 정책임과 동시에, 현재 데이터 경제 활성화를 위해 추진되는 사업들 가운데 가장 큰 규모를 차지하는 사업들이기도 하다. 2019년에 추진된 주요 데이터 사업들의 내용과 예산 규모는 〈표 2-5〉와 같다. 이를 살펴보면 총 1,787억 원의 예산이 투입되는 데이터경제 활성화 지원사업 가운데, 해당 2개 사업의 예산의 합계는 1,343억 원으로서, 전체의 75% 수준임을 확인할 수 있다.

2. 정책과정 개관

1) 빅데이터 플랫폼 관련 정책형성 과정

　본 소절에서는 빅데이터 플랫폼 관련 정책의 형성과정을 개괄한다. 이 과정에서 4차 산업혁명 논의의 진전을 거치며, 빅데이터 관련 정책들에

(그림 2-5) 4차 산업혁명 구글 키워드 트렌드 분석

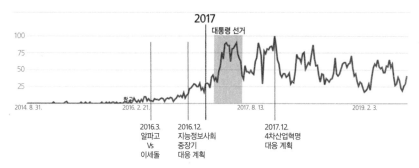

서 어떠한 변화가 나타났는 지에 대하여 중점적으로 살펴볼 것이다. (그림 2-5)는 '4차 산업혁명'에 대한 구글 키워드 분석 결과이다. 이를 살펴보면 알파고 쇼크 이후 점진적으로 증가하던 4차 산업혁명에 대한 관심도는 2017년 대통령 선거를 거치며 크게 증가하였으며, 2017년 12월 '4차 산업혁명 대응계획'이 발표된 시점에 가장 높은 관심을 보였던 것을 확인할 수 있다. 따라서 4차 산업혁명 논의의 반영 여부를 검토하기 위한 기준 시점으로 2017년 이전과 이후로 구분하는 것이 적절할 것으로 보인다.

빅데이터라는 용어를 전면에 사용하며 정책이 수립되기 시작한 것은 2012년의 '스마트 국가 구현을 위한 빅데이터 마스터 플랜' 계획이다. 데이

(그림 2-6) 빅데이터 관련 주요 정책 연혁 (2012-2016년)

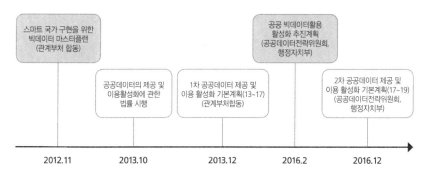

터의 활용, 인력 등 다양한 분야를 아우르는 계획 이후 데이터 관련 정책은 공공데이터 활성화에 대한 계획 수립 중심으로 진행되었다. (그림 2-6)과 (그림 2-7)은 각각 2012-2016년, 2017-2019년 사이에 발표된 데이터 관련 정책을 시간순으로 나열한 것이며, 회색은 빅데이터 관련 내용을 포함한 계획을 의미한다.

2017년부터 4차 산업혁명 대응계획을 비롯하여 데이터와 관계된 계획과 전략이 크게 급증하였다. 데이터는 4차 산업혁명 등 큰 주제의 일부로 다루어지다가, 점차 데이터 자체에 대한 계획으로 세분화되었다. 4차 산업혁명 이후 빅데이터 이슈를 포함하는 계획들의 숫자가 크게 늘어난 것을 알 수 있다.

2012년 빅데이터 마스터 플랜을 통하여 빅데이터를 주제로 한 계획이 수립되었으나, 그 이후에는 공공데이터 활용 관점에서 계획이 발표되었고, 지능정보사회 계획 등에서는 빅데이터를 별도의 영역으로 구분하여 계획을 수립하고 있지는 않았다. 이후 4차 산업혁명위원회 통하여 '데이터 산업 활

(그림 2-7) 빅데이터 관련 주요 정책 연혁 (2017-2019년)

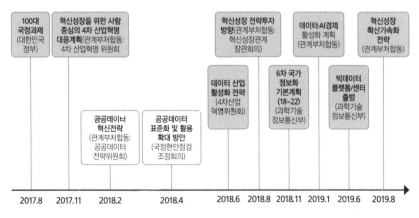

성화 전략'을 발표(2018. 6.) 하였으며, 데이터 관점에서 통합된 접근이 시도되었다.

데이터 관점에서 새롭게 문제의식과 계획들이 제시되면서, 빅데이터 관련 정책은 큰 변화를 가지게 된다. 기존의 계획들의 경우 이미 존재하고 있는 데이터들의 활용성을 높이기 위한 정책들이었으며, 데이터의 개방 촉진, 개인정보 등 제도 개선, 데이터를 다루기 위한 기술 및 인력 등에 대한 투자가 중심적인 내용이었다. 데이터 산업 활성화 전략을 기점으로 데이터의 활용 측면 뿐 아니라, 데이터의 구축과 생산에 대해 중요한 방점이 찍히게 되었다.

특히 데이터를 생산, 구축, 수집하는 방식의 지원은 '4차 산업혁명 대응 계획(2017. 11.)'에서 처음 구체적으로 그 형태가 드러났었는데, 이는 4차 산업혁명 정책으로서의 빅데이터 정책 변화의 가장 큰 차이점으로서 데이

<표 2-6> 빅데이터 정책 간 주요 초점 변화

계획명	우리나라 현황 인식	빅데이터 관련 계획 특징
빅데이터 마스터플랜 (2012년 11월)	빅데이터의 가치가 증대하고 있으나 우리나라의 활용이 미흡	• 이미 존재하는 빅데이터의 활용 촉진에 초점 (사회문제·맞춤서비스 등)
공공빅데이터 활용·활성화 계획 (2016년 2월)	공공 빅데이터 관련 범정부 협업체계 부재	• 공공부문에 이미 구축되어 있는 빅데이터의 활용 제고 초점
4차 산업혁명 대응 계획 (2017년 11월)	4차 산업혁명(지능화 혁명) 통한 성장 필요	• 데이터 생산의 중요성 제기 • 빅데이터 전문 센터 구축, 신산업 데이터 구축/개방
데이터 산업 활성화 전략 (2018년 6월)	4차 산업혁명의 핵심 동인인 데이터의 생산과 활용 제고를 위한 중점 전략 필요	• 데이터 경제 중요성 강조 • 데이터 플랫폼·센터 구체화 • 데이터 바우처 및 데이터 거래소 등 유통 촉진 계획

터 개방과 활용 중심의 영역에 데이터 생산을 위한 정책이 포함되었다는 것으로 볼 수 있다.

빅데이터 통합 플랫폼 관련 정책은 실제 예산을 집행하는 정책집행의 단계를 거치고 있다. 과학기술정보통신부는 "빅데이터 플랫폼 및 센터 구축 사업"을 통하여 분야별 플랫폼 10개소와 이와 연계된 기관별 센터 100개소를 구축하는데 3년간 총 1,516억 원을 투입할 계획이다. 2019년 한 해 동안 10개 분야 플랫폼과 94개의 센터가 설립되었다. 또한 "데이터 바우처 지원 사업"의 경우 5년간 총 3천억 원의 예산이 투입될 예정이며, 2019년 동안 2795개 기업이 신청하였으며, 1640건의 지원이 이루어졌다.

한편, 아직 입법 추진 중의 속성을 가지기도 한다. 데이터기반 행정 활성화에 관한 법률안이 국무회의 통과하고 현재 국회의 결정을 기다리고 있다. 데이터기반 행정 활성화에 관한 법률안은 기관의 데이터를 보다 쉽게 상호 이용할 수 있도록 촉진하는 법률이며, 빅데이터 통합 플랫폼 및 센터 구축 사업을 보다 원활히 추진하는데 도움을 줄 것으로 기대되고 있다. 다만 관련 계획의 주기적 수립 및 상호 데이터 요청에 대한 호의적 대응에 대한 사항이므로, 정책 추진의 필수 불가결한 수준으로 요청되는 사항들은 아닌 것으로 판단된다.

제3절 정책변동 분석

본 절에서는 Hogwood & Peter(1983)의 정
책변동 유형 개념을 활용하여 "빅데이터 통합 플랫폼 및 센터구축 사업"과
"데이터 바우처 사업"을 중심으로 정책변동 과정을 살펴보고자 한다. 변동
의 의도성 여부, 조직 차원의 변동 여부, 법률 차원의 변동여부, 예산 측면
의 변동 여부를 살펴보도록 한다.

빅데이터 통합 플랫폼 사업은 이미 구축된 데이터의 개방과 활용에 초
점을 두던 기존의 빅데이터 관련 정책들과 달리 4차 산업혁명 대응계획
(2017. 11.)과 데이터산업 활성화 전략(2018. 6.)들을 통하여 데이터 생산
및 구축의 필요성에 따라 새롭게 추진된 사업으로서 기본적 성격은 의도
적 성격을 가진 변화에 해당한다고 볼 수 있다. 해당 사업을 추진하기 위하
여 별도의 법률이 제정되거나 폐기된 것은 아니지만, 데이터 플랫폼을 기반
으로 활발한 데이터 유통을 촉진하기 위하여 데이터 3법이 국회를 통과하
여 법률 측면에서의 변화 또한 존재한다. 조직 측면에서는 해당 사업을 수

<표 2-7> 빅데이터 통합 플랫폼 및 센터 구축사업의 정책혁신 특징

정책혁신 특징		빅데이터 통합 플랫폼 및 센터 구축 사업	주요 내용
기본성격	의도적 성격	○	• 데이터 생산 및 구축의 필요성에 따라 정부가 새롭게 추진하였음
법률측면	기존 법률 부재	-	• 데이터 3법의 개정이 동반되었음
조직측면	기존 조직 부재	○	• 한국정보화진흥원의 지능데이터본부 신설
예산측면	기존 예산 부재	○	• 데이터 플랫폼 지원 예산은 있었지만, 데이터 생산과 구축 예산은 별도 없었음

행하기 위해 새로운 기관이 신설되는 등의 변화는 존재하지 않았으나, 해당 사업의 수행을 위해 한국정보화진흥원(NIA)의 조직개편을 통해 지능데이터 본부를 신설하고 해당 사업을 운영하고 있다는 점에서 부서단위의 변화는 발생하였다. 예산 측면에서는 데이터 활용을 촉진하는 플랫폼이라는 관점에서의 지원 활동은 존재하였으므로 승계적 변화의 측면이 존재하나, 영역별로 데이터의 생산과 구축 유통을 적극적으로 지원하는 본 사업의 내용과는 다른 형태의 지원이었다는 점에서 기존 예산이 거의 부재한 것으로 볼 수 있다. 따라서 예산 측면에서 정책적 변화의 폭이 크다고 할 수 있다. 이상의 내용을 종합할 때, 빅데이터 통합 플랫폼 및 센터 구축 사업은 정책혁신에 해당되는 것으로 판단된다.

데이터 바우처 사업은 데이터의 활용에 대한 수요를 견인하기 위해 중소기업에 대해 데이터를 구매하는 비용과 가공하는 비용을 지원하는 사업으로써 기존의 데이터 활용 촉진 사업들과는 사업의 내용이 현저하게 다르며, 데이터경제 활성화 전략의 수립 가운데 새롭게 추진되었다는 점에서 의도적 성격의 변화에 해당한다고 볼 수 있다. 법률 측면에서는 특별한 법률

<표 2-8> 데이터 바우처 사업의 정책혁신 특징

정책혁신 특징		데이터 바우처 사업	주요 내용
기본성격	의도적 성격	○	• 데이터 시장 수요 촉진의 필요성에 따라 정부가 새롭게 추진하였음
법률측면	기존 법률 부재	-	• 별도의 법률적 변화는 동반되지 않음
조직측면	기존 조직 부재	○	• 데이터산업진흥원의 데이터바우처 지원실 신설
예산측면	기존 예산 부재	○	• 기존 관련 사업 예산이 부재하며, 2017년 시작된 시범사업 예산이 대폭 증가하였음

의 변동은 수반되지 않았으며, 조직 측면에서도 2010년 설립된 데이터산업진흥원에서 계속 사업을 담당하고 있다는 점에서 큰 변화는 발생하지 않았다. 한편, 데이터 바우처 사업은 2017년 시범사업으로 소규모 예산으로 시작되었으나, 데이터 산업 활성화 전략의 일환으로 예산이 대폭 증가하여 2020년 기준 575억 원 가량으로 증가하였다. 4차 산업혁명 논의 이전 예산이 부재하다는 점에서 예산 측면에서 정책적 변화가 크게 발생되었다. 이상의 내용을 종합할 때, 데이터 바우처 사업은 정책혁신에 해당되는 것으로 판단된다.

제4절 정책과정 평가

빅데이터 관련 정책으로는 2012년 빅데이터 마스터 플랜을 통하여 빅데이터를 주제로 한 계획이 수립되었으나, 이후 지능정보사회 계획이나 4차 산업혁명 대응계획 등에서는 빅데이터를 별도의 영역으로 구분하여 계획을 수립하고 있지는 않았으며, 의료, 교통, 금융 등 각 영역에서의 지능화 사업 추진의 일환으로 DB 구축 등이 포함되어 있는 형태를 가지고 있었다. 공공데이터 활용 관점에서 지속적으로 계획을 발표하여왔으며, 빅데이터 전반 보다는 공공데이터의 개방, 연계, 활용성 제고 등의 관점에서 추진되었다. 이후 4차 산업혁명을 달성하기 위해 각 영역별로 계획과 과제들이 추진되었으나 실제로 영역별 지능화 혁신을 구현을 실행하는 과정에서 활용가능한 데이터의 질적·양적 수준이 크게 부족한 현실

에 직면하게 되었다

이후 4차 산업혁명위원회 통하여 '데이터산업 활성화 전략'을 발표 (2018. 6.) 하였으며, 데이터 관점에서 통합된 접근이 시도되었다. 4차 산업혁명의 달성을 위한 데이터의 중요성이 부각되었으며, 데이터 경쟁력을 통한 경제성장을 의미하는 데이터경제(Data Economy)가 강조되었다. 데이터 관점에서 새롭게 주요국 정책 및 추진 현황이 재정리 되었으며, 그간 데이터 정책의 문제에 대한 반성이 수행되었다. 데이터 이용제도, 데이터 가치사슬, 데이터 산업육성 기반 관련된 문제를 제기하였다. 그중 데이터 가치사슬 측면에서 고품질 데이터 부족, 폐쇄적 유통구조, 산업·사회적 활용 저조 등 한계점 등이 강조되었다(〈표 2-9〉 참조). 이와 같은 현실 인식을 바탕으로 데이터 산업 활성화 전략(2018년), 데이터+AI경제 활성화 전략(2019년) 등을 통하여 빅데이터는 4차 산업혁명의 다양한 기술분야 투자 중 일부에 해당하는 부분적 전략에서 경제의 중심적 전략으로 역할이 재조정되었다.

〈표 2-9〉 데이터산업 활성화 전략(2018)에서 강조된 데이터 가치사슬 관련 문제

영 역	데이터 가치사슬 관련 제기된 문제
구축/개방	4차 산업혁명 시대 新제품·서비스 개발에 필수인 자율차·스마트시티 등 영역별 실제 데이터(Real Data)와 AI 학습용 데이터 구축이 미흡 (예) 자율주행차: 정밀지도 데이터, 도로주행 센서·카메라 데이터, 교통사고 데이터 등
저장/유통	개별기업 중심의 제한적 데이터 유통, 거래제도 미비 등 양질의 데이터 유통 제한 우리나라의 클라우드 이용률 12.9%로 OECD 33개국 중 27위('17년)
분석/활용	데이터가 산업·사회 혁신의 촉매제로 역할이 기대되나, 산업적 활용은 아직 초기단계로서 산업 전반의 경쟁력 제고에 한계 국내 전체 사업체 빅데이터 이용률은 7.5%로 매우 낮음(NIA, '17년)

출처 : 4차산업혁명위원회(2018.6.)에서 재구성

데이터의 구축 및 활용 관련 문제를 해소하기 위한 방안으로 양질의 데이터를 구축하고 개방하기 위한 산업별 빅데이터 구축 추진계획이 수립되었다. 이 과정에서 10대 산업분야를 중심으로 빅데이터 구축 현황들을 조사하였으며, 해당 분야들을 중심으로 추진할 계획과 데이터 바우처 등의 지원을 통해 데이터 거래체계를 구축할 계획을 밝혔다. 10개소의 빅데이터 플랫폼을 구축하기 위한 투자에 대한 계획이 발표되었으며, 2019년 2월부터 '빅데이터 플랫폼 및 센터 구축사업'의 공모 및 선정을 시작하였다. 또한 2017년부터 시범사업으로 시작되어온 데이터 바우처 사업은 '데이터 산업 활성화 전략(2018년)'에서 '개방형 데이터 거래 체계 구축'의 일환으로 종합 계획에 명시되기 시작하였으며, 2019년 기준 600억 원 규모로 대폭 확대되어 실시되었다.

상기의 정책과정을 살펴보면, 데이터 기반의 가치 창출의 관점에서 4차 산업혁명의 저해요인들을 지속적으로 발굴하고 전략의 수정, 방안 도출, 사업 실행의 과정이 비교적 신속히 이루어져 온 것으로 판단된다. 양질의 데이터가 부족하고, 이들이 구축·가공·유통 될 플랫폼이 필요함에 주목하여 빅데이터 통합 플랫폼 및 센터 구축 사업이 추진된 것과 데이터 활용 수요를 견인하기 위해 데이터 바우처 제도를 도입한 것은 정책적 수요의 파악과 실행의 터울이 길지 않고 비교적 신속하게 개선을 시도한 것으로 판단된다. 특히 데이터의 유통 및 활용의 큰 장애요인으로 지적되어 오던 데이터 3법의 개정이 이루어짐에 따라 데이터 활용을 촉진하기 위한 노력도 진일보된 것으로 평가된다.

한편, 데이터 관련 종합계획의 목표의 설정이 다소 구체적이지 못하고 도전성 및 달성 가능성의 측면에서의 검토는 부족한 측면이 존재하는 것으로 보인다. 데이터 관련 종합계획의 상위 목표로서 '데이터 산업 활성화 전략'의 경우 '데이터 시장 10조 원', '데이터 AI경제 활성화 계획'의 경우 데이터 시장 30조 원 등의 목표가 설정되어있으나, 상위 목표의 설정 근거가 뚜렷하지 않을 뿐 아니라 하위 과제들의 목표와 이들 상위 목표와 하위 과업별 목표들의 관계는 계획에 나타나있지 않다. 또한 공식 정부 문서의 속성상 도전적인 목표를 설정하기는 어려울 수 있으나, 다소 보수적이고 모호하게 상위 목표가 설정된 것은 아쉬운 대목이다. '데이터 산업 활성화 전략'에서는 2022년 데이터 시장의 규모를 10조 원 규모로 향상시킬 것을 표방하고 있으나, 동 계획 내에서 언급하고 있는 국내 데이터 시장의 규모 및 연평균 성장률(7.6%)을 고려할 때, 현 추세의 연장선을 조금 상회하는 목표 수준(연평균 9.7% 수준)인 것을 알 수 있다. 반면 '데이터 AI 경제 활성화 계획'의 경우 2023년에 30조 원의 데이터 시장 규모를 달성할 것을 목표로 설정하였다. 이 목표 수준의 경우 광의의 데이터 시장을 기준으로(2018년 14조원, 연평균 성장률 4.3%) 설정된 것이며, 현행 시장 성장률의 3배 이상으로 성장을 지속했을 때 달성 가능한 다소 도전적인 목표 수준에 해당된다. 따라서 이와 같은 목표가 구호성 목표가 아닌, 실효성 있는 계획으로 동작하기 위해서는 어떠한 활동의 결과를 통해 해당 목표가 달성될 수 있을지에 대한 충분한 숙고가 계획 가운데 드러나는 것이 필요하지만, 아쉽게도 이와 같은 내용은 부재하다.

제 5절 정책혁신 방안

그간 빅데이터 활용과 관련한 정책과 계획들이 다수 발표되어 왔다. 그 내용을 살펴보면 정책변동의 관점에서 정책승계와 정책혁신이 공존하고 있다. 공공데이터의 공개나 부문별 ICT 융합 관련 영역의 정책들은 정책승계에 해당되며, 종래에 부처별로 추진해오던 과제들이 이합집산되어 오는 경향도 존재한다. 반면 빅데이터 플랫폼 구축, 데이터 바우처 지원 정책 등은 의도성, 신규성 등의 측면에서 데이터 의존적인 4차 산업혁명 특징을 고려한 정책혁신에 해당 되는 것으로 판단된다. 데이터 관련 정책들은 4차 산업혁명의 논의의 진전과 현장 적용의 과정을 거치며 지속적으로 효과성을 높이기 위한 정책으로 다듬어져 가고 있다는 점에서 긍정적으로 평가될 수 있다. 한편 앞으로 남은 정책과제로서 다음의 사항들을 제언하고자 한다.

첫째로, 데이터 생태계에 대한 지속적인 모니터링과 개선 노력이 필요할 것이다. 모든 정책은 그 경과와 효과를 주의깊게 관찰할 필요가 있지만, 플랫폼을 구축하기 위한 정책적 접근은 더욱 그러하다. 성공적 플랫폼으로 기능할 수 있는 적절한 제반 환경을 조성하는 것이 정부의 역할로 천명된 사업이기 때문이다. 새로운 사업들을 통하여 빅데이터의 공급자와 수요자가 상생하고 이를 통해 스스로 확대 재생산 될 수 있는 빅데이터 플랫폼으로 기능하게 될 수 있을지는 앞으로의 경과를 지켜보아야 할 필요가 있다. 아직 운영 초기이기는 하지만 빅데이터 플랫폼의 데이터 관리가 소홀하고 시인성이나 접근성이 떨어진다는 우려도 제기되고 있다는 점(IT조선, 2020.2.20.)은 지속적인 사업관리와 개선이 필요함을 시사한다. 또한 바우처 제도 역시 공급기업과 수요기업 간에 효율적으로 활용되는 지에 대해 지속적인 모니터링 역시 필요할 것으로 보인다. 일반적으로 바우처 제도의 경우 시장에 왜곡된 경쟁을 유발하거나, 공급이 부족할 경우 서비스 가격을 상승시키는 부작용을 가지기도 하기 때문이다(오윤섭 외, 2017).

다만 공공 주도로 시작된 빅데이터 플랫폼이 점차 민간 주도의 데이터 거래소로 진화할 조짐이 보인다는 것은 고무적인 부분이다. 2019년 12월 최초의 민간 빅데이터 거래소인 KDX가 출범하였다. KDX는 빅데이터 통합 플랫폼 구축 사업의 유통·소비 영역에서 플랫폼 기업으로 선정된 MBN을 중심으로 데이터 공급사 10개사가 모여 설립되었다. 800여 종의 유통·소비 관련 빅데이터가 판매되고 있다. 예를 들어 SK텔레콤이 제공한 데이터로서 지역에 따라 시간대별로 인구 이동 등을 알 수 있는 데이터, 삼성카드가 제공한 영유아 자녀 보유자의 소비 행태 등 기존의 데이터들과는 다른 데이터들이 판매 되고 있다.

둘째로, 정책의 목표가 파편적인 과제 목표 위주로 설정되어 있으며, 상위 목표와 하위 과제 목표 간 연계가 뚜렷하지 않은 점은 보완될 필요가 있다. 플랫폼 개수, 개방되는 데이터 개수 등이 아니라 이들의 달성을 통해 기여할 수 있는 상위 목표를 설정하고, 이를 위한 종합적이고 유기적인 정책으로 발전되어 가는 것이 필요하다고 생각된다. 현재의 빅데이터 관련 종합 계획들을 살펴보면 모두 수십 가지의 과제가 나열되어 있으며, 각 과제별로 각기 달성하고자 하는 목표를 제시하고 있다. 정부의 많은 종합 계획들은 다양한 부처에서 추진되고 있고, 관련 사업 및 향후 계획들이 집합되어 구성되는 경우가 많은데, 시의성과 현실성을 고려한다 하더라도 국가적 전략이 이들의 집합으로 그치게 되는 것은 바람직하지 않다. 국가차원에서 달성

해야 할 상위 목표를 설정하고 하위 과제 목표들과 상위 목표 간의 관계에 대한 고민을 담을 필요가 있다.

셋째로, 플랫폼 간 연계 활용성 등을 제고하기 위한 방안으로서 공공 부문의 수요 견인 역할이 강조되는 것이 필요할 것으로 보인다. 빅데이터는 구축된 데이터의 연계 및 활용이 중요하다. 빅데이터의 특징상 활용 목적이 한 분야에 국한되지 않기 때문에 다양한 형태의 활용을 유도해내는 것이 중요하다. 예를 들어, 유통부문의 정보와 의료부문의 정보가 연계된다면, 환자의 소비 및 생활 패턴과 질환 간의 관계에 대해 보다 심도 있는 분석이 가능할 수 있다. 이와 같은 데이터 간 결합은 데이터 공급 주체 단위에서 일어나기 보다는, 특정한 사업 목적 혹은 사회적 목적을 달성하기 위해 다양한 데이터를 취합 활용하는 과정에서 촉진된다. 현재 수요촉진 정책은 데이터 바우처 사업으로 대표되고 있는데, 이는 민간의 데이터 수요를 촉진하는 것에 가깝다.

공공행정 및 공공서비스 개선, 사회문제 해결 등의 영역에 빅데이터의 활용을 도입하게 되면, 국가 행정을 고도화할 뿐 아니라 데이터산업의 발전에도 기여할 수 있다. 인공지능을 활용한 빅데이터 분석은 근래 다양한 공공서비스에 적용되기 시작하였으며 많은 사회적 가치를 창출할 것으로 기대되고 있다. 또한 그 적용 가능 영역은 정보전달의 편의성 향상이나 단순 자동화 정도에 국한되지 않고, 적발, 규제, 예측, 국방 등 적극적 행정 영역에 있어서도 적용되고 있다(이제복 외, 2018; 장필성 외, 2019). 빅데이터 및 인공지능 활용을 통한 공공 의사결정에서의 최적화 및 효율성 향상, 생산성·일자리 증대 등 연간 전 세계 긍정적 효과로는 약 5.61조 달러로 전망하였으며, 이로 인해 2025년까지 World GDP에서 1.93%p가 추가 성장할 것으로 예측되기도 하였다(Capgemini, 2017). 빅데이터 기반의 디지털 정부는 행정 효율을 향상시킬 뿐 아니라, 그 자체로 하나의 수출 가능한 상품이 될 수 있다. 빅데이터 플랫폼 구축을 위한 정책적 노력이 민간·공공의 데이터 공급과 수요 촉진으로 연결되어 성공적인 플랫폼과 선도적인 글로벌 서비스들의 마중물 역할을 해내기를 기대한다.

참고문헌

과학기술정보통신부 (2019. 2.), 데이터 기반 혁신 성장/일자리 창출 본격시도, 보도자료.

_____ (2019. 3.), 데이터바우처 지원사업 수요기업 공모 안내서, 과학기술정보통신부/한국 데이터산업진흥원.

_____ (2019. 9.), 「국가 빅데이터 플랫폼 및 센터 구축 사업」 22개 소 센터 선정, 보도자료 (2019. 9. 6.).

김석관 외 (2017), 4차 산업혁명의 기술 동인과 산업 파급 전망, 정책연구, 과학기술정책연구원.

노규성 (2014), 플랫폼이란 무엇인가?, CommunicationBooks.

박인천·박현희 (2018), 빅데이터와 AI를 활용한 신용평가의 변화 시도, SCR Issue Report, SCR 서울신용평가.

오윤섭 외 (2017), 핵심평가: 바우처사업 정책효과, 보건복지부·한국보건사회연구원·사회보장정보원.

이제복 외(2018), 공공서비스 인공지능 ML 적용과 공공가치, 정부학연구, 24(1).

장필성 외 (2019), 데이터 기반의 기업 R&D 선정평가모형 구축 및 도입방안 연구:인공지능 방법론의 도입 및 활용 방안을 중심으로, 정책연구, 과학기술정책연구원.

조용호(2011), 플랫폼 전쟁, 21세기북스.

최병삼(2012), 가치창출 틀 플랫폼, 다원화혁명 이끈다, DBR, No.103, 68~75.

최병삼 외 (2017), 제4차 산업혁명의 도전과 국가 전략의 주요 의제, STEPI Insight, 과학기술 정책연구원.

IT조선, "천억 원 들인 빛 좋은 개살구, 과기부 빅데이터 플랫폼 실효성 있나", 2020. 2. 20.

4차산업혁명위원회(2018.6.), 데이터 산업 활성화 전략.

Capgemini (2017), Unleashing the potential of Artificial Intelligence in the Public Sector.

Hogwood & Peters (1983), _Policy Dynamic_, New York: St. Martin's Press.

Simon, Phil(2011), _The Age of the Platform: How Amazon, Apple, Facebook and Google Have Redefined Business_, Motion Publishing.

66

Economic Innovation Policy :
Evaluation and Innovation

99

제3부

경제혁신 정책 : 평가와 혁신

3

신성장 정책

최 병 철

> 지속 성장을 위해서는
> 사회문제와 기술개발을 연계하여
> 포용과 성장간의 선순환 구조를
> 형성하는 것이 필요하다.

제1절 서론

1. 기술혁신과 경제성장

자고로 어떻게 하면 경제를 더 빠르게 성장시킬 수 있을까의 문제는 시대와 국가를 막론하고 모두가 고민하는 최대의 현안 과제였다. 일찍이 이러한 문제에 대해 고민하고 자본주의 경제가 나아갈 운명을 전체적으로 조감했던 아담 스미스와 토머스 맬더스를 비롯해, 해롯과 도마, 쏠로우와 같은 대표적인 경제학자들이 다양한 경제성장 이론을 통해 경제가 성장하는 원리를 설명하고자 시도했다. 특히 슘페터는 경제가 발전하는 과정을 기술의 혁신에 의해 생산함수가 변화하는 동태적인 과정으로 파악했고, 내생적 성장이론으로 불리기도 하는 신성장모델에서는 연구개발에 의한 지식과 기술의 창출, 그리고 교육과 훈련을 통한 인적자본의 육성이 경제성장의 중요한 요소라고 강조했다.

이들 복잡한 경제성장이론들을 단순하게 바라보면 경제성장의 원리를 생산요소의 양적인 증가로 설명하다가 양적인 변화만으로는 설명되어지지 않는 부분을 기술혁신이라는 질적인 변화로 설명하고, 그 질적인 변화를 더욱 중시하는 모습으로 발전해가고 있음을 알 수 있다. 하지만 기술혁신이 중요해진 것은 어제 오늘의 일이 아니다. 경제성장의 관점이 아니더라도 과거로부터 기술은 종교혁명, 정치혁명, 산업혁명, 정보화 혁명, 그리고 최근의 4차 산업혁명에 이르기까지 일련의 사회변동의 주된 원동력이었다. 김기정과 정우탁(2002)은 영국 중심 패권체제(Pax-Britannica)와 미국 중심 패권체제(Pax-Americana)로 이어져 온 세계 패권의 주기도 기술 헤게모니에 기반한 것이라고 보았으며, 근대 서양 제국주의 전쟁들 또한 사실상 이러한 기술패권을 둘러싼 전쟁이었다고 보았다. 이들은 과학혁명과 근대과학의 대두, 그리고 산업혁명으로 이어지는 과정에서 폭발적 생산력을 갖게 된 영국, 프랑스, 독일 등 서양 제국들이 이를 유지하고 확대하기 위해 막대한 원료의 공급지와 생산된 제품의 판매시장이 필요했고, 이를 위해 세계 여타 지역을 식민지화 하는 소위 제국주의의 길로 들어서게 된 것이라고 해석한다. 사실 기술을 둘러싼 글로벌 패권 다툼은 최근에도 이어지고 있다. 우리가 경험하고 있는 미-중 무역분쟁, 일본의 한국에 대한 수출규제와 백색국가 명단(화이트 리스트)에서의 제외 등이 그 예다.

  기술의 발전은 경제성장을 넘어 국가간의 갈등과 협력, 국제적 질서를 주도하는 보이지 않는 힘으로서 핵심적인 역할을 담당한다. 따라서 국내의 한정된 자원을 활용하여 산업과 경제의 역량을 어떻게 극대화할 것인가가 향후 한국의 국제적 위상을 결정하는 시금석이 된다고 할 수 있으며, 이러한 의미에서 기술혁신을 통한 신성장 정책은 매우 중요하다고 할 수 있다.

2. 산업정책과 경제성장

산업정책은 1940년대 세계대전 이후부터 많은 개발도상국에서 경제발전을 위한 필수적인 정책으로 선택되었다. 이때는 이른바 케인즈주의의 영향과 함께 유치산업 보호론이 확산되던 시기였으며, 정보의 비대칭성, 외부성 등과 같은 시장실패 이론이 정립되면서 정부의 시장개입 정책에 대한 정당성이 확보되었던 시기였다. 특히 1960~70년대는 산업정책의 전성기로 한국이나 싱가폴 등과 같은 정부주도형 성장 정책이 대표적으로 성과를 거둔 시기이기도 했다.

그러나 1980년대에 와서는 소위 신자유주의 국제질서 범주 내에서 시장주의와 민주주의를 내세운 미국식 자본주의 모델인 '워싱턴 컨센서스(Washington Consensus)[1]'가 광범위하게 우위를 점하면서, 정부의 인위적인 개입에 의한 산업정책은 시대에 뒤떨어진 정책수단으로 인식되게 된다. 또한 이 시기에는 국가 간의 무역협정이 확산되면서 정책 유효성 차원에서 아무래도 협정 위반의 소지가 높은 산업정책에 대한 관심이 저하되었다고 볼 수 있다.

한편 2008년 글로벌 금융위기 이후에는 경제 회복을 위한 각국의 적극적인 정책적 노력이 시작되면서 자연스럽게 그동안 주류를 형성했던 자유주의적 정책기조가 쇠퇴하고 다시 산업정책적 성격의 정부개입이 확산되

---

1)   1990년 미국 국제경제연구소(IIE)가 남미 국가들의 경제위기 해법으로 제시한 세제개혁, 무역·투자 자유화, 탈규제화 등 미국식 시장경제체제를 주 골자로 하는 정책. 미국 정치경제학자인 존 윌리엄슨이 자신의 저서에서 제시한 남미 등 개도국에 대한 개혁처방을 '워싱턴 컨센서스'로 명명한 데서 유래되었다(한경 경제용어사전 참조).

게 되었다. 이에 더해 최근에는 선진국을 중심으로 저성장이 고착화되고 인구구조가 고령화되는 등의 변화로 생산성 향상을 위한 해법이 시급해짐에 따라 혁신을 통한 성장이 더 큰 화두로 부각되게 되었다. 한편으로는 세계화로 인한 국제분업구조가 정착되면서 저부가가치 생산을 개발도상국이 담당하게 되자 선진국에서는 요소투입형 성장이 어려워져 혁신을 통한 고부가가치 창출 전략을 추진할 수밖에 없게 된 측면도 있다.

최근에는 독일의 '인더스트리 4.0'이나 중국의 '중국 제조 2025'와 같이 선진국들도 과거 개발도상국에서 추진했던 정부 주도형 산업정책을 과감하게 추진하고 있다. 인공지능과 같은 첨단기술 영역에서 중국 정부의 강력한 정책적 뒷받침도 각국이 자국 산업의 활성화를 위한 산업정책 추진에 경쟁적으로 뛰어들게 된 요인 중의 하나라고 볼 수 있다. '워싱턴 컨센서스'와 반대로 정부주도 시장경제 발전모델인 '베이징 컨센서스(Beijing Consensus)[2]'가 힘을 얻게 된 것이다. 한국이야말로 과거 산업정책을 통해 선진국 문턱에 올라선 대표적인 국가다. 1960년대 수출진흥정책, 1970년대 중화학공업육성정책, 1980년대 연구개발(R&D) 투자와 고급인력 양성정책 등 국제사회에서도 우리의 한국식 성장모델을 높게 평가하고 있다. 우리나라가 지금의 경제 수준에 도달하기까지는 정부가 직접 나서서 선진국들로부터 외자와 기술을 도입해 국내 기업을 보호하면서 수입 대체 산업을 우선 육성하고 중화학 공업을 국제적인 규모로 과감하게 키웠던 점 등

---

2)   시장원리 확대와 탈규제, 재정긴축을 핵심 내용으로 하는 미국식 경제모델인 '워싱턴 컨센서스'에 대립하는 개념으로 중국이 주도하는 '권위주의 체제하 시장 경제 발전'을 일컫는 말. 정치적 자유화를 강요하지 않으면서 시장경제적 요소를 최대한 도입하는 중국식 발전국가 모델을 뜻하며, 골드만 삭스의 고문이자 중국 칭화대 겸직교수인 레이모(Joshua Cooper Ramo)가 처음으로 사용했다(한경 경제용어사전 참조).

에 크게 힘입었다고 할 수 있다.

　사실 '왜 어떤 나라는 부유하고 어떤 나라는 가난한가?'라는 질문은 아담 스미스 이래 수많은 경제학자들이 끊임없이 묻고 그 답을 찾기 위해 노력해온 질문이다. 하지만 아담 스미스가 이 질문을 제기했던 18세기 말 당시에는 잘사는 나라와 못사는 나라 사이의 소득격차가 지금처럼 크지 않았다고 한다. 국가간 소득격차가 발생하기 시작한 것은 놀랍게도 불과 200년이 채 안된다는 것이 경제성장과 규모의 격차를 연구한 학자들의 결론이다(유윤하, 2009). 로버트 루카스(2005)에 의하면 이 시기 국가들의 평균적인 1인당 GDP는 600~700 달러 정도로 현재의 세계 최빈국의 수준에 불과했다고 한다. 이 시기에는 미국이나 영국도 생활수준이 현재 아프리카의 가난한 국가들과 크게 다르지 않았었다는 것이다. 루카스와 같은 경제학자들은 지금으로부터 약 200년 전인 1800년경에는 가장 부유한 국가와 가장 가난한 국가 사이 조차도 소득격차가 2~3배 정도에 불과했을 것으로 보고 있다. 그러나 현재 우리가 살고 있는 시대에는 룩셈부르크나 카타르와 같이 1인당 GDP가 10만 달러를 넘는 부자나라가 있는 반면, 가난한 나라는 1,000 달러에도 미치지 못하여 그 격차가 무려 100배가 넘는다. 보다 실감나는 표현으로 바꿔보자면 가난한 나라에서 사는 사람이 1년 내내 생산하는 소득을 부자나라에 사는 사람은 불과 2~3일 만에 생산해 낼 수 있는 것이다.

　이런 차이가 어디에서 오는 것일까? 일부 경제학자들은 선택된 정책과 제도의 차이가 후일 경제성장에 큰 차이를 낳았다고 분석한다. 기술혁신을 촉진하는 정책과 제도를 선택한 국가는 성장을 거듭한 반면, 그렇지 못한 국가는 성장을 하지 못해 200년 전에 부유했던 국가들이 현재는 가난한 국가로 전락했고, 과거에 가난했던 국가가 현재는 부유한 국가가 되는 부의 역전현상이 일어났다는 것이다. 한편 사유 재산권 보장의 정도, 시장 기능이 인적·물적 자원을 얼마나 원활히 배분하는가 하는 정도 등의 정책과 제도의 차이에 따라 각국의 성장 속도가 크게는 3배까지 차이 난다는 연구결과도 있다(Scully, 1988).

이처럼 경제성장에서 정책의 역할은 매우 크다고 할 수 있다. 본 장에서는 경제성장을 위한 정책 중에서도 산업정책과 과학기술 정책의 성격을 모두 가진 신성장 정책에 대해 현재의 정책이 4차 산업혁명의 개념과 가치에 부합하는지 살펴보고, 나아가 4차 산업혁명이라는 흐름에 맞는 보다 발전적인 방향을 제안해 보고자 한다.

제2절 신성장 정책 개관

1. 신성장 정책의 정책구조

일반적으로 산업정책이라고 하면 산업의 경쟁력 강화를 위해 사용되는 다양한 정책수단들을 모두 포함한다고 볼 수 있다. 서중해(2018)에 의하면 신성장 정책은 기업 혁신활동이 경제성장으로 구현되는 과정에 개입하는 정부정책을 총칭하는 것으로 ① 혁신 우호적인 거시경제환경, ② 구조고도화, ③ 공급·수요·조직·인적자원혁신 등 부문별 전략으로 구성된다. 이렇게 본다면 넓은 의미에서는 금융혁신 추진 방향, 중견기업 정책 혁신방안,

혁신 창업 생태계 조성방안, 혁신성장 실현을 위한 5G 플러스 전략, 금융업 진입규제 개편방향, R&D 프로세스 혁신 방안, 4차 산업혁명 혁신선도대학 지정 및 운영계획 등과 같이 거시경제정책으로부터 산업구조 조정 정책, 창업 활성화 등 산업 및 기업 생태계 조성 정책, R&D 등 혁신역량 강화 정책, 교육정책, 노동정책까지 정부가 추진하고 있는 거의 모든 정책들이 신성장 정책이라고 볼 수 있다.[3] 하지만, 여기에서는 그 범위를 약간 좁혀 성장동력 정책과 같이 기술혁신과 직접적으로 관련된 산업정책으로 논의의 대상을 한정하기로 한다.

현 정부의 신성장 정책은 〈표 3-1〉과 같이 크게 경제정책 방향과 산업정책 방향, 그리고 4차 산업혁명 대응계획과 같이 상위의 철학을 담고 있는 기반정책, 혁신성장동력 추진계획, 혁신성장동력 시행계획, 혁신성장 전략투자 방향으로 이어지는 실행정책, 그리고 데이터산업 활성화 전략, 인공지능 국가전략 등과 같은 세부 분야별 전략으로 나눌 수 있을 것이다. 이하에서는 분야별 세부정책은 너무 다양하고 범위가 넓기 때문에 보다 큰 틀에서

〈표 3-1〉 문재인 정부의 신성장 관련 정책구조

정책구분	주요 정책명
기반정책	새정부 경제정책 방향, 새 정부의 산업정책 방향, 4차 산업혁명 대응계획
실행정책	혁신성장동력 추진계획, 혁신성장동력 실행계획, 혁신성장 전략투자 방향, 혁신성장 확산·가속화 전략
분야별 정책	데이터산업 활성화 전략, 인공지능 국가전략, 시스템반도체 비전과 전략, 핀테크 활성화 로드맵, 바이오헬스 산업 혁신추진방안 등

---

3)   이러한 현 정부의 신성장 정책들은 기획재정부에서 운영하고 있는 '혁신성장 포털'의 '대책발표 현황'에 잘 정리되어 있다(http://www.moef.go.kr/pa/archiveFrontList.do).

의 기반정책과 실행정책들을 중심으로 정책의제 설정, 정책형성, 정책집행, 정책평가, 정책변동으로 이루어지는 정책과정 중 정책의제 설정 및 정책형성과 정책집행 차원에서 주요 내용을 살펴보기로 한다.

2. 신성장 정책의 정책과정과 주요 내용

1) 새 정부의 경제정책과 산업정책

문재인 정부는 출범 첫해인 2017년 7월 대통령 주재 국무회의를 개최하여 새 정부의 경제정책 방향을 발표했다. 성장이 빠르게 둔화되는 가운데 분배까지 악화되어 저성장 고착화와 양극화 심화라는 구조적이고 복합적인 위기상황에 직면했음을 인식하고, 저성장과 양극화를 동시에 극복하기 위해 경제 패러다임 대전환을 시도하여 분배와 성장이 선순환을 이루는 사람중심 지속성장 경제를 구현하는 것을 경제정책 방향으로 정했다. 경제성장 전략을 일자리중심 소득주도 성장(수요측면)과 혁신성장(공급측면)의 쌍끌

\<표 3-2\> 문재인 정부의 4대 경제정책 방향

정책방향	주요 내용
소득주도 성장	경제정책 중점을 국민의 인간다운 삶, 기본생활 보장에 두고 가계소득 증대를 성장의 새로운 원동력으로 활용
일자리 중심 경제	가계소득의 핵심인 일자리의 양적 확충·질적 제고를 통해 "일자리-분배-성장"의 국민경제 선순환 구조 복원
공정경제	공정경쟁 촉진, 합리적 보상체계 정립을 통해 경제주체들의 경제하려는 의욕 제고, 더불어 살아가는 공동체 의식 강화
혁신성장	일자리 창출력이 높은 중소기업을 새로운 성장동력으로 육성, 4차 산업혁명 대응 및 개방확대로 생산성 중심 경제로 전환

출처 : 관계부처 합동 (2017)

이 방식으로 전환하고, 사회보상체계 혁신을 통해 공정경제로 경제체질을 전환하여 성장의 과실이 경제전반으로 골고루 확산되도록 유도한다는 내용을 주요 골자로 하고 있다.[4]

한편 2017년 12월에는 산업통상자원부에서 우리나라 산업이 가진 구조적인 문제점을 해결하고 혁신성장을 뒷받침하기 위한 '새 정부의 산업정책 방향'을 수립하여 발표했다. 이 정책은 강력한 제조업이라는 우리나라의 강점을 기반으로 구조적 문제점과 시대적 요구 해결을 위한 새로운 산업정책 (혁신 경제, 포용적 성장) 전개를 주요 내용으로 하고 있다. 과감한 정책 재설계로 '산업→일자리→소득'으로 이어지는 성장 톱니바퀴를 재가동하고, 주력산업과 신산업이 함께 성장하는 산업혁신, 대·중견·중소기업이 함께 상생 발전하는 기업혁신, 지방과 수도권이 균형 발전하는 지역혁신을 주요 방향으로 제시했다. 이와 함께 4차 산업혁명과 관련한 전기·자율 주행차, 사물인터넷(IoT) 가전, 에너지 신산업, 바이오·헬스, 반도체·디스플레이 등 5대 신산업 프로젝트를 가동하고 중견기업이 경제성장의 핵심축 역할을 담당하도록 매출액 1조원 이상의 중견기업을 2022년까지 80개로 늘리겠다는 목표를 제시했다.

2) 4차 산업혁명 대응계획

문재인 정부 출범 당시 최대 화두는 단연 4차 산업혁명이었다. 대통령직

---

4)   정부는 매해 연말 '2019년 경제정책방향', '2020년 경제정책방향'과 같이 다음 해의 경제정책 방향을 새롭게 발표하고 있지만, 혁신성장·일자리중심 소득주도 성장·공정경제 등 2017년 7월에 발표한 '새정부 경제정책 방향'의 기본 전략과 틀은 그대로 유지하고 있다.

인수위원회 없이 임기를 시작하게 된 것에 대한 보완책으로 운영되었던 국정기획자문위원회에서도 총리급의 민간 출신이 위원장을 맡는 대통령 직속 4차 산업혁명위원회를 출범하겠다고 밝힌 바 있었다. 이에 따라 과학기술정보통신부가 운영규정안 초안을 작성하고, 2017년 8월 16일 국무회의에서 '4차산업혁명위원회의 설치 및 운영에 관한 규정'이 의결됨에 따라 그 근거 규정을 마련하여 '4차산업혁명위원회'가 출범하게 되었다. 위원회는 4차 산업혁명 시대 도래에 따른 총체적 변화에 대응해 정부의 국가전략과 정책에 관한 사항을 심의하고, 부처간 정책을 조정하는 대통령 직속 기구로 설립되었으며, 2017년 9월 25일 문재인 대통령이 장병규 위원장을 포함해 20명의 민간위원을 위촉함으로써 제1기 위원회가 활동을 시작했다.

한편 4차산업혁명위원회 제2차 회의에서는 21개 부처가 합동으로 작업하고 4차산업혁명위원회의 논의를 거쳐 상정·의결된 '혁신성장을 위한 사람 중심의 4차 산업혁명 대응계획(이하, 4차 산업혁명 대응계획)'을 확정해 발표했다. 이 계획은 새 정부의 핵심 정책과제인 '혁신성장'을 뒷받침하고 '사람 중심의 4차 산업혁명' 추진을 위한 범정부 차원의 큰 그림으로서, 4차 산업혁명과 관련해 문재인 정부 5년간의 구체적인 청사진을 담은 계획이라는 점에서 중요한 의미가 있다고 할 수 있다.

국민들에게 쉽고 직관적으로 다가갈 수 있도록 'I-KOREA 4.0[5]'이라는 정책 브랜드를 내세운 '4차 산업혁명 대응계획'은 아래 〈표 3-3〉에 제시된

---

5)　I-KOREA 4.0은 과거 성공적인 정보화를 이끌었던 e-Korea, u-Korea 등 디지털 국가 혁신전략의 맥(脈)을 잇는 것으로 I는 '4차 산업혁명 대응계획'이 지향하는 지능(Intelligence), 혁신(Innovation), 포용·통합(Inclusiveness), 소통(Interaction)을 상징하며, 4.0은 4차 산업혁명 대응, 4개의 I와 4대 전략을 의미한다.

것과 같은 기존 성장전략의 한계를 극복하고 생산성 중심의 산업 체질개선과 국민 삶의 질 향상을 실현하는 새로운 성장전략으로의 전환을 주요 내용으로 한다. 기술과 산업, 그리고 사회 정책을 서로 긴밀하게 연계하여 ▲지능화 혁신 프로젝트 추진, ▲성장동력 기술력 확보, ▲산업 인프라·생태계 조성, ▲미래사회 변화 대응 등 4대 분야 전략 과제를 중점 추진해 나가기로 한 것이 그것이다.

한편, 성장동력 기술력 확보와 관련해서는 4차 산업혁명의 핵심동인이라고 할 수 있는 지능화 기술에 대한 역량을 강화하는 동시에, 성장동력과 연계한 맞춤형 집중지원, 연구자 중심 연구개발(R&D)체계 혁신 등을 통해 국가 미래 기술경쟁력을 확보하기로 했다. 성장동력 분야는 지난 박근혜 정부에서 선정했던 19대 미래성장동력과 9대 국가전략프로젝트 등 중복된 분야를 연계하고 통합하여 효율화하고, 지원 방식도 원천기술 확보 분야와 조기 상용화 분야로 구분하여 그 성격에 맞도록 집중 지원하기로 했다.

아울러, 4차 산업혁명의 핵심 인프라인 네트워크·데이터 기반 강화, 지능

<표 3-3> 기존 성장전략의 한계

한 계	주요 내용
자본 투입 한계	그간 선택과 집중 전략으로 주력산업의 성장을 일궈냈으나, 기술혁신 기반의 생산성 제고와 성장동력 확충에 한계
성장과 사회이슈의 단절	산업성장을 위한 기술공급에 집중, 산업육성과 사회문제를 동시에 해결하는 포용적 성장에 관심 부족
성장주체의 다양성 취약	정부·대기업 주도의 성장에 치중, 중소·벤처 활성화를 통한 산업의 다양성과 성장역량 확충 역시 부족
지속성장 인프라 미흡	핵심인재 부족·규제 장벽 등 창의·도전적 혁신과 재도전을 지원하는 혁신 안전망 구축은 미진

출처 : 관계부처 합동·4차산업혁명위원회 (2017)

화 신산업 생태계 조성, 신기술·신서비스 창출 촉진을 위한 규제 샌드박스 도입 추진과 함께 각 산업별 규제와 제도를 혁신 친화적으로 재설계한다는 내용도 담고 있다.

3) 혁신성장동력 추진계획

혁신성장동력은 과학기술정보통신부가 지난 박근혜 정부에서 선정한 19대 미래성장동력과 9대 국가전략프로젝트를 연계하고 통합하여 '혁신성장동력 추진계획'을 마련하는 것으로 시작했다. 2017년 10월 제12회 미래성장동력특별위원회에서 확정한 '혁신성장동력 추진전략'에 따라 혁신성장동력을 선정하고 지원계획을 구체적으로 마련하여, 그 다음 회의인 2017년 12월 제13회 미래성장동력특별위원회에서 '혁신성장동력 추진계획(안)'을 의결했다.

'혁신성장동력 추진계획'은 지난 정부의 19대 미래성장동력과 9대 국가전략프로젝트를 검토하여 세부단위로 분산되어 있거나 중복된 분야를 통합하고, 기술 제품, 산업 범위 등 분야 간의 레벨이 다른 부분은 정리하여 지속지원 대상을 선정한 후, 조기상용화 분야와 원천기술 확보 분야로 유형화했는데 아직 기초연구 중이거나 공공의 영역에 한정되어 있어 범부처적인 성장동력의 성격에 맞지 않는 분야는 관계부처에서 자체적으로 육성할 수 있도록 유도하고, 4차 산업혁명 과정에서 나타나는 새로운 산업분야 중 일자리 창출효과가 크고, 개별부처가 단독으로 추진하기 어려운 분야를 검토하여 성장동력으로 추가해 나가기로 했다(국가과학기술심의회 미래성장동력특별위원회, 2017). 구체적으로는 '4차 산업혁명 대응계획'과 연계하여 범부처적인 지원이 필요한 분야, 그리고 일자리 창출효과가 높은 분야 중

<표 3-4> 문재인 정부의 13대 혁신성장동력 산업

지능화 인프라	빅데이터(D)		차세대통신(N)		인공지능(A)	
	빅데이터 개방·활용		5G, IoT 상용화		AI 핵심기술 개발	
스마트 이동체	자율주행차			드론(무인기)		
	레벨3 자율주행			공공용·산업용 무인기 보급		
융합 서비스	맞춤형 헬스케어	스마트시티		가상증강현실		지능형로봇
	개인맞춤 정밀의료	도시문제 저감		개별산업과 VR/AR 융합		의료·안전용 서비스 로봇
산업 기반	지능형반도체	첨단소재		혁신신약		신재생에너지
	AI용 반도체 개발	항공부품, 자동차 경량화		후보물질 100개 개발		재생에너지 발전비중 확대

출처 : 국가과학기술심의회 미래성장동력특별위원회 (2017)

기술 실현을 통해 국민이 체험할 수 있고, 일상생활에서 활용할 수 있는 분야를 중점적으로 고려하여 지능화인프라, 스마트이동체, 융합서비스, 산업기반 분야에 〈표 3-4〉와 같이 총 13개 혁신성장동력을 선정했다.

앞에서도 잠깐 소개했듯이 혁신성장동력은 우리가 가진 역량과 보유기술, 소요기간, 시장규모와 민간수요 등을 고려해 조기 상용화 분야와 원천기술확보 분야로 유형을 나누어 그에 맞는 맞춤형 지원계획을 수립하기로

<표 3-5> 성장동력 분야 유형별 정책 방향

유 형	성장동력 분야	정책 방향
조기상용화 분야	자율주행차, 빅데이터, 맞춤형헬스케어	신산업·신기술을 현장에 적용할 수 있는 규제개선과 중소·중견기업을 위한 금융지원, 인프라 조성 추진
	스마트시티, 가상증강현실, 신재생에너지	산학연 공동의 대형 실증 프로젝트 추진
	지능형로봇, 드론	국가·공공기관의 구매·활용을 통해, 초기 적용실적 확보 지원
원천기술 확보 분야	차세대통신, 첨단소재, 지능형반도체	산업분야 적용을 위한 융합 제품·서비스 개발과 국제표준화 추진
	혁신신약, 인공지능	지속적인 원천연구를 지원하고 혁신적 연구를 수행할 수 있도록 연구환경 개선 추진

출처 : 국가과학기술심의회 미래성장동력특별위원회 (2017)

했다. 조기 상용화 분야는 제도개선, 실증, 공공수요 등을 통해 민간의 참여를 유도하고, 원천기술확보 분야는 상용화 개발, 국제표준화, 기초·원천연구 지원을 통해 체계적인 기술 확보를 중점 지원하기로 한 것이 그것이다. 조기 상용화와 원천기술 확보로 나눈 분야별 정책방향은 〈표 3-5〉에 정리되어 있다.

한편, 정부의 R&D 투자와 함께 이와 관련된 규제개선·세액공제·조달 등과 같은 제도적 사항들을 패키지로 지원하고, 각 부처에 분산되어 있는 파편적인 R&D 사업들을 효율적으로 연계하여 기술개발이 전략적이고 집약적으로 추진될 수 있는 환경을 조성하는 등의 정부지원 체계 고도화 계획도 담고 있다. 또한 혁신성장동력에 대한 발굴·지원·평가의 전주기 관리체계를 정착시키기로 했다. 특히 4차 산업혁명에 따른 환경변화를 고려해 범부처적으로 육성이 필요한 혁신성장동력 후보과제를 정기적으로 발굴하기로 했다. 이에 따라 과학기술정보통신부 과학기술혁신본부는 2019년 9월 '성장동력 발굴TF'를 만들어 성장동력 신규 아이템 발굴에 착수했으며, 관계부처 및 전문가 의견수렴을 거쳐 2020년 1분기 중 과학기술관계장관회의에서 최종적으로 확정할 예정이다.[6]

혁신성장이 문재인 정부 경제정책의 중요한 하나의 축인 만큼 혁신성장동력에 대한 정책은 기획재정부를 중심으로 범부처 정책으로 추진되어 왔다. 2017년 10월 혁신성장동력 선정 이후 범정부차원이 종합적 혁신성장 추진방향에 대한 논의를 시작한 이후, 12월 기획재정부가 '2018년 경

---

6)   차세대 건강 진단, 자율운항선박, 리뉴어블 플라스틱, 바이오 푸드, 혁신형 디스플레이, 휴먼 증강 슈트 등의 후보가 새롭게 추가될 품목으로 논의되고 있다.

제정책방향'을 통해 민관합동 '혁신성장 지원단'을 구성하고 8대 핵심 선도사업[7]에 R&D·자금지원 등 정부 정책역량을 집중해 추진하기로 했다. 그 이듬해인 2018년 8월에는 김동연 부총리 주재로 혁신성장 관계장관회의를 개최하여 '혁신성장 전략투자 방향'을 발표하고 향후 혁신성장을 가속화하고 경제체질·생태계 혁신을 촉발하기 위해 플랫폼 경제 구현을 추진하기로 했다. '혁신성장 전략투자 방향'에서는 플랫폼 경제 구현을 위한 3대 전략투자 분야로 데이터·블록체인·공유경제, AI, 수소경제를 선정하고, 공통분야로 혁신인재 양성을 선정했다. 또한, 앞서 선정했던 기존 8대 선도사업 중 '초연결 지능화'를 전략투자 분야의 '데이터·AI 경제'로 확대·승격하고, 고용 및 부가가치 창출효과가 큰 바이오헬스를 8대 선도사업에 추가했다. 아울러 2019년 8월에는 제21차 경제관계장관회의 겸 제3차 혁신성장전략회의에서 그간의 성과를 바탕으로 혁신성장 추진전략을 고도화하여 성과창출을 가속화하고, 경제·사회 전반으로 혁신을 확산해 나가고자 하는 계획을 담은 '혁신성장 확산·가속화 전략'과 '혁신성장 2020 전략투자방향'을 발표했다. 이 전략은 모든 산업과 융·복합이 가능한 혁신 인프라 분야(DNA[8])와 글로벌 경쟁우위 확보 가능성이 높은 핵심 신산업 분야(BIG3[9])

---

7)　핵심 선도사업은 ①혁신기반 기술, ②잠재 시장규모, ③연관산업 파급효과 등을 감안해 선정하였으며, 초연결지능화, 스마트공장, 스마트 팜, 핀테크, 에너지 신산업, 스마트 시티, 드론, 자율주행차의 8대 분야를 선정했다.

8)　Data, Network, AI로서, 4차 산업혁명시대 생산요소로 작용할 혁신성장 경쟁력의 원천(Data, AI)이자, 산업 간 융·복합을 촉진하는 신경망(5G)을 의미한다.

9)　BIG3 산업은 시스템반도체, 바이오헬스, 미래차로, 시장 성장 가능성이 크고 선제적 투자 시 글로벌 시장에서 선도적 위치로 도약할 수 있는 분야를 말한다.

에 대한 중점 육성 계획과 함께 인재, 규제, 노동 3대 혁신기반을 강화하여 혁신성장을 가속화하는 정책을 담고 있다.

제3절 정책변동 분석

1. 지난 정부 신성장 정책과의 차이점

   박근혜 정부의 창조경제와 미래성장동력으로 대표되던 신성장 정책은 문재인 정부에서는 4차 산업혁명과 혁신성장동력으로 이어지고 있다. 앞서 설명했듯이 혁신성장동력은 기본적으로 박근혜 정부에서 선정했던 19대 미래성장동력에서 출발했기 때문에 선정된 품목만 보자면 박근혜 정부에 비해 '혁신신약' 정도만 추가된 것처럼 보일 수 있다. 하지만, 정책의 내용을 들여다보면 4차 산업혁명의 핵심기술인 데이터와 인공지능에 대해서는 국가차원의 종합전략을 수립하는 등 이를 바라보는 무게감에는 분명한 차이가 존재한다. 박근혜 정부의 미래성장동력에서는 19개 성장동력 품목에 대한 중요도 판단이 없었던 반면, 혁신성장동력에서는 DNA(데이터, 네트워크, 인공지능)와 BIG3(시스템반도체, 바이오헬스, 미래차)에 보다 많은 관심을 두고 중점 육성계획을 제시하고 있다.

   또 다른 차이는 과거 정부에서 17대(이명박 정부), 19대(박근혜 정부)와 같이 한번 정해진 성장동력 품목만을 정책대상으로 유지했던 것과 달리 혁신성장동력에서는 처음 선정한 13대 품목에 한정하지 않고 지속적인 발굴을 통해 새로운 품목을 추가하기로 했다는 점이다. '몇 대'에 대한 제한을 두지 않기로 한 것이다. 환경변화에 대한 신속한 대응과 유연성 측면에서 변화된 모습이라고 할 수 있다.

신성장 정책을 총괄하는 콘트롤 타워에도 변화가 있었다. 박근혜 정부에서는 '미래성장동력 종합 실천계획'에서 미래창조과학부가 19대 분야 전체를 총괄·조정하기로 하고 성장동력 분야별로 주관부처(1개)와 협력부처(다수)를 나누어 관리하는 주관부처 체제를 도입했지만, 미래창조과학부가 실질적인 콘트롤 타워라고 하기에는 부족함이 있었다. 사실 2014년 3월 미래창조과학부에서 13대 미래성장동력을 발표하자, 같은 달 산업통상자원부도 13대 산업엔진을 발표했다. 7개 분야가 서로 중복되어 발표되면서 결국 2015년 4월에 19대 미래성장동력으로 통합되게 된다. 하지만, 같은 해 12월에 산업통상자원부가 '4차 산업혁명 시대, 신산업 창출을 위한 정책과제'를 통해 12대 신산업을 다시 발표하는 모습을 보여 성장동력 정책을 두고 미래창조과학부와 산업통상자원부가 약간은 분산된 모습을 보이기도 했다. 하지만 문재인 정부에 들어와서는 2017년 10월 과학기술정보통신부가 13대 혁신성장동력을 발표한 이후, 범부처 추진의 필요성에 따라 기획재정부(부총리)가 혁신성장 전략을 총괄하는 콘트롤 타워 역할을 하고 있다.

경제부처인 기획재정부가 총괄·조정 역할을 하게 되면서 실제 국민이 체감할 수 있고 현실적이고 실효성 있는 정책을 강조하고 하고 있으며, 산업생태계 전반의 혁신과 경쟁력 강화, 사람·제도 등 경제와 사회 전반의 시스템 혁신을 지향한다는 점에서도 차이가 있다고 할 수 있다. 특히, 박근혜 정부뿐만 아니라 지난 정부의 정책들과는 다르게 단순한 기술개발이나 사업별 지원방식을 탈피해 '기술+데이터+인프라+확산+제도개선' 등을 모두 연계해 지원하는 패키지형 지원방식으로 추진하기로 했다는 점이 이전과 구별되는 중요한 특징이라고 할 수 있다. 물론 과거의 성장동력 정책들도 동일한 철학을 가지고 규제완화와 민간의 적극적 투자 유도를 위한 세제지원 등을 포함하고 있었지만 종합적이고 체계적으로로 추진되지는 못했었다.

성장동력에 대한 정부의 역할에 대해서도 약간의 차이점이 존재한다. 미래성장동력 정책에서는 분야별로 각각의 산업 성숙도와 추진주체를 고려해 민간주도 분야, 정부중심 정부-민간 공동 추진분야, 민간중심 민간-정부 공동 추진분야, 정부주도 분야의 4개의 그룹으로 구분하여 투자전략을 수립해 유형별로 지원방식을 차별화하는 접근방식을 택했었다. 정부의 역할과 관련해 정부 만능주의를 탈피해 민간이 잘하는 부분은 민간이 주도하도록 했다는 데 의의가 있다고 할 수 있다. 이러한 변화는 문재인 정부의 신성장 정책에서 더 두드러지게 나타난다. 문재인 정부의 신성장 정책에서는 정부는 민간의 혁신역량이 극대화될 수 있도록 시장환경을 개선하는 조력자 역할을 하고, 4차 산업혁명 관련 기술을 공공분야에서 선제적으로 도입함으로써 민간투자의 마중물 역할을 하기로 했다.

마지막으로 지난 정부까지의 성장동력 정책들은 대부분 정책의제 설정, 정책형성, 정책집행, 정책평가, 정책변동으로 이루어지는 정책과정 중 정책의제 설정 및 정책형성과 정책집행 차원이었다면, 문재인 정부의 혁신성장 정책은 이에 그치지 않고 정책평가와 정책변동의 단계까지 진행되고 있다는 점이 차이점이라고 할 수 있다. 2019년 12월 제28차 경제관계장관회의 겸 제5차 혁신성장전략회의에서는 '혁신성장 추진성과 점검 및 보완계획'이 논의되었다. 이 계획에서는 혁신성장이 지향하는 궁극적 목표와 이제까지 정부가 역점을 두고 추진해 온 혁신성장 정책과제들을 종합하여 앞으로

(그림 3-1)과 같이 '4+1 전략적 프레임'하에서 일관되고 강력하게 추진해 나가기로 했다. 즉 산업·시장을 한 축으로 하여 ① 기존산업(주력제조+서비스산업) 혁신 및 생산성 향상, ② 신산업·신시장(창업 포함)의 신규 창출, 그리고 혁신자원(기술, 인재, 금융 등)을 또 다른 한 축으로 하여, ③ 혁신기술

(그림 3-1) 혁신성장 고도화를 위한 4+1 전략 프레임

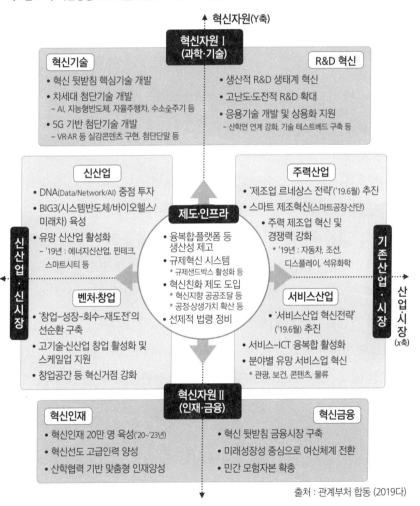

혁신자원(Y축)

혁신자원 I
(과학·기술)

혁신기술
- 혁신 뒷받침 핵심기술 개발
- 차세대 첨단기술 개발
  - AI, 지능형반도체, 자율주행차, 수소수주기 등
- 5G 기반 첨단기술 개발
  - VR·AR 등 실감콘텐츠 구현, 첨단단말 등

R&D 혁신
- 생산적 R&D 생태계 혁신
- 고난도·도전적 R&D 확대
- 응용기술 개발 및 상용화 지원
  - 산학연 연계 강화, 기술 테스트베드 구축 등

신산업
- DNA(Data/Network/AI) 중점 투자
- BIG3(시스템반도체/바이오헬스/미래차) 육성
- 유망 신산업 활성화
  - '19년: 에너지신산업, 핀테크, 스마트시티 등

벤처·창업
- '창업-성장-회수-재도전'의 선순환 구축
- 고기술·신산업 창업 활성화 및 스케일업 지원
- 창업공간 등 혁신거점 강화

제도·인프라
- 융복합플랫폼 등 생산성 제고
- 규제혁신 시스템
  * 규제샌드박스 활성화 등
- 혁신친화 제도 도입
  * 혁신지향 공공조달 등
  * 공정상생가치 확산 등
- 선제적 법령 정비

주력산업
- '제조업 르네상스 전략'('19.6월) 추진
- 스마트 제조혁신(스마트공장·산단)
- 주력 제조업 혁신 및 경쟁력 강화
  * '19년: 자동차, 조선, 디스플레이, 석유화학

서비스산업
- '서비스산업 혁신전략'('19.6월) 추진
- 서비스-ICT 융복합 활성화
- 분야별 유망 서비스업 혁신
  * 관광, 보건, 콘텐츠, 물류

신산업·신시장

기존산업·시장

산업·시장(x축)

혁신자원 II
(인재·금융)

혁신인재
- 혁신인재 20만 명 육성('20~'23년)
- 혁신선도 고급인력 양성
- 산학협력 기반 맞춤형 인재양성

혁신금융
- 혁신 뒷받침 금융시장 구축
- 미래성장성 중심으로 여신체계 전환
- 민간 모험자본 확충

출처 : 관계부처 합동 (2019다)

확보 및 R&D 혁신, ④ 혁신인재·혁신금융 등 혁신자원 고도화의 4개의 전략분야와 이들 분야를 법적·제도적·공통적으로 뒷받침하는 ⑤ 제도·인프라 혁신 등 '4+1 프레임'이 그것이다(관계부처 합동, 2019다).

2. 신성장 정책의 정책변동 유형

신성장 산업이란 과학기술 측면에서 본다면 현재 존재하지 않는 새롭고 진보한 첨단 유망기술을 기반으로 하는 산업이라고 해석 가능하며, 경제적 측면에서 볼 때는 부가가치 확대와 경제적 파급효과를 통해 경제성장과 일자리 창출을 가져올 새로운 산업을 의미한다고 할 수 있다. 우리나라에서는 신성장 산업, 즉 성장동력 육성을 연구개발(R&D)을 바탕으로 새로운 산업과 일자리를 창출하는 정책으로 과학기술기본법 제16조의5(성장동력의 발굴 육성)와 산업기술혁신 촉진법 제6조(혁신계획 등의 추진체계)에 근거해 추진하고 있다. 우리나라 신성장동력 정책은 (그림 3-2)에 나타난 바와 같이 과거 1992년 김영삼 정부의 선도기술개발사업(G7 프로젝트)으로부터 2003년 참여정부의 차세대성장동력, 2009년 이명박 정부의 신성장동력, 2014년 박근혜 정부의 미래성장동력, 그리고 문재인 정부에서는 혁신성장동력으로 이어져 오고 있다. 이런 측면에서 볼 때 문재인 정부의 신성장 정책은 Hogwood와 Peters(1983)가 분류한 정책변동 유형 중 정책혁신보다는 정책승계로 보는 것이 타당할 것이다. 혁신성장동력 정책이 가진 정책승계의 특징은 다음과 같다.

첫째, 혁신성장동력 정책은 그 기본성격 측면에서 앞서 정책과정에서 살펴본 것처럼 정부의 의도적 성격이 존재한다. 새정부 경제정책 방향 및 산업정책 방향, 그리고 4차 산업혁명 대응계획에서도 성장동력 육성에 대한 명확한 의도를 확인할 수 있다.

둘째, 법률 측면에서는 대표적으로는 데이터 3법(개인정보 보호법·정보통신망법·신용정보법) 개정안이 통과되었고, 이른바 규제 샌드박스 5법이라고 하는 행정규제기본법(신사업 분야 우선 허용·사후 규제), 산업융합 촉진법(융합 신제품 출시), 금융혁신지원 특별법(핀테크 육성), 정보통신 진흥 및 융합 활성화 등에 관한 특별법(융합 신기술 규제 완화), 규제자유특구 및 지역특화발전특구에 관한 규제특례법(신성장 산업 육성) 개정 등 혁신성장 동력과 관련된 기존 법령의 정비도 이루어졌다. 다만, 법률 측면에서는 일부 정책혁신으로 판단할 수 있는 성격도 가지고 있다. 예를 들어 '4차산업혁명위원회' 설치를 위해 '4차산업혁명위원회의 설치 및 운영에 관한 규정'이 대통령령으로 제정되었으며, 혁신성장을 법적·제도적·규제적 측면에서

(그림 3-2) 역대 정부의 신성장동력 분야

김영삼 정부 G7 프로젝트 (18개 산업)	참여 정부 차세대 성장동력 (10개 산업)	이명박 정부 신성장동력 (3개 분야 17개 산업)	박근혜 정부 미래성장동력 (4개 분야 19개 산업)	문재인 정부 혁신성장동력 (4개 분야 13개 산업)
신에너지	차세대전지	신재생에너지	스마트자동차	자율주행차
차세대 원자로	미래형 자동차	탄소저감 에너지	5G 이동통신	차세대 통신
차세대 초전도 토카막장치	지능형 홈 네트워크	고도 물처리	심해저극한환경 해양플랜트	드론(무인기)
차세대 자동차	디지털TV/방송	LED 응용	고속수직이착륙 무인항공기	지능형 로봇
고속전철	차세대 이동통신	그린수송시스템	지능형 로봇	가상·증강현실
초소형 정밀기계	디스플레이	첨단 그린도시	착용형 스마트 기기	맞춤형 헬스케어
광대역 종합정보 통신망	차세대 반도체	방송통신융합	실감형 콘텐츠	신재생에너지
고선명TV	지능형 로봇	IT 융합 시스템	스마트 바이오 생산시스템	지능형 반도체
차세대 평판 표시장치	바이오 신약/장기	로봇 응용	가상훈련시스템	첨단소재
주문형 반도체	디지털 콘텐츠/SW 솔루션	신소재·나노융합	맞춤형 웰니스 케어	스마트시티
차세대 반도체		바이오 제약·의료기기	재난안전관리 스마트 시스템	빅데이터
첨단 생산시스템		고부가식품	신재생에너지·지하이브리드시스템	혁신신약
신의약·신농약		글로벌 헬스케어	멀티터미널직류송배전시스템	인공지능
의료공학		글로벌 교육서비스	조일계 CO2 발전 시스템	
신기능 생물소재		녹색금융	지능형 반도체	
정보·전자·에너지 첨단소재		콘텐츠·소프트웨어	융복합소재	
감성공학		MICE·관광	지능형 사물인터넷	
환경공학			빅데이터	
			첨단소재가공시스템	

뒷받침하기 위해 한국형 규제 샌드박스를 새롭게 도입하고, 성장동력 분야별로도 스마트도시 조성 및 산업진흥 등에 관한 법률, 자율주행자동차 상용화 촉진 및 지원에 관한 법률, 드론 활용의 촉진 및 기반조성에 관한 법률 등이 새롭게 만들어졌다는 점 등이 그것이다.

셋째, 조직 측면에서는 전 정부에서 만들어졌던 민관합동 '창조경제추진단'을 해체하고 대통령 직속 '4차산업혁명위원회'를 새롭게 출범시켰으며, 중소기업 혁신성장을 위해 중소기업청을 중소벤처기업부로 승격시켜 중소기업 및 벤처기업에 대한 정부지원을 더욱 체계적이고 효율적으로 추진하였다. 한편, 국가과학기술자문회의 산하의 기존 '미래성장동력특별위원회'는 '혁신성장특별위원회'로 기능을 확대·조정하고, 과학기술혁신본부에서 신성장 동력 발굴을 위해 '성장동력 발굴TF' 운영, 그리고 2019년부터 혁신성장과 함께 4차 산업혁명 등 미래를 대비하기 위한 중장기 과제까지 포함해 논의하기 위한 회의체로 경제부총리를 포함한 과학기술정보통신부장

<표 3-6> 혁신성장동력 정책의 정책승계 특징

유형	성장동력 분야	정책 방향
기본성격	의도적 성격	• 정부의 명확한 의도가 존재(새정부 경제정책 방향, 새 정부의 산업 정책 방향, 4차 산업혁명 대응계획 등)
법률	몇몇 법률 대체	• 데이터 3법(개인정보 보호법·정보통신망법·신용정보법) 개정 • 규제 샌드박스 5법(행정규세기본법, 산업융합 촉진법, 금융혁신지원 특별법, 정보통신융합법, 지역특구법) 개정 등
조직	조직 이상의 변화 수반	• 대통령직속 '4차산업혁명위원회' 설치 • 중소기업청의 중소벤처기업부 승격 • 국가과학기술자문회의 산하 '혁신성장특별위원회' • 성장동력 발굴TF, 혁신성장전략회의 운영 등
예산	기존예산 존재	• 기존 미래성장동력 및 국가전략프로젝트 관련 예산 존재

관, 산업통상부장관 등 경제관계장관이 참여하는 '혁신성장전략회의'를 운영한 점도 변화라고 할 수 있다.

마지막으로 예산 측면에서 살펴보더라도 (그림 3-2)에서도 볼 수 있듯이 혁신성장동력 품목이 이전 정부에서 존재하던 19대 미래성장동력과 9대 국가전략프로젝트 품목을 계승한 것이기 때문에 이미 기존 예산이 존재했었다고 볼 수 있어 정책승계의 특징을 가지고 있다고 판단할 수 있다.

제4절 신성장 정책과정 평가

1. 정책결정의 합리성과 집행의 효율성

앞에서도 언급했지만 기술혁신을 통해 기존 산업을 고도화하고, 새로운 산업을 육성하여 부가가치를 높이는 것이 신성장이라고 할 수 있다. 이런 의미에서 신성장은 새로운 개념이라기보다는 우리나라를 비롯해 거의 모든 국가들이 계속해서 추진해오고 있는 정책이라고 할 수 있다. 그렇기 때문에 어쩌면 신성장을 위한 획기적인 전략이나 특효의 정책을 내놓는다는 것 자체가 불가능한 일일 수도 있다.

그럼에도 불구하고 신성장 정책에 대한 평가에 있어 가장 중요한 부분은 과연 정책의 대상으로 선정된 분야가 4차 산업혁명이라는 시대적 요구를 반영하여 적합하게 선정되었는가의 문제일 것이다. 우리가 선정한 혁신성장동력 분야를 보면 세계경제포럼(WEF)에서 제시한 4차 산업혁명 핵심기술분야[10]나 독일의 인더스트리 4.0등 각국 정부에서 제시하고 있는 미래기술(유망기술) 분야를 대부분 포함하고 있으며, 큰 차이점이 없어 보인다. 모두 중요한 분야임에 틀림없고 기술선점을 위해 글로벌 경쟁이 치열하게 일어나고 있는 분야들이다. 다만, 신성장이라는 단어 자체에 포함된 의미처럼 기존의 성장동력이 아니라 새로운 성장동력이어야 한다는 관점에서 본다면 약간의 아쉬움이 느껴진다. 또한 4차 산업혁명 시대 퍼스트 무버를 지향하는 관점에서도 우리나라가 세계시장에서 게임 체인저가 될만한 분야를 발굴한 것인가에 대해서는 구체성 측면에서 부족함이 있는 것이 사실이다. 정확한 비교 대상이 될 수는 없지만, 예를 들어 매년 MIT에서 발표하는 10대 혁신기술을 보면 단순한 분야를 제시하는 것이 아니라 〈표 3-7〉에 나타난 것과 같이 상당히 구체적인 것을 알 수 있다. 과거와 같이 단순하게 세계시장이 크고 유망한 분야라고 해서 우리에게도 성장동력이 되는 것이 아니다. 기술혁명이 진행되면서 글로벌 산업을 지배하는 게임의 법칙이 달라지고 있는 4차 산업혁명 시대는 승자가 모든 것을 가져가는 시대다. 이제는 선도하지 못하면 성공할 수 없는 무한경쟁의 시대다. 따라서 위험이 따르더라도 우리가 1등이 될 수 있는 품목을 선정해 집중하는 전략이 필요하다. 정책 대상인 신성장동력 분야를 선정할 때 폭넓은 산업분야 선정에 그치지 말고 한 단계 더 나아가 정부의 전략과 의지가 담긴 보다 구체적인 품목까지 제시될 수 있기를 바라는 이유다.

한편, 성장동력 품목과 관련하여 한국의 신성장 산업이 이제까지 제조업

---

10) 무인운송수단, 3D 프린트, 첨단 로봇공학, 신소재, IoT/원격 모니터링, 블록체인/비트코인, 공유경제, 유전공학, 합성생물학, 바이오프린팅

<표 3-7> 연도별 MIT 선정 10대 혁신기술

2017년	2018년	2019년	2020년
마비환자 운동능력 복구기술	3D 금속 프린팅	손재주가 뛰어난 로봇	해킹 불가능한 인터넷
자율주행트럭	인공배아	차세대 원자력	개인맞춤형 치료
안면인식결제	센싱시티	조산 예측	디지털 화폐
실용적 양자컴퓨터	모두를 위한 AI	소형 캡슐형 장기 검사기	노화 방지 의약품
360도 셀카	스스로 학습할 수 있는 AI	맞춤형 암 예방 백신	AI를 활용한 새로운 분자 발견
고온 태양전지	동시통역 이어폰	인공고기로 만든 햄버거	소형위성 거대 군집시스템
유전자 치료 2.0	탄소배출 제로 천연가스	이산화탄소 포집기	양자컴퓨팅 실용화
세포지도	완벽한 온라인 프라이버시	손목형 심전도 측정기	작은 인공지능
사물 봇넷	유전자 분석을 통한 개인별 미래 예측	하수도 없는 위생시설	차등 정보보호
강화학습	양자컴퓨터를 이용한 세포 분자 구조 분석	자연스러운 대화가 가능한 AI비서	기후변화 분석기술

출처 : MIT Technology & Review (2020)

(하드웨어)에 치중된 측면이 있으며, 4차 산업혁명 시대에 대응하기 위해서는 이를 서비스업(소프트웨어) 중심으로 전환되어야 할 필요가 있다는 비판도 있다. 하지만, 기획재정부에서 '서비스산업 혁신기획단'을 만들어 기존 주력산업인 반도체 등 이외의 제조업이 아닌 새로운 성장동력을 만들기 위해 육성정책을 마련하기로 하는 등의 노력이 이미 이루어지고 있다.

지금까지의 신성장 정책에 대해 가장 많이 지적되는 문제점 중 하나는 성장동력 정책의 연속성이 부족하다는 점이었다. 정책의 연속성이 부족할 경우 그 성격상 중장기의 시간을 필요로 하는 성장동력 육성은 경제적 성과로 나타지 못하게 된다. (그림 3-2)를 보면 일부 분야의 경우 얼핏 연속성이 있는 것처럼 보이기도 한다. 하지만 선정과정을 살펴보면 연속성에 대한 고려가 전혀 없었고 우연히 연속성이 있는 것처럼 보이는 것에 불과하다는 것을 알 수 있다. 특정 산업이나 기술을 육성하기 위해서는 국제적으로 경쟁을 해야 하기 때문에 적어도 5~10년, 길게는 그 이상의 시간이 필요하지만 정부가 바뀔 때마다 정책대상인 신성장 산업이 바뀌면서 지속적인 성장을 이끌지 못했었다. 하지만 문재인 정부에서는 지난 정부에서 발굴한 19대 미래성장동력과 9대 국가전략프로젝트를 종합하여 4차 산업혁명 과정에서 나타나는 새로운 산업분야 중에서도 일자리 창출효과가 크고, 개별부처 단독으로는 추진하기 어려운 분야를 신성장동력 분야로 선정함으로써 일차적인 정책의 연속성은 확보했다고 할 수 있다. 정치 권력의 변화에 관계없이 미래지향적인 관점에서 정책의 일관성을 확보한 사례라고 할 수 있다. 그러나, 품목 자체가 아닌 품목별 지원 정책으로까지 범위를 확장하면 과연 정책의 연속성을 유지하고 있는지 다시 평가해 보아야 할 문제다.

또 하나 중요한 것은 정책의 연속성을 위해서는 민간의 수요와 의지를 충분히 파악하고 이를 반영하는 절차가 필요하다는 점이다. 성장은 결국 기업이 완성하는 것이기 때문이다. 신성장 정책을 수립할 때 민간의 의견을 최대한 수렴한다고는 했지만 실제로는 일부 전문가의 의견만이 반영되는 구조에 불과했던 것은 아닌지 돌아볼 필요가 있다. 특별한 인사이트나 도메인 지식에 대한 혁신없이 유관기관, 국내 학계 등 기존 제한된 지식생태계 중심으로 이루어지는 획일적인 기술기획 체계에는 한계가 존재한다. 그리고 혁신정책 차원에서 기존의 미래전망, 사회변화, 니즈분석, 산업분석 등에 기초한 기술 도출과 정책적 요구를 부합시키는 방법에도 아직 개선할 점이 남아 있다.

정책 추진체계상의 문제도 짚고 넘어가야 할 문제다. 신성장 정책은 국가적인 모든 역량을 결집하여 추진해야 하는 범부처적 성격을 가진다. 따라서 정책추진에 있어 다양한 정책들 간의 통합과 조정 역할이 매우 중요하다고 할 수 있다. 부처별로 많은 과제가 수행되고 있지만, 이를 통합하고 조정할 수 있는 체계가 없다면 전체 성과관리가 미흡할 수밖에 없을 것이기 때문이다. 현 정부에서는 경제부총리를 중심으로 혁신성장전략회의를 통해 혁신성장 정책을 총괄하고 정책과정을 조율하고 있다. 하지만, 국가 전체를 혁신의 생태계로 만들어가자는 총체적 목적에 비추어 볼 때 아직도 정책 간 중복이나 충돌의 문제가 상당히 존재하고 있다. 부처별 그리고 동일 부처내 부서별로도 유사한 정책들을 서로 다른 모습으로 경쟁적으로 추진하고 있는 것은 아닌지 점검이 필요하다.

한편, 문재인 정부의 혁신성장 정책은 〈표 3-8〉에 나타난 바와 같이 경제와 사회 전반의 혁신을 위한 4대 분야 혁신을 기본 방향으로 하고 있다. 경제, 사회, 기술의 통합적 혁신을 통해 혁신정책의 혁신이 다른 영역으로 자연스럽게 확산되고 서로 상승작용이 일어나는 것을 지향한다는 점에서 매우 바람직한 방향이라고 할 수 있겠다. 또한, 신산업 발굴 및 육성과 정부

〈표 3-8〉 혁신성장 정책 추진방향

혁신분야	주요 내용
과학기술혁신·산업 혁신	8대 핵심 선도사업 중심 미래먹거리 발굴 + 주력산업경쟁력 강화 + 전폭적 혁신창업 활성화 지원
사람 혁신	자생적 혁신성장 원동력은 핵심인재 → 시대 변화에 탄력적으로 대응할 수 있는 교육 및 직업훈련 시스템 구축
사회·제도 혁신	신산업·신서비스 분야의 규제혁신 추진 + 노동시장 구조개혁 + 기업·시장의 氣살리기 추진

출처 : 혁신성장포털(기획재정부)

R&D의 전략적 투자 포트폴리오 구축을 위해 패키지형 R&D 투자플랫폼 (R&D PIE[11])을 개발하여 시행한 점도 눈여겨 볼 필요가 있다. R&D PIE는 국가 연구개발 전략을 수립할 때 단순하게 부처별, 사업별로 예산을 배분하고 조정하는 방식에서 탈피해 '기술-인력양성-제도-정책' 등을 패키지 단위로 종합적·전략적으로 지원하는 것을 목적으로 만든 것으로 OECD가 대표적인 대한민국 정부혁신 사례로 선정할 만큼 혁신성을 인정받기도 했다.

2. 정책효과

신종 코로나 사태가 있기 전인 지난 2019년 우리나라 국민 1인당 국민소득(GNI)은 3만 2,047달러를 기록해 전년대비 4.1% 감소했으며, 10년만에 가장 큰 폭으로 감소했다. 실질 GDP 성장률도 제조업과 서비스업의 증가세가 둔화되면서 2.0%에 그쳤다(한국은행, 2020). 한국경제는 저성장 기조가 지속되는 가운데, 투자, 생산, 소비의 트리플 마이너스에 빠져 새로운 활로 모색에 애로를 겪고 있다. 한마디로 표현하면 경제는 '침체', 성장은 '정체'다. 겉으로 드러난 한국경제의 현실을 보자면 과연 혁신성장 정책의 성과가 있는 것인지 의문이 든다.

하지만, 신산업이나 기술은 투자효과가 나타나기까지 상당히 긴 시간을 필요로 하기 때문에 새로운 성장동력 정책은 대체로 한 정권 내에서 그 성과가 나타나지 않는 것이 일반적이다. 따라서 현재 시점에서 현 정부의 신성장 정책의 성과를 평가하는 것은 이른 감이 있다. 또한 한국경제의 상황

---

11) PIE는 Platform for Investment and Evaluation의 약자

이 세계경제 침체에 따른 공통적인 현상인지 한국만의 정책 실패에 따른 결과인지 판단하는 것도 어렵다. 물론 아직 구체적인 성과를 산출하는 단계는 아니기 때문에 평가를 하기에는 이른 시점이기는 하더라도 속도가 생명인 4차 산업혁명 시대를 살아가는 입장에서는 가시적인 성과가 부족하다는 우려의 시각이 존재하는 것도 사실이다.

4차 산업혁명과 경제성장은 따로 이야기할 수 있는 것이 아닐 것이다. 성장이 없는 산업혁명이라면 혁명이 아니기 때문이다. 하지만, AI, 빅데이터, IoT, 5G, 블록체인 등 혁신기술을 기반으로 하는 4차 산업혁명을 통해 현재의 낮은 생산성이 근본적으로 개선될 것이라는 기대감에도 불구하고 아직은 기술혁신과 활용의 초기 단계에 있기 때문에 전체적인 경제적 효과를 측정하기는 어렵다. Brynjolfsson 등(2017)에 의하면 과거 산업혁명을 이끌었던 증기기술이 통계상에 생산성이 증가하는 것으로 나타나기까지 약 50년이 걸렸다고 한다. 마찬가지로 그 뒤에 나타난 전기모터와 내연기관도 개발 후 첫 25년은 노동생산성이 매년 1.5% 미만의 성장을 보여 그 효과가 저조하게 나타났지만, 1915년 이후에는 10년 동안 노동생산성 증가 속도가 두 배가 되었다. 좀 더 자세히 살펴보면 역사적으로 1890년경에 시작되어 1930년대 중반에 끝나는 휴대용 모터 시대의 첫 25년 동안은 노동생산성 증가가 매우 느리게 나타났지만, 1915년경부터는 매우 빠르게 증가해 10년 동안 지속되었고, 1930년대 중반에 다시 느려지는 패턴을 보였다. 기술이 확산되는 동안 25년은 생산성 증가가 매우 느리게 이루어지지만, 이후 10년 동안은 가속이 이루어진 다음 다시 속도가 느려진다는 것이다. 이들은 이러한 현상이 (그림 3-3)에서 보여지는 것과 같이 IT 시대에도 동일하게 나타나고 있다고 주장하며, 이러한 생산성 측정의 지체 현상을 '생산

(그림 3-3) 신기술 도입에 따른 생산성 변화 패턴과 생산성 J-curve

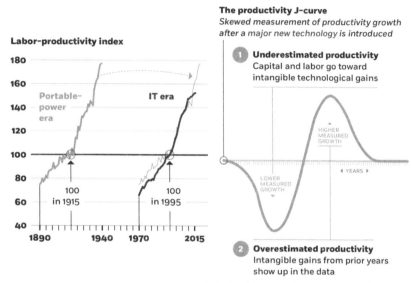

출처 : Chad Syverson (2018), Alex Verkhivker (2019)

성 J-커브'로 나타냈다(최병철, 2019). 이로 미루어 보건대 혁신성장 투자와 정책의 효과가 아직은 경제성장 데이터에 나타나지 않고 있지만, 머지않아 적절한 생산성 향상으로 나타날 것이라고 기대해 볼 수 있다.

제5절 신성장을 위한 정책혁신 방향

1. 혁신주도형 경제와 정부역할

경제성장 과정에서 지속적인 성장을 위해서는 경제발전단계에 맞추어 적절한 성장전략의 전환이 필요하다. 우리 경제는 이미 요소투입 주도의 경제발전단계를 넘어 생산성 중심의 혁신주도형 발전단계에 정착했다.[12] 혁신주도형 경제에서 성장전략의 핵심은 물적자원 기반의 확충보다는 기술혁신, 그리고 제도개선 등을 통한 생산성 제고에 정책의 초점이 맞추어져야 한다. 경제발전 초기단계에서 유효했던 요소투입 주도 전략으로는 더 이상 생산성 향상을 기대할 수 없고, 경제가 성장하면서 오히려 발전의 장애요소로 변질될 수 있기 때문이다.

정부가 시장에 개입하는 철학과 개입 형태도 달라져야 한다. 경제규모가 확대되고 발전단계가 심화됨에 따라 정부가 모든 산업의 궤적과 이들 사이의 연관관계를 파악할 수는 없게 되고, 글로벌화된 기업들은 정부의 지시를 따르는 데 큰 관심이 없기 때문이다. 따라서, 정부는 자본의 배분, 보호, 허가권 통제, 수출보조 등 여러 형태의 직접개입이 아니라 국내 수요의 질을 개선하고, 새로운 기업의 형성을 격려하고, 기업으로 하여금 더 혁신적이고 선진적인 요소들을 창출하도록 자극하고, 글로벌 경쟁력을 유지하는데 초점을 맞추어야 한다.

또한, 지금까지의 집중지원과 선택적 자원배분 위주의 전통적 혁신정책과 산업정책에서 탈피해 새로운 정책 패러다임을 정립해 나갈 필요가 있다. 과거의 기술혁신과 관련한 유용했던 정책경험을 답습하기보다는 4차 산업혁명이라는 특징에 맞는 새로운 정책 패러다임을 정립해야 한다. 이제는 정

---

12)　마이클 포터(Michael E. Porter)는 국가경쟁력을 결정하는 각각의 변수들의 발전수준과 경제발전 단계를 요소주도, 투자주도, 혁신주도, 부(富)주도의 4가지 단계로 구분했다. 한편, 세계경제포럼(WEF)은 글로벌경쟁력보고서에서 한국을 혁신주도경제로 분류하고 있다.

부가 전략분야를 선정하고 이에 결부된 핵심기술을 지원한다는 오랜 정책 흐름의 유용성을 고민해 보아야 한다. 민간의 역량 성숙, 기술의 융·복합화, 기술 변화의 가속화 등을 감안할 때 핵심 산업이나 기술을 정책대상으로 선정해 나가는 일련의 정책적 흐름이 어쩌면 더 이상 유효하지 않을 수도 있기 때문이다. 2등으로 올라서기까지는 정부주도의 효율성이 중요했지만, 1등을 위해서는 민간의 창의가 더 중요하다. 근본적으로 민간의 아이디어와 활력을 활용하는 혁신생태계를 만들어야 한다.

우리는 기술의 파괴적이고 빠른 변화를 맞이하고 있다. 기술진보의 속도가 기하급수적으로 향상되고 새로운 기술이 하루 단위로 쏟아져 나온다. 지금은 과학이 기술로 현실화되는 시간이 매우 짧아지고, 신기술을 채택한 제품과 서비스의 수명주기도 점점 짧아지면서 새로운 과학기술을 다른 국가나 기업보다 먼저 확보하지 못하면 시장에 진입할 수조차 없는 상황이 벌어지고 있다. 따라서 분야를 가리지 않고 새로운 분야에 대한 다양한 창의적인 시도와 기초·원천형 기술개발을 더욱 강화해 탈추격형 기술혁신을 도모할 수 있도록 해야 한다. 물론 새로운 것을 만드는 창조는 모방에 비해 훨씬 위험한 선택이고, 비용이 많이 드는 모험이기도 하다. 하지만 창조로 인한 성과는 모방이 결코 따라올 수 없다는 지극히 일반적인 법칙이 4차 산업혁명 비즈니스의 세계에서 보편적으로 적용되고 있음을 기억해야 한다.

2. 새로운 성장동력과 혁신시스템

보통 신성장동력은 수요변화, 기술발전 등에 따라 세계와 국내 경제의 성장을 지속적으로 이끌 수 있는 규모로 시장의 급격한 확대가 기대되는 분야에서 선정하게 된다. 아직은 세계적으로 산업화 또는 성장 초기단계에 있지만 5~10년 후에는 본격적인 성장이 실현될 수 있는 분야를 타겟으로 우리나라의 기술역량, 인력기반 등을 고려할 때 적극적인 투자를 통해 세계를 선도할 수 있는 기술·산업 역량 확보가 가능한 분야여야 한다. 하지만 아무리 좋은 분야를 선정한다 하더라도 해당 산업 내에서 창업과 성장이 활발하게 이루어져 유니콘 기업이나 세계적으로 경쟁력 있는 강소기업을 다수 배출하지 못한다면 기대하는 경제성장으로 이어질 수 없다. 그렇기 때문에 기술발전, 시장수요, 미래투자 등에 대한 민간의 시각이 중요하게 반영되어야 하고, 혁신기업들이 미래의 신산업에 대해 과감한 모험 투자를 할 수 있도록 규제 개혁과 지원이 지속적으로 이루어져야 한다. 세계 최고의 혁신적인 기술과 아이디어도 비즈니스를 통해 부가가치를 창출할 수 있도록 제도가 뒷받침되지 않는다면 경제성장으로 이어질 수 없다.

4차 산업혁명기의 신성장 분야들은 대부분 기술변화속도가 매우 빠르고 불확실성이 높은 분야들이다. 이런 분야에서 경쟁력을 갖기 위해서는 매우 탄력적이고 유연한 혁신시스템이 뒷받침되어야 한다. 4차 산업혁명 시대의 핵심적 성공 요소는 속도와 다양성이다. 4차 산업혁명은 단순하게 기술만의 변화를 넘어 산업, 기업, 비즈니스 플랫폼 자체가 변화하는 것으로 노는물이 달라지고, 경제가 작동하는 게임의 법칙이 바뀌는 것이기 때문에 기존과는 다른 시각으로 위험과 다양성을 관리하고 새로운 성장시장에 신속하게 자원을 재분배하는 전략이 필요하다.

그리고 정부와 민간이 각자의 역할을 다하는 것에 더해 신성장 분야로 투입되는 자원의 집중효과가 분산되지 않도록 동일한 전략목표를 가지고 있어야 한다. 이런 의미에서 환경변화에 맞게 신성장 분야를 적절하게 새롭게 발굴하는 것도 중요하지만, 일단 선택한 분야는 민간에게 정책의 분명하고 일관된 방향성을 제시할 수 있도록 지속성을 가지고 추진해 나가는 것도 필요하다. 아울러, 단기적인 고도성장이 장기적으로 성장세가 지속될 수 있도록 보증해 주는 것은 아니기 때문에 단기적인 성장과 이를 장기적으로 지속·유지하는 정책은 서로 다를 수 있다는 점을 생각해야 한다. 단기적인 성장은 의도하는 특정한 부분으로 자원배분을 집중함으로써 가능하지만, 장기적이고 지속적인 성장은 외부의 충격에 유연하게 대처하면서 생산의 동태적인 지속성을 유지해야 하는 어려운 과제다.

신성장 정책도 당장의 경제성장만을 위한 먹거리가 아니라 미래의 성장까지 담보할 수 있는 먹거리를 발굴하는 지속성장을 고려한 정책이어야 한다. 따라서 보다 먼 미래까지 바라보는 장기적인 로드맵을 만들어 추진할 필요가 있다. 하지만 앞서 언급했듯이 신성장 분야는 대체로 투자의 회임기간이 길기 때문에 한 정권내에서 그 성과가 모두 나타나지 않는 것이 일반적이다. 일반적으로 노동과 자본의 절대적인 투입량에 의존하는 요소투입형 성장전략은 비교적 빠르게 성과가 나타나지만 시간이 지날수록 성장률이 점차 둔화되는 경향을 보인다. 하지만, 혁신주도형 성장전략은 초기에는 그 성과가 미미하지만 일정시점을 지나면 성과가 급속하게 증가하고 시간이 지날수록 오히려 그 효과가 더욱 커지는 것이 일반적이다. 우리는 혁신 성과에 대한 조급한 기대를 버리고 장기적인 안목에서 투자가 이루어질 수 있도록 해야 혁신의 성과가 발현되고 지속적인 경제발전을 추동 가능하다는 점을 잊지 말아야 한다.

마지막으로 신성장 정책은 특정 부문 또는 특정 기업을 보호하고 성장시키는 차원을 넘어 혁신을 통해 경제시스템 자체가 업그레이드될 수 있도록 정책 프레임이 설계되고 추진되어야 한다. 혁신은 단순하게 과학기술의 발전만으로 이루어지는 것이 아니라 경제와 사회 속에 존재하는 여러 주체들과 이들 간의 복잡한 인과관계 속에서 이루어진다. 다시 말해 혁신은 단순한 기술적 진보가 아니라 기술과 사회의 복잡한 상호작용을 통해 일어나는 것이기 때문에 단순하게 R&D 투자를 확대하거나 특정 핵심산업을 지정하여 육성하는 것만으로 성장을 기대하는 것은 무리다. 따라서 신성장 정책은 혁신정책을 넘어, 경제정책, 규제정책, 노동정책, 교육정책 등을 포괄하고 이들 다양한 정책들을 어떻게 연계하여 한방향으로 정렬할 것인가가 매우 중요하다. 환경정책, 세제정책, 보건정책, 문화정책 등 언뜻 보기에는 혁신과는 무관한 것처럼 보이는 정책들이 사실상 혁신의 유인을 크게 좌우하기 때문이다.

따라서 과학기술과 관련된 정책뿐만 아니라 조세, 무역, 교육, 복지 등 다양한 분야의 제도와 규제가 모두 신성장에 영향을 미친다는 점을 인지할 필요가 있다. 4차 산업혁명 시대, 다가올 미래의 구체적인 모습을 그려보고 이를 기반으로 다양한 과제를 도출하고 추진해야 할 것이다. 기술적인 부분만이 강조되어서는 균형적이고 지속적인 성장이 불가능하다. 기술의 수용을 결정하는 것은 기술적으로나 경제적으로 실현 가능한지가 아니라 그로 인해 발생하는 변화를 과연 인간이 수용하느냐에 있다. 결국 인공지능이나 자율주행차와 같이 새로운 기술과 산업이 경제 전반에 생산성 향상을 가져오기 위해서는 기술을 활용하기 위한 인프라와 제도적 측면에서 수용을 위한 기반이 함께 조성되지 않으면 안 된다는 말이다. DNA(데이터, 네트워크 인공지능) 기술 하나하나가 4차 산업혁명에 중요하기는 하지만, 기술 하나하나가 4차 산업혁명을 일으키고 심화시키지는 않는다. 구슬이 서말이라도 꿰어야 보배가 되듯이 그러한 기술들을 모두 엮어서 우리 경제와 산업에 현실화할 수 있는 제도와 정책적 뒷받침이 필요하다.

제6절 결론

그야말로 변화의 시대다. 4차 산업혁명 시대를 맞아 세계 경제는 지속가능한 성장을 위한 또 한번의 패러다임 대전환이 이뤄지고 있다. 이러한 변화 속에서 우리 경제가 세계 경제의 흐름에 발맞추고 글로벌 경쟁력을 갖기 위해서는 적절한 신성장 정책이 더욱 중요해졌다. 1인당 GDP가 10만불이 넘는 룩셈부르크의 경우 과거 철강으로부터 금융, ICT, 우주산업, 핀테크에 이르기까지 적절한 시기에 성장동력을 새롭게 발굴하여 추진하는 한편, 다양하고 개방된 사회 분위기에서 일관성 있고 신뢰할 만한 기업환경을 제공한다는 특징이 있다. 신성장 정책을 성공적으로 이끈 대표적인 사례라고 할 수 있다.

지난 3차 산업혁명기를 비교적 성공적으로 이끌었던 우리나라의 입장에서는 4차 산업혁명에 대한 주변 기대를 고려할 때 조기 성공 스토리를 거두는 것이 필요하다. 그런데 큰 나무 몇 그루만으로는 절대 울창한 숲을 만들 수 없다. 그동안 우리나라 성장동력의 주체는 소수 대기업에 한정되어 있었던 것이 사실이다. 그들만의 성장이 아닌, 우리 모두의 성장으로 만들기 위해서는 중소기업, 내수 산업, 서비스 산업 등 다양한 부문에서 성장동력을 찾는 것이 필요하다. 그런데 주의할 점은 '대기업 대 중소기업', '내수 대 수출', '제조업 대 서비스업', '하드웨어 대 소프트웨어'와 같은 이분법적 사고 방식이 아니라 모두가 어우러진 협력과 상생의 정책이 필요하다는 것이다. 새로운 성장엔진을 찾기 위해 그동안 성장엔진으로 작동해온 한국경제의 잘나가는 부분(대기업, 제조업 등)을 누르려고 할 것이 아니라 기존 성장엔진과 다른 성장엔진(중소·중견기업, 서비스업 등)이 새로운 협업을 통해 성장할 수 있도록 유도하는 전략이 필요하다.

1970년부터 1998년 외환위기가 오기 전까지 무려 30년에 가까운 기간 동안 우리나라는 두 자릿수에 가까운 경제성장을 누렸다. 1973년처럼 무려 15%에 가까운 성장을 경험했던 시기도 있었다. 이 시기는 소위 말하는 산업화 시대로 모든 산업분야가 고르게 성장하던 시기였다. 그러나 외환위기 이후 2000년대에 들어서면서는 ICT나 금융과 같은 일부 산업이 경제성장을 견인하는 시대로 접어들게 되었고, 다시 4차 산업혁명기로 접어들면서는 인공지능을 비롯한 지능화 기술에 기대를 걸고 있다.

하지만 과거와 같은 고성장의 시대는 이제 더 이상 다시 오지 않을지도 모른다. 이쯤에서 우리는 성장이라는 개념을 새롭게 생각해 볼 필요가 있다. 경제성장이 단순하게 GDP 증가만을 의미하는 것은 아닐 것이다. GDP는 시장 생산을 측정하는 하나의 지표에 불과하다. 좋은 것이든 나쁜 것이든 생산만 되면 무조건 GDP는 높아진다. 하지만 성장의 결과가 사람들에게 돌아가지 않는다면 성장이라고 할 수 없다. 질적 성장이 뒷받침되지 않는 양적 성장은 진정한 성장이라고 할 수 없다는 뜻이다. 양적 성장만 추구하는 정책은 종국에는 소득불평등만 만들어낼 뿐이다. 그런데 이러한 소득불평등의 심화는 성장이 분배로 연결되는 것을 제약하여 지속적인 경제성장을 저해하는 요인이 된다. OECD(Cingano, 2014)와 IMF(Ostty, Berg and Tsangarides, 2014)도 소득 불평등이 안정적인 경제성장을 저해하고 불평등 해소가 지속가능한 성장에 기여한다는 연구결과를 발표한 바 있다.

4차 산업혁명 기술로 인한 비약적인 생산성 증가에 대한 기대와는 달리 일자리 감소, 소득 불평등 심화와 같은 문제점들 또한 함께 증가할 것으로 예상되고 있다. 이러한 가운데 신(新)기술-구(舊)제도 간의 괴리로 사회적 혼란이 발생하고, 경제성장의 혜택이 개인에게 고르게 분배되지 못하면서 삶의 질 개선에 한계가 발생할 수 있다. 또한 경제 사정이 순조롭게 풀려가지 않고 미래에 대한 전망이 불투명해질 경우 성장, 효율, 속도 등과 같은 경제적 가치가 균형, 공존, 생존권, 환경 등 사회적 가치와 갈등을 유발할 수 있다. 특히 기술혁신에 의한 단기적인 일자리 감소 문제는 1차 산업혁명 시기부터 경험했던 현상이다.

경제성장이 큰 폭으로 일어나던 과거에는 일자리와 소득이 동시에 증가했지만, 최근에는 양자간의 탈동조화가 발생하고 있다는 사실을 눈여겨 볼 필요가 있다. 박동(2008)은 혁신주도형 경제는 혁신하는 주체에 대해 더 높은 보상을 부여하기 때문에 사회적 양극화를 심화시킬 수 있어 하이테크 사회로 전환하면 할수록 더욱 질 높은 사회정책이 병행되지 않으면 지속 가능한 성장은 불가능하다고 보았다. 정보격차와 기술격차, 고용 없는 성장 등 혁신의 역설에 따라 경제정책과 사회정책이 병행하여 추진되지 않으면 혁신주도형 경제정책이 위축될 가능성이 커지게 된다. 다행인 것은 삶의 질 향상, 불평등 문제 해소, 형평성 있는 분배 등을 경세성장과 함께 추구하는 '포용적 성장(inclusive growth)'에 대한 고민을 정부 정책의 곳곳에서 엿볼 수 있다는 점이다. 과거에는 기술개발과 별도로 재정정책 차원의 소득 재분배 정책을 통해 성장과정에서의 사회적 문제를 해소했다면, 4

차 산업혁명 시대에는 사회문제와 기술개발을 연계하여 포용과 성장간의 선순환 구조를 형성하는 것이 지속적 성장을 위한 필요조건이다.

마지막으로 사람이 경제성장의 가장 중요한 수단임을 인식해야 한다. 중국에 "Make Jobs, or make jobs, that is the question."이라는 농담이 있다고 한다. 앞의 Jobs는 스티브 잡스를 뒤쪽의 jobs는 중국에 있는 애플 생산공장인 팍스콘 공장의 일자리들을 빗대어 표현한 말이다. 작은 일자리들(jobs)보다는 이런 일자리를 수만 개씩 만들어낼 수 있는 스티브 잡스(Jobs)와 같은 천재 한 사람이 더 가치가 있다는 의미다.

모든 생산요소가 국가 간에 자유롭게 이동할 수 있는 현재의 경제에서는 한 나라의 가장 중요한 자산은 결국 '사람'이 보유하는 지적 능력과 이를 마음껏 발휘할 수 있도록 뒷받침하는 '제도'의 질이 될 것이다. 황금은 땅속에서보다 사람의 머릿속에서 더 많이 캐내어 졌다는 말이 있다. 기술혁신도 제도개선도 모두 사람이 하는 일이다. 혁신을 통한 성장을 주도할 고급인재를 키워내는 일이 무엇보다도 중요함을 간과해서는 안 된다.

관계부처 합동 (2017), 새정부 경제정책방향 – 경제 패러다임의 전환, 2017.7.25.

_____ (2018가), 데이터 산업 활성화 전략, 4차산업혁명위원회 의결안건, 2018.6.26.

_____ (2018나), 혁신성장 전략투자 방향, 혁신성장 관계장관회의 18-14, 2018.8.13.

_____ (2018다), 혁신성장동력 시행계획, 2018.5.28.

_____ (2019가), 데이터·AI경제 활성화 계획('19~'23년), 2019.1.16.

_____ (2019나), 인공지능 국가전략, 2019.12.

_____ (2019다), 혁신성장 추진성과 점검 및 보완계획, 혁신성장전략회의 19-28, 2019.12.4.

_____ (2019라), 혁신성장 확산·가속화 전략, 혁신성장전략회의 19-21, 2019.8.21.

관계부처 합동·4차산업혁명위원회 (2017), 혁신성장을 위한 사람 중심의 4차 산업혁명 대응계획 I-KOREA 4.0, 2017.11.

국가과학기술심의회 미래성장동력 특별위원회 (2017), 혁신성장동력 추진계획(안), 의안번호 제1호, 2017.12.22.

김기정·정우탁 (2002), 과학기술과 국제정치 : 신국부론의 국가전략에 관한 연구, 과학기술정책 연구원, 정책자료 2002-17.

김희수 (2018), 4차 산업혁명 시대의 신성장 동력과 포용적 성장, 한국경제포럼 제11권 제2호, pp.59-92.

박동 (2004), 혁신주도형 경제의 개념과 추진전략, 응용경제 제6권 제2호, 한국응용경제학회, 2004.9.

산업통상자원부 (2017), 새 정부의 산업정책 방향, 2017.12.18.

서중해 (2018), 혁신성장 정책연구의 방향과 과제, 경제·인문사회연구회 혁신성장연구단.

심진보·최병철·노유나·하영욱 (2017), 『대한민국 제4차 산업혁명』, 콘텐츠 하다.

오준범·신유란·정민 (2018), "신성장동력, 어떻게 찾을 것인가?–산업측면에서 바라본 신성장동력", 「경제주평」, pp.18-40, 현대경제연구원.

유윤하 (2009), 경제성장과 제도, 제도와 경제, 제3권 제1호, pp.5-45.

이시욱·이강호 외 (2008), 한국경제의 새로운 성장 패러다임과 정책과제 모색, 한국개발연구원.

이찬구·이장재·고영주·최병철·황규희·황병상 외 (2018), 『한국 제4차 산업혁명 연구』, 임마누엘.

이태규 (2015), 성장동력정책의 현황과 정책적 시사점, 한국경제연구원.

최병철 (2019), 인공지능(AI)과 생산성, ETRI Insight Report 2019-35, 한국전자통신연구원.

한국은행 (2020), 2019년 4/4분기 및 연간 국민소득(잠정), 경제통계국 국민계정부.

홍성주·이정원·조용래·이상엽·원상현 (2014), 혁신 정책의 변화와 한국형 혁신 시스템의 탐색, 과학기술정책연구원.

Acemoglu, D., S. Johnson and J. A. Robinson (2002), "Reversal of Fortune: Geography and Institutions in the Making of the Modern World Income distribution", *Quarterly Journal of Economics*. Vol. 117, No. 4(Nov 2002), pp. 1231-1294.

Alex Verkhivker (2019), "Why artificial intelligence isn't boosting the economy yet", *Chicago Booth Review*, Jan 03, 2019.

Chad Syverson (2018), "Why hasn't technology speed up productivity?", *Chicago Booth Review*, Feb 05, 2018.

Cingano, Federico (2014), "Trends in Income Inequality and its Impact on Economic Growth", *OECD Social, Employment and Migration Working Papers*, No. 163.

Erik Brynjolfsson, Daniel Rock, and Chad Syverson (2017), "Artificial Intelligence and the Modern Productivity Paradox: A Clash of Expectations and Statistics", *NBER Working Paper*, No. w24001.

Lucas, R. (2005), "Industrial Revolution", *The Region: 2003 Annual Report*, Federal Reserve Bank of Minneapolis.

MIT Technology Review (2020), *10 Breakthrough Technologies*, Feb 26, 2020.

Ostry, Jonathan D., Andrew Berg, and Charalambos G. Tsangarides, C. (2014), "Redistribution, Inequality, and Growth", IMF, Feb 2014.

Robert D. Atkinson (2019), "Why Federal R&D Policy Needs to Prioritize Productivity to Drive Growth and Reduce the Debt-to GDP Ratio", Information Technology & Innovation Foundation, Sep 2019.

Scully G. W. (1988), "The Institutional Framework and Economic Development", *Journal of Political Economy*, Vol. 96, No. 3(Jun 1988), pp. 652-662.

http://www.moef.go.kr/pa/archiveInvGrowthNdNcssty.do(혁신성장 포털).

4

중소기업 지원 정책

조 석 홍

"

중소기업 경쟁력을 향상시키고
대기업의 경제력 집중을 완화시킴으로써
'창업 → 중소기업 → 대기업'의
성장 경로를 제공해야 한다.

"

제1절 서론

　　최근의 정보통신·과학기술 발전이 초래하는 사회·경제 전반의 변화와 앞으로 상상할 수 있는 변화를 포괄하는 대중적인 표현이 '제4차 산업혁명'이라고 할 수 있으며, 이렇게 제4차 산업혁명이 중요 과제로 주목받고 있는 이유는 제4차 산업혁명으로 대표되는 새로운 변화에 대한 현실적인 필요성이 높기 때문이다. 이에 따라 문재인 정부는 지난 2017년 11월 범정부 국가정책인 「제4차 산업혁명 대응계획」을 발표하고 최신 정보통신기술을 의료·제조·도시 등 사회 각 분야에 활용하여 가시적인 성과를 도출하는 12대 지능화 혁신 프로젝트와 기술·산업·사회 측면의 3대 혁신 기반 조성 과제를 제시하였다.

　한국은 세계적으로 ICT 경쟁력이 높기 때문에 지능정보 기술로 촉발되는 제4차 산업혁명이 단순한 기대나 과장이 아니라 실현 가능성이 높은 현실적인 대안이 될 수 있다. 비교적 산업화의 역사가 짧은 한국이 1·2·3차 산업혁명은 후발주자 입장에서 추격해야 했지만, 제4차 산업혁명의 경우에는 세계 시장을 선도할 수 있는 가능성이 높고 국가 경제 현실에서 꼭 이루어 야 할 과제이기도 하다. 한국은 지금까지 대기업위주로 경제성장이 이루어졌으나 이제는 중소기업이 시대적 변화에 따라 그 위상 및 역할이 강조되어 경제의 중추적 역할 담당을 해야 할 위치에 있다. 정부는 다양한 중소기업 지원 정책을 실행 중이지만 지금까지의 중소기업 지원 정책은 지나치게 다양할 뿐만 아니라 비효율성도 높아 개선이 필요하다는 주장이 꾸준히 제기되고 있는 상황이다. 특히 최근에 문제로 제기된 것이 바로 중소기업 지원 정책들의 목적 모호성, 정책목적과 정책수단 간 연계 부족, 지원방식의 비효율성 등이 대두되고 있다. 향후 본격적으로 진행될 제4차 산업혁명의 경제혁신정책은 중소기업 지원 정책의 효율화를 위한 정책평가와 이를 활용할 정책혁신이 좀 더 명확하게 연결될 필요성이 있을 것이다.

제2절 중소기업 지원 정책의 개요

1. 정책 추진체계

1) 중소기업 일반 현황 및 지원법 체계 변화

중소기업은 대기업보다 상대적으로 규모가 작은 기업을 이르는 말하지만, 각 나라들은 경제정책의 수립, 산업동향의 파악, 업종에 따른 기업의 단계별 보호 등 여러 이유로 나라마다 다양한 기준을 정해 기업의 규모를 구분하고 있다. 통상적으로 중소기업의 범위는 상시 근로자 수나 자산액·자본금 또는 매출액 등과 같은 수량적인 기준에 따라 규정되지만, 국가의 경제발전 단계에 따라 상대적으로 파악되는 개념이므로 경제상황, 여건, 정책 등에 따라 기준의 요소, 규모 등이 국가별 시기별로 다르다.

우리나라 〈중소기업기본법〉 제2조 1항에는 업종별로 매출액 또는 자산총액 등이 대통령령으로 정하는 기준에 맞고, 지분 소유나 출자 관계 등 소유와 경영의 실질적인 독립성이 대통령령으로 정하는 기준에 합당한 기업을 중소기업으로 규정하고 있다. 이밖에, 〈사회적 기업 육성법〉 제2조 1호에 따른 사회적 기업 중에서 대통령령으로 정하는 사회적 기업과 〈협동조합 기본법〉 제2조에 따른 협동조합, 협동조합연합회, 사회적 협동조합, 사회적 협동조합연합회 중 대통령령으로 정하는 기업을 중소기업으로 인정하고 있다.

이러한 중소기업들의 공통된 일반적인 애로사항으로는 규모의 영세성, 낮은 기술수준, 열악한 생산성, 취약한 경쟁력, 자금조달의 어려움, 인력부족, 부족한 시설, 설비투자 빈약 등인데 특히 우리나라 중소기업은 그 수가 매우 많을 뿐만 아니라 고용 부가가치 등에 있어서 기여하는 비중도 크기 때문에 국민경제에서 차지하는 비중이 매우 크다. 우리나라는 대기업의 불공정한 거래 관행으로 인하여 일찍부터 중소기업 육성을 위한 법령을 제정하고, 중소기업을 전담하는 정부 부처를 설치·운영해 왔다. 특히 우리나라 중소기업지원법은 1966년 제정 이후 2017년까지 19차례에 걸친 법 개정이 있었으나 중소기업이 국민 경제에서 차지하는 지위나 역할은 계속 획기적으로 개선되지 않고 있다. 그러나 2016년 제4차 산업혁명 정책 추진과 함께 주관부서를 중소벤처기업부로 확대 개편하고 계속적으로 관련법을 제·개정하고 있다.

2) 정부 부처

문재인 정부의 정부부처 및 관련 기관들은 미래 제4차 산업혁명과 관련된 각종 지원 정책을 시행하고 있다. 특히 중소기업에 많은 지원을 하고 있는 중소벤처기업부는 혁신창업 생태계 조성, 중소기업 전용 R&D 확대, 벤처투자촉진법 제정, 스마트공장 보급 및 고도화 추진을 하고 있고, 기획재정부는 창업·투자 혁신인프라 구축과 관광·보건·콘텐츠·물류 등 4대 유망서비스업 혁신방안 추진하며, 산업자원통상부에서는 주력산업의 스마트화· 고도화·서비스화, 중소·중견기업의 디지털 제조 혁신 확산을 유도하고 있다.그리고 문화관광부는 혁신콘텐츠기업 육성와 공유경제 활성화(공유민박업, 신숙박서비스)를 또 과학기술정보통신부는 미래성장동력 선정을 통해 제4차 산업혁명 시대에 주요 산업을 선정하고 R&D 지원 계획을 수립·지원하고 있다.

2. 정책의 구조

제4차 산업혁명 시대의 도래로 생활환경 전반이 변화될 것으로 전망되며 특히, 산업 및 경제적 관점에서 자동화, 정보화, 지능화에 따른 일자리 증감에 대한 논의가 활발하다. 그러나 국내 중소기업은 이러한 세계 경제 및 산업 패러다임 전환의 움직임에 잘 대응하지 못하고 있으며 중소기업 육성, 미래 신산업 발굴 및 일자리 정책의 방향 설정을 위해 제4차 산업혁명과 관련한 실태 파악과 올바른 지원 정책이 시급하다. 이러한 시류 속에 중소기업은 시대적 변화에 따라 그 위상 및 역할이 강조되어 우리 경제의 중추적 역할을 수행하고 있다. 정부는 다양한 중소기업 정책을 실행 중이며 창의적인 아이디어를 가진 사업은 누구나 창업에 도전하고 성장할 수 있도록 '혁신창업 생태계 조성', '중소기업전용 R&D 확장', '스마트공장 보급 및 고도화', '혁신콘텐츠기업 육성' 등을 연계 지원하는 정책을 도입·시행하고 있다. 그러나 정부의 중소기업 지원 정책에 대해서는 복잡다기한 사업, 점검없는 장기 지원사업 지속, 무분별한 신규사업 등에 따라 유사 중복사업 발생, 특정 기업 중복수혜 발생, 성과없는 장기사업 지속, 뚜렷한 조정기능 부재에 따른 사업조정 실효성 저감 등의 문제가 제기되고 있어 이에 대한 올바른 정부의 중소기업지원 정책의 평가와 향후 방향 설정이 필요하다.

3. 정책의 한계

현 정부의 제4차 산업혁명 정책을 조율하고 있는 '4차산업혁명위원회'가 2018년을 기점으로 강조하고 있는 비전은 '모두가 참여하고 모두가 누리는 사람 중심의 제4차 산업혁명 구현'이다. 지능화 기반으로 산업의 생산성과 글로벌 경쟁력을 높이고, 고질적인 사회문제도 해결하는 등 국민의 삶의 질을 높이면서 동시에 성장동력으로 연결되도록 하겠다는 것이 핵심이다. 따라서 매년 새로운 정책목표가 추가되고 확장되겠지만, 일단 문재인 정부는 집권 5년 동안 제4차 산업혁명 정책을 12개 분야로 나누고 각각의 목표 달성 시점을 정부 임기 종료 시점인 2022년으로 설정하고 있다. 이는 그만큼 임기 내에 제4차 산업혁명 성과를 가시적으로 보여주겠다는 의지가 강하다. 그러나 오늘날 한국경제는 저성장의 함정에 직면해 있고, 그간의 성장 체제였던 수출주도 대기업 체제에 대한 한계와 모순이 심화되고 있다.

특히 대기업 성장체제가 가져온 폐해는 중소기업의 성장을 저해시켰을 뿐만 아니라, 한국경제의 성장을 제약하는 요인으로 작용하고 있다. 실제로 금융위기 이후 대기업의 성장이 중소기업의 성장으로 이어지는 연계효과가 사라지고 있을 뿐만 아니라 대기업 성장체제는 대기업의 경제력 집중을 야기하면서 중소기업의 성장을 가로막는 '하도급거래,' '불공정경쟁,' '저혁신-저생산'의 3대 악순환의 고리를 형성시켰다. 이로 인하여 제조업과 서비스업 간, 대중소기업 간 생산성 격차가 점차 커졌고, 이는 대중소기업 간 임금격차로 이어져 결국 사회·경제적 불평등을 심화시키는 결과를 초래했다. 더구나 중소기업은 양적 측면에서 국가 경제에 차지하는 비중은 크지만, 산업, 수출, 고용에 기여하는 역할은 여전히 미흡하다. 따라서 정부의 중소기업 지원 정책은 중소기업이 경제구조에 기여하는 질적 수준을 제고함으로써 국가 경제의 성장을 유도할 필요가 있다.

제3절 중소기업 지원 정책의 변동 분석

1. 정책의 세부 유형

국가 차원의 4차 산업 육성이 중요해짐에 따라 문재인 정부는 미래 4차 산업과 관련된 각종 지원 정책을 시행하고 있으며 특히 중소기업에 많은 지원을 하고 있다. 중소기업 지원정책의 세부 유형을 살펴보면, 우선 중점 기술 R&D 지원이 있다. 중소벤처기업부는 중소기업 전용 R&D 2배 확대를 위해 수요자 중심의 R&D지원체계와 해외 직접판매 지원체계를 마련하고 온라인수출 통합플랫폼 구축하여 2022년까지 글로벌 강소기업 및 히든 챔피언 1,200개를 육성할 계획이다. 다음으로 벤처 및 창업 활성화 지원이 있는데, 주요 기술 분야 창업 자본금 요건 폐지, 기술력 보유 벤처기업 성장 및 육성 지원을 하고 있다.

아울러 과학기술정보통신부는 미래성장동력 선정을 통해 제4차 산업혁명 시대의 주요 산업을 선정하고 R&D 지원 계획을 수립하였는데, 중소기업 관련해서는 동반성장 기반 중소·벤처기업 육성등을 추진하고 있다. 한편, 기획재정부의 중소기업 지원 정책방향의 주요 내용은 창업투자 혁신인프라 구축에 초점을 두고 있다. 특히 유망 창업기업에 성장단계별 집중 지원을 하고 있다. 또 관광, 보건, 콘텐츠, 물류 등 4대 유망서비스업 혁신방안을 추진하고 있다. 산업통상자원부는 제조업 혁신을 통해 공장 스마트화, 혁신제품 사업화, 소프트파워 강화 등 제4차 산업혁명 대응정책을 추진 중이며, 특히 2014년 시범사업으로 스마트 공장 구축 지원을 시작하여 2018년 말 현재 2,300여 개가 구축 완료되었다.

2. 정책의 승계 및 유지

중소기업을 중심 축으로 하는 국가 경제를 실현하기 위해서는 경쟁력 있는 중소기업 육성과 지속가능한 중소기업 생태계 조성, 다양성 높은 산업구조 고도화, 중소기업 우호적 사회문화 구축 등의 요소들을 갖춰야 한다. 이러한 핵심요소를 고려하여 현 정부가 중소기업 중심 국가경제 실현을 위해 추진 중인 주요 정책과제는 크게 3가지로 공공사업, 기업지원사업, 기관사업 등이다.

먼저 제4차 산업혁명 기술을 확산시키거나 공공편의시설 등 누구나 이용할 수 있는 제4차 산업혁명 관련 인프라를 구축하는 '공공사업'과 정부기관이 주관하고 있는 사업이나 서비스 환경을 개선하기 위해 자체적으로 추진하는 '기관사업'들이다. 공공사업과 기관사업 외에 일정한 요건 하의 기업이나 사업자를 대상으로 재정적·행정적·기술적 혜택을 주고자 기획된 '기업 지원사업'이다. 물론 부처나 기관에 따라서는 공공사업과 기업 지원사업을 엄밀하게 구분하지 않는 경우도 있다. 그러면서 이러한 기업 지원사업에서 제4차 산업혁명과 관련해 오로지 '중소기업'에 초점을 맞춘 사업들도 있다. 이상의 3가지 정책과제는 제4차 산업혁명에서 중소기업의 역할이 강조되면서 기존 정책내용을 좀 더 중소기업에 특화하고자 하는 것이다. 따라서 문재인 정부의 중소기업 지원 정책은 정책변동의 관점에서 정책유지와 정책승계로 판단할 수 있다.

1) R&D 지원 정책

우리나라는 중소기업의 기술혁신을 지속적으로 지원 중인 R&D 투자 국가인 동시에 중소기업 R&D 지원 국가이다. 중소기업의 R&D 지원은 1998년부터 제도화되어 운영되고 있으며, 과거 1998년 3,442억 원이던 것이 2017년 2조 2,093억 원으로 증가하였고, 중소기업 전용 R&D도 현 중소벤처기업부의 전신인 중소기업청이 설립된 1996년부터 크게 증가하였다. 특히 우리나라는 대규모 R&D 예산(300억 원 이상)을 운영하고 있는 정부 및 공공기관으로 하여금 R&D 예산의 일정 비율 이상을 중소기업에 의무 지원하도록 제도화 하여 중소기업의 기술혁신을 촉진하고 있다. 또한 「중소기업기술혁신촉진법」 제13조를 근거로 미국의 SBIR 제도를 벤치마킹 하여

1998년부터 「정부·공공기관의 중소기업 기술혁신지원제도」를 운영하며, 정부 및 공공기관의 전년도 중소기업 R&D 지원 실적과 당해 연도 계획을 국무회의에 보고토록 하고 있다.

2) 창업 지원 정책

우리 정부는 벤처나 창업이 국가 경제를 선도할 수 있도록 기술기반 창업 지원 정책을 적극적으로 추진하고 있다. 특히 문재인 정부는 '중소벤처가 주도하는 창업과 혁신성장'을 경제 분야의 주요 국정과제로 설정하였고, 기술인력의 창업 도전 환경 조성과 투자 활성화 방안도 제시하였다. 2017년 말 기준으로 76개의 사업을 비롯하여 중앙정부와 지자체가 운영하는 800여 개의 창업 보육·지원 기관을 통해 교육, 시설·공간, 멘토링·컨설팅, R&D, 정책자금 등의 다양한 창업 지원이 이뤄지고 있다. 이렇게 정부와 민간이 지속적으로 노력한 결과, 지난 20년간 국내 벤처기업 수는 100배 이상 증가하였고 벤처캐피털 투자도 OECD 국가 중 4위에 이르는 등 기술기반 창업은 꾸준히 성장 중이다. 그러나 여전히 기술기반의 창업보다는 생계유지 목적의 창업 비중이 월등히 높고, 혁신을 표방하는 신규 창업의 비중은 전체의 0.5%에 불과하다. 해외 주요국에 비해 기술기반 창업의 성장 속도와 경제발전에 대한 기여도 역시 상대적으로 낮다.

3) 스마트 팩토리 지원 정책

스마트 팩토리는 제품을 조립, 포장하고 기계를 점검하는 전과정이 자동으로 이뤄지는 공장으로 제4차 산업혁명의 핵심으로 꼽힌다. 이러한 스마트 팩토리는 모든 설비와 장치가 무선통신으로 연결되어 있기 때문에 실시간으로 전 공정을 모니터링 하고 분석할 수 있다. 스마트 팩토리에서는 공장 곳곳에 사물인터넷(IoT) 센서와 카메라를 부착시켜 데이터를 수집하고 플랫폼에 저장해 분석하는데, 이렇게 분석된 데이터를 기반으로 어디서 불량품이 발생하였는지, 이상 징후가 보이는 설비는 어떤 것인지 등을 인공지능이 파악하여 전체적인 공정을 제어한다. 최근 글로벌 제조기업들은 스마트 팩토리와 같은 생산성 혁신을 위해 경쟁 중이다. 제4차 산업혁명 시대를 맞아 네트워크에 기반한 실시간 주문 생산방식 확산으로 스마트 팩토리 도입은 이제 선택이 아닌 필수가 된 것이다. 아울러 현재 세계 각국의 제조업 혁신 경쟁은 가속화 되고 있으며 우리의 주력산업 침체 등에 따라 경쟁력 강화를 위한 고강도 혁신이 요구되고 있어, 이에 정부는 중소기업 스마트 제조혁신 전략을 마련해 2019년부터 본격적인 스마트 팩토리 구축 지원에 주력하고 있다. 정부는 스마트공장 보급·확산을 정부의 8대 혁신성장 사업으로 선정하고, 지난 2017년 11월 대통령 주재 혁신성장회의를 거쳐 중소기업 눈높이 맞는 수요자 중심 지원, 민간주도 추진체계 강화, 스크럼 방식으로 스마트공장 보급 성과 극대화 등 기본 방향을 확정하며 지원해 왔다.

정부는 2022년까지 중소기업의 스마트화 50% 달성을 목표로 2019년 부터는 스마트 팩토리 구축을 희망하는 기업은 전부 지원하며, 또한 중소기업 부담완화를 위해 원활한 금융지원을 받을 수 있도록 관계부처 및 정책 금융기관에 스마트공장 기업 리스트를 공유하고 설비투자 자금을 지원한다.

4) 동반성장 정책

제4차 산업혁명의 태동으로 중소기업의 역할이 중요해 지고 있는 가운데 대기업과 중소기업 상생 생태계 조성을 위한 제4차 동반성장 정책 필요성은 그 어느 때보다도 중요하다. 특히 국내 중소기업 간 심화되고 있는 양극화를 해결하기 위해서는 새로운 동반성장 생태계의 조성이 필요하며 해외 미국, 독일, 일본을 비롯한 선진국들과 중국, 인도 등의 신흥국들은 제조업과 서비스업의 중소기업 육성을 통한 산업경쟁력 강화를 위해 차별적이고 독자적인 산업정책을 수립하고 있다.

우리나라도 제4차 산업혁명의 중심이자 독일 Industry 4.0과 같이 대기업과 중소기업의 수평적인 협력을 확대해 동반성장할 수 있는 동반성장 정책을 수립하였다. 이것은 동반성장 패러다임을 대기업의 일방적 지원에서 대기업과 중 소기업 간 호혜적인 수평적 협업으로, 중견·대기업 중심의 Middle-up-down 협력구조로, 장기 전속거래 기업 간의 준폐쇄적인 협력 생태계를 개방형 생태계로 전환하되 동반성장의 명확한 지향점 설정이 중요하다.

3. 정책변동 분석

문재인 정부에서의 제4차 산업혁명에 대응한 중소기업 지원 정책은 과거 박근혜 정부의 '창조경제' 구현과 맥을 같이하고 있다. 창의적인 아이디어를 가진 사업은 누구나 창업에 도전하고 성장할 수 있도록 '선순환 벤처·창업 생태계' 구축 사업을 추진하고 있다. 고급인력의 기술·아이디어를 기반으로 하는 창업을 촉진하기 위해 엔젤투자자 등 민간이 먼저 투자하고, 정부가 R&D, 사업화 등을 연계 지원하고, 혁신기술 개발 등을 위해 R&D 자금을 지속 확대하고 있다. 특히 R&D 자금의 효율적 활용 및 R&D 시스템의 근본적인 혁신을 위해 '제조업 혁신전략'을 추진하고 있다. 아울러 중소벤처기업부는 제4차 산업혁명의 흐름에 대응한 범정부 차원의 중소기업 지원 정책을 추진하고 있다. 중소·중견기업의 수출 확대 및 창업 활성화를 통한 양질의 일자리 창출, 수출·창업·R&D 등이 그것이다.

한편 중소기업들은 제4차 산업혁명으로 유연하고 빠른 중소기업이 크고 느린 대기업을 앞서는 시대가 도래하였음을 인식하고 기술혁신 가속화를 시도 하고 있다. 제4차 산업혁명 시대 성공 키워드는 '유연성과 속도'이기에 속도와 유연성이 높은 기업, 즉 스타트업과 중소기업의 시대가 다가 왔음을 인식하고 있다. 따라서 중소기업은 선제적 대응이 필요하며 글로벌 주도권을 확보할 수 있는 기회를 활용 산업·기술간 융복합 R&D를 확대하여 공장스마트화와 함께 제품과 기술을 혁신하고, 해외시장 진출 및 수출 확대 전략으로 시장과 마케팅을 혁신하면서, 주력사업 고도화를 위한 신사업모델, 제품의 서비스화 등으로 정부 중소기업정책에 부응하고 있다.

문재인 정부 출범 이후 아직까지 전반적으로 볼 때 중소기업들이나 중앙정부 공공기관 차원의 제4차 산업혁명 효과가 아직은 확연히 나타나지 않는 것도 사실이다. 우리나라는 50여년 전 1966년 중소기업기본법이 제정된 이래 2017년까지 19차례에 걸친 법 개정과 함께 중소기업지원을 하였으나 효과는 지지부진 하였다. 문재인 정부에서는 제4차 산업혁명의 적극적인 추진 일환으로 주관부서를 중소벤처기업부로 확대 개편하고 범정부적 차원에서 대통령 직속 4차산업혁명위원회 설치 등 계속적으로 관련 법의 제·개정과 지원을 하고 있다. 이처럼 중소기업 지원 정책은 이전 정부에서 지원하던 내용들을 환경변화에 맞게 수정하는 것이기는 하나, 중소벤처기업부라는 새로운 부처를 설립하였기 때문에 정책유지와 정책승계가 혼합적으로 나타나고 있다고 할 수 있다.

제4절 정책과정의 평가와 문제점

1. 중소기업 지원 정책의 평가

중소기업 지원의 정책평가는 일반적으로 '공정성', '형평성', '효율성' 그리고 '혁신성' 으로 구분하여 보면 형평성을 제외하고는 대부분 장·단기 측면에서 시장 성장과 밀접하게 연관되어 있다고 볼 수 있다. 따라서 중소기업 지원의 정책평가는 다차원적이며 이들 가치는 상호 관련성을 갖고 영향을 미치는 보완 또는 의존 관계로 이루어진다고 볼 수 있다.

중소기업 지원 정책이 비교적 활발하게 시작된 1990년 초부터 2018년 말까지 '공정성', '형평성', '효율성', '혁신성'을 중심으로 중소기업 지원 정책을 살펴보면, 김영삼 정부 시기에는 '효율성' 가치를 중시했다. 김대중 정부 이후 규범적 가치로 '효율성'을 강조하면서, '혁신성' 가치에 대한 언급이 전반적으로 증가 추세였고, 이는 중소기업 정책이 중소기업의 '보호'에 지향가치를 두는 것에서 점차 시장에서 '효율성' 추구나 국가 경제에서 '성장'을 지향하는 방향으로 이동된 것으로 보인다. 그리고 김대중 정부와 노무현 정부 시기의 경우 중소기업 정책을 주도하는 목적가치로서 혁신성의 위상이 가장 높았다. 이는 동반성장 또는 경제민주화 등의 중소기업 정책 기조로 '공정성' 가치가 부상한 것을 수용한 결과이다. 반면, 이명박 정부와 박근혜 정부는 '효율성'이 목적가치로 중시되었다.

따라서 중소기업 정책수단을 무조건 개선하거나 조정할 것이 아니라, 장기적이고 종합적인 측면에서 중소기업에게 발생할 수 있는 정책효과를 고민하는 정책추진의 세밀한 전략이 필요하다.

2. 분야별 정책평가

1) R&D 지원 정책

정부가 중소기업의 생산성 향상 및 혁신역량 제고를 위해 R&D를 지원하는 것은 상당한 비용 투자가 요구되고 R&D 투자는 규모의 경제가 작용하기에 중소기업에게 구조적으로 불리한 것으로 보인다. 이는 R&D 투자가 갖는 공공재 성격으로 인하여 전체 시장과 사회에서 중소기업에 대한 R&D 투자는 과소투자가 발생하는 만큼 R&D 투자의 효율성을 높이기 위한 정부의 역할이 중요함을 의미한다. 아울러 혁신성 효과는 창업기업과 중소기업에 더 크게 발생할 가능성이 있고 대·중소기업 간 가치사슬 협력이 중요해지는 만큼 중소기업 생태계 경쟁력 측면에서 중소기업의 R&D 투자를 지원하는 것은 당연하다. 다만 정부가 R&D 지원의 정당성을 더 인정받기 위해 아직까지 저조한 중소기업 R&D의 사업화 성공률을 높이는 성과 제고 활동이 더 필요하다.

2) 벤처·창업 지원 정책

창업 지원 정책은 '공정성', '형평성', '효율성', '혁신성' 측면에서 정부가 벤처·창업 정책을 통해 개입해야 할 정당성이 존재한다. 더구나 창업 초기기업은 여러가지 불리성이 있는데 그 하나로 생존에 애로(죽음의 계곡)가 크며, 실패 부담에 따른 창업 위축은 전체 사회의 후생을 감소시키고 있어, 특히 창업기업의 효율성과 혁신성을 위해 다양한 주체의 창업 기회 보장이 필요하다. 국내 벤처 창업 환경은 정부의 지원 정책으로 상당한 개선을 보였으나, 기업가 정신과 기회추구형 창업이 부족하며 생존율도 저조해 동태적 효율성과 지속가능성의 확보에 한계가 있기도 하다. 창업기업은 주요 경영 애로로 자금유치와 국내판로 확충을 언급하고 있어, 창업기업에 갖는 구조적 불리성이 생존 애로로 작용하고 있어 이에 대한 계속적인 후속 지원이 필요하다.

3) 스마트 팩토리 지원 정책

정부는 지난 2017년 11월 대통령 주재 혁신성장회의를 거쳐 중소기업 눈높이 맞는 스마트공장 보급 성과 극대화 등 기본 방향을 확정하고 중소기업 스마트 제조혁신 전략을 마련해 2019년부터 본격적인 스마트 팩토리 구축 지원 확대에 주력하고 있다. 정부와 각 지자체는 2019년에 추경예산을 투입하는 등 2022년까지 스마트 팩토리 3만개 구축 목표를 달성하기 위해 총력을 기울이고 있어 스마트 팩토리에 대한 제조기업의 적극적인 관심과 자발적인 참여가 요구되고 있다. 또한 스마트 팩토리의 양적 확대 못지않게 스마트 팩토리 도입 기업들이 구체적인 성과를 낼 수 있도록 전 방위적인 지원 정책도 필요한 시점이다. 또 스마트 팩토리 구축 성과를 공유하고 필요성에 대한 공감대 형성과 시행착오를 줄이기 위해서는 정부와 기업은 물론 민간 차원의 공급기업과 수요기업 간 활발한 교류가 선행되어야 할 것이며, 중소기업 스마트 팩토리 지원 정책은 중소기업 제조업 발전에 크게 기여할 것이 기대된다는 평가를 받고 있다.

4) 동반성장 정책

동반성장 지원 정책은 대기업과 중소기업간 거래상 지위 차이, 격차 및 양극화에 따른 사회적 안정과 경제성장에 대한 위협, 시장 독점력의 남용 가능성, 그리고 가치사슬 경쟁력 제고 등의 이유로 정부가 중소기업을 지원하는 정책으로 일정 수준에서 시장에 개입하는 것은 타당하다. 현재까지도 생산성, 투자, 임금 등에서 대기업과 중소기업간 격차가 크며, 중소기업의 대기업 의존도 여전히 존재하는 것으로 나타나고 있다. 또 불공정 거래관행을 개선하기 위한 정부의 조치에도 불구하고, '하도급 대금 부당감액', '일방적 납품단가 인하' 등의 불공정 행위는 오히려 증가하고 있는 추세여서 이에 대한 조치도 필요하며, 대기업의 해외생산 비중과 투자가 계속 증가함에 따라 대기업의 성장이 내수시장과 중소기업으로 전이되는 않는 구조에 대한 대비조치도 필요하다.

5) 기타 정책자금 지원

정부가 중소기업에게 여러 가지 정책자금을 공급하는 것은 '공정성', '형평성', '효율성', '혁신성' 측면에서 정당성이 타당하다. 특히 벤처 및 창업초기 기업의 경우 시장 실패의 부담으로 자금조달이 제약될 수밖에 없으므로 기타 지원 정책자금 공급은 '혁신성' 실현 측면에서도 상당히 중요하다. 또한 전체 자금시장에서 중소기업의 조달 규모가 대기업과 비교할 때 저조한 수준이며 금융기관을 통한 자금 접근 기회도 상대적으로 열악하므로 계속적인 정책자금 지원이 필요하다. 중소기업 자금 접근 및 조달 현실을 고려할 때 정부의 정책자금 공급은 여전히 중요하나, 정책자금의 공급이 가져오는 역효과를 최소화하는 노력 또한 필요한데 수혜기업의 도덕적 해이를 유발하거나 자율적인 기업 구조조정을 지연시킬 가능성이 상존하는 만큼, 정책자금 공급이 갖는 정책효과를 확보하는 것이 중요하다.

3. 정책의 문제점

중소기업 지원 정책은 지원 주체가 중앙부처와 지자체 등으로 분산되어 있어 복잡다기한 지원이 이루어지고 있는 실정으로, 유사 중복사업의 지속적 발생에 따른 재정의 비효율성을 초래하고 있다. 이는 부처와 지자체 간 협의 없는 지원사업 개발 및 추진에 기인하는 것이다. 또한 부처 및 지역 특성을 이유로 지원주체 간 협업 없는 사업개발로 유사 중복성이 지속적으로 나타나고 있어 이에 대한 개선이 필요하다.

또한 성과평가 및 점검 없는 사업 진행에 따른 장기 지원사업의 지속 및 사전조정 없는 신규사업 추진은 지원사업의 효율성을 떨어뜨릴 수 있다. 중소기업 지원사업 통합관리시스템을 통한 유사 중복사업을 발굴하고 있으나, 뚜렷한 조정기능 부재에 따른 사업 조정의 한계가 발생되고 있어 중소기업 지원사업 통합관리시스템을 활용한 중소기업 유사 중복사업 및 특정기업의 중복 수혜 여부 확인을 통한 조정기능 강화가 필요하다. 중소기업 지원사업 통합관리시스템을 활용한 중소기업 지원사업의 중장기 성과 점검을 통해 지원사업 성과 미진사업은 축소·폐지하고, 성과 우수사업에 대해서는 확대 운영 검토가 필요하며 각 부처에서 계획하여 운영하는 신규 중소기업 지원사업의 예비타당성 검증을 통해 지원사업 사전 유사성 검증 및 타당성 점검이 요구 된다.

제5절 정책혁신 방안

1. 정책 추진체계 혁신

중소기업 지원 정책 추진체계의 혁신을 위해서는 '정책거버넌스 개편,' '정책의 고도화 및 효율화,' '중소기업 관련 법체계 정비' 등이 필요하다. 이를 위하여 먼저 중소기업 정책에 대한 국가 차원의 기획과 조정이 이루어질 수 있도록 정책 거버넌스를 개편해야 할 것으로 보인다. 중소기업 우선 정책을 범 국가적 과제로 설정하기 위해 '중소기업 최우선의 원칙'을 마련하고, 부처별로 중소기업을 전담하는 부서 설치와 함께 각 부처별 정보공유가 필요하다. 또한 중소기업 규제영향평가의 집행력과 실효성을 높이기 위한 조직을 신설하여 중소기업 관련 규제 차등화의 적용·이행을 강화할 필요가 있다.

다음은 중소기업 정책의 고도화와 효율화를 위해 지원의 내용, 방식, 체계 등에 대한 전반적인 혁신이 필요하다. 먼저 중소기업 지원사업을 기능과 대상에 따라 세분하고 서로 연계시켜 수요자 맞춤형 지원이 가능하도록 정책을 설계하고 중소기업의 자체 투자와 지원 성과에 따른 인센티브 지원방식을 적용함으로써 정책의 실효성도 제고해야 할 것이다. 또한 중소기업 성장체계를 반영하는 정책의 가치와 지향성을 중소기업기본법에 제시할 필요가 있다. 그리고 창업과 벤처 관련법, 투자에 관한 법률 등을 통합·정비하고 기본법과 개별법 간의 연계성 확보함으로써 정책에 대한 법적 근거를 명확히 해야 한다.

한편, 중소기업 지원 정책의 추진체계는 기존의 중소기업의 불균형을 해소하는데 주력한 직접지원 형태의 나눠주기 방식에서 탈피하여, 기반 및 인프라 중심의 간접지원 형태로 전환하여야 한다. 성공가능성이 높지만 불리한 여건에 있는 중소기업을 식별하여 집중적으로 지원하는 선택과 집중이 필요하다. 한편 지원을 받은 중소기업의 지원효과가 향상될 수 있도록 유도하는 인센티브 체계를 마련해야 한다.

2. 지속가능한 중소기업 생태계의 조성

지속가능한 중소기업 생태계를 조성하기 위해서는 우선 기업 성장에 필요한 자금과 인재를 중개해 주는 기관을 지정·운영하여 성장 이력별 맞춤형 정책을 추진할 수 있다. 다음으로 공정경쟁 여건을 조성하기 위해서 불공정 거래의 억지력을 제고할 수 있도록 실태조사와 제재수단을 보다 강화하는 방법이 필요하다. 중소기업의 가장 애로사항인 하도급 및 수위탁 거래, 전속거래, 내부거래 등에 대해 정기·집중·직권조사 등을 실시함으로써 불공정거래 행위를 적극 발굴하고 제재할 필요가 있다. 시정요구를 이행하지 않거나 과징금이 누적된 경우 공공분야의 입찰 참여를 제한하며, 납품단가 조정협의제도의 범위를 확대하고 이를 활성화시켜 공정 경쟁을 이끌어야 할 것이다. 또한 징벌적 손해배상제도의 적용 범위와 배상금 규모를 확대하여 그 실효성을 높일 필요가 있다.

마지막으로 산업구조의 다양성을 향상시키려면, 신산업과 신업태를 적극 육성하기 위해 규제를 개선하고 창업을 적극 지원하며 기업간 융합비즈니스를 촉진시켜야 한다. 아울러 산업간 융합을 촉진할 수 있도록 융합 비즈니스모델의 발굴과 정착을 위한 시범 프로젝트의 도입, 기업간 융합비즈니스에 대한 컨설팅 및 사업화 등을 정부가 적극 지원할 필요가 있다.

제4차 산업혁명 대응을 위해 중소기업 지원에 다양한 정책이 발표되고 입법적 논의가 있었지만 현실에서 구체적인 변화를 발견하기가 쉽지 않다. 입법·정책적 대안 자체가 부족하여 현실에서 실천되지 못하고 있기 때문이다. 대안 자체가 추상적, 포괄적이어서 실제 추진할 수 있을 정도의 구조화가 되지 못했고, 새로운 혁신 정책에 대한 합의와 이를 실행하는 데 필요한 기반이 충분하지 않은 상태에서 대안이 먼저 발표되어 정책집행에 반영 되지 못하고 있기 때문이다. 그 결과 대안은 많지만 현실은 크게 달라지지 않는 상황에 직면하여 제4차 산업혁명에 대한 무수한 고민·지식·기술들이 현실화되지 못하고, 이러한 일들이 지속되면서 경제와 사회를 한 단계 더 발전시키는 데 많은 시간이 걸리고 있다.

제6절 결론

제4차 산업혁명에 기반을 둔 중소기업 지원 정책은 중소기업 중심 경제구조로의 전환을 위해 '혁신 역량의 강화,' '숙련 인력의 확보,' '지속성장 경로의 마련,' '기업가정신의 함양' 등을 유도해야 한다. 특히 부족한 자원으로 기인하는 혁신역량, 숙련인력, 리더십 등에 관한 중소기업의 약점과 불리성을 스스로 극복할 수 있어야 한다. 따라서 중소기업 성장체제는 중소기업의 경쟁력을 제고하고 이를 통해 활력 있는 다수의 기업을 성장시켜 산업과 시장의 역동성을 높임으로써 중소기업을 새로운 성장동력화 시키는 것이 필요하다.

 이를 통해 중소기업 경쟁력을 향상시키고 대기업의 경제력 집중을 완화
시킴으로써 '창업 → 중소기업 → 대기업'의 성장 경로를 제공해 줄 필요가
있다. 구체적으로는 중소기업의 자체 혁신을 유도하고 성장 장벽을 제거하
며 기업가 정신을 확산시키는 정책이 필요하다.

 다음은 지속가능한 중소기업 생태계를 조성해야 한다. 가장 시급한 것은
내수 위주의 하도급 기업이 다수를 차지하는 중소기업을 독립형 기업과 글
로벌 기업으로 탈바꿈시키는 것이다. 동시에 활력 있는 다수의 기업을 시장
에 공급할 수 있도록 공정 경쟁을 활성화시켜야 한다. 즉, 불공정 경쟁행위
를 제약하는데 있어서 실효성이 부족한 그간의 문제를 해소해야 한다. 이렇
게 산업과 시장에서 역동성이 제고될 경우, 중소기업이 성장하고 일자리가
증가할 것이며, 소득격차 등 사회·경제적 불평등이 완화되는 구조가 형성
되어 국가 경제의 발전과 국민의 삶의 질이 높아지는 결과를 얻을 수 있을
것이다.

![참고문헌]

과학기술정보통신부 (2018), 국가기술혁신체계(NIS) 고도화를 위한 국가R&D 혁신방안(안).

_____ (2018), 제4차 과학기술기본계획(2018~2022).

_____ (2019), 2019년 정부 R&D 사업 부처 합동 설명회 자료집.

국정기획자문위원회 (2017), 문재인정부 국정운영 5개년 계획.

국회예산정책처 (2017), 제4차 산업혁명 대비 미래산업정책분석 1~5.

기획재정부 외 (2018), 제4차 산업혁명과 혁신성장: 2018년 정부업무보고.

김경래 (2018), 독일의 인더스트리 4.0 추진체계에 관한 연구, 유럽연구 제 36권 2호.

김계환·박상철 (2017), 독일의 인더스트리 4.0과 제조업의 변화, 산업연구원.

김규판·이형근·김종혁·권혁주 (2017), 주요국의 제4차 산업혁명과 한국의 성장전략: 미국, 독일, 일본을 중심으로, 대외경제정책연구원.

김용열·박영서 (2017), 제4차 산업혁명과 중소기업 지원 정책, 기술혁신학회지 제20권2호.

김익성 (2018), 독일기업의 제4차 산업혁명 성공사례 및 한국기업과 정부에 대한 시사점.

울산과학기술원 (2019), 제4차 산업혁명과 대/중소기업 시너지포럼 자료집.

이경선 (2019), 정부의 제4차 산업혁명 사업 흐름과 활용.

이준희 (2016), 제4차 산업혁명과 중소/중견기업 정책혁신 중소기업청.

정준화 (2018), 제4차 산업혁명 대응 현황과 향후과제, 국회입법조사처.

조윤정 (2017), 한국형 제4차 산업혁명 대응전략, 한국산업은행.

중소기업연구원 (2017a), 제4차 산업혁명과 중소기업혁신과제.

_____ (2017b), 중소기업 지원 정당성과 정부 역할 연구.

_____ (2018), 제4차 산업혁명 관련 벤처기업현황과 향후 과제.

중소기업진흥공단 (2017), 제4차 산업대비 중소기업대응 및 지원방안 수립 연구용역.

중소벤처기업부 (2019), 2019년 중소벤처기업부 주요업무.

한국과학기술정보원 (2019), 기술수치의 역량과 역할에 대한 이해.

4차산업혁명위원회 (2017), 제4차 산업대응계획 I KOREA 4.0.

현대경제연구원, www.hri.co.kr.

SBIR, https://www.sbir.gov.

❝

Social Innovation Policy :
Evaluation and Innovation

❞

제4부

사회혁신 정책 : 평가와 혁신

5

일자리 정책

안 재 영

"

제4차 산업혁명의 시대에는

미래사회가 요구하는

역량 기반 교육-고용-경력개발이 융합된

일자리 정책이 필요하다.

"

제1절 서론

2016년 세계경제포럼(WEF)은 4차 산업혁명의 확산으로 미국, 중국, 일본, 프랑스, 독일 등 15개국에서 2015~2020년에 716만 5,000개의 일자리가 없어지고 202만 1,000개의 일자리가 새로 생겨 총 514만여 명이 실업할 것을 전망하였다. 이후 전 세계적으로 4차 산업혁명으로 인한 일자리 파괴에 대한 우려가 대두되고, 한국에서도 인공지능으로 인한 일자리 대체 가능성에 대한 우려가 확산되었다(최영섭 외, 2017).

실제로 Frey & Osborne(2013)의 분석 결과에 따르면, 미국 노동시장에서 향후 기술진보에 따라 사라질 가능성이 높은 일자리의 47%(영국은 35%)가 컴퓨터로의 대체확률 0.7 이상인 고위험군 직종으로 나타났다. 또한 컴퓨터화의 가속화는 저숙련의 저임금 직업군에게 가장 많은 타격을 주게 될 것이라고 예측하였다. 이에 반해 Smith & Anderson(2014)의 연구에서는 로봇과 인공지능의 도입에 따른 일자리 감소를 주장하는 비관론자가 48%, 일자리 창출을 주장하는 낙관론자가 52%로 팽팽히 맞서는 것으로 나타났다. 중요한 점은 직무의 특성에 따라 로봇과 인공지능에 의해 대체될 수도 있고 보완되거나 협업의 형태가 발생할 수도 있다는 것이다.

기존의 일자리 정책은 산업의 변화에 따른 인력 수요와 기술의 숙련에 대한 미스매치를 효과적이고 신속하게 해소하기 위한 정책이었다. 그러나 앞서 살펴본 4차 산업혁명에 대응하는 일자리 정책은 기존의 미스매치 해소를 위한 정책으로는 한계가 있으며 새로운 직업의 창출과 현존하는 직업의 전환을 모두 고려해야 한다.

이러한 맥락에서 새로운 일자리의 창출, 급격한 일자리 변화에 따른 사회 안전망 강화, 기존 일자리의 전환에 대비하기 위한 인적자원의 경력 개발 측면에서 일자리 정책을 제시하고자 한다.

제2절 일자리 정책의 개관

1. 정책구조 개관

4차 산업혁명에 따른 미래사회의 변화에 대비하기 위하여 경제·사회 혁신을 이끄는 핵심 기술력을 확보하고, 신산업 분야 우수인재 확보와 일자리 이동에 대비하기 위한 일자리 안전망을 확충할 필요가 있다(관계부처 합동·4차 산업혁명위원회, 2017.11). 이를 위해 성부는 2017년 11월 「혁신성장을 위한 사람 중심의 4차 산업혁명 대응계획」을 통해 '사람 중심의 4차 산업혁명' 달성을 비전으로 제시하고 이를 구현하는 12대 지능화 혁신 프로젝트와 3대 기반과제를 제시하였다(국회입법조사처, 2018).

12대 지능화 혁신 프로젝트는 4차 산업혁명의 잠재력을 조기에 가시화하고 새로운 산업과 일자리를 창출할 수 있도록 산업과 사회의 지능화 혁신을 추진하는 것이다. 산업 혁신 프로젝트는 지능정보 기술을 적용하여 의료·제조·이동체·에너지·금융물류·농수산업 등 6개 산업 분야의 생산성을 높여 지속성장 기틀을 확립하고, 서비스업 혁신으로 취약계층 삶의 질 향상, 일자리 창출 등에 기여하는 것을 목표로 한다. 사회 혁신 프로젝트는 지능정보 기술을 적용하여 도시·교통·복지·환경·안전·국방 등 6개 분야의 사회 문제를 해결하고 신성장동력으로 연결하는 것을 목표로 한다(국회입법조사처, 2018).

3대 기반 과제는 기술 측면의 성장동력 기술력 확보, 산업 인프라 및 생태계 조성, 미래사회 변화 대응이다. 우선 성장동력 기술력 확보는 세계 최고 수준의 지능화 기술경쟁력을 확보하고, R&D 기반의 신성장동력 창출을 위해 국가 R&D 체계를 전면 개편하는 것을 주요 내용으로 한다. 산업 인프라 및 생태계 조성은 데이터·네트워크 인프라를 고도화하고, 중소 벤처기업이 새로운 혁신을 창출할 수 있도록 규제를 재설계하고, 지역거점 신설 등 역동적 신산업 생태계 조성을 주요 내용으로 한다. 미래사회 변화 대응은 신산업 분야 우수인재의 성장지원과 일자리 변동에 대비한 일자리 안전망을 강화하고, 사이버 안전망과 인간 중심의 윤리체계 확립을 주요 내용으로 한다(국회입법조사처, 2018).

특히 일자리 안전망 강화에 대한 부분은 최근 디지털 플랫폼을 기반으로 하는 공유경제 확산과 함께 기업들이 필요에 따라 계약직이나 임시직으로 인력을 고용해 쓰는 경제 모델인 긱 경제(Gig Economy)가 새로운 경제모델로 빠르게 자리 잡으면서 플랫폼 노동자가 확산될 우려를 반영하고 있다.

긱 경제에 따른 유연한 일자리 환경의 변화에 따라 대두되는 탄력적 근로시간제의 합리화도 강조되고 있다.

한편으로는 직무와 직업 환경의 빠른 변화에 따라 근로자 생애 전반의 평생 직업교육이 강조되면서 직업능력개발 지원 및 기회 보장이 중요한 과제로 제시되고 있다. 특히 평생직업능력개발이 강조되면서 최근 일자리 정책이 직업능력개발정책과 동반 집행되어야 한다는 트렌드가 조성중이다.

2. 정책과정 개관

4차 산업혁명을 대비한 일자리 정책을 연도별, 담당 부처별로 정리하면 〈표 5-1, 5-2〉와 같다. 4차 산업혁명을 통하여 R&D와 신기술의 변화가 가장 빠르다는 점에서 과학기술분야의 일자리 정책은 과학기술정보통신부(과거 미래창조과학부 포함)가 주로 담당하고 있다. 그러나 범산업의 종합적인 일자리 정책은 고용노동부를 비롯한 다양한 부처에서 협력하여 담당하고 있다.

〈표 5-1〉 주요 부처별 4차 산업혁명 대응을 위한 일자리 정책(과학기술분야 관련)

년도	부 처	정책 주요 내용	출 처
2013	미래창조과학부 산업통상자원부	과학기술기반 일자리 창출	국가과학기술심의회 (2013.7.8.)
2016	미래창조과학부	조선해양산업 일자리 창출	관계부처 합동(2015.8.31.)
		여성 경력단절 지원	미래창조과학부(2017.1.6.)
2017	미래창조과학부	혁신형 일자리 지원	미래창조과학부(2017.1.6.)
		과학기술기반 대학창업활성화	
2017	과학기술 정보통신부	과학기술기반 일자리 창출	관계부처 합동·4차 산업혁명위원회(2017.11)

년도	부 처	정책 주요 내용	출 처
2018	과학기술 정보통신부	과학기술 기반 일자리 창출	국가과학기술자문회의 심의회의 운영위원회(2018.6.25.)
		창의 융합형 인재 양성	과학기술정보통신부(2018).
		빅데이터 전문기업 및 인력양성	기획재정부 외(2018.1.24.)
2018	산업통상자원부	산업전문인력 양성 및 취업 연계 강화	기획재정부 외(2018.1.24.)
		5대 신산업분야 일자리 창출	
2019	과학기술 정보통신부	정부 R&D 사업	과학기술정보통신부(2019)
		여성과학기술인 육성·지원	과학기술정보통신부(2018.12.)
		과학기술인 협동조합 육성	과학기술정보통신부(2018.12.)
		지역주도 R&D 혁신 강화	과학기술정보통신부(2018.12.)
		ICT 기술혁신 핵심인력 양성 및 일자리 창출	과학기술정보통신부(2018.12.)
		4차산업혁명에 대응한 과학기술인력 육성 기반 구축	과학기술정보통신부(2018.12.)
		산학연 협력 활성화 지원을 통한 일자리 창출	과학기술정보통신부(2018.12.)
		이공계전문기술 인력양성	과학기술정보통신부(2018.12.)

<표 5-2> 주요 부처별 4차 산업혁명 대응을 위한 일자리 정책(범산업 관련)

년도	부 처	정책 주요 내용	출 처
2017	대한민국 정부	일자리 중심 국정운영	일자리위원회(2017.8.8.)
2017	고용노동부	부문 간 일자리 이동 지원을 위한 고용서비스 고도화	관계부처 합동(2016.12.27.)
2017	과학기술정보통신부	일자리·교육 등 사회변화 대응	국회입법조사처(2018)
2017	기획재정부	사회안전망 강화	국회입법조사처(2018)
2017	고용노동부	일자리 변화 예측 및 조사	국회입법조사처(2018)
		사회안전망 구축	
2017	고용노동부 중소벤처기업부 과학기술정보통신부	일자리 안전망 확충	관계부처 합동· 4차 산업혁명위원회(2017.11)
2018	국무조정실	현장 중심 일자리 규제혁파	기획재정부 외(2018.1.24.)

이상의 정책들을 종합하여 4차 산업혁명을 대비한 주요 일자리 정책에 대한 정책과정 개관을 제시하면 〈표 5-3〉과 같다. 정책의제 설정 단계에서는 일자리 중심 국정 운영, 정책형성 및 집행 단계에서는 일자리 변화 예측 및 사회안전망 구축, 혁신형 일자리 창출, 경력개발 설계 지원·강화로 정리할 수 있다.

'일자리 중심 국정 운영' 정책의 주요 내용은 대통령 직속 일자리위원회 설치와 일자리 중심 국정운영 체계 구축 방안이다. '일자리 변화 예측 및 사회안전망 구축' 정책의 주요 내용은 4차 산업혁명으로 인한 인력수급 전망 및 일자리 예측, 직업능력개발 기회 확대 및 체계 구축, 개인별 맞춤형 고용서비스 강화이다. '혁신형 일자리 창출' 정책의 주요 내용은 창업을 통

〈표 5-3〉 일자리 정책에 대한 정책과정 개관

핵심 정책	연 도	주요 내용	정책과정 구분	
일자리 중심 국정운영	2017	• 대통령직속 일자리위원회 설치 • 일자리 중심 국정운영 체계 구축방안	정책의제 설정	정책형성
일자리 변화 예측 및 사회안전망 구축	2017	• 4차 산업혁명으로 인한 인력수급 전망 및 일자리 예측 • 직업능력개발 기회 확대 및 체계 구축 • 개인별 맞춤형 고용서비스 강화	정책형성	정책집행
혁신형 일자리 창출	2017	• 혁신형 일자리 지원(창업 중심)	정책형성	정책집행
	2018	• 신산업분야(5대 신산업분야, 빅데이터 등) 일자리 창출	정책형성	정책집행
	2018 2019	• R&D 사업의 일자리 창출	정책형성	정책집행
	2019	• 경력개발 및 설계 지원	정책형성	정책집행
	2019	• 산학연 협력 활성화 지원을 통한 일자리 창출	정책집행	전책변동 (정책유지)
경력개발 설계 지원·강화	2018	• 경력개발 및 설계 지원	정책형성	정책집행
	2016 ~2019	• 여성 과학기술인 경력단절 지원	정책형성	정책변동 (정책유지)

한 신규 일자리 창출, 빅데이터와 5대 신산업(5대 신산업: 전기·자율주행차, IoT가전, 에너지신산업, 바이오·헬스, 반도체·디스플레이) 분야의 일자리 창출, 과학기술 기반의 연구사업과 R&D 사업을 통한 일자리 창출, 정부 R&D 사업의 일자리 창출 효과 강화, 지역주도 R&D 사업의 일자리 창출, 산학연 협력을 통한 기술이전 및 사업화 촉진을 통한 일자리 창출이다. '경력개발 설계 지원·강화' 정책의 주요 내용은 평생직업교육 측면의 경력개발 및 설계 지원, 여성 과학기술인 경력단절 지원이다.

제3절 정책변동 분석

정책변동을 분석하기 위하여 〈표 6-3〉의 일자리 정책에 대한 정책과정 개관에서 제시된 정책들을 Hogwood와 Peters의 이론을 활용하여 분석하였다.

1. '일자리 중심 국정 운영' 정책

정책변동 유형 분석틀(Hogwood & Peters, 1983)을 적용한 결과, 〈표 5-4〉와 같이 '일자리 중심 국정 운영' 정책은 정책혁신으로 분석할 수 있다. 일자리 중심 국정운영에 대한 대통령의 의지 표명으로 의도적 성격을 띠고 있으며 일자리위원회 설치 및 운영에 관한 규정을 제정함으로써 법률의 변화가 있다. 그리고 일자리위원회 신설에 따른 조직과 예산의 변화가 있다.

<표 5-4> '일자리 중심 국정 운영' 정책의 분석(정책혁신)

구 분	정책혁신	'일자리 중심 국정 운영' 정책	비 고
기본성격	의도적 성격	○	일자리 중심 국정운영에 대한 대통령 표명
법률측면	기존 법률 부재	○	일자리위원회의 설치 및 운영에 관한 규정(대통령령 제28050호) 제정
조직측면	기존 조직 부재	○	일자리위원회 신설
예산측면	기존 예산 부재	○	일자리위원회 운영 예산 신설

　　문재인 대통령의 취임 후 첫 업무 지시가 '대통령 직속 일자리위원회'의 구성이었으며 대통령 직속기구로써 대통령이 직접 위원장을 맡는 등 문재인 정부는 일자리 창출에 총력을 기울이겠다는 것을 표명하였다(월간 워커스, 2017). 이를 위해 정부는 일자리위원회의 설치 및 운영에 관한 규정(대통령령 제28050호)을 2017년 5월 16일에 제정·시행하였다. 일자리위원회의 기능은 '일자리 정책의 기본방향 설정 및 중장기 기본계획 수립, 일자리 창출과 일자리 질 개선에 영향을 미치는 정책의 발굴·조정 및 평가, 일자리 상황 관리 및 일자리 정책의 이행상황 점검·평가 등 일자리 관련 주요 정책 등에 관한 사항을 심의·조정'하는 것이다(일자리위원회의 설치 및 운영에 관한 규정 제2조).

　　이어 정부는 고용없는 저성장, 청년실업, 노동시장 격차 확대 등으로 일자리 위기가 심화되면서 핵심 경제비전으로 소득주도 성장과 일자리 중심의 포용적 경제를 제시하고 일자리 중심의 국정운영을 선언하였다. 이를 위해 범정부 일자리 추진체계 강화, 정부지원 체계 개편, 일자리 중심 기관 평가라는 추진전략과 세부 추진과제를 설정하였다(일자리위원회, 2017.8.8.).

범정부 일자리 추진체계 강화를 위해서 대통령 직속 일자리 정책 컨트롤타워를 설치하고 일자리 신문고를 개설하여 국민의 일자리 고충 및 정책 아이디어를 수렴하기로 하였다. 양질의 일자리 창출성과를 극대화하기 위하여 일자리 정책 전담부서를 지정 및 신설하고 일자리 전담인력을 보강하였으며 지자체의 일자리 조직체계도 구축하기로 하였다. 일자리 관련 입법을 신속 추진하고 '일자리 상황판'을 설치 및 운영하여 통계기반의 일자리 정책의 성과 모니터링 체계를 구축하기로 하였으며 일자리 정책의 홍보를 강화하기로 하였다(일자리위원회, 2017.8.8.). 일자리 중심의 정부지원 체계를 개편하기 위해서 고용영향평가를 강화하여 일자리 창출 효과가 큰 사업에 대한 재정지원을 확대하고 정부와 지자체의 일자리 사업을 조정 및 연계·강화하기로 하였다. 각종 재정·투자사업의 타당성 심사에 일자리 지표를 강화하고 지자체 일자리 예산을 확대하기로 하였다. 일자리 창출 기업에 세제혜택, 투자유치, 각종 인센티브 및 포상을 강화하고 조달 및 공공계약 입찰에도 우대권을 부여하기로 하였다(일자리위원회, 2017.8.8.). 일자리 중심 기관 평가를 위해서는 정부업무평가, 지자체 합동평가, 공공기관 및 공기업 평가에 일자리 창출 평가를 강화하기로 하였다(일자리위원회, 2017.8.8.).

2. '일자리 변화 예측 및 사회안전망 구축' 정책

정책변동 유형 분석틀(Hogwood & Peters, 1983)을 적용한 결과, 〈표 5-5〉와 같이 '일자리 변화 예측 및 사회안전망 구축' 정책은 정책승계로 분석할 수 있다. 일자리 변화 예측이 지속적으로 이루어졌으나 4차 산업혁명

<표 5-5> '일자리 변화 예측 및 사회안전망 구축' 정책의 분석(정책승계)

구 분	정책혁신	'일자리 변화 예측 및 사회안전망 구축' 정책	비 고
기본성격	의도적 성격	○	기존 정책과 차별성을 둔 의도적 성격임
법률측면	몇몇 법률 대체	○	고용정보시스템 구축을 위하여 고용정책기본법이 개정되었음
조직측면	최소한 조직 이상의 변화 수반	○	4차 산업혁명 관련 일자리 계획 수립을 위해 4차산업혁명위원회 신설
예산측면	몇몇은 기존예산 존재	○	

을 대비한 일자리 변화를 의도적으로 강조하고 있다. 특히 일자리 변화 예측과 고용서비스를 강화하기 위해 고용정보시스템 구축 고용정책[1]을 주요 내용으로 하는 고용정책 기본법이 시행되었다. 그리고 신설된 4차산업혁명위원회를 통하여 4차 산업혁명 관련 일자리 예측에 관한 계획들이 수립되었다.

3. '혁신형 일자리 창출', '경력개발 설계 지원·강화' 정책

정책변동 유형 분석틀(Hogwood & Peters, 1983)을 적용한 결과, 〈표 5-6〉과 같이 '혁신형 일자리 창출', '경력개발 설계 지원·강화' 정책은 정책 유지로 분석할 수 있다. '혁신형 일자리 창출' 정책의 주요 내용인 창업 중

---

1) 고용정책기본법(법률 제16412호)의 주요 내용은 재정지원일자리사업 효율화, 재정사업 고용영향평가 실시 및 고용정보시스템 구축 등이다. 기존 고용 관련 전산망 정보들을 이용·연계할 수 있는 고용정보시스템의 법적근거가 마련되어, 고용복지센터에서 디지털기업지도 등 최신 정보를 기반으로 한 상담 서비스를 제공할 수 있게 되었고, 워크넷 정보(구인구직)만 활용했던 인공지능 일자리 추천 서비스도 고용보험, 직업훈련 이력 등 다양한 정보를 활용할 수 있게 되어, 구직자 선호에 더욱 알맞는 일자리를 추천할 수 있게 되었다(고용노동부, 2019.11.1.)

<표 5-6> '혁신형 일자리 창출' / '경력개발 설계 지원·강화' 정책의 분석(정책유지)

구 분	정책혁신	'일자리 변화 예측 및 사회안전망 구축' 정책	비 고
기본성격	적응적 성격	○	기존 정책을 유지 및 강화하는 정책임
법률측면	법률 변화 없음	○	관련 법률의 변화 없음
조직측면	의도적인 조직변화 없음	○	관련된 신설 조직 없음
예산측면	예산 항목 지속	○	관련 예산 지속됨

심의 혁신형 일자리 지원, 신산업분야 일자리 창출, R&D 사업의 일자리 창출, 산학연 협력 활성화 지원을 통한 일자리 창출은 기존 정책들(창업, 신산업분야, R&D 사업, 산학연 협력 활성화)에 일자리 창출 역할을 좀 더 강화한 성격을 갖고 있다. '경력개발 설계 지원·강화' 정책도 산업분야와 노동시장의 변화가 심화되면서 과거에서부터 평생직업능력개발을 통한 인적자원의 생애 경력개발이 강조되어 왔다.

제4절 정책과정의 평가와 문제점

1. 정책의제 설정의 평가와 문제점

정책의제 설정 단계는 '일자리 중심 국정 운영' 정책에서의 일자리 중심 국정운영에 대한 정부의 공식적인 의지표명 단계이다. 이 글에서는 이 부분에 대한 평가와 문제점을 제시하고자 한다. 우리나라는 양적 및 질적으로 경제와 사회 측면의 일자리 문제가 심각해지고 있다. 실질경제성장률과 취업유발계수가 지속적으로 하락하면서 고용없는 성장이 이어지고 있다. 중소기업과 대기업간의 양극화가 심해지면서 노동시장의 격차가 커지고 있으며 청년실업 역시 심각한 수준으로 우리 사회의 안정성을 위협하고 있다(진수웅, 2017). 이러한 시점에서 '양질의 일자리 창출'을 위한 일자리위원회 설치와 일자리 중심 국정운영 체계 구축은 바람직한 방향이라고 할 수 있다. 이에 문재인 정부의 국정과제인 '소득 주도 성장을 위한 일자리 경제'의 세부 과제인 '국민의 눈높이에 맞는 좋은 일자리 창출'의 주요 내용이 대통령직속 일자리 위원회 설치 및 범정부적 국가 일자리 정책 집중 관리, 공공부문 일자리 창출, 맞춤형 일자리 창출로 설정되어 있다(대한민국 정부, 2017).

국내외 불황이 장기화되고 국가경제성장률이 계속 떨어지는 상황에서 정부의 '일자리 중심 국정운영' 정책은 민간주도적 일자리 창출보다는 국가 주도적 일자리 창출을 통해 경제의 활성화를 불어 넣겠다는 의도였다고 평가된다. 따라서 정책의제 측면에서는 '일자리 중심 국정운영' 정책의 필요성, 국가 주도의 정책 운영의 필요성 등이 확보된다는 맥락에서 정책결정의 합리성이 높다고 판단된다.

2. 정책형성·집행의 평가와 문제점

정책형성·집행 단계인 '일자리 중심 국정 운영' 징책의 일자리위원회 신설 및 정책 집행 부분, '일자리 변화 예측 및 사회안전망 구축' 정책, '혁신형 일자리 창출' 정책, '경력개발 설계 지원·강화' 정책의 평가와 문제점을 제시하고자 한다.

1) '일자리 중심 국정 운영' 정책

앞서 제시한 바와 같이, 국내외 경제 불황이 장기화되면서 '일자리 중심 국정 운영' 정책의 방향은 시의적절한 것으로 평가된다. 이러한 '일자리 중심 국정 운영' 정책의 주요 성과는 일자리위원회 신설, 일자리 정책 5년 로드맵 수립, 일자리 중심의 정책 설계, 일자리 상황 점검 및 정책 소통 체계 마련으로 나타났다(일자리위원회, 2019.4.10.).

그러나 '일자리 중심 국정 운영' 정책에서 일부 문제점이 드러나고 있다. 우선 공공부문의 일자리 창출에 집중한다는 것이다. 시대적 과제로 등장한 일자리 문제 해결을 위해 정부가 주도하여 공공부문이 선도적으로 일자리 만들기에 앞장서는 것은 의미가 있겠지만 전체 일자리 문제를 해결하기에는 공공부문의 일자리 수가 적을 수밖에 없고 우리 사회가 그에 따른 비용 부담을 감내할 수 있는 수준에서만 유지가 가능하다. 결국 일자리 문제는 민간부문에서 해결해야 한다(홍성일, 2017). 그리고 일자리의 질보다는 창출된 일자리 수에 집중한다는 것이다. 소득 주도 성장을 통한 일자리 문제를 해결하기 위해서는 일자리의 질이 중요한데 그보다는 단기성과 달성을 위한 일자리 수에 집중하고 있다고 평가된다.

2) '일자리 변화 예측 및 사회안전망 구축' 정책

4차 산업혁명은 인공지능, 빅데이터 등 디지털 기술로 촉발되는 초연결 기반의 지능화 혁명으로 산업뿐만 아니라 국가시스템, 사회, 삶 전반의 혁신적 변화를 유발시킬 것이다. 이러한 지능화가 제품과 서비스의 경쟁력을 좌우하는 핵심요소로 부상하고 기존 산업구조의 변화 등 산업 생태계의 대변혁이 촉발될 것으로 예상된다. 이로 인해 일자리 감소와 신직업 창출이

공존하는 고용구조의 개편이 전망되어 미래 일자리 변화 대응이 시급한 상황이다(관계부처 합동·4차 산업혁명위원회, 2017.11). 이러한 변화에 대비하여 인력수급 전망 및 일자리 예측을 강화하는 정책의 방향은 바람직하다고 평가된다. 또한 이러한 변화에 따라 개인의 생애 전반의 직업능력을 개발하고 인적자원의 특성과 세대(청년, 여성, 중장년 등)를 고려한 맞춤형 고용서비스를 강화하는 정책의 방향도 바람직하다.

직업능력개발 기회 확대 및 체계 구축을 위하여 직업능력진단-생애경력설계-적합훈련 매칭 등을 통한 개인별 맞춤형 HRD 진단과 지원 설계를 구축하였고 학교-직장으로의 이행을 촉진하는 프로그램을 고도화하였다(관계부처 합동, 2017.12.20.). 그리고 전국민 평생직업능력개발 체제를 마련하기 위하여 전 국민을 대상으로 '평생내일배움카드[2]'를 도입하기로 하였다(고용노동부, 2019.4.10.). 고용정책기본법(법률 제16412호)을 통하여 일자리 변화 예측과 고용서비스를 강화하기 위한 고용정보시스템을 구축함으로써 기존의 워크넷 정보(구인구직)를 구직자의 선호에 알맞은 일자리 추천 시스템으로 발전시킬 수 있을 것으로 예상된다(고용노동부, 2019.11.1.).

이상의 내용을 종합해 볼 때, 일자리 변화 예측 및 사회안전망 구축 정책은 긍정적으로 평가된다. 그러나 일부 정책의 문제점이 제기되고 있다.

우선 인력수급 전망 및 일자리 예측 측면에서는 중앙정부 중심의 일자리

---

2)   실업자, 재직자, 자영업자, 특고 등 고용형태에 무관하게 전 국민을 대상으로(공무원, 사학연금대상자, 재학생 등 제외) 300~500만 원 지원한도의 카드 유효기간을 5년으로 늘려 국민이 스스로 설계하는 훈련·경력개발을 지원하고, 훈련 이력, 계좌 잔액 조회 등의 실시간 정보를 직업훈련포털(HRD-net)을 통해 제공한다(고용노동부, 2019.4.10.).

예측에 집중되어 지자체 내의 인력수급에 어려움이 많다. 지역의 상공회의소와 같은 지역인적자원개발위원회를 통하여 인력수급에 대한 정보를 수집하고 있지만 단순한 실태 조사의 수준이며 4차 산업혁명에 따른 최신 일자리 변화 정보를 구축 및 관리하기에는 지역의 여건이 부족한 상황이다(반가운 외, 2019).

그리고 사회안전망 구축 측면에서도 다양한 문제점이 제기되고 있는데 대표적인 예로 한국형 실업부조를 들 수 있다. 정부는 사회안전망 구축을 위하여 고용보험에 가입하지 않은 근로빈곤층 등을 지원하기 위한 한국형 실업부조를 도입할 계획이다(일자리위원회, 2019.4.10.). 장기실업자 비율이 높은 외국의 근로빈곤층과 달리 우리나라 근로빈곤층은 실직 위험이 높지만 장기적으로 실업상태에 머무르지는 않는데, 이는 실업기간 소득보장제도의 미비와 적절한 고용서비스의 부재로 인해 근로빈곤층은 어떤 일자리든 간에 빠르게 취업하기 때문이다. 신속하게 취업하더라도 다시 실직하여 재빈곤화하는 악순환을 경험하는 경우가 많기 때문에 결국 소득 지원뿐만 아니라 취업지원을 통해 더 나은 일자리로의 이행을 지원하는 것이 필요하다(이병희, 2018). 그러나 청년층의 일자리 지원에 집중하고 있어서 근로빈곤층을 위한 직업능력개발 및 취업지원 정책은 다소 부족한 편이다.

3) '혁신형 일자리 창출' 정책

정부는 혁신형 일자리 창출을 위해 창업을 강조하고 있다. 한국개발연구원(KDI)의 연구결과에 따르면, 2012~2014년 동안 새 일자리 90%가 창업 1년 이내 신생기업에서 나온 것으로 나타났다(디지털타임스, 2018). 혁신형 중소기업인 벤처기업, 이노비즈, 메인비즈 인증 중소기업도 청년층에 괜

찮은 일자리를 제공하고 있다(윤윤규, 방형준, 노용진, 2019). 해외 주요국들도 혁신주도형 경제구축 및 국가 신성장 동력 확보를 위해 창업·스타트업 육성정책을 적극 추진하고 있고 자국의 상황에 맞추어 글로벌 창업 기업을 육성·유치하여 경제성장의 동력을 확보하고 일자리 창출에 기여하고 있다(KOTRA, 2017). 이와 같이 창업이 일자리 창출에 효과적이라는 측면에서 창업 중심의 혁신형 일자리 창출 지원 정책은 바람직한 방향이라고 할 수 있다.

이에 정부는 창업자의 수요에 맞춘 분야별 전문인력(프리랜서, 소공인 등)의 신규 일자리 창출을 지원하고 대학의 교육·연구 역량과 연계하여 청년 기술창업 및 일자리 창출에 기여하는 新모델 발굴·기획을 추진하였다(미래창조과학부, 2017.1.6.). 혁신창업을 지원하기 위해 기술혁신형·생활혁신형 창업을 지원하고 취약분야(청년창업·재기지원·지방 등)를 대상으로 모태펀드를 조성하였으며(48개 펀드, 1.9조원), TIPS 프로그램 지원을 확대하였다. 원활한 창업 기반을 마련하기 위하여 개인 파산시 압류재산 제외 범위를 확대하였고('18.3월), 정책금융기관 신규 대출 연대보증을 폐지하였으며('18.4월), 창업기업 부담금 면제 연장 및 재산세 감면을 확대하는 등('18.5월) 다양한 혁신형 창업 촉진 방안을 마련하였다(일자리위원회, 2019.4.10.). 대규모 모험자본을 공급하고, 창업투자회사 진입·행위규제를 완화('17.10월)하고, 10조원 혁신모험펀드를 조성할 계획이며('20), 엔젤투자·스톡옵션 등에 대한 세제지원을 확대하였다(일자리위원회, 2019.4.10.). 그리고 창업 지원 기능이 집적된 메이커 스페이스 조성(53개소) 등 혁신인프라를 확충하였다(일자리위원회, 2019.4.10.). 이러한 노력에 따라 신설법인이 증가[3]하고, 신규벤처투자가 증가[4]하는 등 창업도전 확대, 벤처투자·회수 활성화 등 의미 있는 변화가 시작되었다고 평가하고 있다(일자리위원회, 2019.4.10.).

신산업분야 및 R&D 사업의 일자리 창출 정책도 바람직한 방향이라고 할 수 있다. 왜냐하면 전통적으로 일자리 창출의 기반이 된 제조업 일자리는 크게 감소하고 있는 반면, 숙련 및 기술집약 산업(R&D)에서는 일자리 창출의 잠재력이 증가하고 있기 때문이다(나영선, 2019). 이에 정부는 5대 신산업[5] 프로젝트에 9000여억을 지원하고 R&D단계부터 규제를 해소하는 등 신산업 분야를 통한 일자리 창출 정책을 집행하였다(기획재정부 외, 2018.1.24.). 주력 제조업 고도화[6] 및 신산업 육성[7]으로 일자리 창출 역량을 강화하였으며, 4차 산업혁명 선도를 위한 규제혁신 및 소프트웨어 인재·기업을 육성하였고[8], 고용창출 효과가 높은 바이오헬스 산업을 신성장동력으로 육성하였으며[9], 의료서비스 질 향상을 위한 보건의료 분야의 일자리 확충 정책[10]을 집행하였다(일자리위원회, 2019.4.10.). 또한 산학연 협력 활성화 지원을 통한 일자리 창출을 위하여 대학·연구소의 기술사업화 인프라 및 혁신 역량 기반 기업과의 협력을 통해 기술이전·사업화를 촉진

---

3) 신설법인(만개) : ('03) 5.3 → ('14) 8.5 → ('17) 9.8 → ('18) 10.2
4) 신규벤처투자/회수(조원) : ('14) 1.6/1.2 → ('17) 2.4/1.8 → ('18) 3.4/2.7
5) 전기·자율주행차, IoT가전, 에너지신산업, 바이오·헬스, 반도체·디스플레이
6) 조선, 반도체, 섬유 등 업종별 혁신성장 이행방안 마련('18년 1분기)
7) 전기차·수소차 보급 인프라 확충, 규제 샌드박스 제도 도입 등
8) ICT 규제샌드박스 제도 시행('19.1월), 규제자유특구 시행('19.4월), 소프트웨어 중심대학 확대('19년 35개), 소프트웨어 고성장기업 지원단 설치(60개 기업 지원)
9) 보건산업혁신창업센터 운영, 바이오메디컬 글로벌 인재양성 등
10) 일차의료 만성질환 관리 시범사업 실시('19.1월), 기초정신건강 복지센터 확충('18년 196개소, 500명), 간호간병통합서비스 확대 지속

하였고, 산학연공동연구법인 지원, 대학기술경영 촉진, 기술수요 기반 신산업 창출 지원, 학연연계 사업화 선도모델 구축, 산학연협력 클러스터 지원 등의 정책을 집행하였다(과학기술정보통신부, 2018.12.)

이상의 내용을 종합해 볼 때, 혁신형 일자리 창출 정책은 긍정적으로 평가된다. 그러나 일부 문제점도 제기되고 있다.

신산업을 통한 일자리 창출을 위해서는 신산업 활성화를 가로막는 규제를 개선해야 한다. 최근 정부는 우선허용·사후규제 체계(포괄적 네거티브) 방안을 제시하였는데(국무조정실, 2018.1.22.), 더욱 강력한 허용 방안이 요구된다.

창업 관련해서는 스타트업은 통상 축적의 시간을 거친 다음 스케일업으로 진화하며, 이때 기업경영 및 일자리 창출의 성과가 본격적으로 시작되는데(윤윤규, 방형준, 노용진, 2019), 상당수의 기업이 스케일업에 실패하여 일자리 창출 효과의 한계가 있다는 것이다.

R&D 사업의 일자리 창출 효과는 대학보다는 기업에서 높게 나타났고(홍성민, 2015), 기업 중에서는 일반 중소기업보다 혁신형 중소기업에서 높게 나타났다(이병헌, 김선영, 2009). 또한 기업의 규모, R&D 투자 방식(소액 출연방식, 대규모 출연방식) 등에 따라 중소기업에서의 R&D 사업의 일자리 창출 효과는 다르게 나타났다(이병헌, 김선영, 2009). 그러나 2018년 중소기업 R&D 투자는 총 비중의 16.1%로(안승구, 2019) 일자리 창출 효과를 기대하기 어려운 수준이다.

4) '경력개발 설계 지원·강화' 정책

4차 산업혁명으로 인해 새로운 일자리가 창출되면서 기존 인적자원이 새로운 일자리에 진입하기 위해서는 체계적인 인적자원개발과 더불어 우수 인력의 조기 노동시장 진입을 통한 경력개발의 중요성이 높아지고 있다(나영선, 2019). 이러한 측면에서 경력개발 설계 및 지원 강화 정책은 바람직한 방향이라고 평가할 수 있다.

정부는 기술변화 및 자동화 확산 등 기업의 수요와 일자리 환경 변화에 유연하게 대응할 수 있도록 직무전환·재배치 교육훈련을 강화하기로 하고(관계부처 합동·4차 산업혁명위원회, 2017.11), 산업 구조조정 확산에 대응한 전직훈련을 강화하고[11] 신중년, 경력단절여성의 특성을 고려한 맞춤형 훈련을 제공[12] 하기로 하였다(고용노동부, 2019.4.10.). 그리고 여성 과기인의 경력단절을 지원하기 위해 경력단절 여성과학기술인의 R&D 현장 복귀를 지원하고 여성 과학기술인의 일자리 경직성 완화(시간선택제 일자리 확산, 다양한 일자리 유형 및 모델 개발)를 추진하고 있다(과학기술정보통신부, 2018; 과학기술정보통신부, 2018.12.)

그러나 일부 문제점이 제기되고 있다. 우리나라의 청년 일자리 사업 분야별 예산을 분석한 바에 따르면, 주요 선진국에 비하여 일자리 창출과 직업훈련의 예산이 큰 반면 고용서비스, 고용장려금, 창업 지원 등 경력개발에 필요한 예산이 상대적으로 적은 것으로 나타났다(강순희, 2017). 또

---

11) 지역·산업별 인자위를 통해 지역·산업계 주도로 구조조정 대비 전직지원 교육훈련 모델을 마련·확산하고, 2019년 4월에 일정규모 이상 기업(시행령으로 규정)은 전직지원 서비스를 의무화하고 기타 기업은 노력조항으로 고령자고용법을 개정하였다(고용노동부, 2019.4.10.).
12) 주요내용은 신중년의 취·창업을 위한 장기훈련(6개월이상)을 제공하는 폴리텍 신중년 특화 캠퍼스 확대 및 우수 훈련과정의 민간 확산, 경력단절여성을 위한 맞춤형 직업훈련 제공(36개월), 훈련실시후 취업 지원하는 폴리텍 여성재취업훈련과정 운영('19년950→'22년 1.4천명) 및 우수 훈련과정의 민간 확산 등이다(고용노동부, 2019.4.10.).

한 고용지원을 위한 정책의 대부분이 장려금과 같은 금전적 금액 지원이 주를 이루고 있고 노동시장의 정착과 안정적 성장을 위한 후학습, 고용환경, 경력개발을 위한 지원은 상대적으로 부족한 것으로 나타났다(안재영 외, 2019). 이러한 점을 종합해 볼 때, 경력개발 설계 지원·강화를 위해서는 금전적 지원도 필요하겠으나 입직자들이 노동시장에서 안정적으로 정착 및 성장하기 위한 취업 지원 강화, 역량 기반 채용 및 인사관리, 고용환경 개선, 후학습 및 경력개발 지원을 위한 사회정책들이 강화될 필요가 있다(안재영, 2019). 또한 학력보다는 역량 중심의 경력개발을 위해 그 동안 정부에서 시도해온 일-교육-자격을 연계한 한국형 국가역량체계(Korean National Qualification Framework)를 조속히 구축하여 근로자들의 실질적인 경력개발을 위한 환경을 마련해야 한다.

3. 정책과정별 문제의 종합 및 평가

앞서 제시한 일자리 정책의 문제를 종합하여 제시하면 다음과 같다.

정책의제 설정 단계인 '일자리 중심 국정 운영' 정책의 문제점은 공공부문 일자리 창출에 집중하여 정작 민간부문 일자리 창출이 부족하다는 것과 일자리 질보다는 일자리 수인 단기성과에 집중한다는 것이다.

정책형성·집행 단계인 '일자리 변화 예측 및 사회안전망 구축', '혁신형 일자리 창출', '경력개발 설계 지원·강화' 정책의 문제점은 다음과 같다. 첫째, 중앙집권적 일자리 창출로 인하여 지자체와의 연계성이 떨어지고 있다. 둘째, 근로빈곤층의 사회안전망 구축에서 직업능력개발 및 취업 지원보다는 소득 지원에 국한된 지원이 강화되었다. 셋째, 창업 및 신산업 분야에서

질 좋은 일자리 창출을 위한 장기적 관점의 지원책이 필요하다. 넷째, 일자리 창출 효과가 높은 혁신형 중소기업을 대상으로 한 R&D 사업 예산이 부족하다. 다섯째, 경력개발 관련 예산이 상대적으로 부족하고 입직자들의 노동시장 정착 및 성장을 위한 사회정책이 부족한 상황이다.

이상의 내용을 종합한 정책과정 평가 모형을 제시하면 〈표 5-7〉과 같다.

<표 5-7> 정책과정 평가 모형

구 분	포괄적 평가 모형							
	정책결정 합리성 (1)	정책집행 효율성 (2)	정책효과 모형					
			산출(3)		성과(4)		영향(5)	
			의도	비의도	의도	비의도	의도	비의도
정책의제 설정 단계	높음							
정책형성 단계	높음							
정책집행 단계		높음						
정책 효과 여부	단기 효과		공공 부문 일자리 창출	일자리 정책의 중요성 강화				
	중장기 효과				신산업 분야 일자리 창출	창업 활성화	경력개발 지원 강화	일-교육-자격 연계한 한국형 역량체계 (KQF) 구축

제5절 정책혁신 방안

4차 산업혁명에 효과적으로 대응하기 위하여 일자리 정책의 혁신 방안으로 정책기조 전환, 법률 제·개정, 거버넌스 재설계, 예산 재배정, 인력교육/재배치 측면에서 다음과 같이 제시하고 이를 정리하면 〈표 5-8〉과 같다.

1. '일자리 중심 국정 운영' 정책의 혁신 방안

정책기조 전환 측면에서는 공공부문을 중심으로 한 일자리 창출이 민간부문에서 활성화될 수 있도록 민간부문의 각종 규제를 개선해야 한다(홍성일, 2017). 그리고 현재의 일자리 창출은 정부 주도로 이루어져서 산업화 시대 경제개발계획에 근거한 공급자 중심의 고용 정책에 머물러 있는 측면이 있으므로 제조업, 서비스업 등 지역별 산업 특성을 고려한 전략적 일자리 정책을 모색해야 할 필요가 있다.

법률 제·개정 측면에서는 민간 일자리 창출을 위하여 규제자유특구, 규제샌드박스 등 규제혁신이 필요하다(일자리위원회, 2019.4.10.). 일자리 질을 제고하기 위하여 대기업과 중소기업 간 임금 격차 및 양극화 해소를 위한 법령(대·중소기업 상생협력 촉진에 관한 법률), 비정규직 근로조건 차별 해소 등에 관한 법령(기간제 및 단시간근로자 보호 등에 관한 법률) 등의 개정이 요구된다.

거버넌스 재설계 측면에서는 중앙정부, 지자체, 일자리위원회, 지역별 창조경제혁신센터 등 지역 일자리 정책을 담당하는 조직이 너무 많다는 점에서 범정부 거버넌스를 구축할 필요가 있다.

예산 재배정 측면에서는 민간 일자리 창출을 위한 예산을 강화해야 한다. 특히 국가기간산업인 제조업 분야의 근무환경이 상대적으로 열악하여 일자리가 있어도 신규 인력을 확보하기 어렵다는 점에서 국가기간산업의 근무환경 개선 예산을 강화할 필요가 있다.

인력 교육/재배치 측면에서는 현재 실행중인 다양한 일자리 대책의 이행 점검 및 모니터링을 강화할 필요가 있으며(일자리위원회, 2019.4.10.) 이를 위한 인력이 추가 배치될 필요가 있다.

2. '일자리 변화 예측 및 사회안전망 구축' 정책의 혁신 방안

정책기조 전환 측면은 다음과 같다. 지방분권화 정책 기조에 따라 중앙정부보다는 지방정부 중심의 인력수급이 강조되고 있다는 점에서 국가 전체 일자리 변화보다는 지역별 일자리 변화 예측으로의 정책기조 전환이 요구된다. 사회안전망 구축 측면에서 근로빈곤층의 소득 지원뿐만 아니라 취업 지원 강화가 요구되며 영세 사업장의 일자리 질적 문제가 대두된다는 점에서 근로감독의 강화가 요구된다.

법률 제·개정 측면은 다음과 같다. 사회안전망 구축 측면에서 상대적으로 불안정한 근로빈곤층의 고용 지원을 위하여 한국형 실업부조 도입에 관한 법률(구직자 취업촉진 및 생활안정지원에 관한 법률) 개정이 요구된다. 그리고 근로자가 빠른 일자리 변화에 대응하기 위하여 평생직업능력개발 기회를 확대할 필요가 있으며 이를 위한 직업능력개발에 관한 법률(근로자 직업능력개발법)의 개정이 요구된다.

거버넌스 재설계 측면에서는 직업능력개발 기회 확대 및 체계 구축에 관하여 학위와 대학 교육 중심의 교육부와 자격과 직업훈련 중심의 고용노동부 간의 협업을 강조할 필요가 있다. 이를 위해 국무총리실 산하에서 부처 간 이견을 조정하고 국무총리실 산하의 국책연구기관의 역할을 강화할 필요가 있다.

예산 재배정 측면에서는 4차 산업혁명에 따른 지역의 최신 일자리 변화 정보를 구축 및 관리하기 위한 예산을 추가 배정할 필요가 있다.

인력 교육/재배치 측면에서는 지역 일자리 정보를 제공할 지역인적자원개발위원회를 컨설팅 및 관리하기 위해 관련 공공기관 및 국책연구소의 담당 인력 배치가 요구된다.

3. '혁신형 일자리 창출' 정책의 혁신 방안

정책기조 전환 측면에서는 신산업 활성화를 가로 막는 각종 규제를 개혁하는 방안과 창업 및 R&D 사업의 일자리 창출 효과가 높은 혁신형 중소기업 및 스케일업 창업 기업 중심의 정책기조가 요구된다.

법률 제·개정 측면에서는 규제 개혁을 위한 관련 법률의 개정과 창업법 및 벤처법에 분산되어 있는 벤처투자 규정을 일원화하는 '벤처투자 촉진법'의 제정이 요구된다.

거버넌스 재설계 측면에서는 일자리 창출에 효과가 있는 혁신형 중소기업과 벤처 및 창업 기업의 활성화를 위한 환경 구축을 위하여 민간의 의견을 적극 수렴할 필요가 있으며, 이러한 측면에서 정부-민간 통합형 거버넌스 재설계가 요구된다.

예산 측면에서는 일자리 창출에 효과적인 창업 기업의 스케일업과 혁신형 중소기업에 대한 예산 지원 강화가 요구된다.

인력 교육/재배치 측면에서는 기업의 혁신을 가로막는 다양한 현장 규제 및 개선 방안에 대한 의견수렴 창구를 마련해야 하고 관련 인력의 배치가 요구된다.

4. '경력개발 설계 지원·강화' 정책의 혁신 방안

정책기조 전환 측면에서는 근로자의 경력개발 설계 지원을 위한 금전적 지원보다는 노동시장에 정착하고 자신의 역량에 기반하여 평가받아 성장할 수 있도록 역량 기반 채용 및 인사관리, 고용환경 개선, 후학습 및 경력개발 지원을 위한 사회정책을 강화하는 정책기조가 요구된다.

법률 제·개정 측면에서는 경력개발의 기준이 되는 일-교육-자격을 연계한 한국형 국가역량체계(Korean National Qualification Framework)에 관한 법률 제정이 요구된다.

거버넌스 재설계 측면에서는 산업부문별 특성에 따라 경력개발 경로가 다르다는 점에서(안재영 외, 2019) 산업부문별 민간 중심의 거버넌스를 구축하여 산업현장에서 인정되고 통용되는 실질적인 경력개발 체계를 마련해야 한다.

예산 측면에서는 근로자의 경력개발을 위한 직업교육훈련 관련 예산을 강화하고 근로자 경력개발 지원 기업에 대한 인센티브 예산을 강화할 필요가 있다.

인력 교육/재배치 측면에서는 경력개발의 장애요인인 기업의 채용 및 인사 공정의 폐해, 경력개발 미지원, 후학습 기회 박탈 등을 감독하고 모니터링할 수 있는 인력의 배치가 강화될 필요가 있다.

<표 5-8> 정책혁신 방안

구 분	'일자리 중심 국정 운영' 정책	'일자리 변화 예측 및 사회안전망 구축' 정책	'혁신형 일자리 창출' 정책	'경력개발 설계 지원·강화' 정책
정책기조 전환	· 민간부문 일자리 창출 활성화 · 지역별 산업 특성을 고려한 전략적 일자리 정책	· 지역별 일자리 변화 예측 강화 · 근로감독 강화	· 혁신형 중소기업과 스케일업 창업 기업 정책 강화	· 경력개발 지원 사회정책 강화
법률 제·개정	· 신산업 활성화를 위한 규제 개혁 · 대기업과 중소기업 간 임금 격차 및 양극화 해소, 비정규직 근로조건 차별 해소 등에 관한 법령 등의 개정	· 한국형 실업부조 관련 법률 개정 · 직업능력개발 관련 법률 개정	· 규제 개혁 관련 법률 개정 · 창업법 및 벤처법에 분산되어 있는 벤처투자 규정을 일원화하는 '벤처투자 촉진법' 제정	· 한국형 국가역량체계(KQF)에 관한 법률 제정
거버넌스 재설계	· 범정부 거버넌스 구축	· 부처 간 이견 조정 강화를 위한 국무총리실 중심의 거버넌스 재설계	· 혁신형 중소기업과 벤처 및 창업 기업의 활성화를 위한 환경 구축에 관한 정부-민간 통합형 거버넌스 재설계	· 산업부문별 거버넌스 강화
예산 재배정	· 민간부문 일자리 창출 예산 강화	· 지역의 최신 일자리 정보 구축 예산 강화	· 창업 기업의 스케일업과 혁신형 중소기업에 대한 예산 지원 강화	· 근로자 직업교육 훈련 예산 및 경력개발 지원 기업 인센티브 강화
인력 교육/ 재배치	· 일자리 대책의 이행점검 및 모니터링 인력 배치	· 지역 일자리 정보를 제공하는 지역 인적자원개발위원회를 컨설팅 및 관리하기 위한 인력 배치 강화	· 현장 규제 및 개선 방안에 대한 의견 창구 마련 및 관련 인력 배치	· 근로자 경력개발 모니터링 인력 강화

제6절 결론

인공지능, 로봇, VR 등 새롭게 개발되는 첨단기술과 함께 저출산·고령화 등의 사회적 현상은 현재 뿐만 아니라 다가올 미래 사회에도 직접적인 영향을 줄 것이다. 특히 기계가 대체할 수 있는 일자리는 사라지고 인간만이 할 수 있는 일이 사회·경제적으로 점차 중요한 의미를 갖게 되며 인간은 미래사회의 직업 변화에 대응하고 고용가능성을 높이기 위한 차별화된 역량을 갖춰야 할 것이다. 개인뿐만 아니라 국가 역시 신산업과 신기술에 대응할 수 있는 미래인재 양성에 투자를 함으로써 국가의 경쟁력이 높아질 것이다.

과거의 일자리 정책은 산업의 변화에 따른 인력 수요와 기술의 숙련에 대한 미스매치를 해소하기 위하여 정형화된 직업교육훈련을 제공하고 이를 통해 취업을 활성화하는 정책이었다. 이는 전형적인 산업인력 양성 정책(70~90년대 초), IMF 외환위기와 글로벌 경쟁으로 인한 실업자 증가 및 고용불안정성 문제를 극복하기 위한 사회안전망 강화정책(90년대 후반~2010년 초)이 기조를 이루어왔다.

그러나 신산업·신기술 출현과 새로운 고용형태 등에 따른 직무역량 변화에 따라 일자리 정책도 변화하고 있다. 노동시장의 직무와 직업 환경이 빠르게 변화하고 요구하는 기술 수준이 높아지면서 정형화된 직업교육훈련보다는 교육 대상자가 직무와 깊게 연관된 문제를 해결하는 프로젝트를 수행하면서 자기주도적으로 직업교육훈련에 참여하는 환경이 요구되고 있다 또한 미래 산업사회에서는 창의력, 추상적 사고능력, 문제해결능력이 여전히 중요한 역량이며, 하이브리드형 직업의 등장에 따라 새로운 지식과 역량 습득, 아울러 역량 간 융합에 대한 요구가 증가할 것으로 예상된다. 이를 통해 경력 다변화를 위한 숙련과 복합적인 문제해결능력 등을 향상시키는 직무역량 재교육체계가 강조되고 있다(나영선, 2019). 이러한 점을 종합해 볼 때, 4차 산업혁명 시대의 일자리 정책은 인력양성 정책과 연계·통합 운영되어 인력양성과 일자리 진입 및 재진입이 통합적으로 운영될 필요가 있다.

이를 위해서는 일자리 창출이 인재양성과 연계될 수 있도록 교육-취업-경력개발이 연동되는 교육-고용 통합형 정책이 이루어져야 한다. 그리고 교육-취업-경력개발의 프레임인 일-교육-자격을 연계한 한국형 국가역량체계(Korean National Qualification Framework)가 조속히 구축되어야 한다. 이는 우리 사회에 만연한 학력주의를 타파하고 역량 중심의 사회를 구축하는 것이다.

그러나 역량 중심의 사회 구축은 역량을 기준으로 평가하고 보상받는 시스템으로써 사회 구성원의 이해관계가 첨예하기 때문에 사회 구성원의 다양한 의견을 수용할 수 있는 자세가 필요하다. 이제 세계 경제 대국에서 성숙한 시민의식과 공정한 사회 구조를 갖춘 국가로 성장하기 위해서는 역량 중심의 사회 구현에 대한 다양한 사회 구성원의 깊은 논의와 숙고를 다지는 장을 마련하여 사회적 대타협을 이루기 위한 과감한 시도를 해야 할 때이다.

참고문헌

강순희 (2017), 청년 일자리 정책의 방향과 과제, http://ifg.korea.ac.kr/ifg/book/issuep.do?
       mode=download&articleNo=86620&attachNo=70378&totalNoticeYn=N&totalBo
       ardNo=.

고용노동부 (2019.4.10.), 신기술 분야 훈련을 크게 늘리고 평생내일배움카드를 도입한다:「직업
       능력개발 혁신방안」발표. 보도자료.

_____ (2019.11.1.), 일자리 사업을 꼼꼼하게 관리하기 위한「고용정책 기본법」개정안 시행
       ('19.11.1~). 보도자료.

과학기술정보통신부 (2018.12.), 2019년도 과학기술정보통신부 연구개발사업 종합시행계획(안).

_____ (2018), 제4차 과학기술기본계획(2018~2022).

_____ (2019), 2019년 정부 R&D 사업 부처 합동 설명회 자료집.

관계부처 합동 (2015.8.31.), 2016년 정보통신 진흥 및 융합 활성화 실행계획(안).

_____ (2016.12.27.), 제4차 산업혁명에 대응한 지능정보사회 중장기 종합대책.

_____ (2017.12.20.), 혁신과 포용적 성장을 위한 제3차 직업능력개발 기본계획.

관계부처 합동·4차 산업혁명위원회 (2017.11), 혁신성장을 위한 사람 중심의 4차 산업혁명 대응
       계획 I-KOREA 4.0.

국가과학기술심의회 (2013.7.8.), 제3차 과학기술기본계획('13~'17)(안).

국가과학기술자문회의 심의회의 운영위원회 (2018.6.25.), 제4차 과학기술기본계획 2018년도
       시행계획(안).

국무조정실 (2018.1.22.), 신산업·신기술 분야 규제혁신 추진방안, 보도자료.

국회입법조사처 (2018),「4차 산업혁명 대응 현황과 향후 과제」, 입법·정책보고서 제16호.

기획재정부 외 (2018.1.24.), 4차 산업혁명과 혁신성장: 2018년 정부업무보고.

나영선 (2019), "좋은 일자리와 직업능력개발",「THE HRD REVIEW」, 22권 1호, 2-6, 한국직업
       능력개발원.

대한민국 정부 (2017), 100대 국정과제.

미래창조과학부 (2017.1.6.), 과학기술·ICT 혁신으로 지능정보사회 선도, 2017년도 업무계획.

반가운 외 (2019),「훈련수요 분석을 통한 훈련정책 개선방안 검토」, 한국직업능력개발원.

안승구 (2019), "정부의 중소기업 R&D전략, 어떻게 설계할 것인가?", KISTEP Issue Paper

(2019-16). 한국과학기술기획평가원.

안재영 (2019), "중소기업 고졸 취업 활성화 방안", 중소기업 청년 기술인력 유입 방안 정책토론회 자료집(중소기업중앙회, 2019.3.14.).

안재영 외 (2019), 「산학일체형 도제학교 성과관리 및 발전방안」, 한국직업능력개발원.

윤윤규, 방형준, 노용진 (2019), "혁신형 중소기업과 청년 일자리 창출", 고용·노동브리프 제87호 (2019-02). 한국노동연구원.

이병헌, 김선영 (2009), "정부 지원사업의 중소기업 R&D 고용창출 효과", 「월간 노동리뷰」, 2009 년 7월호, 한국노동연구원.

이병희 (2018), "한국형 실업부조 도입 방향과 과제", 「월간 노동리뷰」, 2018년 12월호, 3-4, 한국노동연구원.

일자리위원회 (2017.8.8.), 일자리 중심 국정운영 체계 구축방안(제2차 일자리위원회 1호 안건).

_____ (2019.4.10.), 일자리 정책 추진현황 및 주요성과: 일자리 정책 5년 로드맵을 중심으로 (제10차 일자리위원회 보고안건 1).

진수웅 (2017), "양질의 일자리 창출을 위한 전략과 방향", 「KIET산업경제」, 2017년 9월, 79-82.

최영섭 외 (2017), 「인력양성 패러다임의 전환에 대한 대응」, 한국직업능력개발원.

홍성민 (2015), "좋은 일자리 창출을 위한 R&D정책 추진방향", 이슈페이퍼 2015-01, 한국과학 기술정책연구원.

홍성일 (2017), "일자리 문제 해결방안, 민간 부문에서 찾아야", KERI Column, 한국경제연구원.

KOTRA (2017), "글로벌 혁신창업과 일자리 창출: 주요국 사례와 설문조사를 중심으로", Global Strategy Report 17-015.

고용정책 기본법 [시행 2019. 11. 1.] [법률 제16412호, 2019. 4. 30., 일부개정].

일자리위원회의 설치 및 운영에 관한 규정 [시행 2017. 5. 16.] [대통령령 제28050호, 2017. 5. 16., 제정]

디지털타임스 (2018), "일자리 창출, 창업이 가장 효과… 당정, 우수청년벤처에 1억씩 지원", (2018.5.14.). http://www.dt.co.kr/contents.html?article_no=2018051402109957044001.

문화일보 (2019), "새 경제모델 'Gig'… 피할 수 없겠지만 일자리 불안", (2019.10.28.). http://www.munhwa.com/news/view.html?no=2019102801072103006001.

월간 워커스 (2017), "대통령의 1호 업무 '일자리위원회'의 근황", (2017.12.28.). http://workers-zine.net/27998..

Frey, C. B. & Osborne, M. A. (2013), *The future of employment: How susceptible are jobs to computerisation?*, University of Oxford.

Hogwood, B. W. & Peters, G. (1983), *Policy Dynamic*, New York: St. Martin's Press.

Smith & Anderson (2014), *AI, Robotics, and the Future of Jobs*, Pew Research Center.

6

인력양성 정책
SW 인력양성을 중심으로

김 장 훈

"

SW와 AI처럼
융합 가능성이 높은 기술일수록 범부처 인력양성 정책을
조정 · 통합하는 추진체계 마련과 인력양성과
일자리창출의 통합적 정책추진이 중요하다.

"

제1절 서론

　　제4차 산업혁명은 이미 개인의 삶에 영향을 미치고 사회적 파급력 또한 확대되고 있다. 2016년부터 구글 딥마인드의 '알파고' 현상은 인공지능(AI)에 대한 관심을 촉발시키는 한편, 뇌 과학, 체스 게임, 수학의 인접 분야를 통섭한 융합 학습과 연구에 매진한 성과였다(민주연구원, 2018). 제4차 산업혁명은 인간, 정보통신기술 및 물리적 환경이 하나로 융합되는 초지능사회를 출현시키고 있다(Schwab, 2018). 실제 제조 현장에선 빅데이터, 사물인터넷 및 인공지능이 합쳐진 사이버물리시스템(CPS)의 일종인 스마트 공장이 운영되고 있다. 결국 지능형 자동화는 생산성 향상은 물론이며 비용절감과 수익창출을 기술적으로 가능하도록 만들었다. 그럼에도 불구하고 사람을 대신하는 무인화는 업무수단과 일하는 방식의 변화뿐만 아니라, 직무역량과 고용구조에 미칠 사회적 파장이 만만치 않을 전망이다.

　　2019년 6월 정부는 '제조업 르네상스 비전 및 전략'을 발표하면서 2030년까지 제조업 4대 강국으로 도약할 의지를 천명하였다(관계부처 합동, 2019). 전 세계를 선도하는 제조업 부흥기에 진입하려면 제조업의 디지털 전환(digital transformation)이 성공리에 진행되어야 한다. 즉 제조업의 자동화는 실시간 문제발견과 즉각적 문제해결이 유기적으로 통합되는 고도의 자동화를 의미한다. 만약 자동화가 기존 근로자가 수행하던 작업을 대신한다면 일자리 감소는 피할 수 없을 것이다. 다만 AI 기반의 지능형 자동화도 직관(insight), 통찰력(foresight) 및 전략적 사고(strategic thinking)와 같은 인간의 고유한 사고체계를 대신할 순 없다. 결국 4차 산업혁명에 따른 기술과 산업의 융합이 그리는 미래 사회는 인간의 창의적 사고에 영향을 받는다.

한편 2016년 이후 인공지능(AI)에 대한 뜨거운 관심은 기술혁신을 넘어 사회혁신 및 정책혁신에 눈을 돌리게 만들었다. 2018년 정부는 R&D PIE(Platform for Innovation & Evaluation)로 불리는 패키지형 연구개발 투자 플랫폼을 제시하면서 정부 R&D 투자에 대한 혁신을 천명하였다. 주요 골자로서 핵심기반, 산업융합 및 인력양성을 축으로 제도적 지원을 통합하고 예산을 배분함으로써 R&D 사업의 추진을 고도화 하는 내용이다(관계부처 합동, 2018). R&D PIE를 보더라도 기술과 산업의 융합은 필연적으로 새로운 인재상의 마련을 요구한다. 즉 미래 인재상에 따라 우수한 자질과 능력을 겸비한 인재를 배출할 정책이 수립되어야 할 시점이다. 결국 4차 산업혁명에 부합하는 인력양성 정책은 미래 세대가 요구하는 인재상과 분리될 수 없다. 따라서 미래 인재의 조건을 먼저 탐색한 다음 정부의 인력양성 정책을 대싱으로 추진 계획, 과성 및 결과를 토대로 정책의 변동성을 분석하고자 한다.

제2절 혁신 원동력으로서의 인적 자원

1. 경쟁력 원천으로서의 인적 자원

전략경영(strategic management)은 경쟁우위의 의미를 규명하고 그 원천을 분석하는 전략이론이다. 보통 경쟁우위는 경쟁사보다 더 많은 경제적 가치를 창출하는 조직상의 능력으로서 차별화우위와 비용우위를 활용하여 조직 차원의 성과를 창출한다(Porter, 2008). 특히 차별화우위는 제품기술, 브랜드, 유통망 등을 말하는 반면, 공정기술, 생산설비 및 원재료는 비용우위에 영향을 미치는 요인이다. 결국 경쟁사에 비해 탁월한 자원과 역량을 보유한 기업일수록 경쟁우위를 달성할 가능성이 높아진다. 따라서 지속 가능한 성장을 위해서는 기존 능력을 축적하고 새로운 역량을 개발하는 메커니즘이 중요하다.

기존 연구에 따르면 조직이 보유하고 있는 자원을 물적 자원과 인적 자원으로 구분한다(Barney, 1991). 가령 기계장치, 생산설비, 공장, 부동산과 같은 현금성 자산은 물적 자원(physical resource)에 해당하는 반면, 인적자원(human resource)으로 경영자, 연구원, 관리자, 행정관료 및 과학기술자가 대표적이다. 특히 지식, 경험 및 노하우처럼 무형자산(intangible asset)일수록 복제와 모방이 어렵기 때문에 경쟁우위 창출과 유지에 기여한다. 결국 물적 자원에 비해 인적 자원은 개발에 일정 시간이 소요될 뿐만 아니라, 모방불가능성(costly to imitate) 때문에 가치창출의 가능성이 높다.

한편 요소조건, 수요조건, 관련·지원산업, 기업의 전략, 조직구조 및 경쟁은 경쟁력을 구성하는 요소이다(Porter, 1990). 먼저 석유, 천연가스, 비

철금속과 함께 천혜의 자연환경은 부존자원이자 요소조건이다. 수요조건은 시장규모, 소비성향, 소비자 필요/욕구처럼 시장의 특성에 기인하는 요인이다. 관련 및 지원산업에서 제조업의 경쟁력을 유지하려면 유통, 물류 및 금융서비스의 발전이 따라야 한다. 전략, 조직구조 및 경쟁은 차별화된 전략으로 자사에게 유리한 경쟁적 위치를 확보하는 것이다.

이와 달리 노동자, 정치가·행정관료, 기업가 및 전문경영자처럼 인적 자원의 중요성을 강조하기도 한다(Cho, 1995). 즉 저렴한 노동력은 가격경쟁력 확보에 기여하며, 정치가는 법률을 입안하고 행정관료는 정책을 집행하는 공동운명체이다. 불확실성에 도전하여 열정과 에너지를 토대로 행사하는 과감한 결단력이 기업가의 본질이며, 여러 이해관계자를 만족시키며 수익을 창출하는 전문경영자가 미래 사회를 주도할 것이다.

정리하면 물적 자원과 인적 자원은 기업, 산업, 정부, 사회 및 국가 경쟁력의 원천으로 작용한다. 특히 사회적 혁신의 원동력으로서 인적 자원의 중요성을 감안할 때 정부의 인력양성 정책을 분석할 시점이다. 결국 인력양성 정책의 추진과정을 면밀히 분석함으로써 선택과 집중에 따른 사회적 효율성 제고에 기여할 수 있다. 따라서 제4차 산업혁명의 본질에 근접한 인재상을 중심으로 인력양성 정책 추진과정에서의 변동성을 분석하였다.

2. 제4차 산업혁명에 부합하는 인재상

제4차 산업혁명이 만들어 가는 미래 사회도 기회와 위협이 공존한다는 점에선 지금과 별반 다르지 않을 것이다. 그렇지만 대한민국 사회의 미래 세대에게 인력양성과 일자리창출은 여전히 중요한 화두일 것이다. 향후 무인점포에 의한 유통혁명, 스마트 공장 확산에 따른 생산 플랫폼이 혁신될수록 단순 반복적 일자리는 감소할 수밖에 없다. 이와 달리 고도화된 자동화가 도입되더라도 기술 지향적, 지식 집약적 노동자에 대한 수요는 증가할 것이다. 지금보다 문제의 복잡성은 증가하겠지만 '쾌도난마'와 같은 창의적 사고와 다면적 문제해결능력이 훨씬 더 중요해진다. 결국 개인보다 팀, 부서 및 집단의 지혜나 지성을 종합하여 문제해결을 시도하는 집단지성(collective intelligence)이 하나의 대안이 될 수 있다.

　제4차 산업혁명에 부합하는 미래 인재상의 조건은 우선, 창의성(Creativity), 비판적 사고(Critical thinking), 커뮤니케이션(Communication), 협력(Collaboration)의 4C로 이는 다면적 문제해결능력을 함양하는 핵심요소이다(UKCES, 2014). 다음으로 세계경제포럼(2016년 1월)은 기초소양(독해력, 수학, 과학, 경제, 정보통신, 문화, 시민의식), 역량(비판적 사고, 문제해결능력, 창의성, 커뮤니케이션, 협업) 및 인성(호기심, 주도권, 인내심, 적응력, 리더십, 사회 및 문화적 인지) 차원에서 16가지 스킬을 제시한다. 아울러 후속보고서에서는 사회적, 감성적 학습능력(SEL: Social and Emotional Learning skills)을 지닌 전인적 인간상을 강조하고 있다(세계경제포럼, 2016년 3월). 결국 타인과의 원활한 의사소통과 정서적 공감대 형성이 지식, 경험 및 노하우를 습득하는 학습으로 연결될 수 있다는 점을 상기시킨다. 일례로 타인과의 원활한 의사소통과 정서적 공감대 형성이 지식과 노하우 같은 역량을 축적하는 학습으로 이어질 수 있다는 점이다.

　한편, 소프트웨어정책연구소(2016년 1월)에 따르면 3가지 기본차원과 5가지 핵심역량을 디지털 인재의 조건으로 제시한다. 세 가지 기본차원으로 사고방식(way of thinking), 업무방식(way of working) 및 업무수단(tools for working)을 언급하는 한편, 창의성, 비판적 사고, 디지털 리터러시, 협력 및 의사소통의 다섯 가지 핵심역량을 강조하고 있다. 결국 다면적 속성을 고려함으로써 제4차 산업혁명에 부합하는 미래의 인재상을 도출할 수 있다. 첫째, 기술, 인간 및 환경의 융합으로 나타나는 초기술, 초연결 및 초지능 사회는 과학기술에 대한 기본교양, 즉 과학적 소양(science literacy)을 요구한다. 둘째, 문제의 복잡성이 커질수록 다면적 분석을 수행하고 창의적 대안을 도출하는 통합적 문제해결능력이 필요하다. 셋째, 기존의 소양 및 역량과 함께 인내심, 공감 및 기업가적 도전정신과 같은 자질과 인성으로 볼 때 지덕체(知·德·體)를 겸비한 전인적 인재상이 환영받을 것이다.

정리하면 제4차 산업혁명에 앞서 정부의 인력양성 정책은 소양, 역량 및 인성 측면을 고려한 미래 세대의 인재상에서 출발한다. 달리 말해 자질 및 능력과 함께 인간으로서 마땅한 기본인성(aptitude), 개인의 잠재력을 충분히 발현시키는 직무역량(competence), 그리고 과학·기술에 대한 기초소양(literacy)을 겸비하는 것이다. 결국 제4차 산업혁명 시대의 인재상과 인력양성 정책에 있어 정합성을 확보하는 것이 우선이다. 따라서 앞서 언급한 미래 사회가 요구하는 인재상에 따라 정부의 인력양성 정책 추진단계별로 정책의 변동과정을 탐색할 것이다.

제3절 주요 인력양성 정책 현황분석

1. 범부처 인력양성 정책[1)]

2016년 이후 중앙 행정기관은 제4차 산업혁명에 대비하는 정책을 본격화 하고 있다. 일례로 2017년 11월 '혁신성장을 위한 사람 중심의' 제4차 산업혁명 대응계획(I-Korea 4.0)'을 발표하였다. 4대 분야 전략과제로서 지능화 혁신 프로젝트 추진, 성장동력 기술력 확보, 산업 인프라 생태계 조성 및 미래사회 변화 대응을 도출하였다. 이를 위해 지능화인프라(빅데이터, 차세대통신, AI), 스마트이동체(자율주행차, 드론), 산업기반(지능형반도체, 첨단소재, 혁신신약, 신재생에너지) 및 융합서비스(맞춤형 헬스케어, 스마트시티, 지능형로봇, AR/VR)의 13대 혁신성장동력 분야를 지원할 계획이다. 특히 미래사회 변화 대응 중 핵심인재 성장을 지원하고 미래사회 교육을 혁신하는 내용의 시행계획도 마련하였다.

한편, 2018년 5월 D.N.A(Data, Network, AI) 경제 구축의 일환으로 'AI R&D 전략'을 발표하였다. 향후 5년(2018~2022년)에 걸쳐 총 2.2조원을 투자하여 세계적 수준의 AI 기술력 확보, 개방 협력형 연구기반 조성 및 최고급 인재양성의 세부계획을 마련하였다. 이를 위해 인공지능(AI)대학원 신설, 대학연구센터 AI 지원 강화, 국제공동연구 및 인턴십의 실행방안을 제시하고 있다. 특히 AI 기반 프로젝트형 교육을 강화함으로써 일선 현장의 목소리를 반영하는 융·복합 인재양성을 강조하였다. 최근에는 2030년까지 455조의 경제적 효과창출을 목표로 범부처 'AI 국가전략' 청사진을 마련하였다. 주요 내용은 지능형 반도체와 AI 기초연구에 투자하여 선진국과의 기술격차를 줄이는 한편, 생애주기에 따라 초중등, 대학교, 군대 및 기업에서

---

1)　본 파트는 관계부처 합동에 따른 I-Korea 4.0 대응계획, AI R&D 전략, 4차 산업혁명 선도인재 집중양성 계획 및 인공지능(AI) 국가전략의 자료를 토대로 재구성한 내용임.

AI교육을 확대한다는 것이다. 심지어 대학교의 경우 인공지능(AI) 학과를 신설하여 AI 관련 고급 전문인력을 키우는 인력양성의 허브로 육성하는 내용을 담고 있다(관계부처 합동, 2019).

한편 '제4차 산업혁명 선도인재 집중양성 계획'에서 혁신성장을 위해 인력양성 관련 전략투자 방안을 마련하였다. 즉 2019년부터 2023년까지 혁신적 인재양성 교육기관 설립, 제4차 산업혁명의 핵심 분야를 선도할 인재양성이 주된 골자이다. 구체적으로는 첫째, 이노베이션 아카데미처럼 비학위 혁신 교육기관을 설립하여 아키텍트급 SW 인재를 양성한다. 둘째, AI, 빅데이터, 블록체인, 미래자동차, 드론, 에너지 신산업, 정밀의료, 신약 및 의료기기 분야에서 글로벌 역량의 최고급 인재를 양성한다. 셋째, 세계적 수준의 연구역량을 축적하고자 인공지능(AI) 대학원을 신설·운영함으로써 석·박사급 AI인재를 집중 배출한다. 끝으로 8대 혁신성장(빅데이터, 클라우드, AR/VR, 스마트 팩토리, 핀테크, 자율주행차 및 드론) 부문에서 맞춤형 부트캠트(단기집중) 교육을 실시하여 즉시 활용이 가능한 실무인력을 양성한다는 것이다.

2018년 'AI R&D 전략'과 2020년 '디지털 뉴딜 사업' 모두 데이터, 네트워크 및 인공지능 분야의 기술개발과 경쟁력 강화에 대한 국가 차원의 의지가 녹아 있다. 달리 말해 D.N.A. 경제 및 생태계 활성화는 이들 기술과 SW와의 융합에 따라 시너지 효과가 배가될 수 있다. 결국 SW 기반의 융합인력양성이 가능한 정책 플랫폼 조성이 시급하고 중요한 과제로 대두된다. 따라서 데이터, 네트워크 및 인공지능의 핵심기반이자 공통기술이 소프트웨어란 점을 십분 고려한 결과 SW 인력양성 정책을 분석하고자 한다.

〈표 6-1〉을 살펴보면 융합인재사업의 일환으로 SW 전문인력양성사업이

추진되고 있기 때문에 정책과정에 대한 분석이 가능하다. 결국 교육부의 초중등 SW 조기교육과 의무교육, 과학기술정보통신부의 SW 중심대학을 통한 고급 인력양성 정책을 대상으로 한다. 따라서 예비 과학기술 인력보다 SW 중심사회 구현에 앞장 설 주체가 대학교라는 점에서 SW 중심대학 육성을 맡은 과학기술정보통신부의 과학기술 인력양성 정책을 살펴보고자 한다.

2. 과학기술정보통신부 인력양성 정책[2]

지금까지 과학기술정보통신부는 총 4차례에 걸쳐 과학기술기본계획을 수립하였다. 제1차 과학기술기본계획(2002~2006), 제2차 과학기술기본계획(2008~2012), 제3차 과학기술기본계획(2013~2017), 지금 현재는 제4차 과학기술기본계획(2018~2022)이 추진되고 있다. 제4차 과학기술기본계획에 따르면 창의적 역량 제고, SW융합체험과 교육프로그램 마련 및 수학과 과학교육의 중장기적 방향성 설정을 목표로 삼았다.

한편 과학기술기본계획에 따라 총 3차례의 과학기술 인력양성 정책을 수립하여 추진하고 있다. 제1차 이공계인력 육성·지원 기본계획(2006~2010), 제2차 과학기술인재 육성·지원 기본계획(2011~2015), 지금의 제3차 과학기술인재 육성·지원 기본계획(2016~2020)이다. 제3차 기본계획의 '글로벌 시대, 도전하는 과학기술 인재 육성'의 비전에 따라 이공계 인력의 취·창업역량, 이공계 대학의 교육과 연구 경쟁력 및 미래인재의

---

2)   제1차 이공계인력 육성지원 기본계획, 제2차 과학기술인재 육성지원 기본계획 및 제3차 과학기술인재 육성지원 기본계획을 본고의 목적에 맞도록 수정, 보완한 내용임.

<표 6-1> 국내 융합인재 관련 주요 사업

사업	개요	특징 및 한계
산업전문인력 역량 강화	**목적** 다학제 융합화 역량을 갖춘 고급 특성화 융합인재양성 **내용** 석사급 창의인재육성을 위해 특성화대학원을 신규설립, 공동 티칭제도 및 다학제 팀 프로젝트 기반 수업방식 등 제공	• 대학(석사) 단위 지원 • 신규학과 설치를 통해 사업수행 • 기업 참여를 필수로 함
ICT 명품 인재양성사업	**목적** ICT융합분야 창의적 자율연구 중심 교육을 통한 통섭형 창의인재 양성 **내용** 타사업 대비 긴 지원기간, 창의적 자율연구를 수행할 수 있도록 학비/생활비, 해외 연구수행 등을 지원	• 대학(학부) 단위 지원 • 사업기간 종료 후 학생지원에 대한 재정부족 문제 발생
SW전문인력 양성사업	**목적** SW산업을 선도할 고급 SW인재 양성 **내용** 고급 SW인재양성을 위한 특성화대학(원) 설치 및 취업연계형 교육과정 등을 도입	• 대학(학부) 단위 지원 • 계약학과 운영을 통해 취업연계 • 융합교육 대상 학생들은 전공에 대한 전문지식을 갖춰야 함
선도연구센터 지원	**목적** 사회적 문제, 글로벌 난제 해결을 위해 이공학/융·복합 분야에서 우수 연구집단을 발굴 육성 **내용** 창의융합 관련 과목 강의, 초학제간 융합을 통해 문제해결이 가능한 연구지원	• 대학(원), 공공/민간연구소 지원 • 이학, 공학, 기초 의과학, 융합 등 이공계 전분야 연구 지원
LINC	**목적** 산학협력 선도모델 창출, 대학교육 혁신을 전체대학으로 확산 **내용** 인건비(산증교수), 직접비(교육프로그램 개발, 산학연계 기업지원비) **기타** 공대 지원 비중(추정): 79.1%	• 대학 단위 지원(단과대 3개 이상) • 산학협력, 기술창업 지원 등 공대 지원비중이 높음 • 2016년 2단계 사업이 종료되며, 현재 3단계 사업 기획 중
BK21 Plus	**목적** 연구중심대학 기반 강화 및 글로벌 역량을 제고하여 석박사급 창의인재 양성 **내용** 대학원생 연구장학금, 인건비, 국제화 경비 중심으로 지원 **기타** 공대 지원 비중(추정): 41.6%	• 사업단(팀) 단위 지원 • 석·박사 등 연구개발 인력양성 중심
창업선도대학 육성	**목적** 대학을 전국 권역별 청년창업 전진기지로 육성 **내용** 창업아이템 사업화, 창업 지원단 운영, 창업경진대회 등 프로그램 지원 **기타** 대학과 개인 병행지원	• 대학 및 개인 단위 지원 • 대학의 창업역량 제고보다는 권역별 창업생태계를 위한 대학 인프라 활용에 초점
PRIME	**목적** 사회수용에 부합하는 대학의 자율적인 체질개선 지원 **내용** 정원조정으로 인해 발생하는 인건비, 장학금, 교육과정개발비 지원	• 대학(학부) 단위 지원 • 학사조직 정원 조정 및 교육환경 여건 개선 중심으로 지원

자료 : 융합연구정책센터(2017)

창의적 역량 제고를 전략과제로 도출하였다. 결국 기술개발, 산업융합, 인력양성 및 제도·정책의 연결고리에서 과학기술정보통신부의 과학기술인재 육성·지원 기본계획의 과거, 현재 및 미래를 탐색할 것이다.

1) 제1차 이공계인력 육성·지원 기본계획(2006~2010)

제1차는 이공계인력 육성지원 기본계획으로 불렸으며 비전은 '국가경쟁력 강화를 선도할 과학기술인재 강국 실현'이었다. 이를 위해 대학의 연구 역량 강화와 국제화 촉진, 이공계 분야의 일자리 창출 및 산학연 연계 강화를 목표로 삼았다. 전략과제로서 ① 이공계 대학 교육제도 개선, ② 핵심 연구인력 양성, ③ 우수 인력 국제교류 확대, ④ 수요 지향적 인재 양성, ⑤ 이공계 인력 육성과 활용 기반 확충을 도출하였다.

세부적으로 핵심 연구인력 양성을 위해 세계적 수준의 대학연구집단 육성, 이공계 대학원생의 연구 여건 강화 및 과학 영재의 체계적 발굴과 육성을 시행계획으로 마련하였다. 아울러 수요 지향적 인재 양성을 위해 산학연 연계 기반 조성, 다양한 유형별 인력양성 체계 확립, 그리고 이공계 인력의 재교육과 평생학습을 강화함으로써 일자리 창출과 취업역량을 지원하고자 했다.

제1차 기본계획은 이공계 기피 현상 완화를 위해 과학기술인재 강국을 실현하여 국가경쟁력 강화를 도모하였다. 즉 이공계 대학의 교육·연구 경쟁력을 제고하고, 글로벌 역량을 강화하는 동시에, 산학연 네트워크 활성화로 이공계 분야 일자리 창출에 기여하고자 했다.

2) 제2차 과학기술인재 육성·지원 기본계획(2011~2015)

제2차 기본계획의 비전은 '창의적 과학기술인재 양성을 통한 인재 강국

의 실현'이다. 중장기 목표로서 창의적 과학기술인재 육성 기반 구축, 과학
기술인력 분야의 일자리 창출과 고용의 안정성 달성에 초점을 두었다. 세부
전략과제로서 ① 융·복합 인재 양성을 위한 융합인재교육(STEAM) 실시,
② 대학원 교육의 특성화, 내실화 및 글로벌 연구역량 강화, ③ 정부출연
(연)의 보유 자산을 활용한 교육 참여와 연구 몰입 환경 조성, ④ 기업 연구
인력의 수요 대응력 제고 및 연구 잘하는 기업 육성, ⑤ 잠재 인력 활용 촉
진과 과학기술인력 정책 기반 강화를 추진하였다.

첫째 과학기술에 대한 이해 및 흥미 유발을 위해 미래형 융합인재교육
(STEAM), 영재 교육 내실화와 대학과의 연계 강화, 녹색 성장 관련 교육과
진로의 연계성을 높이고자 했다. 특히 융합인재교육(STEAM)의 경우 교과
과정, 교사, 학생 및 교실을 중심으로 과학, 기술, 공학, 수학에다 예술교육
을 접목함으로써 창의성과 예술적 소양을 겸비한 융합과학기술인재양성을
추진하였다. 둘째 정부출연연구소의 고급 과학기술 자원을 십분 활용하여
현장성 높은 인력양성기능을 강화하는 것이다. 즉 첨단기술 및 융·복합 연
구인력을 양성하는 한편, 출연(연) 연구자의 연구 몰입 환경을 개선하여 동
기부여 방안을 마련하는 시도이다.

결국 초중등학교 현장에서 융합인재교육(STEAM)을 실시하여 인문학적
소양을 겸비한 예비 과학인력양성에 시동을 걸었다. 따라서 제2차 기본계
획은 제4차 산업혁명의 심화에 앞서 과학기술 분야에서 우수한 과학기술인
력을 양성하기 위한 사전 준비단계로서의 성격이 강하다.

3) 제3차 과학기술인재 육성·지원 기본계획(2016~2020)

지금 현재 제3차 기본계획은 '글로벌 시대, 도전하는 과학기술인재 육성'

을 비전으로 제시한다. 이를 위해 ① 과학기술인재의 취·창업 역량 강화, ② 이공계 대학의 교육, 연구 경쟁력 강화, ③ 과학기술인의 경력개발 및 활동 기반 확대, ④ 미래 인재의 창의적 역량 제고, ⑤ 과학기술 잠재인력 활용 극대화, ⑥ 과학기술인력 육성, 지원 기반 구축의 6대 전략을 도출하였다.

우선 산업 현장과 지역 수요를 토대로 취·창업 역량을 강화하고, 기술창업 교육 생태계를 조성하는 것이 이전 계획과 다른 차이점이다. 즉 미래 인재의 창의적 역량 제고 중에서 청소년의 수학, 과학에 대한 흥미를 유발하고 진로교육을 강화하는 시도는 미래 사회를 견인할 이공계 핵심인재의 발굴과 양성을 강조한 것이다. 예컨대 기존의 SW 교육과 영재교육 확대와 함께, 미래직업 랩, 창의·융합형 과학실 모델 학교, 학생 참여형 과학수업 선도학교, 대학과목선이수제(AP)처럼 실험적 시도를 장려하고 있다.

현재 추진 중에 있는 제3차 기본계획의 또 다른 특징으로 기술창업, 스타트업의 활성화를 도모하여 과학기술 분야에서 일자리 창출과 고용의 안정성 유지를 추구한다. 또한 미래 과학기술 인재 풀에 들어갈 초중고생의 창의적 역량 강화의 일환으로 선행학습을 강조한다. 심지어 과학과 예술이 융합하는 미래 사회를 일반대중에게 쉽게 설명하는 문화적 접근법으로 과학기술 대중화를 선도하고자 한다.

3. 과학기술 인재양성의 정책변동 분석

지금 현재 과학기술인재양성은 부처별, 정책별, 산업별 차원에서 추진되는 모양새이다. 다만 법률적 뒷받침을 받는 것으로서 제4차 과학기술기본계획(과학기술기본법), 제3차 과학기술인재육성·지원기본계획(이공계지원

특별법), 제4차 여성과학기술인육성·지원기본계획(여성과학기술인육성 및 지원법), 제3차 지식재산인력양성종합계획(지식재산기본법) 및 제4차 환경기술·환경산업·환경기술인력육성계획(환경기술 및 환경산업 지원법)이 과학기술 분야 인재육성을 목표로 추진하는 범정부 인력양성 정책이다. 가령 제4차 과학기술기본계획('18~'22)은 미래 세대 인재의 창의적 역량을 위해 SW융합체험 및 교육프로그램 등을 추진한다. 즉 신산업 출현에 대비하여 현장 수요 및 문제해결형 전문인력 양성에 방점을 찍고 있다. 특히 패키지형 연구개발 투자플랫폼(R&D PIE)에 따라 혁신성장 분야를 선도할 체계적 인재육성을 강조한다.

한편 제3차 과학기술인재육성·지원기본계획은 계속성을 갖는 사업으로서 과거 정책의 반성으로부터 출발하였다. 즉 미래 사회의 변화(인구구조, 청년일자리, 교육과 노동시장의 괴리, 환경변화 대응 불충분 등)에 대한 대응이 부족하고, 기존 정책이 주로 인력양성에 치중한 반면, 인력 배분과 활용 관점의 연계가 미흡한 점을 보완하고자 했다(KISTEP, 2019). 결국 '글로벌 시대, 도전하는 과학기술 인재 육성'을 위해 6대 전략과제를 추진함으로써 과학기술인재의 양적 성장뿐만 아니라, 이들의 성장을 지원할 인프라 구축에 주력하고 있다.

<표 6-2> 과학기술인재육성 정책변동 분석

정책승계의 특징	규제개혁 정책	정책 방향
기본성격	적응적 성격	연속성, 계속성 사업
법률측면	법률 변화 없음	이공계지원특별법
조직측면	중앙정부/지자체	14개 중앙부처 및 17개 지자체
예산측면	예산 항목 지속	연도별 시행계획

1차, 2차에 이어 제3차 과학기술인재육성·지원기본계획은 이공계 기피 현상을 완화할 목적에서 2004년 이공계인력지원특별법 제정을 통해 제도적 기반을 마련하였다. 달리 말해 기존 계획에 대한 적응적 성격이 강하며, 기존 법률의 변화가 없다는 점에서 정책유지에 해당하는 사례이다. 또한 의도적 조직변화를 수반하지 않고 중앙부처 및 지자체 중심으로 실행되고 있는 관계부처 합동으로 추진되는 정책이다. 다만 2020년 예산집행을 끝으로 제4차 과학기술인재육성·지원기본계획의 계속사업으로 이어질 전망이다.

제4절 SW 인력양성 정책 : 평가 및 제언

주요 부처별 인력양성 정책에 따르면 창의, 혹은 융합형 인력양성의 중요성을 공통적으로 지적한다. 앞서 소양, 인성 및 역량 측면에서 미래 사회의 인재상을 간략하게 정리하였다. 즉 다학제적 지식을 토대로 복잡한 문제점의 본질을 파악하고, 원만한 의사소통으로 창의적 문제해결책을 도출하여 사회적 수요를 충족하는 인적자원개발 패러다임이다.

〈표 6-3〉에서 교육부와 과학기술정보통신부는 SW 및 AI 위주의 고급 전문인력을 양성하고 있거나, 추진할 계획으로 있다. 흥미로운 사실은 과학기술정보통신부의 SW 관련 사업들이 SW 일자리 창출전략과 밀접히 연계되어 있는 점이다. 즉 교육부의 SW 교육 활성화 추진계획과 과학기술정보통

<표 6-3> SW 인력양성 정책 관련 부처 및 주요내용

부처	정책	주요 추진과제
교육부	SW 교육 활성화 추진계획	• 초·중학교 SW 교육 필수화에 따른 핵심교원 양성 연수 및 초·증등 교원양성대학 SW 교육 강화 지원
과기 정통부	SW 일자리 창출 전략	• 차세대 핵심인재 양성(AI 대학원, 대학 ICT연구센터, SW 스타랩, SW 마에스트로) • 4차 산업혁명 맞춤형 실무인재 양성(SW 중심대학, SW 교육혁신센터, 혁신성장 청년인재 양성 등)
	제4차 산업혁명 선도인재 집중양성계획	• 이노베이션 아카데미 설립, 글로벌 핵심인재 양성 • AI 대학원 지원, 산업 맞춤형 실무인재 양성

자료 : 사람투자 10대 과제, 일자리위원회·관계부처 합동(2019)

신부의 제4차 산업혁명 선도인재 집중양성계획은 SW 일자리 창출에 기여할 것이다. 결국 교육부와 과학기술정보통신부의 SW 인력양성 정책을 대상으로 정책의 이행과정을 분석함으로써 정책의 실효성을 제고하고자 한다.

1. 정책 현황

본고는 사회혁신 중에서도 인재육성, 즉 SW 인력양성 정책을 분석한다. 다만 정책도 유기적 성장(organic growth)을 한다는 가정 하에 최근의 제도적 변화를 반영하여 인력양성 정책의 추진과정을 탐색하였다.

2015년 교육부와 미래창조과학부(현 과학기술정보통신부)는 '소프트웨어중심사회'를 지향하는 SW 교육 정책을 수립하였다. SW 중심사회는 SW가 혁신과 성장의 수단으로서 가치를 창출하는 사회이다. 'SW 중심사회를 위한 인재양성 추진계획'에 따르면 ① 초·중등 SW 교육 본격 확산, ② 산업현장의 요구를 반영한 대학 SW 교육 혁신, ③ 민관협력으로 친(親) SW 문화 확산의 3대 과제를 제시하고 있다.

동 계획의 특이점으로서 미래 사회를 위한 SW 교육과 산업현장에 필요한 SW 인력양성을 병행한다. 심지어 초등학교(컴퓨터 사고력 배양), 중학교(SW 진로탐색 인재양성), 고등학교(SW 특화형 인재양성) 및 대학교(기업이 원하는 SW 인재양성)의 단계별 목표까지 도출하였다(교육부·미래부, 2015.7.21.). 즉 초·중·고등학교에서 SW 교육을 강화하는 한편, 대학 SW 교육을 현장 수요 중심으로 재편하는 창의·융합형 인재육성을 통한 SW 중

<표 6-4> SW 인력양성 정책의 추진체계

과제명		소관부처
초중등 SW 교육		
SW 필수교과 운영기반마련	교원 역량 제고 및 확보	교육부·미래부
	교과서 개발	교육부
우수교육모델 창출 및 확산	SW 교육 선도 교육청 지정·운영	교육부
	SW 우수학교 모델 창출	교육부·미래부
SW 우수인재 발굴 지원	SW 마이스터고 확대	교육부·미래부
	SW 영재 발굴 지원	미래부
대학 SW 교육		
기초교육 및 융합교육 확대	인문기반 융합전공 확대	교육부
전공교육 강화 및 고급인력 양성	대학 특성화 지원	교육부
	WEST 프로그램 SW 전공자 우대 선발	교육부
SW 중심대학 운영	SW 중심대학 선정	미래부
	해외 인턴십·교육거점 운영	미래부
	비전공자 SW 교육 의무화	미래부
민관협력의 친SW 문화 확산		
민관합동 "SW 교육위원회" 운영		교육부·미래부
방송매체를 활용한 SW 홍보 추진		미래부
SW 교육 관련 체험기회 확대		미래부
SW 교육 캠페인 개최		미래부

자료 : SW중심사회를 위한 인재양성 추진계획, 교육부·미래부(2015)

심사회를 지향한다. 결국 SW 조기교육이 정착되고, SW 전문인력이 사회로 배출된다면 SW 일자리 창출까지 기대할 수 있다. 더 나아가 SW 교육의 내실화를 전제로 SW 및 인공지능(AI)이 융합, 발전하는데 핵심 고리가 된다.

'SW 중심사회' 선언 이후 SW 조기교육, SW 인재양성 및 SW 일자리 창출을 위해 교육부, 미래부 및 산업부 등 범정부 차원의 노력이 집중되고 있다. 가령 2015년부터 SW 신규학과 개설, 유사학과 통합을 유도하는 SW 중심대학을 운영하고 있다. SW 중심대학으로 선정되면 모든 전공자에게 프로젝트 실습과 인턴십은 필수이며, 영어교육을 통한 글로벌 경험을 기본으로 요구한다. 심지어 비전공자라 하더라도 SW 기초교육을 의무화하고, 대학별 SW 특기자가 유사학과 입학이 가능하도록 문호를 대폭 낮추는 인재선발제도를 운영하도록 한다.

한편 중요한 변곡점(inflection point)으로서 2016년 교육부의 '지능정보사회에 대응한 중장기 교육정책의 방향과 전략'이 발표되었다. 2017년부터 기존에 추진하던 융합인재교육(STEAM), 과학기술문화예술교육 및 과학기술영재교육과 별개로 SW 융합교육 추진을 강조한다. 즉 SW 융합대학, SW 융합전공(학과), SW 융합인재양성센터, 심지어 SW 융합클러스터와 같이 SW 융합 생태계 조성이 주요 내용이다. 결국 초·중등 대상 SW 조기교육을 실시하는 한편, 현장이 요구하는 SW 지식과 경험을 활용함으로써 사회가 요구하는 인재 육성에 있어 대학의 주도적 역할을 주문하는 것이다. 따라서 SW 중심대학을 떠나 SW 융합인재 배출에 전력투구함으로써 SW 일자리뿐만 아니라, 경제적 가치창출에도 기여할 것으로 본다.

2. 정책평가와 정책변동 분석

본 파트는 시기별로 구분하여 SW 인력양성 정책의 과거와 현재를 조명한 후 정책 혁신의 방향을 설정하고자 한다. 즉 소프트웨어교육 관련 법령과 정책이 변천되는 과정에서 나타난 특이점을 기술할 것이다.

우선, 1973년 전자계산기 활용을 가르치는 기술 교과 편제를 계기로 전산교육이 시작되었다. 1992년 교육과정 개편을 통해 중학교의 컴퓨터가 선택교과, 고등학교의 정보산업이 필수과목으로 개편되었다. 2000년 개정 교육과정, 2005년 ICT 교육 지침에 따라 '정보사회 적응력 함양'을 위해 정보통신기술(ICT)을 활용하는 정보(화)교육에 치중하였다. 2002년 인적자원개발기본법 제정, 2007년 개정 교육과정을 거쳐 2009년부터 컴퓨팅 사고력, 알고리즘과 프로그래밍 교육 및 정보 윤리적 소양을 함양하는 교육과정으로 확대되었다. 현재 2015년 개정 교육과정에 따라 'PC 활용법'에서 탈피하여 피지컬 컴퓨팅, 정보문화 소양을 활용하여 일상적 문제를 절차적 과정에 따라 논리적으로 해결하는 창의적 사고력 함양을 강조한다. 결국 2015년 SW 교육 운영 지침에 따라 초·중등 SW 교육을 의무화함으로써 SW 교육 강화에 나서고 있다.

둘째, 교육과정 전반을 총괄하는 법률로서 교육기본법이 있으며, 초중등교육법과 초중등학교 교육과정 시행령의 체계이다(조대연 외, 2017). '2015 개정 교육과정'에서 초등학교(실과), 중학교(정보)에서 SW 교과목을 필수로 편성하는 운영계획을 마련하였다. 특히 2017년 '과학교육진흥법'을 전면 개정한 '과학·수학·정보교육진흥법'에 따르면 산업환경 변화에 맞춰 미래 사회의 융합형 인재양성을 위해 과학, 수학 및 정보교육을 통합 실시하도록 법률로 정해 놓았다. 현재 소프트웨어 관련 법률로는 1987년 '소프트웨어개발촉진법', 2001년 '소프트웨어산업진흥법'이 있는데 산업진흥법은 소프트웨어 전문인력의 양성과 교육훈련을 규정한다. 2019년 기준 산업진흥법 개정안을 보면 SW 교육, SW 융합 및 SW산업의 세 가지 축으로 재편되는 한편, 'SW 융합 및 교육 확산'이 신설될 것으로 알려졌다(임재주, 2019). 결국 SW 분야에서도 미래 세대를 위한 창의·융합형 인재를 양성하는 방향으로 법률적 환경이 변화되고 있다.

셋째, 2016년 교육부와 미래창조과학부는 '소프트웨어교육 활성화 기본계획'을 발표하기에 이른다. 기본계획을 살펴보면 '소프트웨어교육을 통한 지능정보사회의 창의·융합형 인재양성'을 비전으로 하며, '소프트웨어교육 필수화의 성공적 안착 및 학교 중심의 소프트웨어교육 시행·확산'을 목표로 제시하였다. 이를 위해 ① 소프트웨어교육 필수화 기반 구축, ② 초중등 소프트웨어교육(예. SW 융합교육 확대) 활성화, ③ 대학의 소프트웨어 전문인력 양성(예. SW 중심대학 육성), ④ 올바른 소프트웨어교육 문화 조성 및 홍보 강화를 추진전략으로 삼았다. 교육부는 소프트웨어교육 활성화를 위한 기본계획 수립 및 정책을 총괄하며, 과학기술정보통신부는 산업 차원의 소프트웨어교육 정책 총괄 및 교육정책을 분담하여 추진하고 있다.

1) 정책평가

정부의 인력양성 정책은 시대정신(zeitgeist)에 부합하는 문제의식에서 출발한다. 즉 제4차 산업혁명이 정치, 경제, 사회 및 기술적 환경뿐만 아니라, 궁극에는 정책적 환경에도 영향을 미친다는 점을 고려해야 한다. 이에 따라 본고는 Hogwood와 Peters(1983)의 정책이론에 따라 정책변동의 과정을 의제설정, 정책수립, 정책집행 및 정책평가 단계별로 분석할 것이다.

우선 과학기술정책연구원(2015)에 따르면 국내 SW 산업 경쟁력은 OECD 주요 19개 회원국 중 14위를 차지하며, 미국과 영국 대비 1/3 수준에 불과한 것으로 평가되었다. 주요 선진국의 SW 교육 의무화, SW 산업 활성화 및 SW 일자리 창출을 보면서 미래부와 교육부 간 수차례 논의과정을 거치고 박근혜 전 대통령의 지시로 SW 인력양성이 정책의제로 설정되었다. 2015 개정 교육과정, 2017년 '과학·수학·정보교육 진흥법' 개정 및 '소프트웨어산업진흥법' 개정 노력과 함께, 2016년 '소프트웨어교육 활성화 기본계획'을 통해 SW 인력양성 정책이 수립되었다. 결국 컴퓨팅 사고력, 코딩과 프로그래밍 교육, 산업 현장의 프로젝트에 참여하는 체험과 경험을 바탕으로 SW융합역량이 함양되고 SW 융합인력이 배출될 것으로 본다(국가과학기술자문회의, 2017). 따라서 교육부와 과학기술정보통신부는 교육기관별 맞춤형 SW 인력양성 정책을 추진하고 있지만, SW 융합인력 양성을 지향하는 점에서 공통점이 있다.

2015년 'SW 중심사회를 위한 인재양성 추진계획'에 따라 초중등 대상 컴퓨팅 사고력, 코딩과 프로그래밍, 정보기술 및 협력적 문제해결능력 함양을 위한 시수 확보에 전력하였다. 특히 2016년 '소프트웨어교육 활성화 기본계획'에서 교육부와 과학기술정보통신부는 SW 융합인력양성 정책을 적극적으로 추진한다. 먼저 교육부는 SW 교육 필수화 기반 구축으로 SW 교육을 위한 인적 및 물적 기반 마련, SW 교육 우수 모델 개발 및 확산방안을 마련한다. 또한 초중학교 교육과정 내 SW 교육 확대, SW 교육 체험활동 지원, 고교 SW 교육 강화 및 SW융합교육 확대를 도모한다. 대표적으로 2018년부터 중학교는 정보 교과를 필수과정으로 전환하여 34시간 이상, 2019

년부터 초등학교는 실과 교과에서 17시간 이상 편성, 운영하는 SW 교육 의무화가 실시되고 있다.

한편 과학기술정보통신부는 대학의 SW 전문인력 양성을 목적으로 대학 SW 교육 선도모델 마련과 대학의 SW 교육 연구역량 강화를 천명하였다. 전자는 SW 중심대학 운영으로 대학 SW 교육 혁신을 주도하는 반면, 후자는 대학을 SW 인재양성 거점으로 특성화 하고 SW 전공교육 강화 및 산업현장 맞춤형 인재양성에 초점을 둔다. 대표적으로 SW 중심대학 사업은 SW 기반으로 대학교육을 전면 혁신함으로써 개인, 기업 및 정부의 SW 경쟁력을 강화하고, 사회 전반에 SW 가치를 확산하는 것이 목적이다. 이를 위해 전공자와 비전공자에 따라 차등적 교육과정을 적용하고 있으며, SW 융합전공 신설이 가능할 뿐만 아니라, 비전공자 대상 SW 코딩과 프로그래밍 교육을 병행한다. 지금까지 SW 중심대학 추진 경과를 살펴보면 2015년 8개, 2016년 6개, 2017년 6개, 2018년 10개, 2019년 10개교를 합쳐 총 40개 대학교가 선정, 운영되고 있다. 특히 산학 프로젝트와 인턴십 중심으로 SW 교육과정을 개편하는 한편, 현장경험이 풍부한 전문가를 교수로 채용함으로써 산학협력과 취·창업역량을 강화한다. 결과적으로 교육부와 과학기술정보통신부는 지능형 사회에 필요한 SW 인력육성을 위해 정책추진의 고삐를 죄고 있다는 점에서 평가할만하다. 다만 양적 일변도에서 탈피하여 교육과정 혁신, 융합전공의 신설, 현장지식의 체득과 함께 AI기반 SW 융합인력 양성에 보다 집중해야 할 것이다.

앞으로 SW와 무관한 산업과 서비스는 찾기 힘들 것이며 자율주행, 가상현실, 3D 프린팅, 사물인터넷, 클라우드 컴퓨팅 분야에서 수십 만 개의 일자리가 창출될 수 있다(소프트웨어정책연구소, 2016년 8월). 이를 위해 초·

중·고등학교, 대학교, 군대, 직장 및 사회에 이르는 생애주기별로 맞춤형 인력양성 정책 수립이 시급하다. 결국 SW 융합을 통한 신산업 육성도 중요하나, 생애주기별 SW 교육을 체계적으로 지원하는 법률(가칭. SW 교육혁신지원법)의 부재를 감안할 때 과거 제도가 미래 변화를 쫓아가지 못하는 실정이다. 다만 2019년 하반기 SW 중심대학은 인공지능(AI)과 소프트웨어(SW)를 융합하는 사업을 제안한 학교들이 선정된 점에서 SW와 AI기술을 융합하는 인력양성 정책을 기대하게 만든다.

종합적으로 SW 인력양성 정책의 정책과정과 정책효과를 동시에 고려한 평가결과는 〈표 6-5〉와 같이 정리할 수 있을 것이다.

<표 6-5> SW 인력양성 정책의 평가 종합

구 분		2단계 : 포괄적 평가 모형			
		정책결정 합리성(4)	정책집행 효율성(3)	1단계 : 정책효과 모형	
				의도된 정책효과(1)	의도하지 않은 정책효과(2)
정책결정 단계		• 전산교육에서 시작 • ICT 정보교육으로 이행 • 박근혜 전 대통령의 지시사항		• SW 인력 양성 • 창의·융합형 인재	
정책집행 단계			• 교육부/과학기술정보통신부 - 초중등 SW 교육 의무화 - SW 중심대학 선정/운영 • SW 및 AI 융합의 전조		• 일자리 창출 정책 연계 • 디지털 정보 격차
정책효과 여부	단기 효과	• Y2K 문제 대처 • Top-down 방식의 추진			
	중장기 효과		• SW 중심사회 구현 • SW 융합인력 양성		

2) 정책변동에 대한 분석

2015년을 시작으로 국내 SW 교육은 전략적 변곡점에 해당하는 변화를 맞이한다. 즉 초·중·고 대상 PC 활용법보다 일상생활에서 직면하는 문제를 논리적으로 해결하는 창의적 사고력 개발을 목적으로 SW 교육을 도입한다 (교육부·미래창조과학부, 2016). 즉 정책의제가 탑다운 방식으로 정해지고 그 과정에서 '2015 개정 교육과정'을 통해 창의 융합형 인재양성으로 교육의 기본적 성격이 변화하게 된다. 결국 교육부의 초중등학교 SW 의무교육 도입과 과학기술정보통신부의 SW 중심대학 육성 정책은 의도적 성격을 갖고 정책의제가 발굴되어 추진된 사례이다.

2018년 SW 의무교육 도입은 '초·중등교육법' 및 '초·중등학교 교육과정 (예, 2015 개정 교육과정)' 개편에 따른 결과이다. 또한 1967년 '과학교육진흥법' 후속으로 '과학·수학·정보교육진흥법'이 2017년 전부 개정됨에 따라 융·복합 교과과정 운영으로 창의적 인재를 양성함으로써 국가경쟁력을 강화할 것으로 기대가 모아진다. 다만 2000년에 제정된 '소프트웨어산업진흥법'이 전면 손질을 거쳐 SW 융합산업, SW 융합교육 및 연구개발을 명시적으로 장려하는 전부 개정 법률안(SW 진흥법)이 발의되었으나, 지금 현재 국회에 계류 중에 있다.

SW 교육 정책의 추진체계로서 교육부와 과학기술정보통신부가 주무 부처이며, 한국교육학술정보원(KERIS), 한국과학창의재단(KOFAC), 한국교육방송공사(EBS) 및 대학, 시도교육청과 일선학교가 세부사업을 맡아 추진하고 있다. 교육부는 SW 교육 활성화를 위해 기본계획을 수립하고 정책을 총괄하는 반면, 과학기술부는 산업차원의 SW 교육 정책을 총괄하며 교육부의 교육정책에 협조한다(국회입법조사처, 2019). 즉 SW 교육 인적, 물적 기반 마련, 초·중등 SW 교육 활성화, 대학의 SW 전문인재 양성 및 올바른 SW 교육문화 조성과 홍보 강화를 추진전략으로 삼아 SW 교육 활성화에 공조하고 있다.

끝으로 SW 교육 활성화를 위해 교육부는 국고보조금과 특별교부금을 재원으로 소프트웨어 교육을 추진하고 있다. 또한 시도교육청은 별도 예산을 배정받아 교원 연수 정착, SW 의무교육 도입과 운영을 지원한다. 한편 과학기술부 사업은 정보통신진흥기금을 활용하고 정보통신기획평가원(IITP)을 통해 관련 예산을 집행한다. 2019년 기준 SW 교육 저변 확충(한국과학창의재단), SW 인재양성 기반 확대(정보통신기획평가원), SW 중심사회 포털 운영(정보통신산업진흥원)은 계속사업이며, 정보소외계층 SW 교육지원 강화(정보통신산업진흥원)는 신규 사업으로 예산이 편성되어 있다(국회입법조사처, 2019, 재인용).

이상과 같은 SW 인력양성 정책의 변동 유형과 주요내용은 〈표 6-6〉과 같이 종합할 수 있다.

〈표 6-6〉 SW 인력양성 정책의 변동유형

구분	정책승계	정책혁신	주요 내용
기본 성격	의도적 성격		탑다운 방식의 의제설정
법률 측면	일부 법률 대체 • 초·중등학교 교육과정(2015) • 과학수학정보교육진흥법(2017)	SW 진흥법 국회 계류 중	소프트웨어산업진흥법 전부 개정안
조직 측면	교육부/과학기술부	SW 진흥법 국회 계류 중	• 대학, 시도교육청, 일선학교 • KOFAC, IITP, NIPA, KERIS, EBS
예산 측면	• 교육부: 국고, 특별교부금 • 과학기술정보통신부: 정보통신진흥 기금		SW 교육 활성화 관련 사업들

3. 정책혁신을 위한 방안

과거 전자계산기 활용을 위한 기술 과목, PC 및 인터넷 중심의 정보화 교육, 교육부의 초·중등 SW 교육 의무화, 과학기술정보통신부의 SW 중심 대학 육성을 통한 고급 전문인력육성정책을 살펴보았다. 결과적으로 교육부와 과학기술정보통신부를 중심으로 기본계획을 수립하는 한편, 관련 예산을 편성하여 집행하고 있다는 점에서 정책승계의 특징을 보여준다. 지금부터 교육부와 과학기술정보통신부을 중심으로 SW 인력양성 정책의 과정분석 결과를 토대로 주요 쟁점을 정리하고자 한다.

우선 전임 대통령의 지시라는 탑다운 방식으로 SW 인력육성 정책이 추진된 점에서 정책 오너십이 명확하지 않으면 이해관계 상충과 같은 난맥상을 초래할 수 있다. 특히 SW와 AI처럼 융합 가능성이 높은 기술일수록 범부처 인력육성정책을 조정하고 통합하는 추진체계 마련과 운영이 긴요하다. 관계부처 합동에 의한 정책이 해당 부처로 이관되는 과정에서 분절화가 발생되어 정책 추진의 동력이 저하되지 않도록 약한 연결고리를 미연에 방지하는 예방조치가 절실하다. 즉, 총리실 산하 국무조정실을 중심으로 SW 인력육성정책에 대한 통합적 조정기능을 점검하고 개선하는 것이다. 다만 창의·융합형 SW 인력이 양성되도록 부처별 이해관계를 미세하게 조율함으로써 정책수립의 적절성과 정책추진의 실효성을 제고한다.

둘째, 앞시 미래 인재의 조건으로 인성, 소양 및 역량 차원의 세 가지를 제시하였다. 특히 역량개발과 축적을 위해 컴퓨팅 사고력, 창의력 및 다면적 문제해결능력을 함양할 수 있는 SW 교육이 긴요하다. 달리 말해 초·중등 SW 교육에서 컴퓨팅 사고력은 코딩, 알고리즘 및 프로그래밍 위주의

SW 개발역량이 중요하다. 그러나 창의적 문제해결능력은 다학제적 융합인재교육(STEAM)과 연계를 시도하는 동시에, 문제해결중심의 교육(예, PBL)을 확대하는 방향으로 가야한다. 결국 초·중등 대상 SW 의무교육의 수월성은 수요 기반의 교과과정 설계와 내실 있는 교육 프로그램 운영인데, 그 출발은 분야별 전문성을 지닌 우수한 교원 확보에 달려 있다.

셋째, 교육부와 과학기술정보통신부의 SW 인력양성 정책은 초중등 SW 교육 의무화와 SW 중심대학 운영으로 분리되지만 제도적 지원은 충실한 편이다. 그러나 학교 제도를 벗어나서 보면 지역 및 세대별 디지털 정보 격차는 여전히 존재한다. 달리 말해 공공기관, 민간기업, 지자체 및 시·도교육청을 중심으로 학교 밖 SW 교육 활성화를 본격 추진할 시점이다. 즉 지역, 세대 및 기관별 특성을 반영하는 수요 지향적 SW 교육으로 재편하는 동시에, 산업 현장에서 활용되는 SW 기술과 기업사례를 생활 속에서 체험하도록 실질적 기회 제공이 중요하다. 결국 학교 안팎에서 SW 교육, SW 체험 및 SW 훈련이 체계적으로 실시되도록 (가칭)SW 교육혁신지원법 제정을 신중히 고려해야 할 것이다.

넷째, 2018년 과학기술정보통신부는 'SW 교육 활성화 추진계획'에서 비전, 목표 및 3대 추진전략을 제시하였다. 추진전략의 하나로서 미래 신산업과 일자리를 만들 SW 핵심인재 양성을 위해 신규 SW 중심대학 선정 시 SW 융합교육을 의무화 하는 SW 교육혁신을 단행하였다. 즉, 지능정보기술 중심 SW융합학과, SW 연계전공, SW 복수전공 및 부전공 과정의 신설이 반영되어 있다. 실제로 2019년 과학기술정보통신부는 추경을 편성하면서까지 SW 중심대학 5개교를 추가 선정하였다. 결국 인공지능 분야의 인력양성을 위해 AI 융합인력을 양성하여 배출한다면 기존의 SW 교육을 혁신하는 목표에 한 걸음 다가갈 것이다(과학기술정보통신부, 2019.9.27). 따라서 인공지능(AI)을 접목하여 SW 인력양성을 추진한다는 점에서 AI와 SW 융합인력 양성에 시동을 걸었다.

한편, 2019년 12월 범정부 인공지능 종합계획으로서 '인공지능(AI) 국가전략'이 발표되었다. 마치 반도체가 '산업의 쌀'인 것처럼 응용SW는 인공지능, 빅데이터, 사물인터넷 및 자율주행기술에 들어가는 공통 요소기술이다. 달리 말해 SW 인력육성 정책은 인공지능(AI) 대학원과 연계된 융합인력양성 정책으로 확대되어야 할 것이다. 즉 SW 중심대학과 AI 대학원에 대한 병렬적 지원은 최고급 전문가를 양성하기 위한 투 트랙(Two-track) 전략으로서 전문교육기관 설립 취지에도 부합한다. 결국 SW 역량과 AI 기술을 겸비한 융합인력양성이라면 타 부처의 정책과 연계하는 실험적 시도가 필요할 뿐만 아니라, 실질적 융합교육이 가능하도록 연구 및 교육 플랫폼 공유도 필요할 것이다.

끝으로 SW 인력양성 정책과 SW 일자리창출 정책은 동전의 양면으로 볼 수 있다. 사실 인력양성 관련 교육부(직업교육), 고용노동부(직업훈련), 산업부·중기부(산업인력) 및 과학기술정보통신부(과학기술인력)의 역할분담은 현실적으로 불가피한 선택이다. 그렇지만 SW 인력양성과 SW 일자리창출은 분리보다 통합적 정책 추진이 훨씬 더 중요할 것이다. 왜냐하면 수요와 공급 측면에서 정책고객들의 이해관계를 반영할 뿐만 아니라, 정책적 시너지 효과를 기대할 수 있기 때문이다. 결국 인적자원개발기본법에서도 국가경쟁력 강화를 목적으로 인적자원(human resource)의 교육훈련과 역량개발을 강조하고 있다. 따라서 인력양성 및 일자리창출 정책이 통합 추진되도록 컨트롤타워 역할을 담당할 거버넌스(예, SW 융합인재개발원)를 마련할 시점이다.

제5절 결론

지금까지 여러 차례의 산업혁명이 주는 역사적 교훈은 기회와 위협은 공존한다는 사실이다. 마찬가지로 제4차 산업혁명의 격변기를 맞아 일정 부분 일자리 감소는 피할 수 없는 측면이 있다. 다만 정보기술 소양, 다학제적 지식 및 창의적 문제해결 역량을 갖춘 미래 세대의 인재를 배출하는 융합인력양성 정책은 그 어느 때보다 긴요하다. 결국 지속 가능성을 위해 SW 인력양성 정책이 초·중·고 및 대학교 현장에서 뿌리내리고 사회적 수요를 선도하도록 선제적 정책 변화를 기대해 본다.

우선 학교의 정보화교육에서 출발하여 지금은 초·중등 위주의 SW 교육 필수화로 무게 중심이 옮겨가고 있다. 다만 2015년 교육과정 개편 결과 컴퓨팅 사고력 이외에 인문예술 소양, 논리적, 창의적 문제해결 능력 함양은 단순히 SW 교육 의무화나 SW 개발 역량을 강화하는 것으로 해결될 수 없다. 즉 미래의 인재상에 부합하는 인성, 소양 및 역량 요소를 재정립하고 우수한 자질의 전문성을 지닌 교원의 양성과 배출이 선행되어야 한다. 특히 SW 중심사회를 구현하기 위해서는 초·중·고등학교 및 대학교 현장에서 창의·융합형 인재양성을 위한 체계적 교육이 이루어지도록 SW 관련 법률 제·개정 여부를 고민하는 것이다.

둘째, 최근 산업부와 과학기술정보통신부는 AI 반도체를 포함한 차세대 지능형 반도체 기술개발에 향후 10년간 1조원을 투자할 계획이다. 지능형 반도체 설계기술 분야에서 AI 프로세서, 초고속 인터페이스, SW 컴파일러를 하나로 구현한 통합 플랫폼 기술개발을 강조하였다(산업부·과학기술정보통신부, 2020). 현재 SW 중심대학 확대와 미래 AI 대학원 신설은 교육과 연구 분야의 연계 및 통합에 따른 잠재적 시너지 창출이 충분히 가능하다. 가령 SW 중심대학의 교육과정을 이수한 전공자는 졸업 후 기업체에 입사하거나, 혹은 AI 대학원 SW, AI 융·복합 과정의 석·박사 통합과정에 진학하도록 문호를 확대한다. 결과적으로 SW와 AI를 접목한 창의형 융·복합 인재를 배출한다면 미래 제4차 산업혁명의 수요에 선제적 대응이 가능하다. 심지어 '이노베이션 아카데미'처럼 일반인 대상 비학위 과정을 병행 운영하여 아키텍트급 SW 잠재인력을 조기에 발굴한 다음 교육기관(예, SW 중심대학, AI 대학원)에서 SW 전문가를 양성하는 투 트랙 전략을 병행하는 실험적 시도도 가능하다. 결국 SW 융합인력은 학교 안팎에서 어느 정도 잠재력 있는 인력을 선별하여 전문가로 양성하는 체계적 시스템을 구축하는 것이 중요하다.

셋째, SW 인력양성에서 시의 적절한 제도적, 정책적 지원은 아무리 강조해도 지나치지 않는다. 특히 SW 창의융합 인력은 정책의 고도화 노력도 필요하나, 기업, 산업 및 사회적 수요를 고려하는 맞춤형 인력양성 정책의 수립과 집행이 인적 자원의 경쟁력을 결정할 것이다. 즉 이론교육, 사례수업과 함께 산·학협력을 통한 프로젝트 위주의 체험교육과 훈련이 전제되어야 한다. 만약 (가칭)SW 교육혁신지원법 하에 인재상 수립, 우수교원 확보와 활용방안, 창의융합 교육 확산이 가능하다면 SW 인력양성 정책의 수월성 강화에 기여할 것이다. 심지어 SW 인력양성 정책과 SW 일자리창출 정책을 통합하는 방법으로 국정과제를 통합하여 추진하는 한편, 국정과제 추진 실적을 통합 평가하여 사후 조치기능을 강화하는 것이다.

넷째, SW 융합인력양성 정책일수록 교육 당국과 교육 수요자의 이해관계 충족의 출발점은 바로 교육 공급자의 전문성이다. 특히 양질의 SW 교육 서비스 제공 목적을 달성하려면 각종 SW 교육, 학생지도, 산학협력, 현장학습 및 과제 프로젝트를 충실히 수행할 수 있는 SW 전문가 확보가 절실하다. 이를 위해 SW 산학협력 교수를 전임교원 신분으로 전환하는 사립대를 지원하는 지원책이 고려될 수 있다. 즉 SW 전문가의 지식, 경험, 숙련 및 경력과 같은 무형자산을 십분 활용할 수 있도록 업적평가, 연봉책정 및 인센티브를 책정하는 후속조치가 따라야 할 것이다.

끝으로 지금 현재 SW 인력양성 정책이 추진 중에 있다는 점에서 정책과정 분석은 몰라도 정책의 효과성 평가는 시기상조이다. 사실 인력양성 정책은 인적자원의 잠재력을 확인하고 잠재역량이 실제 구현되기까지 상당한 시간이 소요되는 '축적의 시간'을 필요로 한다. 특히 융합인력 양성정책일수록 시간적 격차는 더욱 커질 것이기 때문에 기존과 다른 평가체계를 고민할 수 있다. 즉 정량적 평가 및 정성적 평가방식 혼용과 함께, 정책 과정에 대한 평가(assessment)와 정책 결과에 대한 평가(evaluation)를 구분하되 이를 종합적으로 통합하는 접근법이다. 결국 정책혁신이 어려운 이유는 추진 이후 과정을 분석하고 정책 전반에 걸쳐 공정하고 객관적인 평가방식과 방법의 변화를 요구하기 때문이다. 따라서 미래 세대의 인재로서 창의·융합형 인재상이 SW 인력양성 정책의 내용으로 담겨 있는지, 혹은 정책 추진이 내실 있게 진행되고 있는지 등은 결과에 대한 엄밀한 분석에서 출발해야 할 것이다.

고려대 HRD정책 중점연구소 (2017), 4차 산업혁명 시대의 미래인재 핵심역량 조사·분석.

과학기술정보통신부 (2018), I-Korea 4.0 실현을 위한 인공지능(AI) R&D 전략, 4차 산업혁명위원회 심의안건 자료, 2018. 05.

_____ (2019), SW 중심대학 5개(총 40개) 추가 선정한다, 보도자료. 2019.09.27.

김승현·김만진 (2015), 소프트웨어 활용분야별 혁신특성 분석 및 정책방향, 과학기술정책연구원, STEPI INSIGHT, 2015.05.01.

관계부처 합동 (2005), 창조적 인재강국 실현을 위한 이공계인력 육성지원 기본계획안('06~'10).

_____ (2018a), 혁신성장 지원을 위한 정부 R&D 투자 혁신방안: R&D PIE 시스템 도입, 경제 관계 장관 회의자료, 2018.02.17.

_____ (2018b), 혁신성장 전략투자: 4차 산업혁명 선도인재 집중양성 계획('19~'23년), 경제 활력 대책 회의자료, 2018.12.28.

_____ (2019a), 제조업 르네상스 비전 및 전략, 비전 선포식 자료, 2019.6.19.

_____ (2019b), 인공지능(AI) 국가전략, 제53회 국무회의 자료, 2019.12.17.

관계부처 합동·4차산업혁명위원회 (2017), 혁신성장을 위한 사람 중심의 4차 산업혁명 대응계획: I-Korea 4.0, 2017.11.

관계부처 합동·일자리위원회 (2019), 사람투자 10대 과제, 제10차 일자리위원회 의결안건 자료, 2019.4.10.

교육부 (2016), 지능정보사회에 대응한 중장기 교육정책의 방향과 전략, 2016.12.

교육부·미래창조과학부 (2015), SW중심사회를 위한 인재양성 추진계획, 보도자료, 2015.07.21.

_____ (2016), 소프트웨어교육 활성화 기본계획, 보도자료, 2016.12.02.

국가과학기술위원회 (2012), 창의적 과학기술인재대국을 위한 제2차 과학기술인재 육성지원 기본계획('11~'15): 2012년도 시행계획안, 2012.01.10.

_____ (2017), 4차 산업혁명에 대비한 SW 융합인재 양성 빙안, 정책연구 보고서.

_____ (2018), 제3차 과학기술인재 육성지원 기본계획('16~'20): 2018년도 시행계획안, 2018.04.25.

국회입법조사처 (2019), 초·중등 소프트웨어교육 운영실태와 개선과제, 입법·정책보고서.

민주연구원 (2018), 소프트웨어 교육 현황과 개선 방향, 간담회 자료, 2018.01.29.

산업통상자원부·과학기술정보통신부(2020), 차세대 지능형 반도체 1등 국가를 향한 도약이 시작된다, 보도자료, 2020.01.20.

공영일 회(2016), 미래 디지털 인재 정의에 관한 연구, 소프트웨어정책연구소, 연구보고서.

조원영·이동현 (2016), 미래 일자리의 금맥 – 소프트웨어, 소프트웨어정책연구소, 연구보고서.

융합연구정책센터 (2017), 과학기술과 교육의 융합 시너지: 융합형 인재 교육, 융합연구리뷰, Vol(82), 2017년 8월 7일.

임재주 (2019), 소프트웨어산업 진흥법 전부 개정 법률안 검토보고서, 국회 과학기술정보방송통신 위원회.

한국과학기술기획평가원 (2019), 과학기술 인력양성 정책 동향, KISTEP 기술동향브리프, 2019–03호.

Barney, J. (1991), "Firm Resources and Sustained Competitive Advantage", *Journal of Management*, 17(1), pp.99-120.

Cho, Dong-Sung (1995), "From National Competitiveness to Bloc and Global Competitiveness", *The Institute for Industrial Policy Studies Working Paper*.

Hogwood, B. W. and B. G. Peters (1983), *Policy Dynamics*, New York: St. Martin's Press.

Porter, M. E. (1990), "The Competitive Advantage of Nations", *Harvard Business Review*, March-April, pp.73-93.

_____ (2008), "The Five Competitive Forces That Shape Strategy", *Harvard Business Review*, January, pp.78-93.

Schwab, K. (2018), *Shaping the Future of the Fourth Industrial Revolution*, London: Penguin Group.

UK Commission for Employment and Skills (2014), *The Future of Work: Jobs and skills in 2030*. www.ukces.org.uk/thefutureofwork.

World Economic Forum (2016), The Future of Jobs: Employments, Skills and Workforce Strategy for the Fourth Industrial Revolution, http://www3.weforum.org/docs/WEF_Future_of_Jobs.pdf, 2016.1.

World Economic Forum (2016), New Vision for Education: Fostering Social and Emotional Learning through Technology, http://www3.weforum.org/docs/WEF_New_Vision_for_Education.pdf, 2016.3.

66

Policy Innovation :
Evaluation and Innovation

99

제5부

정책혁신 : 평가와 혁신

7

규제개혁 정책

김 창 수

❝

제4차 산업혁명의 혁신성장 과정에서는
새로운 산업의 시장 진입으로 인한
다양한 갈등을 해결하는 조정 역할이 필요하다.

❞

제1절 서론

OECD 국가에서 규제개혁에 주목한 시기는 1차와 2차 오일쇼크가 발생하면서 지속적인 경제 불황이 이어진 1960년대~1970년대였다. 불합리한 규제가 경제의 발목을 잡고 있으며, 이러한 규제가 양산되는 구조를 정부가 제대로 통제하지 못함에 따라 규제개혁 정책이 주목받기 시작하였다(OECD, 2002). 그렇지만 한번 탄생한 규제는 나름대로의 이해관계를 형성하면서 지속되는 경로의존성을 보이고 있다. 역대 정부는 지속적으로 이름과 무늬만 다른 규제개혁의 구호를 내세웠지만, 여전히 규제는 산업발전의 발목을 잡는 존재로 낙인 찍혀있는 상태이다.

문재인 정부에서는 4차 산업혁명이라는, 기존의 산업구조와는 차원이 다른 환경변화에 직면하자 포괄적 네거티브 규제로 대표되는 혁신적인 규제개혁을 표방하면서 경로창조를 시도하고 있다. 2016년 다보스포럼 이후 4차 산업혁명은 한국을 비롯한 대부분의 선진국들에서 가장 뜨거운 이슈이다. 4차 산업혁명(The Fourth Industrial Revolution)이란 인공지능 등의 발전에 기초한 기술혁명으로 자율주행자동차와 로봇공학 등 물리적 기술, 사물인터넷과 블록체인 등 디지털기술, 유전공학과 합성생물학 등 생물적 기술 등을 융합하는 신기술들에 의해 주도되고 있다(Schwab, 2016).

이러한 맥락에서 접근할 때, 이 연구에서는 다음과 같은 연구문제를 제기하고 해답을 찾아가고자 한다. 정부가 제4차 산업혁명 정책이라고 제시하는 각종 규제개혁 정책들이 4차 산업혁명의 개념과 가치에 부합되는가? 정부규제개혁 정책들이 4차 산업혁명의 개념과 가치에 부합된다면, 산출된 정책결과(policy result)가 무엇인가? 만일 정책결과가 나오지 않았다면, 향후 각각의 정책이 의도하는 정책결과를 산출하기 위한 정책혁신 방안은 무엇인가?

이 연구는 통합적 혁신정책의 관점에서 규제개혁 정책 영역에서의 혁신의 증진뿐만 아니라, 혁신성과의 확산 및 이전을 위한 정책과정을 중심으로 분석하였다. 선행연구를 살펴보면, 1948년 정부수립 이후 노무현 정부까지 대통령별로 규제개혁의 성과와 효과에 대한 평가가 역사적 맥락에서 이루어졌다(최유성·이종한, 2008: 489-519). 물론 역사적 관점에서 규제개혁 정책의 변동을 살펴보는 것도 중요하지만, 이 연구의 시간적 범위는 2016년 다보스 포럼에서 4차 산업혁명 시대가 선포되고 2017년 5월 문재인 정부가 들어서면서 4차 산업혁명 논의가 본격화된 이후 지금까지로 하면서 규제개혁 접근방식의 변화와 혁신적인 규제개혁사례들을 집중 분석해보고자 한다. 그러므로 이 연구에서는 문재인 정부의 4차 산업혁명과 관련된 규제개혁 정책 중 포괄적 네거티브 규제방식 등의 규제개혁 접근방식도 연구범위에 포함되었다. 특히 포괄적 네거티브 규제방식을 대표하는 규제샌드박스 사례를 중심으로 논의하였다. 연구의 방법은 주로 질적 분석에 의존하였으며, 문헌분석을 토대로 정부관계자와 이해관계자를 대상으로 심층면접을 실시하였다.

제2절 이론적 배경

1. 4차 산업혁명과 규제개혁의 의의

1) 정부규제의 개념과 유형

정부규제(governmental regulation)란 바람직한 경제사회 질서의 구현을 위해 정부가 시장에 개입하여 기업과 개인의 행위를 제약하는 것이다(최병선, 1994). 「행정규제기본법」 제2조 제1항에 따르면, 행정규제란 국가 또는 지방자치단체가 특정한 행정목적을 실현하기 위하여 국민의 권리를 제한하거나 의무를 부과하는 것으로, 법령 또는 조례·규칙 등에 규정되어 있는 사항이다.

규제대상에 따른 규제의 유형으로는 경제적 규제(economic regulation)와 사회적 규제(social regulation)가 있다(최병선, 1993: 39-49). 경제적 규제(economic regulation)란 기업의 본원적 경제활동이라 할 수 있는 특정 산업분야에 대한 진입, 생산제품 또는 서비스의 가격, 이윤, 품질 등에 대한 규제이다. 사회적 규제(social regulation)란 민간부문인 기업과 개인의 사회적 행위에 대한 규제이다. 즉, 기업의 사회적 행위인 환경오염, 산업재해, 소비자 안전사고 등을 규제하는 정부의 활동이다. 문재인 정부의 규제개혁 추진방향에는 4가지 추진과제가 있는데, 미래 신산업 지원, 일자리 창출 지원, 민생부담 해소 과제의 경우 경제적 규제 개혁과 관련되고, 국민편익 증진 과제는 사회적 규제 개혁과 관련된다. 한편 OECD(1997; 2000)는 경제적 규제와 사회적 규제 외에 행정적 규제(administrative regulation)를 추가하고 있는데, 정부의 업무수행과 관련된 서류작업이나 요건, 그리고 행정적인 요식행위를 행정적 규제로 분류한다(최유성, 2007: 107-109).

2) 4차 산업혁명과 규제개혁 그리고 규제원칙의 변화

4차 산업혁명은 초연결 환경에서 생성되는 양적·질적으로 풍부한 데이터를 활용하여 최적 의사결정을 통해 제품 및 서비스에 지능화된 서비스적 가치를 극대화시킴으로써 새로운 부가가치를 창출하는 지식서비스 혹은 제조-서비스 융합이 핵심이다(한형상, 2017). 규제개혁(regulatory reform)이란 규제제도의 불합리한 요소를 혁신하는 과정(불합리한 규제는 보완, 불필요한 규제는 폐지, 필요한 규제는 신설)이다. 규제개혁의 큰 방향은 경제적 규제는 대폭 완화하고 사회적 규제는 합리적으로 강화하며 행정적 규제는 감축(cutting red tapes)하는 것이다.

행정규제기본법 제5조(규제의 원칙)에 따르면, 첫째 국가나 지방자치단체는 국민의 자유와 창의를 존중하여야 하며, 규제를 정하는 경우에도 그 본질적 내용을 침해하지 아니하도록 하여야 한다. 둘째, 국가나 지방자치단체가 규제를 정할 때에는 국민의 생명·인권·보건 및 환경 등의 보호와 식품·의약품의 안전을 위한 실효성이 있는 규제가 되도록 하여야 한다. 셋째, 규제의 대상과 수단은 규제의 목적 실현에 필요한 최소한의 범위에서 가장 효과적인 방법으로 객관성·투명성 및 공정성이 확보되도록 설정되어야 한다(이재훈·장은혜·조용혁, 2019: 47-53). 그러면 4차 산업혁명시대에 어떠한 규제원칙이 요구되는가?

행정규제기본법 제5조의2(우선허용 · 사후규제 원칙)에는, 첫째, 규제로 인하여 제한되는 권리나 부과되는 의무는 한정적으로 열거하고 그 밖의 사항은 원칙적으로 허용하는 규정 방식(네거티브 리스트), 둘째, 서비스와 제품의 인정 요건·개념 등에 장래의 신기술 발전에 따른 새로운 서비스와 제품도 포섭될 수 있도록 하는 규정 방식(포괄적 개념 정의), 셋째, 서비스와 제품에 관한 분류기준에 장래의 신기술 발전에 따른 서비스와 제품도 포섭될 수 있도록 분류기준을 유연하게 정하는 규정 방식(유연한 분류체계), 넷째, 그 밖에 신기술 서비스·제품과 관련하여 출시 전에 권리를 제한하거나 의무를 부과하지 아니하고 필요에 따라 출시 후에 권리를 제한하거나 의무를 부과하는 규정 방식(성과중심 관리체계) 등 규제혁신의 핵심내용이 담겨있다.

최근에 점진주의자들은 개혁성공의 방정식을 '개혁의 속도=개혁사업의 폭×개혁사업의 빈도'라고 정의하여 점증모형의 한계를 보완하고 있다(Lindblom, 1979). 이 방정식에 의하면 개혁이 바람직한 결과를 가져오는 한 그 변화의 속도가 빠를수록 좋다고 한다. 대폭적인 개혁전략은 실패할 확률이 높기 때문에 소폭적인 개혁전략을 분산하여 사용하되 개혁의 빈도를 높이면 개혁의 속도는 빨라지고, 결국 개혁의 성공 확률이 높아진다고 한다. 이것이 점진주의 개혁의 지혜인데, 우리의 경우에도 다양한 규제혁신 정책을 실험적으로 허용하여 규제개혁의 속도를 높이는 규제개혁의 방향과 전략이 필요해 보인다.

2. 역대 정부의 규제개혁 진화와 4차 산업혁명

역대 정부의 규제개혁의 진화 과정을 분석하고, 이것이 문재인 정부의 규제개혁 정책변동과 어떻게 연결되는지 논의하고자 한다(https://blog.

naver.com/koreareg). 정책의 근본적인 수정이 이루어지거나 새로운 정책으로 완전히 대체되기 보다는 정책의 기본적 특성을 유지하면서 정책내용의 부분적인 수정이 이루어지는 정책유지의 성격이 강한 것으로 분석된다.

OECD(1998: 3)에서는 규제개혁의 발전단계를 세 단계로 구분하고 있다. 첫째는 정부의 각종 규제에 따른 국민이나 기업의 부담을 완화하기 위한 규제완화(deregulation) 단계이다. 절차와 구비서류의 간소화, 규제순응비용의 감소 및 규제폐지를 통한 규제총량비용의 감소 등의 특징이 나타난다. 우리나라의 경우 김영삼 정부와 김대중 정부 시기가 이에 해당한다고 볼 수 있다. 둘째는 규제영향평가와 규제기획제도 등을 통해 개별규제의 질적 관리에 초점을 두게 되는 규제의 품질개선(regulatory quality improvement) 단계이다. 셋째는 제도화를 통해 전반적인 규제관리체계가 사회경제적 목표를 달성하는 규제관리(regulatory management)단계이다. 노무현 정부의 경우 규제의 품질개선과 규제의 관리단계에 접어들었다고 볼 수 있다(최유성·이종한, 2008: 489-494).

1) 규제개혁 준비단계(1948~1993): 정부수립 이후 노태우 정부까지

경제개발단계(1948년~1980년)에 경제적·사회적 개입수단은 규제라기보다는 해외원조의 배분과 정부의 경제개발계획에 따른 산업정책으로 평가된다(최유성·이종한, 2008: 494-497). 규제개혁 정책 형성시기(1980년~1993년)에 전두환 정부는 한편으로는 경제자유화를 실시하여 정부주도의 규제 지대(rent)를 철폐하고 시장경제를 활성화하고자 하였으나 다른 한편으로는 사회민주화 요구를 통제하는 이중성을 보였다. 성장발전을 위한 제도개선위원회를 발족하였으며 창업관련 행정규제 및 절차의 개선이 이루어졌다. 노태우 정부는 사회규제 요구에도 어느 정도 부응하여 OECD에서 요구하는 규제개혁 정책의 형성기로 볼 수 있다. 민·관합동 경제법령정비 협의회를 구성하고, 행정규제완화위원회와 행정규제완화 민간자문위원회를 설치하였다(최유성·이종한, 2008: 497-505).

2) 김영삼 정부(1993~1998): 규제개혁 거버넌스의 다원화와 행정규제기본법 제정

김영삼 정부는 대통령직속의 행정쇄신위원회(1993년 4월 구성, 일반행정규제), 총무처 소속 행정규제합동심의회(1993년 5월 구성, 사전규제 심사), 공정거래위원회 소속 경제규제개혁위원회(1997년 4월, 경제규제), 통상산업부 소속 기업활동규제심의위원회(1993년 8월 구성, 경제규제), 대통령직속 규제개혁추진회의(1997년 4월 구성, 일반행정과 경제규제)를 구성하는 등 규제개혁 전담기구를 다원화하였다. 무엇보다 1997년 8월에는 행정규제기본법을 제정하였고, 정부 말기에는 규제일몰제, 규제영향분석제도, 규제법정주의 등을 도입함으로써 규제개혁을 위한 제도적 틀을 마련하였다(최유성·이종한, 2008: 505-509).

3) 김대중 정부(1998~2003): 규제개혁위원회로 일원화

김대중 정부는 1998년 4월 18일 행정규제기본법에 따라 대통령 소속 법정 상설기구로서 규제개혁위원회를 설치하여 규제개혁 추진 기구를 일원화하였다. 또한, 독자적인 규제개혁 담당 행정조직으로 규제개혁조정관실을 국무총리실 산하 국무조정실 내에 발족하였다. 김대중 정부는 IMF 구제금융을 받으면서 강압적인 규제완화 요구에 대응해야했기 때문에 규제의 총량적 감축목표(50%)를 강압하였으나 지속적인 성과를 거두기 어려웠다. 규제등록심사제, 규제영향평가, 규제일몰제, 신설·강화되는 규제에 대한 사전심사제도 등 OECD에서 제안하는 규제제도를 도입하였으나 실질적인 성과를 보이지는 못했다.

4) 노무현 정부(2003~2008): 규제개혁 추진체계의 이원화

2004년 7월까지는 김대중 정부의 규제개혁 추진체계를 유지하였으나 2004년 8월부터는 대통령주재 규제개혁추진회의, 국무총리가 관장하는 규제개혁장관회의, 그리고 이에 대한 실무추진 한시 조직인 규제개혁기획단(덩어리규제 개혁)을 국무총리실에 설치하여 기존의 규제개혁위원회와 병립하는 이원화된 추진체계를 통해 대통령의 확고한 지지를 바탕으로 실무기구가 효율적인 규제개혁을 추진하도록 하였다. 그리고 규제신고센터를 설치하여 규제민원을 처리했다.

특이한 점은 2004년 7월 국회가 여야합의로 규제개혁특별위원회를 구성하여 2005년 6월까지 규제개혁을 추진했다는 것이다. 이 시기에 규제영향분석제도, 규제지도의 작성, 행정부담의 측정 등 효율적인 규제개혁수단이 도입되었지만, 여전히 실질적인 규제개혁 성과를 도출하지는 못했다.

5) 이명박 정부(2008~2013): 국가경쟁력강화위원회(규제개혁)와 규제개혁위원회(규제심사) 분리

이명박 정부는 집권기부디 규제개혁을 주요 국정과제로 채택했으며 규제일몰제, 한시적 규제 유예, 규제등록제 정비, 유사규제의 정비 및 관리대상 규제에 대한 연구를 수행했다. 그러나 이런 적극적인 규제개혁에도 불구하고 이명박정부의 규제개혁에 대한 평가는 긍정적이지만은 않다. 행정규제 간소화, 국민편익 개선을 위한 규제개혁이 압도적으로 많았음에도 불구하고 이명박 정부의 규제개혁은 기업 친화적으로 인식되어 규제개혁의 성과가 국민들에게 제대로 알려지지 못했다. 집권 중반 이후 제시된 동반성장과 공정사회의 논리는 거래비용을 높이는 품질 낮은 규제가 양산되는 계기가 되기도 했다. 국가경쟁력강화위원회와 규제개혁위원회로 규제개혁과 규제심사를 분리해 집권기에 높은 성과를 얻긴 했지만 상시 규제개혁시스템의 구축에는 이르지 못했으며 의원입법에 대한 규제심사의 부재는 여전했다. 규제심사가 여전히 불완전하게 이루어지는 측면이 있었으며 규제개혁 과정에서 다수의 정부부처가 참여하는 데 행정비용이 과도히 초래되기도 했다(이혁우, 2012: 3).

이명박 정부 규제개혁 체계의 가장 큰 특징은 규제심사와 규제개혁 부서의 분리에 있다. 규제개혁위원회를 통해서는 신설·강화 규제에 대한 심사를, 규제개혁 정책 관련 대통령을 보좌하는 국가경쟁력강화위원회에서는 덩어리규제 개혁 등 불합리한 주요 규제들에 한해 개혁을 실시한 것이다. 이런 규제개혁 추진체계의 이원화는 1998년 규제개혁위원회가 수립된 이후에도 몇 차례에 걸쳐 시도된 바 있다. 이명박 정부의 규제개혁 체계는 노무현 정부의 시도를 제도화시킨 것으로 강력한 규제개혁의 실시에 상당한 기여를 한 것으로 평가받고 있다. 대표적인 것이 국무총리실 내에 기업현장의 애로를 개선하기 위하여 민관합동 규제개혁추진단을 별도로 설치한 사례이다. 국가경쟁력강화위원회 위원장에 정권의 실세를 임명하고 매달 한 번씩 규제개혁 관련 실무회의에 대통령이 직접 참여해 챙기면서 다양한 이해관계자가 얽혀 어려움을 겪었던 다양한 규제개혁 과제가 해소될 수 있었다(이혁우, 2012: 14-18).

6) 박근혜 정부(2013~2017): 민관합동 규제개선추진단과 4차 산업혁명의 시작

박근혜 정부 규제개혁의 상징어는 손톱 밑 가시 규제 제거였는데, 민관합동 규제개선추진단을 통해 규제비용총량제(cost-in, cost-out), 등록규제 감축, 자율경쟁 규제개혁(전국규제지도), 생활 속 규제개선(시민체감도 개선), 지역현장 맞춤형 규제 등을 추진하였다. 박근혜 정부는 규제개혁의 3대 정책방향을 설정하여 추진해 나갔다. 첫째, 과감한 규제개혁으로 기업투자와 일자리를 창출하여 경제 활성화를 뒷받침하였다. 둘째, 대한민국이 한 단계 도약하기 위해 필요한 경제·사회 체질개선의 동력(momentum)으로 규제개혁을 추진했다. 셋째, 규제비용총량제와 규제개혁신문고 등 규제시스템의 획기적 개편과 공직자의 행태 개선 등을 통해 규제개혁의 체감도를 높여 나갔다. 박근혜 정부는 네거티브 시스템 및 일몰원칙 적용, 규제민원 처리를 위한 규제개혁 신문고 운영 등의 시스템 개혁을 추진하였다(김동연, 2014: 53-73).

한편 2016년 1월 다보스 포럼 이후 4차 산업혁명이 3차 산업혁명인 정

(그림 7-1) 규제개혁 정책의 진화와 변동

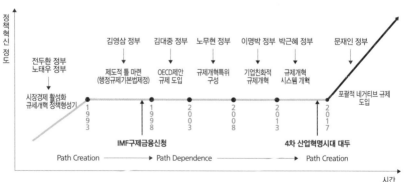

보화 혁명에 이어 우리나라 경제에 활력을 불어넣을 수 있는 해법으로 대두되고 있다. 3차 산업혁명을 넘어 4차 산업혁명에 진입하였음을 가장 처음 언급한 인물은 현 세계경제포럼(World Economic Forum) 회장인 Klaus Martin Schwab이다(정재승, 2019: 243-314). 그의 저서 「제4차 산업혁명」은 물리학 기술, 디지털기술, 바이오기술 등 신기술(emerging technology)이 4차 산업혁명을 이끌고 있으며, 이들 기술이 서로 단절되어 있지 않고 요소기술 간 융·복합을 하고 있음을 제시했다. 그는 4차 산업혁명의 도래의 근거로 기술 융·복합, 인공지능의 현실화, 독일 인더스트리 4.0과 같은 제조업 분야의 혁신 등을 강조했다(최유성·안혁근·심우현·박정원, 2017). 우리나라에서 4차 산업혁명과 그에 따른 규제개혁의 본격적인 적용은 2017년 5월 출범한 문재인 정부에서 이루어진다.

3. 규제정책 변동 분석틀

이 연구에서는 4차 산업혁명시대에 대비하는 문재인 정부의 포괄적 네거티브 규제방식, 즉 입법방식과 혁신제도를 통한 규제개혁의 효과성을 평가하고자 한다. 첫째, 입법방식의 개혁은 ① 한정적인 제품·사업 개념을 포괄적으로 개념 정의하는 것, ② 신제품·서비스를 즉각 수용할 수 있는 유연한 분류체계를 형성하는 것, ③ 네거티브 리스트인 원칙허용·예외금지를 적용하여 규제수용자의 자율성을 부여하는 것, ④ 사전 심의·검사를 지양하고 사후 평가·관리하는 것 등의 방식으로 이루어지고 있다. 이 연구에서는 문재인 정부의 입법방식의 개혁을 통한 규제개혁의 성과를 평가해보고자 한다.

둘째, 혁신제도의 개혁은 5개 부처의 5가지 규제개혁 프로그램(행정규제 기본법, ICT·산업융합·금융혁신·지역혁신 등 분야별 4법)으로 구성되는데 이 연구에서는 이러한 규제혁신 5법의 형성과정과 효과성을 평가하고자 한다. ① 국무조정실의 행정규제기본법, ② 과학기술정보통신부의 정보통신 진흥 및 융합 활성화 등에 관한 특별법, ③ 산업통상자원부의 산업융합 촉진법, ④ 중소벤처기업부의 규제자유특구 및 지역특화발전특구에 관한 규제특례법, ⑤ 금융위원회의 금융혁신지원 특별법의 제정과정과 집행성과를 평가하고자 한다. 이때 혁신제도인 규제샌드박스와 관련된 규제혁신 3종 세트, 즉 ① 규제 신속 확인, ② 임시허가, ③ 실증을 위한 특례 사례들을 분석하고자 한다.

(그림 7-2)에 나타난 바와 같이 제4차 산업혁명의 요구와 문재인 정부의 지원으로 규제혁신이 이루어지고 이에 대한 평가와 환류가 이루어지는 과정을 분석하고자 한다. 여기서 정책의 변동이란 정책결정에서 일어나는 정책의 수정·종결만이 아니라 집행단계에서 일어나는 정책의 변화도 포함한다(정정길, 1997: 785-807; Hoghood and Peters, 1983: 26-29).

(그림 7-2) 규제정책 변동 분석틀

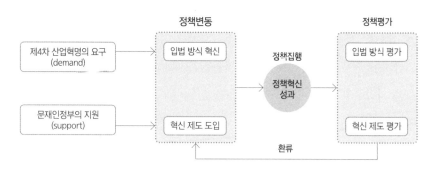

제3절 규제정책 변동 분석

●

1. 문재인 정부의 규제개혁 추진방향

1) 개요

문재인 정부의 규제개혁 추진방향의 4가지 추진과제에는 미래 신산업 지원, 일자리 창출 지원, 민생부담 해소, 국민편익 증진 과제가 있다(국무조정실, 2017). 그 중에서도 4차 산업혁명과 관련된 추진과제는 미래 신산업 지원과 관련된 것이다. 〈표 7-1〉에는 문재인 정부의 규제개혁 정책의 가치와 주요정책 중에서 4차 산업혁명과 관련된 과제를 소개하고 있는데, 2020년 규제혁신 추진방향에서도 정책유지가 나타나고 있다(국무조정실·국무총리비서실, 2020a: 3).

〈표 7-1〉 문재인 정부의 규제개혁 정책의 변동

기 간	핵심정책가치	주요 내용
2017년~2019년	미래신산업지원	① 신산업 분야 네거티브 규제 전환 ② 신산업 규제개선 로드맵 구축 ③ 창업·벤처기업 규제 혁파
2020년~현재	경제혁신: 4차 산업혁명 기반강화	① 네거티브규제 전면 확산 ② 규제샌드박스 보완·발전 ③ 미래 대비 선제적 규제혁파

2) 신산업 분야 네거티브 규제 전환

빠른 환경변화 대응을 위해 규제체계의 민첩성과 유연성 확보가 필요하다. (그림 7-3)에 나타난 바와 같이 기존 네거티브 리스트 규제(원칙허용-예외금지) 개념을 확대하여 포괄적 네거티브 규제(사전허용-사후규제) 전

(그림 7-3) 포괄적 네거티브 규제 개념도

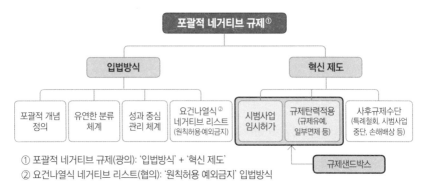

① 포괄적 네거티브 규제(광의): '입법방식' + '혁신 제도'
② 요건나열식 네거티브 리스트(협의): '원칙허용 예외금지' 입법방식

출처 : KDI·행정연구원·한국규제학회 연구결과(2017.2)를 토대로 재작성

환 추진을 하는 것이다.

첫째, 입법방식 전환이다. 법령개정 없이도 신제품·서비스를 수용하는 방식이다. 법령의 한정적·열거적인 개념 정의를 포괄적 개념 정의로 전환하거나 제품·서비스 관련 시장의 경직된 분류체계를 유연한 분류체계로 전환하는 것이다.

둘째, 혁신제도의 도입이다. 기존 규제가 있음에도 불구하고 신사업 시도가 가능하도록 '규제샌드박스'를 도입하는 것을 의미한다. 규제샌드박스(regulatory sandbox)는 어린이들이 자유롭게 노는 모래 놀이터처럼 제한된 환경에서 규제를 풀어(탄력적용) 신사업을 테스트(시범사업)하도록 하는 것으로 영국에서 핀테크 산업 육성을 위해 최초 시도하였다. 즉, 혁신제도 도입이란 혁신 제품·서비스에 대해 시범사업·임시허가제를 도입하고, 필요시 규제를 탄력적용(면제·유예·완화)할 수 있는 근거를 마련하는 것이다.

3) 신산업 규제개선 로드맵 구축과 창업·벤처기업 규제 혁파

신산업 규제개선의 목표는 다음과 같다. 첫째, 신산업·신기술의 발전양상을 예측하여 규제이슈를 사전 발굴·정비하는 선제적 규제개선 로드맵을 구축하는 것이다. 둘째, 자율주행차, 드론, 맞춤형 헬스케어 대상으로 규제개선을 추진하는 것이다. 셋째, 자율주행차를 대상으로 미래지향적 규제지도를 마련하고 추진하는 것이다.

그리고 창업·벤처기업 규제 혁파의 목표는 다음과 같다. 첫째, 혁신성과 성장성이 우수한 벤처기업 선별 등을 위해 '벤처기업 확인제도'를 개편하는 것이다. 둘째, 벤처투자 활성화를 위한 벤처투자 진입규제 개선 및 벤처기업 M&A 활성화 규제개선, 중소기업 기술보호 규제 개선 및 추진이다.

2. 4차 산업혁명과 문재인 정부 규제개혁 정책의 구조

1) 문재인 정부 규제정책의 핵심 내용: 포괄적 네거티브규제

문재인 정부 규제개혁의 핵심은 이른바 '포괄적 네거티브 규제'다. 신제품과 신서비스 출시를 먼저 허용하고, 필요할 경우 사후 규제하는 체계를 갖추겠다는 것이다. 정부는 지난 2017년 9월 7일 이 같은 내용을 골자로 하는 새 정부 규제개혁 추진방향을 발표했다. 국무조정실은 이에 대한 후속조치로 중앙부처·지자체 공무원과 산업계가 이해하기 쉽도록 설명한 '신산업 분야 네거티브 규제 발굴 가이드라인'을 관계부처 합동으로 만들어 9월 19일 발표했다. 이전 정부까지는 신제품이나 신사업에 대한 '허용'을 원칙으로 하되 금지하는 것을 법에 정하는 '요건 나열식 네거티브' 방식이었다. 그런데 문재인 정부는 (그림 7-4)에 나타난 바와 같이 규제정책목표는

(그림 7-4) 규제정책 혁신의 승계

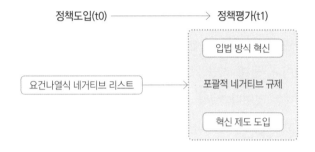

승계하지만 정책내용의 근본적인 수정을 하면서 대체하는 정책승계를 시도한다.

첫째, 문재인 정부는 여기서 한 발짝 더 나아가 신산업·신기술을 법령 개정 없이도 이용할 수 있도록 입법방식을 유연화 한 것이 특징이다. 규제와 관련한 주요 개념 및 용어의 정의를 현재는 없지만 추후 등장할 수 있는 산업과 기술까지 포함하는 '포괄적' 개념으로 수정하고, 유연한 제품·서비스 분류와 유연한 입법방식 등을 도입하기로 한 것이다.

이렇게 되면 신산업, 신기술 개발이 훨씬 수월해진다. 예를 들어 유럽연합(EU)에서는 모터사이클을 L1~L6로 분류하고, 여기에 속하지 않는 '그 밖의 차량'은 L7으로 분류하는데 현재는 없는 새로운 형태의 모터사이클이 나오면 L7에 속하게 되기 때문에 이 제품과 관련한 법을 개정할 필요 없이 신속한 제품 출시가 가능하다. 항공법 시행규칙에 의해 드론은 농업·촬영·관측 분야에만 허용되었으나, 국민안전·안보 등을 저해하는 경우 이외의 모든 분야에 허용됨으로써 각 분야에서 다양한 형태의 드론이 등장할 수 있게 되었다.

둘째, 문재인 정부는 기존 규제에도 불구하고, 신사업을 시도해 볼 수 있도록 '규제샌드박스'도 도입했다. 우리 정부도 혁신적인 제품·서비스에 대해 시범사업, 즉 임시허가를 내주고 기존 규제를 탄력적으로 면제·유예·완화해주는 방식을 도입했다. 시범사업에 문제가 있으면 사후규제를 하겠다는 것이다.

2) 규제샌드박스 도입방식: 수평적 거버넌스의 타당성

규제샌드박스는 행정규제기본법 및 분야별 4개 법률 체계로 도입한다. (그림 7-5)에 나타난 것처럼 규제샌드박스 추진을 위한 거버넌스는 국무조정실이 원칙과 방향을 설정하고 4개 정부부처가 역할을 분담하고 있다 (https://www.better.go.kr/).

행정규제기본법은 포괄적 네거티브 규제전환 기본방향·원칙을 규정하고 있으며, 개별 규제혁신 4법인 정보통신융합법, 산업융합촉진법, 지역특

(그림 7-5) 규제샌드박스 추진 거버넌스

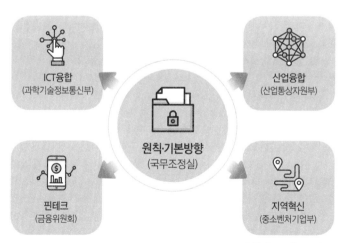

출처 : https://www.better.go.kr/

구법, 금융혁신법은 분야별 규제특례 부여 방식, 사후책임 확보 방안 등을 규정하고 있다(정준화, 2018). 이러한 5가지 법률을 묶어서 일명 규제혁신 5법이라고 하는데, 협력적 거버넌스 구조와 분야별 규제샌드박스 입법 추진내용은 다음과 같다. ① ICT융합 분야는 정보통신융합특별법 개정으로 ICT융합 신기술·신서비스의 실증 테스트가 가능토록 실증목적 규제특례 제도 도입(과학기술정보통신부), ② 핀테크 분야는 혁신금융서비스업으로 지정 받은 경우 금융규제 특례 적용이 가능토록 금융혁신지원특별법 제정 추진(금융위), ③ 산업융합 분야는 산업융합촉진법 개정을 통해 융·복합 신산업 실증규제 특례제도 도입(산업부), ④ 지역혁신형 규제샌드박스는 지역 특구 내에서 규제제약 없이 신기술 등의 실증·사업화 지원 가능토록 지역 특구법 개정(중기부) 등이다.[1] (그림 7-6)은 포괄적 네거티브 규제의 실질 적 적용을 보여주고 있다.

---

[1] 규제혁신 5법의 구체적인 법률의 제·개정 내용은 다음과 같다. 첫째, 행정규제기본법 개정을 통해 2019년 4월 16일 제5조의2(우선허용 · 사후규제 원칙)와 제19조의3(신기술 서비스 · 제품 관련 규제의 정 비 및 특례)을 신설했다. 둘째, 정보통신 진흥 및 융합 활성화 등에 관한 특별법(2019년 1월 17일 시행)에서 는 제10조의2(신기술 · 서비스심의위원회 운영 등), 제36조(신규 정보통신융합 등 기술 · 서비스의 신속처 리), 제36조의2(일괄처리), 제37조(임시허가), 제38조(임시허가의 취소), 제38조의2(실증을 위한 규제특례), 제38조의3(실증을 위한 규제특례의 관리 · 감독), 제38조의4(실증을 위한 규제특례 지정의 취소), 제44조 (벌칙), 제46조(과태료) 등을 규정하고 있다. 셋째, 산업융합 촉진법(2019년 1월 17일 시행)에서는 제3조의 2(우선허용 · 사후규제 원칙), 제8조(산업융합 규제특례심의위원회), 제10조의2(규제 신속 확인), 제10조의 3(실증을 위한 규제특례), 제10조의4(실증을 위한 규제특례의 관리 및 감독 등), 제10조의5(임시허가), 제 10조의6(임시허가의 취소), 제39조(과태료) 등을 규정하고 있디. 넷째, 규제사유특구 및 지역특화발전특구 에 관한 규제특례법(2019년 1월 17일 시행)에서는 제4조(우선허용 · 사후규제 원칙 등), 제85조(규제의 신 속 확인), 제86조(실증을 위한 특례의 신청 등), 제87조(실증을 위한 특례 관리 등), 제88조88조(실증특례 손해의 배상), 제89조(실증특례의 취소), 제90조(임시허가의 신청 등), 제91조(임시허가의 취소), 제142조 (벌칙), 제143조(과태료) 등을 규정하고 있다. 다섯째, 금융혁신지원 특별법(2019년 1월 17일 시행)은 전체 가 규제혁신에 해당하는 체계를 갖추고 있다.

(그림 7-6) 포괄적 네거티브 규제의 실질적 적용

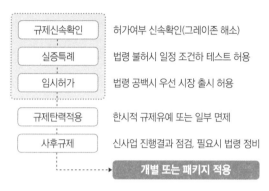

규제신속확인	허가여부 신속확인(그레이존 해소)
실증특례	법령 불허시 일정 조건하 테스트 허용
임시허가	법령 공백시 우선 시장 출시 허용
규제탄력적용	한시적 규제유예 또는 일부 면제
사후규제	신사업 진행결과 점검, 필요시 법령 정비

개별 또는 패키지 적용

출처 : 중소벤처기업부(2019)

3) 주요내용: 규제혁신 3종 세트와 안전장치 3종 세트

문재인 정부는 신기술·신산업의 육성과 국민의 생명·안전·환경 등 공익적 가치 보호를 균형 있게 추구한다. 문재인 정부는 새로운 융합 제품·서비스가 기존 규제에 막혀 지체되는 일이 없도록 규제혁신 3종 세트를 새롭게 도입했다.

(그림 7-7) 규제샌드박스의 적용 사례

배달로봇

• 국내 요식업계 등은 배달로봇을 개발 중
• 배달로봇을 상용화하기 위해서는 법령상 도로 또는 인도 중 어디에 통행해야 하는지 모호

규제 신속확인

• 음식을 배달해주는 로봇을 개발한 사업자는 **배달로봇이 자전거도로나 인도에서 통행 가능한지** 여부 및 인허가 기준 등 관련 규제 확인 필요

규제 신속 확인

공공목적을 위한 무인드론 활용 점검 서비스

• 하천조사 및 철도시설 점검과 같은 공공목적으로 관리가 필요한 시설에 대해서 드론을 활용한 조사감시 서비스
• 하천조사 및 철도시설 상태점검 등은 긴급비행이 가능한 공공목적으로 규정되어 있지 않음

임시허가

• 철도시설 점검 목적으로 드론을 시장출시하고자 할 경우, 임시허가 필요

임시 허가

자율주행버스

• 자율주행 레벨4 수준으로 무인 미니버스가 개발
• 실증 테스트가 필요한 무인버스가 기존 버스전용차선을 이용하는 것은 현행법에 위배되는 상황

실증특례

• 자율주행 버스(레벨4 수준)를 개발한 사업자는 실제 도로에서 안전하게 운행이 가능한지 테스트를 하고자 하는 경우, 일정한 구역기간규모 안에서 실증특례 가능

실증특례

출처 : 중소벤처기업부(2019)

첫째, 규제 신속 확인의 경우 분야별 규제 존재여부와 구체적인 내용을 문의·회신 요청한 후 30일내 회신이 없을 때에는 규제가 없는 것으로 간주한다. 둘째, 임시허가의 경우 법령이 모호·불합리할 때 기존규제의 적용 없이 조기 출시한다(민관합동 규제특례심의위원회에서 최대 2+2년 허용). 단, 유효 기간 내 관련 법령정비 의무가 있다. 셋째, 실증을 위한 특례의 경우 법령이 모호·불합리·금지할 때 기존규제 적용 없이 테스트(민관합동 규제특례심의위원회에서 최대 2+2년 허용)한다. 단, 관련 법령 정비를 추진하거나, 지연할 때 임시허가 활용이 가능하다.

또한 문재인 정부는 소비자 등 일반 국민을 두텁게 보호하기 위해 안전장치 3종 세트를 구비한다. ① 생명·안전·환경 분야 저해여부 고려: 국민의

(그림 7-8) 규제혁신 3종 세트

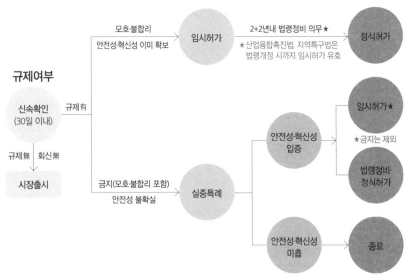

출처 : https://www.better.go.kr

생명·안전·환경 등에 끼치는 영향에 대한 우려가 있는 경우 규제특례를 제한한다. ② 문제 예상 및 발생 시 규제특례 취소: 실증테스트 진행과정 지속적 점검, 문제가 예상되거나 발생할 경우 규제특례를 취소한다. ③ 손해배상 감독 강화: 책임보험 가입 의무화, 고의나 과실 없음을 사업자가 입증토록 하는 등 손해배상 책임 수준을 강화한다.

4) 규제샌드박스 절차: 수평적·수직적 거버넌스의 타당성

규제샌드박스를 도입하는 것은 융합 신기술·서비스의 신속한 시장출시 지원을 위함이다. 구체적으로 사업자를 지원하는 일종의 원-스톱 서비스인 수평적·수직적 거버넌스의 절차적 타당성을 확보해야 한다. 첫째, 혁신금융서비스의 개발과 발전 촉진 및 소비자 편익증대라는 목적이 있다. (그림 7-9)는 혁신금융서비스의 개발 절차를 소개하고 있다.

(그림 7-9) 혁신금융서비스의 개발 절차

출처 : https://www.better.go.kr

둘째, 규제자유특구에서 혁신사업 또는 전략사업 추진이라는 목적이 있다. (그림 7-10)은 규제자유특구에서 혁신사업 또는 전략사업 추진 절차를 소개하고 있다.

(그림 7-10) 규제자유특구에서 혁신사업 또는 전략사업 추진 절차

출처 : https://www.better.go.kr

5) 규제샌드박스의 기대효과

규제샌드박스는 기업·소비자·규제당국 모두에게 이로운 상생의 제도로 평가된다. ① 기업 글로벌 혁신경쟁에서 우위 선점에 유리한 환경 조성: 스타트업의 아이디어와 대기업의 인프라 상생 모델의 형성이 가능하다. 규제 관련 불확실성 완화를 통해 유·무형의 비용절감 효과가 발생한다. ② 소비자 혁신 제품·서비스에 대한 선택권 확대 및 편리성 향상: 소비자 선택권 확대, 편리성 향상은 물론 신기술·신산업 분야 일자리 창출이 가능하다. ③ 규제당국 시범사업 결과를 바탕으로 정교한 규제체계 설계 가능: 실증 테스트를 바탕으로 한 스마트한 규제체계 마련이 가능하고, 신기술·신산업 분야 최적의 규제방안 마련이 가능하다. 기업의 경우 불확실성을 감소하는 장치로 인식할 수 있다. 이러한 기대효과가 실제 정책효과로 나타나는지 평가할 필요성이 있다.

6) 규제정책추진 성과

포괄적 네거티브 규제의 추진 결과 한 달 내 첫 승인을 시작으로 57건이 완료되었다(2019년 5월 15일 기준). 임시허가 7건, 실증특례 42건, 적극행

정 8건인데, 이 중에서 적극행정 8건은 규제개선 1건, 적극적 법령해석 4건, 정책대안제시 3건이다. ICT·산업융합 분야 시행 이후 31건 심의·의결, 금융혁신 분야 시행 이후 26건 심의·의결 등 총 57건이 완료된 것이다.

지역특화발전특구 분야는 법 시행 이후 10개 시·도 특구계획을 공고하였으며, 제2차 규제자유특구 우선협의 대상에 경남 등 10개 지역이 선정됐다. 규제 자유특구 우선협의 대상이란 지역특구법 시행령 제42조 제1항에 따라 중기부와 시·도간 사전협의를 거쳐 선정된 계획으로 완결된 특구계획은 아니지만, 신청 전까지 계획의 보완 및 구체화가 이뤄지면 관계부처의 협의나 위원회 등의 심사절차 진행이 가능하다고 판단되는 특구계획을 말한다(산업일보, 2019. 9. 5). (그림 7-11)에 나타난 바와 같이 정부는 1차와 2차에 걸쳐 14개 규제자유특구를 지정하였다.

(그림 7-11) 규제자유특구 지정(1차, 2차)

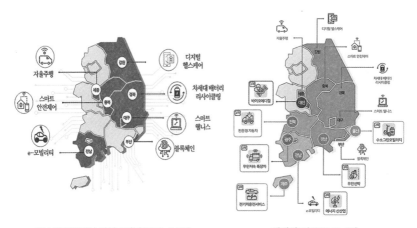

중소벤처기업부 정책브리핑(2019. 7. 24)　　　세계일보(2019. 11. 15)

출처 : 중소벤처기업부(2019)

3. 문재인 정부 규제개혁 정책혁신 평가

1) 정책혁신 표명과 정책승계 내포: 우선허용·사후규제 체계 전환 방안

2017년 5월 10일 출범한 문재인 정부 역시 규제개혁위원회를 중심으로 규제개혁을 추진하고 있다. 포괄적 네거티브 규제, 규제권한 지방이양, 신산업분야 규제혁신, 일자리창출을 위한 규제개혁, 규제정부책임입증제도 등을 핵심내용으로 하고 있다. 기본정책목표는 변하지 않으면서 승계되지만 정책의 근본적인 수정이 이루어지거나 새로운 정책으로 완전히 대체되는 정책승계가 나타난 것으로 평가된다.

정부는 2018년 1월 22일 청와대에서 대통령 주재 '규제혁신토론회'를 개최하고, '신산업·신기술 분야 규제혁신 추진방안'을 확정, 발표했다. 국무조정실은 지난 2017년 9월 7일 발표한 '새 정부의 규제개혁 추진방향'에 따라 미래 신산업·신기술 분야 혁신을 가로막는 규제혁파를 위해 신산업 분야 우선허용·사후규제 체계 전환과 신산업 현장에서 느끼는 규제애로 해소를 위한 개선과제를 발굴해 왔다(국무조정실·국무총리비서실, 2018).

4차 산업혁명 시대, 기술과 산업의 변화를 따라가지 못하는 경직된 정부 규제가 신산업·신기술의 발전을 가로막고 있다는 현장의 목소리를 반영하여 국무조정실을 중심으로 부처, 지자체는 물론, 경제계의 광범위한 의견수렴을 통해 개선과제를 집중 발굴하였으며, 각 분야 전문가로 구성된 신산업규제혁신위원회와 규제개혁위원회 심의를 통해 추진방안을 마련하였다. 첫째, 네거티브 규제전환을 위해 벤처·중기 협회단체, 부처·시자체, 개별기업 대상 설명회를 총 14회 개최하였다. 둘째, 신산업 현장애로 해소 차원에서 기업현장 간담회 등 총 32차례의 현장소통을 실시하였다.

우선허용·사후규제 체계 전환방안은 지금까지 시도된 적이 없는 혁신적인 규제 설계 방식으로서, 신제품·신기술의 신속한 시장 출시 등을 우선 허용하고 필요시 사후 규제하는 방식으로 규제체계를 전환하는 것을 의미한다. 앞서 설명한 바와 같이 우선허용·사후규제 체계 전환 유형으로는, 첫째, 포괄적 개념 정의, 유연한 분류체계, 네거티브 리스트, 사후평가·관리 등 '입법 기술방식'을 유연화하여 신제품·신기술이 신속하게 시장 출시가 가능하도록 하는 방식과 둘째, 규제샌드박스와 같은 '혁신적인 제도' 도입을 통해 신사업 시도가 가능하도록 기존 규제를 탄력 적용하는 방식을 포함한다.

정부는 지난 2017년 10월 19일 관계부처 합동으로 마련·배포된 '포괄적 네거티브 규제 발굴 가이드라인'에 따라 〈표 7-2〉에 나타난 바와 같이 38건의 전환과제를 발굴하였는데, 2018년 초 발표된 우선허용·사후규제 체계 전환 유형별 주요사례는 다음과 같다(국무조정실, 2018a).

정부는 38개 과제 중 고시·지침 및 시행규칙 개정사항은 2018년 3월까지 입법을 완료하는 등 속도감 있는 후속조치에 박차를 가했으며, 이를 위해 주기적 이행점검을 통해 진행하고 있다. 법률개정 11

<표 7-2> 포괄적 네거티브 규제 전환 과제

총 계	유연한 입법방식				혁신제도
	포괄적 개념정의	유연한 분류체계	네거티브 리스트	사후평가 관리	규제 샌드박스
38건	7	13	10	3	5

건, 시행령개정 8건, 시행규칙개정 10건, 고시·지침개정 9건 등이다. 아울러, 부처, 지자체, 경제단체는 물론 공공기관까지 대상을 확대하여 신산업을 저해하는 규제를 지속적으로 발굴하고, 우선허용·사후규제 체계 전환방안을 마련하고 있다.

2) 규제샌드박스 도입 등 관련 법령 제·개정 추진

첫째, 정부는 신산업 규제특례의 원칙과 기본방향을 신설하는 내용으로 '행정규제기본법' 개정 추진을 추진하였다. 신산업·신기술 분야 '우선허용·사후규제' 원칙을 규정하고, 신산업 분야 규제특례 부여방향 및 규제정비 의무를 신설하였다(국무조정실, 2018a). 주요내용은 규제 신속 확인, 규제 신속 정비의무, 특례부여 및 고려사항 등이다. 둘째, 정부는 규제의 탄력적 용을 통해 신사업을 테스트할 수 있는 환경을 제공할 혁신적인 제도로서 규제샌드박스를 도입하기 위한 분야별 법적 근거를 마련하였다. 정부는 ICT 분야 정보통신융합법, 핀테크분야 금융혁신지원법, 산업융합분야 산업융합촉진법, 지역혁신성장 관련 지역특구법 등 규제샌드박스 도입을 위한 4개 법률 제·개정안을 마련하였고, 법률 제·개정안은 2019년 2월 국회에서 논의된 다음 실현되었다. 규제혁신 4개 법안 핵심요소는 규제특례의 개념 및 유형, 특례부여 결정절차, 유효기간 및 조건, 특례취소, 손해배상, 보고 및 점검, 법령정비 등이다. 문재인 정부에서는 규제샌드박스 도입 근거 입법을 조속히 완료하고, 규제샌드박스 적용이 가능한 시범사업도 지속적으로 발굴하여 활성화하고 있는 것으로 평가된다.

3) 신산업 현장애로 해소를 위한 규제혁신 방안

국무조정실은 2017년 9월 7일 발표한 '새 정부의 규제개혁 추진방향'에 따라 미래 신산업·신기술 분야 혁신을 가로막는 규제혁파를 위해 신산업 분야 우선허용·사후규제 체계 전환과 신산업 현장에서 느끼는 규제애로 해소를 위한 개선과제를 발굴해 왔다(국무조정실·국무총리비서실, 2018). 국무조정실은 네거티브 규제전환을 위해 벤처·중기 협회 단체, 부처·지자체, 개별기업 대상 설명회를 총 14회 개최했으며, 신산업 현장애로 해소를 위해 기업현장 간담회 등 총 32차례의 현장소통을 실시하였다.

4) 문재인 정부의 규제개혁 정책 평가

정책혁신은 의도적 성격이 강하고, 기존 법률 부재, 기존 조직 부재, 기존 예산 부재 상황에서 새로운 경로를 창조하는 것이다. 문재인 정부는 규제샌드박스 프로그램을 정책혁신으로 표명하고 있으나, 실제는 네거티브 리스트와 같이 정책유지가 되거나 혁신제도와 같이 기본정책목표는 변하지 않으면서 새로운 정책내용으로 대체되는 정책승계의 내용이 많이 내포되어 있다. 과학기술의 장기적·안정적·자율적 특성을 고려하면, 제대로 된 정책승계 또는 정책유지가 필요할 수도 있는데, 경로의존성의 기본적인 틀 속에서 경로창조가 지속되는 특성으로 이해할 수 있다. 한편 적응적 성격이 강하며, 법률 변화가 거의 없고, 의도적인 조직변화도 없으며, 예산 항목이 지속되는 정책유지는 과학기술정책의 일관성 유지에 유익할 수도 있다.

그러나 문재인 정부의 규제개혁 정책은 의도적 성격이 강하며, 몇몇 법률 대체와 새로운 제·개정이 이루어지고, 최소한 조직 이상의 변화가 수반되고, 몇몇은 기존예산이 존재하거나 신규예산이 편성되는 등 정책승계의 특성이 강하게 나타나고 있다. 즉, 역대 정부의 규제개혁의 큰 틀이 경로의 존성을 띄는 가운데 문재인 정부의 규제개혁 정책은 지속적으로 경로창조가 이루어지는 특성을 보이고 있다. 규제샌드박스 관련 행정규제기본법, ICT·산업융합·금융혁신·지역혁신 등 분야별 4법 제·개정 및 공포 및 시행 사례를 들 수 있다.

(그림 7-12)에 나타난 바와 같이 4차 산업혁명의 이슈네트워크에 중소벤

(그림 7-12) 규제자유특구 탄생의 이슈네트워크와 정책변동

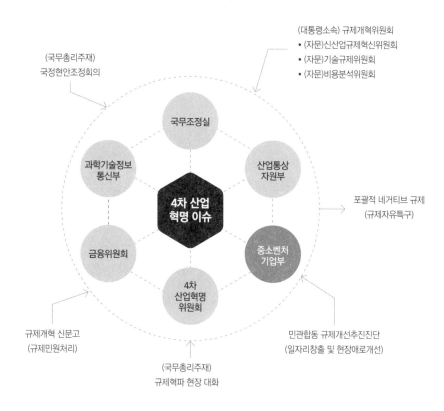

처기업부와 같은 새로운 노드가 참여하여 연결하게 되면 규제자유특구제도와 같은 정책변동의 가능성이 높아지게 된다(Heclo, 1978). 그리고 민·관 접점에서 다양한 행위자들이 4차 산업혁명 이슈 네트워크에 참여하게 된다. 결국 〈표 7-3〉에 따르면 문재인 정부는 기존의 규제개혁의 기조를 유지하면서도 정책내용의 근본적인 수정이 이루어지는 정책승계 수준의 정책변동을 추진하고 있는 것을 알 수 있다. 다만, 배분정책과 달리 규제정책의 경우 예산 배정의 특징을 찾아내기는 어렵고, 규제개혁을 통한 지역경제발전 효과를 추정할 수 있을 것으로 판단된다.[2]

〈표 7-3〉 규제개혁 정책의 정책승계 특징

정책승계의 특징		규제개혁 정책	정책 방향
기본성격	의도적 성격	○	• 쌍방향 현장소통
법률측면	몇몇 법률 대체	○	• 규제혁신5법 제·개정(포괄적 네거티브 규제) • 행정규제기본법(우선사용·사후규제 원칙)
조직측면	최소한 조직 이상의 변화 수반	○	• 4차 산업혁명위원회 • 규제개혁위원회 자문기능 강화 　– 신산업규제혁신위원회 　– 기술규제위원회 　– 비용분석위원회 • 국정현안점검조정회의
예산배정	몇몇은 기존 예산 존재	○	• 조직과 기능 확대에 따른 기본 예산 증대 • (규제자유특구지정을 통한) 지역예산배정 확대

---

2)　2020년 1월 28일 중소벤처기업부가 발표한 바에 따르면, 2019년 도입된 규제자유특구의 성과 창출 확대를 위해 2020년 총 1,600억 원 규모의 예산을 투입하고, 신기술 및 신사업 상용화를 위한 규제특례 실증을 진행한다.

제4절 규제정책 과정과 정책결과의 평가

●

　　　　　　　2017년 5월 시작한 문재인 정부의 대부분의 영역별 혁신정책이 정책형성 이후 정책집행의 초기와 중기 단계인 것으로 평가된다. 정책의제 설정과 정책형성의 단계를 중점 분석대상으로 하여 정책집행이 이루어진 부분에 대해서는 집행평가를 실시하였다.

1. 정책의제 설정의 평가: 동원형 의제설정

　규제정보포털(https://www.better.go.kr/)에 따르면, 〈스마트시티·자율주행차·드론 관련 규제 확 푼다〉(2018년 1월 23일)라든지 '4차 산업혁명과 혁신성장'을 주제로, 〈정부업무보고 실시〉(2018년 1월 24일) 등의 의제설정이 이루어진다. 제56회 국정현안점검조정회의(2018년 11월 19일)에서는 〈자율주행자동차 선제적 규제혁파 로드맵〉이 발표되어 신산업·신기술에 대한 '미래예측, 융합연구, 연동계획'을 통한 로드맵 구축, 자율주행자동차 발전단계를 고려하여 4대 영역 규제이슈 30개를 발굴하는 등의 내용이 소개된다.

　Cobb과 Ross(1976: 126-128)는 주도집단이 누구인가에 따라서 다음 세 가지 정책의제설정 유형을 구분하였는데, 4차 산업혁명과 관련된 의제설정 유형을 평가해보면 주로 정부가 규제개혁 정책과정을 주도하는 동원형(mobilization model)이 다수인 것으로 평가된나(김창수, 2018: 59-61). 따라서 의제의 진행 과정은 먼저 정부의제를 선정하고 각종 홍보수단을 동원하면서 사회쟁점과 공중의제로 추진하는 경우가 많은 것으로 판단된다(Hirschman, 1975: 388-391).

2. 정책형성의 평가: 법률 제·개정

규제샌드박스 관련 행정규제기본법, ICT·산업융합·금융혁신·지역혁신 등 분야별 4법 제·개정과 공포 및 시행이 이루어졌다. 규제정보포털(https://www.better.go.kr/)에 따르면, 제4차 규제혁파(정책혁신)를 위한 현장대화(2018년 11월 21일)에서 〈시장 확대 단계: 시장진출 후 신기술의 시장 확대를 저해하는 규제혁파〉 사례를 소개했다. 그리고 2019년 1월부터 규제샌드박스 시행, 신산업의 미래가 열린다는 소개가 있다(2019년 1월 10일). 현재의 규제체계로는 신기술 신산업의 빠른 변화를 신속히 반영할 수 없다는 인식하에 2018년 3월 규제샌드박스 도입 등을 위한 규제혁신 5법이 국회에 발의되어 통과하였고(정책형성), 2019년 4월 이후 시행되고 있다. 이로써 우리나라는 규제샌드박스를 도입 또는 검토 중인 세계 20여 개 국가와 비교해 가장 앞선 제도를 가지게 되었다. 또한, 관계부처 합동 및 부처별로 규제샌드박스 제도를 알리고 안내하기 위한 설명회와 간담회가 20차례 이상 진행되었다. 2018년 말부터 국무조정실과 과학기술정보통신부, 산업부는 규제샌드박스 전용홈페이지를 구축 운영하고 있으며, 경제단체와 기업 등과의 현장 소통을 통해 사전 수요도 파악하고 있다.

3. 정책집행의 평가: 현장소통을 통한 적응적 집행과정

문재인 정부의 규제개혁추진은 관련 담당부처의 구체적인 실행 단계로 볼 수 있는데, 규제정보포털(https://www.better.go.kr/)에 따르면, 국토교통부가 서울특별시와 협력하여 2018년 6월 상암 지역에 세계 최초 5G

융합 자율주행 전용시험장(노변센서, 통신장치(차량-인프라), 자율주행 관제시스템 등이 구축된 전용시험장)을 조성하고 5G 자율주행버스를 시범 운행하고 있다.[3] 이러한 문재인 정부의 규제개혁 정책집행은 다음과 같은 두 가지 측면에서 평가할 수 있다.

첫째, 집행전략의 효율성 측면에서 평가하면 정부가 현장의 의견을 수렴하여 정책추진 때에는 하향식 접근으로 속도를 내고 있기 때문에 '통합적 접근'으로 평가된다. 국무조정실이 2017년 9월 7일 발표한 '새 정부의 규제개혁 추진방향'에 따라, 미래 신산업·신기술 분야 혁신을 가로막는 규제혁파를 위해 신산업 분야 우선허용·사후규제 체계 전환과 신산업 현장에서 느끼는 규제애로 해소를 위한 개선과제를 발굴하는 과정을 살펴보면 통합적 접근을 확인할 수 있다. 네거티브 규제전환을 위해 벤처·중기 협회단체, 부처·지자체, 개별기업 대상 설명회 총 14회 개최, 신산업 현장애로 해소를 위해 기업현장 간담회 등 총 32차례의 현장소통을 한 것이 주요사례이다. 지자체에서도 적극적으로 순응하고 있는 것으로 평가되기 때문에 상호적응 집행이 이루어지는 것으로 판단된다. 지자체 규제 전수조사 추진, 상위법령에 위반되거나 불합리하게 국민 불편을 초래하는 자치법규 일제 정비(2018년까지)과정에서 부산광역시 규제개혁 추진 실적은 199건(2018년 9월)이었다. 결국 문재인 정부의 규제혁신은 현재까지 중앙정부와 지방정부 그리고 기업과 시민사회의 상호협력이 이루어지는

---

3)   이 사업은 국토교통부에서 추진하고 있는 차세대 지능형 교통시스템(C-ITS: Cooperative Intelligent Transport Systems) 실증사업의 일환이다. 이는 차량 센서로 주변 환경을 제대로 인식할 수 없는 경우에도 차량 간(V2V), 차량-인프라 간(V2I) 통신으로 정보를 받아 차량 센서의 한계를 보완하고 있다.

적응적 집행으로 평가된다(Berman, 1978).

둘째, 정책대상자의 수용성 측면에서 드론 생산 기업과 자율자동차 생산 기업 등은 불만이 있긴 하나, 전반적으로 규제샌드박스를 지지하고 있다. 수소차 이용자 등은 규제혁신의 느린 속도에 불만을 가지고 있다. 2019년 10월 현장실무자를 면담한 결과, 지역혁신특구와 관련하여 규제가 정비되지 않은 무규제(non-regulation)를 오히려 진입장벽으로 인식하고 있었다. 국무조정실·국무총리비서실(2018)에 의하면, 현장의 규제애로에 따른 구체적인 건의내용으로는 과거와 현재의 기술수준을 전제로 형성된 기존 규제와의 충돌을 해소해 달라는 건의가 가장 많았고(44%), 기업들의 부담을 야기하는 복잡한 행정절차(19%), 신산업에 적용할 분류, 인허가 기준 등 근거규정 미비(15%), 현행규정의 적용여부 불명확(9%)도 신산업 발전의 주요 걸림돌로 분석되었다. 그러므로 집행현장의 애로사항을 지속적으로 모니터링하면서 규제제도의 혁신을 추진하는 것이 요구되는 것으로 나타났다.

4. 정책결과의 평가

첫째, 정책결과 평가 측면에서 볼 때 정책산출(policy output)은 긍정적으로 평가할 수 있으나 아직 현장에서 안정적인 성과를 확인하기는 어려운 것으로 평가된다. 규제정보포털(https://www.better.go.kr/)에 따르면, 2019년 7월 16일 발표된 〈규제 샌드박스 시행 6개월 성과, 혁신 성장의 날개가 되겠습니다〉에 따르면, 규제샌드박스 시행 6개월 만에 총 81건의 과제 승인이 이루어졌고, 2019년도 목표(100건)의 80%가 달성되었다. 지속적 제도 보완으로 규제샌드박스 완성도를 제고하고, 절차 간소화 등 행정 지원을 넘어 인증, 특허, 판로 등 사업화과정까지 지원하고 있다. 2019년 7월 31일 발표된 〈금융규제샌드박스의 효과〉에 대해서는 규제샌드박스가 시행되고 6개월간 승인된 총 109건의 과제 중 혁신금융서비스가 42건(39%)을 차지해 가장 많이 승인됐다고 평가했다.

둘째, 정책의도가 현장에서 온전하게 성과를 보이기까지는 시간이 더 필요할 것으로 판단된다. 2017년에는 기업현장 간담회 등 총 32차례의 현장소통과 정부부처, 경제단체 등을 통한 총 91건의 현장애로 과제 발굴, 16회에 걸친 신산업규제혁신위원회의 안건 검토회의를 거쳐 총 89건의 애로를 해소하였다(국무조정실·국무총리비서실, 2018).

〈표 7-4〉에서 2017년 91건의 건의과제는 산업 성장단계별로는 신제품·신서비스의 신속한 시장진입, 시장에 진입한 신제품·신서비스의 초기 수요 창출을 위한 개선 건의가 73%(66건)를 차지하였다. 신제품·신서비스의 성장단계별 건의과제(건수, 비율)는 연구개발(13건, 14%), 시장 진입(17건,

〈표 7-4〉 신산업규제혁신위원회 5대 분과별 규제개혁 과제 검토 현황 (단위: 건)

분 과	개선 건의		규제로 인한 애로 해소						규제존치 불수용	
			수 용		대안마련		기조치			
	2017	2018	2017	2018	2017	2018	2017	2018	2017	2018
무인이동체	12	12	6	4	1	5	5	1	-	2
ICT 융합	17	15	8	13	4	1	5	1	-	-
바이오헬스	33	28	12	9	8	12	13	2	-	5
에너지·신소재	24	34	8	13	9	12	5	4	2	5
신서비스	5	5	3	3	2	2	-	-	-	-
합계	91	94	37	42	24	32	28	8	2	12

출처 : 국무조정실·국무총리비서실(2018); 규제개혁위원회 규제개혁백서(2019: 19)

19%), 초기 수요 창출(49건, 54%), 기타(12건, 13%) 등이다. 〈표 8-4〉에서 2017년 불수용 사례 2건의 경우에는 국민생명, 환경, 안전을 고려하여 규제 필요성을 인정(사회적 규제)하였다. 신산업규제혁신위원회의 검토결과는 규제개혁위원회에 보고되고, 규제정보포털과 규제개혁신문고를 통해 공고된다(규제개혁위원회, 2019: 17-18).

문재인 정부는 국무조정실과 규제개혁위원회를 중심으로 기존의 규제개혁의 기조를 유지하면서도 규제혁신 5법 제·개정(포괄적 네거티브 규제), 규제자유특구 지정 등 정책내용의 근본적인 수정이 이루어지는 정책승계 수준의 정책변동을 추진하고 있는 것을 알 수 있다.

제5절 결론 : 정책혁신 방안

문재인 정부에서는 4차 산업혁명이라는 기존의 산업구조와는 차원이 다른 환경변화에 직면하자 포괄적 네거티브 규제로 대표되는 혁신적인 규제개혁을 표방하면서 경로창조(path creation)를 시도하고 있다.

이러한 맥락에서 이 연구는 정부의 각종 규제개혁 정책들이 4차 산업혁명의 개념과 가치에 부합되는지, 산출된 정책결과는 혁신적인 것으로 평가할 수 있는지, 정책혁신 방안은 무엇인지 검토해보았다. 특히 문재인 정부의 4차 산업혁명과 관련된 규제개혁 정책의 핵심이라고 볼 수 있는 포괄적 네거티브 규제방식을 집중적으로 분석하였다.

문재인 정부 규제개혁의 핵심은 이른바 포괄적 네거티브 규제였고, 두 가지 측면에서 성과가 나타났다. 첫째는 입법방식의 혁신성과였다. 신제품과 신서비스 출시를 먼저 허용하고, 필요할 경우 사후 규제하는 체계를 갖추었고, 여기서 한 발짝 더 나아가 신산업·신기술을 법령개정 없이도 이용할 수 있도록 입법방식을 유연화한 것이 특징이었다. 규제와 관련한 주요 개념 및 용어의 정의를 현재는 없지만 추후 등장할 수 있는 산업과 기술까지 포함하는 '포괄적' 개념으로 수정하고, 유연한 제품·서비스 분류와 더불어 유연한 입법방식 등을 도입하였다.

둘째, 규제샌드박스라는 혁신제도 도입의 성과였다. 정책결과의 평가 측면에서 규제샌드박스 시행 6개월 만에 총 81건의 과제 승인(2019년도 목표의 80% 달성)이 이루어졌다. 2017년에는 기업현장 간담회 등 총 32차례의 현장소통과 정부부처, 경제단체 등을 통해 총 91건의 현장애로 과제를 발굴하였으며, 16회에 걸친 신산업규제혁신위원회의 안건 검토회의를 거쳐 총 89건의 애로를 해소하였다. 이를 가능하게 한 것은 행정규제기본법의 개정을 포함한 소위 규제혁신 5법이 제도적으로 뒷받침하는 정책승계가 이루어졌기 때문인 것으로 분석되었다.

규제정책과정에 근거하여 정책혁신방안을 제안하면 다음과 같다. 첫째, 4차 산업혁명과 혁신성장을 정부가 주도하기보다는 산업현장이 주도하는 의제설정과정이 필요하다. 둘째, 규제혁신 5법의 집행과정을 지속적으로 점검하여 정책혁신을 유지해야 한다. 셋째, 협력적 거버넌스에 기초한 정책집행을 통해 현장의 수용성을 제고하는 노력이 요구된다. 넷째, 가시적인 산출에 매몰되지 않고 현장의 문제해결을 통해 성과가 나타나는지 지속적으로 확인해야 한다. 무엇보다 문재인 정부에서 지속적인 정책변동의 성과를 얻기 위해서는 현장과 소통하는 정책기조의 유지 강화와 더불어 국회에 상정된 관련 근거 법률의 제·개정을 통한 제도적 기반의 제공, 중앙정부와 지방정부의 협력구조의 재설계를 통한 혁신성장의 지원, 규제자유특구지정을 통한 지역예산 배정의 확대 등의 정책방안이 필요하다.

특히 4차 산업혁명에 따른 혁신성장 과정에서 새로운 산업의 시장 진입으로 인한 다양한 갈등을 해결해나가는 조정 역할도 요구된다(채종헌, 2019). 대통령령인 「적극행정 운영규정」에 따라 불합리한 규제를 개선하는 등 공공의 이익을 위해 창의성과 전문성을 바탕으로 적극적으로 업무를 처리하는 적극행정 차원의 논의도 필요하다(박영원, 2020). 제4차 산업혁명 시대에 우리 산업이 서로 폭넓은 연결을 이루고 융합하는 속도가 증가하도록 규제제도가 산업을 지원하고 혁신을 촉진하는 방향으로 작동하기를 기대한다.

참고문헌

경제인문사회연구회 (2018), 혁신성장을 위한 규제개혁 방향: 규제샌드박스와 서비스산업발전법 중심. 경제인문사회연구회.

관계부처합동 (2017),「신산업 네거티브 규제 발굴 가이드라인(제1판)」. 2017. 10.

_____ (2018),「신산업 네거티브 규제 발굴 가이드라인(제2판)」. 2018. 2.

국무조정실 (2017),「새 정부 규제개혁 추진방향」. 2017. 9. 7.

_____ (2018a),「신산업 현장애로 검토과제(91건)」. 2018. 1. 22.

_____ (2018b),「자율주행차 분야 선제적 규제혁파 로드맵」. 2018. 11. 8.

_____ (2019),「2019년 규제정비 종합계획」. 2019. 1. 29.

국무조정실·국무총리비서실(2018),「신산업 규제혁신의 새로운 패러다임을 제시하다」. 보도자료 (2018. 1. 22).

_____ (2020a),「2020년 규제혁신 추진방향: 경제혁신·민생혁신·공직혁신」. 보도자료(2020. 2. 5).

_____ (2020b),「규제샌드박스 발전방안: 시행1년 평가와 향후 보완대책」. 보도자료 (2020. 1. 22).

_____ (2020c),「정부, 지역민생규제 혁신방안 50건 발표」. 보도자료(2020. 2. 19).

국회예산정책처 (2008),「2007 정부 규제영향분석서 평가」.

규제개혁위원회 (2009a),「규제개념 재정립 및 규제법령 개선방안 연구」, 한국행정연구원.

_____ (2019b),「2018 규제개혁백서」. https://www.better.go.kr/.

김동연 (2014), 박근혜 정부의 규제개혁, 한국경제포럼, 제7권 제1호.

김창수 (2012),「정부규제의 구조와 논리」. (주)한국학술정보.

____ (2018),「정책학의 구조와 논리」. 피앤씨미디어.

김창수·김성우 (2015),「부산광역시 등록규제 현황분석과 합리적 관리방안 연구」. 부산발전연구원.

김현정 (2020), 개인형 이동수단의 입법화 및 개선과제,「이슈와 논점」제1650호, 국회입법조사처.

박영원 (2020), 적극행정의 주요 내용과 향후 과제,「이슈와 논점」제1625호, 국회입법조사처.

부산광역시 (2019), 달라지는 제도와 시책.

이송림 (2019), 규제개혁 추진현황과 향후 과제,「이슈와 논점」제1631호, 국회입법조사처.

이인호 (2009), 한국에서의 입법평가: 사례연구, 입법평가 기준틀의 모색을 위한 시론,「입법평가 제도와 규제개혁」. 한국법제연구원, 한국공법학회 공동학술대회.

이재훈·장은혜·조용혁 (2019),「규제혁신 이론연구(Ⅰ)」, 한국법제연구원.

이혁우 (2009), 규제의 개념에 관한 소고, 「행정논총」, 제47권, 제3호.

_____ (2011), 정부부처의 규제/비규제 구분 논리 분석, 「정부와 정책」, 제4권, 제1호.

_____ (2012), 이명박 정부의 규제개혁 평가, 「규제연구」, 제21권 제2호: 3-37.

정재승 (2019), 「열두 발자국」, 어크로스.

정정길 (1997), 「정책학원론」. 서울: 대명출판사.

정준화 (2018), 4차 산업혁명 대응현황과 향후 과제. 「입법·정책보고서」. 제16호. 국회입법조사처, 2018. 12.

_____ (2019), ICT 분야 규제 샌드박스의 현황과 향후 과제, 「이슈와 논점」 제1566호, 국회입법조사처.

중소벤처기업부(2019), 「지역혁신성장과 국가균형발전을 위한 한국형 규제샌드박스 규제자유특구제도」. 2019. 11.

채종헌(2019), 신산업의 등장과 갈등관리의 중요성. 「이슈페이퍼」, 통권77호. 한국행정연구원.

최병선(1993), 「정부규제론: 규제와 규제완화의 정치경제」. 서울: 법문사.

최유성(2007), 「규제등록 및 관리제도 개선방안에 관한 연구」. 한국행정연구원.

최유성·안혁근·심우현·박정원(2017), 「4차 산업혁명에 대응하는 규제개혁 연구: 공유경제와 디지털헬스케어 분야를 중심으로」, 한국행정연구원.

최유성·이종한(2008), 규제개혁, 「한국행정 60년, 1948-2008 제2권: 국정관리」. 법문사: 489-519.

최진식(2010), 규제개혁 정책의 적합성 평가에 관한 연구: 이명박 정부 2년을 중심으로, 「정부학연구」, 제16권, 제1호.

한형상(2017), Knowledge Service & Engineering R&D, 한국산업기술평가관리원(KEIT).

국무조정실(https://blog.naver.com/koreareg)

규제정보포털(https://www.better.go.kr/)

Berman, Paul (1978), The Study of Macro and Micro Implementation. *Public Policy*, 26(2).

Cobb, Roger, J. K. Ross and Macc H. Ross (1976), Agenda Building as a Comparative Political Process, *APSR*, Vol. 70: 126-136.

Heclo, H. (1978), Issue Networks and the Executive Establishment. in A. King. (ed.). *The American Political System*, Washington D.C.: AEI.

Hirschman, A. O. (1975), Policy Making and Policy Analysis in Latin America: A Return Journey, *Policy Science*, Vol. 6: 388-389.

Hogwood, Brian W. & B. Guy Peters (1983), *Policy Dynamics*. New York: St. Martin's Press.

Lindblom, Charles. E. (1979), Still Muddling, Not Yet Through, *PAR*, 39(6).

OECD (1997), *OECD Report on Regulatory Reform.*

_____ (1998), *The Preliminary Report on the State of Regulatory Compliance*, The PUMA Regulatory Quality Review: Review of Japan and Mexico, PUMA/ Reg(98): 3.

_____ (2000), *OECD Reviews of Regulatory Reform : Regulatory Reform in Korea.*

_____ (2002), *Regulatory Policies in OECD Countries: From Interventionism to Regulatory Governance.* OECD Reviews of Regulatory Reform.

_____ (2007), OECD Reviews of Regulatory Reform Korea: Progress in Implementing Regulatory Reform.

Schwab, Klaus (2016), *The Fourth Industrial Revolution.* Crown Business.

_____ (2018), *Shaping the Fourth Industrial Revolution.* Portfolio Penguin.

8

개인정보 보호·활용 정책

황 병 상

제4차 산업혁명으로 인한 초연결사회는
데이터의 공개와 공유가 핵심이고,
데이터 3법의 개정은 새로운 물결에
부응하는 계기가 될 것이다.

제1절 서론

우리나라는 2011년에 개인정보보호법을 만들어 시행해 왔다. 그러나 이 법은 개인정보 활용 시 매번 동의를 받아야 하고, 개인을 특정할 수 없도록 가명처리한 정보를 사용하는 경우에도 불법이기 때문에 정보 활용보다는 정보 보호에 중점을 둔 것이었다.

바야흐로 초지능, 초연결 및 융합을 특징으로 하는 제4차 산업혁명이 본격적으로 진행되면서 '초연결사회'로 발전해 가고 있다. 초연결사회는 사물인터넷과 빅데이터 기술을 기반으로 사람과 사물, 사물과 사물 간의 광범위한 연결과 소통을 가능케 하고 있으며, 산업의 경계를 넘어 기술, 데이터 및 서비스가 융합·결합되어 새로운 서비스와 가치를 창출하고 있다. 빅데이터는 데이터에서 출발하는 것이므로 데이터는 4차 산업혁명의 기반이 된다. 초연결사회는 데이터의 공개와 공유가 핵심이다. 따라서 개인정보를 포함한 데이터를 어떻게 보호하며, 어떻게 공유·공개하며, 활용을 증진할 것인지가 관건이 된다.

그럼에도 불구하고 우리나라는 빅데이터의 구축·유통·활용 등 가치사슬 전반에 있어서 쓸 만한 데이터가 부족하고, 유통이 폐쇄적이며, 산업·사회적 활용이 저조하다. 개인정보 규제로 인해 데이터 활용이 위축되고 기업이 필요로 하는 전문인력과 인프라가 많이 부족한 상황이다(관계부처 합동 2019: 4). 아울러 핀테크 스타트업, 정보통신기술(ICT) 기업, 금융사 등 국내 기업들은 한 목소리로 데이터 규제완화를 요청하고 있다. 실제로 인공지능 스피커를 활용한 노인 돌봄 서비스를 시작한 SK텔레콤은 개인정보보호법에 가로막혀 헬스케어 영역으로 서비스를 확장하지 못하고 있는 실정이다.

이에 비해 유럽연합은 2018년 5월부터 일반개인정보보호법(General Data Protection Regulation, GDPR)을 시행하고 있으며, 일본은 2017년 개인정보보호법 개정과 2018년 저작권법 개정 등을 통해 양질의 데이터 확보를 위한 제도개선을 완료한 상황이다.

2016년 1월에 '제4차 산업혁명의 이해(Mastering the Fourth Industrial Revolution)'를 주제로 한 다보스 포럼이 개최된 이후 제4차 산업혁명이 우리나라의 국가적인 화두가 되었다. 이에 정부는 2016년 6월에 국무조정실 중심으로 빅데이터 활성화 및 개인정보 보호 강화를 위해 '개인정보 비식별 조치 가이드라인'을 만들어 공표했다. 하지만 경실련 시민권익센터 등의 시민단체들은 이 가이드라인으로 인해 소비자 권리가 침해될 우려가 있다며 바로 반대 성명을 발표했다.

이런 상황에서 정부는 국가 차원의 종합계획을 통해 개인정보의 보호와 함께 산업적 활용을 증진하기 위한 계획을 수립하였다. 즉, 2016년 12월에 수립한 '제4차 산업혁명에 대응한 지능정보사회 중장기 종합대책'(관계부처 합동, 2016)(이하 '지능정보사회종합대책'이라 한다), 2017년 11월에 수립한 '혁신성장을 위한 사람 중심의 4차 산업혁명 대응계획'(관계부처 합동, 2017)(이하 '4차산업혁명대응계획'이라 한다) 및 2018년 2월에 수립한 '2040년을 향한 국가과학기술 혁신과 도전·제4차 과학기술기본계획 ('18~'22)'(이하 '과학기술기본계획'이라 한다)이 바로 그것이다. 아울러 대통령 직속 4차산업혁명위원회, 국회 4차산업혁명 특별위원회, 행정안전부 및 국회 행정안전위원회 등의 노력으로 4차 산업혁명 시대에 맞는 개인정보보호법 개정안이 마련되어 2018년 11월에 국회에 상정되었고, 2020년 1월에 본회의에서 통과되어 8월부터 시행될 예정이다.

제2절 개인정보 보호·활용 정책의 개관

1. 정책구조 개관

'개인정보 보호·활용 정책'을 정부의 문건에서 정확히 언급한 자료는 없지만, '개인정보를 보호함과 동시에 활용을 증진하기 위한 정책'으로 정의하고자 한다. 이 정책의 내용은 개인정보보호법 및 정부의 종합계획 등에서 찾아볼 수 있다.

개인정보보호법에 대한 입법 논의는 2003년에 공공과 일반을 규율하는 개인정보보호에 대한 일반법 제정 필요성 및 국제적 수준의 개인정보보호 법제 정립 등을 목적으로 시작되었다. 오랜 논의를 거쳐 2011년 3월에 국회 본회의를 통과하고, 동년 9월에 시행된 것이다. 이 법은 개인정보의 처리와 보호에 관한 사항을 정함으로써 개인의 자유와 권리를 보호하는 법이다. 이 법의 발효로 인해 그동안 분야별 개별법에 따라 시행되던 개인정보

보호의무 적용대상이 공공·민간 부문의 모든 개인정보 처리자로 확대·적용되게 되었다는 점이 가장 크게 달라진 것이다.

동법 제9조에 따라 '개인정보 보호계획'이 3년마다 수립되고 있다. 제1차 기본계획은(2012~2014)은 개인정보보호 체계 정립 등을 목표로 제시하였으며, 제2차 기본계획(2015~2017)은 거버넌스 구조 선진화 등을 목표로 하였다. '제3차 개인정보 보호 기본계획(2018~2020년)'에는 '이해관계자들의 능동적 개인정보 보호 활동 강화, 개인정보 보호제도의 현실화 및 글로벌 수준 제고'를 목표로 설정하고, 주요 분야를 정보주체, 개인정보 처리자, 정부 및 거버넌스로 구분하여 과제를 제시하고 있다(개인정보보호위원회, 2016: 1-13). 이 계획은 제목에서 알 수 있듯이 개인정보 보호에 초점을 두고 있으며, 과제별 추진일정은 있으나 재원투입계획은 나타나 있지 않다.

주요 조직으로는 개인정보보호법 제7조에 따라 대통령 소속으로 개인정보보호위원회(이하 '보호위원회'라 한다)를 두고 있다. 위원장과 상임위원 1명을 포함한 15명 이내의 위원으로 구성되어 있으며, 위원회 사무를 보조하기 위해 사무국장 아래 5개 과가 편재되어 있다. 보호위원회는 개인정보보호 기본계획을 수립하고, 개인정보 보호와 관련된 정책, 제도 및 법령의 개선에 관한 사항 등을 심의한다. 아울러 행정안전부에는 정보기반보호정책관 아래에 개인정보보호정책과와 개인정보보호협력과가 역할을 하고 있다. 행정안전부는 한국인터넷진흥원에 위탁하여 개인정보보호 종합포털(http//www.privacy.go.kr)을 운영하고 있으며, 이 사이트를 통해 국민 개개인의 개인정보를 지키기 위한 각종 자료 제공은 물론 개인정보 침해 신고와 상담이 가능하다.

그러나 이 법은 개인정보 개념의 모호성 등으로 혼란이 발생하는 등 일정한 한계가 노출되어 왔고, 개인정보 보호 감독기능은 행정안전부, 방송통신위원회 및 보호위원회 등으로, 개인정보 보호 관련 법령은 이 법과 함께 '정보통신망 이용촉진 및 정보보호 등에 관한 법률'(이하 '정보통신망법'이라 한다) 등으로 각각 분산되어 있어 감독기구와 개인정보 보호 법령의 체계적 정비 필요성이 각계로부터 제기되어 왔다(인재근 외, 2018: 1).

개인정보 활용과 관련한 정책은 2016년부터 제4차 산업혁명의 바람이 불면서 정부가 수립한 종합계획에서 찾아볼 수 있다. '지능정보사회중장기종합대책'에는 데이터 유통·활용 촉진을 위해 일반정보, 비식별정보, 개인정보 별로 차별화된 활성화 전략을 추진하며, 특히 개인정보는 개인 프라이버시를 엄격히 보호하되 개인이 동의할 경우 개인별 맞춤형 서비스 개발·제공에 활용될 수 있도록 지원하겠다는 점을 밝히고 있다(관계부처합동, 2016: 23).

'4차산업혁명대응계획'에는 개인정보의 안전한 보호와 데이터의 산업적 활용의 균형을 위해 비식별화 된 개인정보 이용환경 조성, 개인정보 국외 이전 중단 명령권과 국외 재이전시 보호조치 의무 신설 등 안전 보호 제도 마련 등을 천명하였다(관계부처합동, 2017: 40). 아울러 '과학기술기본계획'에는 초연결 네트워크 기반구축을 위해 온라인상의 개인정보 노출 방지 강화, 데이터 공유 및 활용 촉진의 주요 장애 요인이 되고 있는 개인정보 활용 등에 대한 법·제도 개선 등의 내용을 담고 있다(관계부처합동, 2018: 69-70).

한편, 행정안전부가 보고한 2018년 업무추진계획에 따르면 주요 추진과제 중 하나로 '개인정보보호 강화로 안전한 정보환경 구현'을 들고 있으며, 이를 위해 ① 개인정보 자기 결정권 및 기업의 책임성 강화, ② 빅데이터 시대 개인정보의 안전한 활용지원, ③ 새로운 개인정보 위협 선제적 대응을 명시하고 있다. 2019년에 행정안전부 등이 함께 보고한 자료에 따르면 개인정보 보호와 활용의 국민 최적점 모색을 위해 데이터 개인정보보호 체계를 일부 개편[1]하며, 개인정보 노출 경보시스템 고도화로 개인정보 노출 모니터링을 강화하겠다는 것이다.

2. 정책과정 개관

제4차 산업혁명이 한국 사회의 화두와 이슈가 되자 정부는 개인정보의 보호와 함께 활용을 증진하겠다는 의지를 표명하게 된다. 개인정보 관련 사회문제를 국가가 해결하고자 하는 정부의 공식적인 의지표명 단계인 정책의제 설정기는 2016년 초부터 대략 2018년 상반기까지로 보인다. 이어서 정책목표 설정과 이를 달성하기 위한 정책수단과 도구를 탐색하는 단계인 정책형성기는 대략 2018년 하반기부터 2020년 초까지로 볼 수 있다. 물론 정밀하게 시기구분을 하기는 어려우며, 정책의제 설정과 정책형성이 중첩되는 기간이 있는 것도 사실이다.

첫째, 정책의제 설정기에 정부와 국회 등의 주요 정책추진 경과는 다음과 같다. 정부는 전경련 등의 요청을 받아들여 개인정보를 비식별 조치하여 활용할 수 있도록 2016년 6월 '개인정보 비식별 조치 가이드라인'을 제정하였다. 하지만 시민단체들이 바로 반대성명을 발표했고, 2017년 11월에는 이 가이드라인에 따라 비식별 개인정보를 활용한 20개 기업과 비식별

---

1) 행안위·방통위의 보호 기능 전부와 금융위의 일부 기능(일반상거래 기업조사처분권) 이관을 말한다(행정안전부·경찰청·소방청, 2019: 14).

화 조치 전문기관 4곳을 개인정보보호법 위반으로 고발하는 일이 벌어지기도 했다. 이 가이드라인은 법적 근거가 약한데다 논란이 많아 산업계에서는 제대로 활용할 수 없었다. 이러한 상황에서 정부는 국가 차원의 종합계획에 개인정보의 보호와 함께 산업적 활용을 증진하기 위한 계획을 담았다. 즉, 2016년 12월에 수립한 '지능정보사회종합대책', 2017년 11월에 수립한 '4차산업혁명대응계획' 및 2018년 2월에 수립한 '과학기술기본계획'이 바로 그것이다. 아울러 행정안전부가 2018년 1월에 보고한 업무추진계획이나 행정안전부 등이 2019년도에 함께 보고한 업무보고 자료에서도 그러한 의지의 표현을 볼 수 있다.

아울러 2017년 8월에 출범한 대통령 직속 4차산업혁명위원회는 2018년 2월 1일과 2일 양일간 '제2차 규제·제도혁신 해커톤'을 개최하였으며, 여기서 개인정보의 보호와 활용의 균형방안 마련에 대해 논의하였다. 이어 2018년 4월 3일과 4일 양일간 '제3차 규제·제도혁신 해커톤'을 개최했는데, 여기서는 가명정보는 공익 등을 위해 당초 수집 목적 외의 용도로 이용하거나 이를 제3자에게 제공할 수 있다는 것 등을 합의했으며, 일부 사안에 대해서는 시민단체와 산업계가 서로 다른 의견을 제시하여 합의에 이르지 못한 것도 있었다.

한편 제20대 국회는 2017년 12월 8일에 '4차산업혁명 특별위원회'(위원장 : 김성식)를 6개월의 한시적 특위로 출범시켰다. 이 위원회는 2개의 소위원회에서 핵심 아젠다에 대한 10차례의 논의, 5차례의 공청회와 4차례의 정책 간담회를 개최했고, 14차례에 걸친 전체 회의를 거쳐 2018년 5월에 총 105건의 정책권고, 47건의 입법 권고를 발표하고 해산되었다. 여기에는 개인정보의 활용과 보호를 위한 정책권고 5건과 입법권고 4건이 포함되어 있었다.

아울러 국회 행정안전위원회에서는 개인정보보호법 개정안이 발의되기 시작했다. 제20대 국회에서 이 법의 제1호 개정안은 민경욱 의원 등 11인이 2016년 8월 10일에 발의한 것이다. 이 개정안은 지문·얼굴·홍체 등의 생체정보에 대한 정의 및 처리에 관련된 사항을 규정하는 것으로 생체정보 보호의 법적 근거를 마련하고자 한 것이다.

둘째, 정책형성기에 대통령과 정부 및 국회 등의 주요 정책추진 경과는 다음과 같다. 먼저, 문재인 대통령은 2018년 8월 31일 판교 스타트업캠퍼스에서 열린 '데이터경제 활성화 규제혁신 현장방문'을 통해 규제 혁신과 함께 국가전략투자 프로젝트로 데이터경제를 선정했음을 밝혔다. 여기서 "4차 산업혁명 시대, 미래 산업의 원유(原油)가 바로 데이터입니다. …데이터의 적극적인 개방과 공유로 새로운 산업을 도약시켜야 합니다. …산업화 시대의 경부고속도로처럼 데이터 경제시대를 맞아 데이터고속도로를 구축하겠습니다"라고 연설한 바 있다.

이에 개인정보보호의 주무 부처인 행정안전부는 산업계 및 시민단체와의 수차례 간담회와 관계 부처 회의를 거치고 여러 국회의원들의 의견과 제안을 반영하여 2018년 11월 15일 인재근 의원 발의 개정안에 반영하였다. 이는 당시 행정안전위원회 위원장을 인재근 의원이 맡고 있었기 때문으로 보인다. 이 안에는 물론 인재근 의원이 의견을 보태는 등의 역할을 한 측면도 있지만, 행정안전부가 부처 간 의견까지 조율한 정부안으로 볼 수 있으며(국회사무처, 2019가: 5, 15-16), 국회 4차산업혁명 특별위원회의 의견도 반영된(국회사무처, 2019나: 27) 안이다. 같은 날에 관련 법률의 유사·중복 조항 정비 등을 위해 '정보통신망법'은 노웅래 의원 대표발의로, '신용정보법'은 김병욱의원 대표발의로 개정안이 발의되었다. 이들 역시 정부안에 기초를 둔 것으로 보인다. 이 세 가지 법률 개정안을 일반적으로 '데이터 3법'[2] 이라 부른다.

한편 시민단체들은 과거 개인정보 유출의 피해 사례, 정보관리 주체인 기업들에 대한 불신, 개인정보 유출 가능성 등을 제기하며 개인정보보호 조치를 더욱 강화해야 한다고 주장하였다. 경실련 등 7개 시민단체는 2018년 11월 21일 기자회견을 통해 개인정보보호법의 개정을 반대하였다. 기업 간에 고객 정보를 판매 또는 공유하는 것을 인정하면 심각한 개인정보 침해가 우려된다는 점과 가명정보 활용 범위, 개인정보 정의, 개인정보 감독기구 등에서 문제가 있다고 지적하였다. 한편, 2017년 11월 시민단체의 고발 건은 2019년 3월 서울중앙지방검찰청이 무혐의 처분한데 이어 동년 6월 서울고등검찰청이 시민단체의 항고를 기각하였으나, 동년 7월에 참여연대, 민주노총 등 12개 시민단체가 비식별 개인정보를 제공하거나 제공받은 20개 기업과 4개 기관을 대상으로 수사를 요청하는 재항고장을 제출한 바 있다.

국가인권위원회는 2019년 8월, 인재근 의원이 대표 발의한 개인정보보호법 개정안에 대해 공식적인 의견을 표명하였다. 첫째, 가명처리 조항과 관련하여 ① 제2조 제8호에서 '과학적 연구'의 범위를 수범자가 객관적으로 예측할 수 있도록 보다 구체적이고 명확하게 규정하는 것이 바람직함 ② 제28조의 2 제1항에서 "정보주체 또는 제3자의 이익을 부당하게 침해할 우려가 없는 경우에 한하여"라는 조건을 추가하여 가명정보 처리 시에 정보주체의 권리가 보호될 수 있도록 하는 것이 바람직함 ③ 가명정보의 목적 외

---

2) 언론에서는 이를 종종 '개망신법'으로 약칭하여 희화화(戲畵化)하고 있으나, 줄임말을 쓸 때도 좀 더 품위 있는 단어 선택이 필요하다고 생각한다.

이용 또는 제3자 제공 처리 시에 이를 공표하도록 하는 조항, 개인정보 프로파일링(profiling)의 정의 신설 및 개인 정보 프로파일링으로 인한 정보주체 권리침해 방지에 대한 조항을 추가로 반영하는 것이 바람직함. 둘째, 보호위원회 구성 및 운영에 있어 독립성과 다원성을 확보할 수 있도록 하고, 개인정보 보호 위반행위에 대한 조사 및 처분 권한을 보다 강화하는 것이 바람직하다는 것이다.

이어 대통령 직속 4차산업혁명위원회는 2019년 10월에 '4차 산업혁명 대정부 권고안'을 발표했다. 여기서는 경직된 개인정보보호 법제 등을 개선하여 개인정보의 활용 및 유통과 관련된 법적 불확실성과 위험을 최소화해야 하는 것 등을 권고하였다(4차산업혁명위원회, 2019: 69).

한편 2019년 10월 28일에는 대통령이 경제 혁신과 관련 산업의 육성을 위해 데이터 3법의 국회 통과를 요청했으며, 박용만 대한상공회의소 회장 등 재계에서도 조속한 처리를 계속 요청했다. 2019년 11월 12일, 국회의장은 여야 3당(더불어민주당, 자유한국당 및 바른미래당) 원내대표와 회동하여 데이터3법을 조속히 통과시킨다는 데 합의했다.

제20대 국회에서 발의된 개인정보보호법 개정안은 2019년 10월까지 총 51건에 달했다. 이 개정안들은 총 5회 개최된 법안심사소위원회에 회부되어 논의된 후 2019년 11월 27일 행정안전위원회 전체회의를 통과했다. 한편, '신용정보의 이용 및 보호에 관한 법률'(이하 '신용정보법'이라 한다) 개정안은 2019년 11월 28일 정무위원회 법안심사소위원회를 통과한 후 동년 11월 29일 정무위원회 전체회의를 통과했다. 정보통신망법 개정안은 2019년 12월 4일에 과학기술정보방송통신위원회(이하 '과방위'라 한다)의 법안심사소위원회와 과방위 전체회의를 통과했다. 이 데이터 3법은 법사위원회에 제출되어 2019년 11월 29일 회의에 이어 2020년 1월 9일 오전 회의를 통해 의결되었으며, 같은 날 오후에 제374회 국회 임시회 본회의에서 의결되었다.

　이상과 같은 경과를 종합해보면 개인정보 보호 및 활용 정책은 이제 정책형성 단계까지 마무리된 상황이다. 상기한 정책과정을 표로 정리하면 〈표 8-1〉과 같다.

<표 8-1> 개인정보 보호·활용 정책의 정책과정 및 주요 내용

정책과정	일 자	주요 내용
정책의제 설정	2016. 1.	'제4차 산업혁명의 이해'를 주제로 다보스 포럼 개최
	2016. 6.	'개인정보 비식별 가이드 라인' 제정
	2016. 8.	민경욱 의원 등 11인이 공동으로 개인정보보호법 개정안 발의 (이후 50건의 개인정보보호법 개정안 추가 발의)
	2016.12.	'제4차 산업혁명에 대응한 지능정보사회 중장기 종합대책' 수립
	2017. 8.	대통령 직속 4차산업혁명위원회 활동 시작
	2017.11.	'혁신성장을 위한 사람 중심의 제4차 산업혁명 대응계획' 수립
	2017.12.	국회 '4차산업혁명 특별위원회' 활동 시작
	2018. 1.	'행정안전부 업무추진계획' 보고
	2018. 2.	'2040년을 향한 국가과학기술 혁신과 도전 : 제4차 과학기술기본계획('18~'22)' 수립
	2018. 2. ~ 4.	대통령 직속 4차산업혁명위원회의 해커톤을 통해 개인정보의 개념 체계 및 가명정보의 이용 목적 등 합의
	2018. 5.	국회 '4차산업혁명 특별위원회'의 정책/입법 권고 발표
정책형성	2018. 8.	문재인 대통령의 '데이터 경제 활성화 규제혁신 현장방문' 및 국가 전략투자 프로젝트로 데이터경제 선정에 대한 연설
	2018.11.	데이터 3법 개정안 발의(정부안에 산업계 및 시민단체 등의 의견을 반영한 의원 발의)
	2018.11.	경실련 등 7개 시민단체의 개인정보보호법 개정 반대 성명
	2019. 8.	국가인권위원회의 개인정보보호법에 대한 의견 표명
	2019.10.	대통령 직속 4차산업혁명위원회의 대정부 권고안 발표
	2019.11.~12.	데이터 3법의 국회 3개 상임위원회 통과
	2020. 1.	데이터 3법의 법제사법위원회 통과 및 본회의 의결

제3절 정책변동 분석

Hogwood & Peters(1983: 26-29)는 정책변동 유형을 정책혁신(Policy Innovation), 정책승계(Policy Succession), 정책유지(Policy Maintenance) 및 정책종결(Policy Termination)로 구분한 바 있다. 여기서 정책승계는 변동의 의도성 면에서 '의도적'이며, 몇몇 법률의 대체, 적어도 하나 이상 조직의 변동과 몇몇은 기존 예산 존재 등을 특징으로 한다. 개인정보 보호·활용 정책의 변동은 종합적으로 보면 정책의 변동 유형 중 '정책승계'에 해당한다.

첫째, 변동의 의도성 측면이다. 정부가 세운 종합계획이나 국회의 보고서 등에는 개인정보의 보호와 함께 활용을 증진하고자 하는 의지를 반영하고 있다. 먼저 이러한 내용은 '지능정보사회 종합대책', '제4차산업혁명 대응계획' 및 '과학기술기본계획'에서 살펴 볼 수 있다. 예를 들면 '대응계획'에는 '개인정보의 안전한 보호와 데이터의 산업적 활용의 균형을 위해 비식별화된 개인정보 이용 환경 조성을 명시하고 있다(관계부처합동, 2017: 40).

대통령 직속 4차산업혁명위원회는 2018년 2월 1일과 2일 양일간 '제2차 규제·제도혁신 해커톤'을 개최하였다. 이 해커톤에는 과학기술정보통신부, 행정안전부, 보호위원회, 한국인터넷진흥원 등 정부·공공기관과 법조계, 시민단체(경제정의실천시민연합, 참여연대 등), 산업계(SKT, 다음소프트 등) 등 다양한 단체에서 참여하였다. 여기서는 다음과 같은 내용이 합의되었다. ① 개인정보와 관련된 법적 개념체계는 개인정보, 가명정보, 익명정보로 구분하여 정비하기로 했으며, 익명정보는 개인정보보호법의 적용대상이 아니라고 합의하여 개인정보와 구분 ② '익명정보'의 정의를 법에 명시하지 않는 대신에 EU GDPR 전문(제26항)을 참조하여 개인정보의 개념을 보완하기로 논의 ③ '가명정보'에 대한 법적 근거 마련 등이다(4차산업혁명위원회, 2018가: 2-3)

이어 2018년 4월 3일과 4일 양일간 '제3차 규제·제도혁신 해커톤'을 개최하였다. 여기에도 다양한 이해관계자가 참여했으며, 다음 사항에 대해 합의하였다. ① 가명정보는 공익을 위한 목적, 학술 연구 목적, 통계목적을 위하여 당초 수집 목적 외의 용도로 이용하거나 이를 제3자에게 제공할 수 있음 ② 정부는 익명처리의 적정성을 평가하기 위한 절차와 기준을 마련할 수 있고, 이러한 절차와 기준은 기술적 중립성에 입각한 것이어야 하며 강제적인 것이거나 최종적인 것으로 해석되어서는 안 됨 ③ 데이터 결합은 사회적 후생을 증진하는 중요한 역할을 할 수 있으나 그 과정에서 발생할 수 있는 개인정보 침해의 위험성도 간과되어서는 안 됨 ④ 정보통신망법, 신용정보법, 위치정보법은 각 부문에서 고유하게 규정할 필요가 있는 사항을 제외하고, 개인정보 보호와 관련된 중복, 유사 조항에 대해서는 통일적 규율이 필요함 등이다. 단, 데이터 결합과 관련된 구체적인 방안에 대해서는 시민단체와 산업계가 서로 다른 의견을 제시하여 합의에 이르지 못하였다(4차산업혁명위원회, 2018나: 2-5). 이후 2019년 10월에 4차산업혁명위원회는 대정부 권고안을 발표하였다. 즉 인공지능·데이터 항목에서 '정부는 데이터의 활용과 유통을 촉진하기 위하여 법·제도적, 물적 기반을 마련해야 한다'는 등의 권고를 하였다(4차산업혁명위원회, 2019: 68-70).

한편, 국회에서는 '4차산업혁명 특별위원회'가 구성되어 전체회의, 공청회 및 정책간담회 등을 거쳐 입법 및 정책 권고안을 마련해 2018년 5월에 발표하였다. 그 내용 중에 개인정보의 활용과 보호를 균형 있게 개선하기 위한 정책권고 5건과 입법권고 4건이 들어있다(이를 표로 정리하면 〈표 8-2〉와 같다).

둘째, 법률 개정 측면이다. 개인정보보호법은 정부안이 포함된 인재근 의원 대표 발의 개정안(인재근 외, 2018)을 중심으로 검토를 통해 행정안전위원회의 단일안이 마련되었으며, 2020년 1월 국회를 통과했다. 이 개정안의 제안이유에 보면 시대 상황을 "4차 산업혁명 시대를 맞아 핵심 자원인 데이터의 이용 활성화를 통한 신산업 육성이 범국가적 과제로 대두되고 있으며, 특히, 신산업 육성을 위해서는 인공지능(AI), 클라우드, 사물인터넷(IoT) 등 신기술을 활용한 데이터 이용이 필요한 바, 안전한 데이터 이용을 위한 사회적 규범 정립이 시급한 상황"으로 인식하고 있다(행정안전위원회, 2020: 2-3).

아울러 노웅래 의원이 대표 발의한 정보통신망법 개정안을 토대로 과방

〈표 8-2〉 4차 산업혁명 특별위원회의 정책권고 및 입법권고 (개인정보 관련)

유 형	정책 방향
정책 권고	① 법률에서 중복 조항을 정비하고, 거버넌스에 대한 논의를 실시할 것 ② 비식별화된 개인정보 활용방안을 터주되 그 과정에서 고의적으로 재식별화하는 경우 등은 강력한 사후처벌 방안을 마련할 것 ③ 강력한 사후 규제를 전제로 익명가공정보도 적극 활용할 수 있도록 길을 터놓은 일본 기준을 참고해 개인정보 활용 수준을 검토할 것 ④ 과학기술정보통신부는 개인정보 활용에 대한 국민 불신을 안심시킬 수 있는 홍보 대책을 마련하고, 해외의 성공한 사례 중 개방적인 사례를 적극 검토할 것 ⑤ 현행 법률에서 정보주체의 동의 없이 개인정보를 수집·이용할 수 있는 상황을 구체화할 것
입법 권고	① 법률에서 개인정보·가명정보의 개념을 보다 구체화할 것 ② 가명정보 개념을 신설할 경우, 정보주체의 동의 없이 가명정보를 목적 외 이용하거나 제3자에게 제공할 수 있는 상황을 구체화할 것 ③ 가명처리된 개인정보의 결합을 추진할 기관에 대한 근거를 가이드라인(현행)이 아닌 법률로 규정할 것 ④ 행정안전부 산하인 보호위원회를 독립기구로 위상을 강화해 개인정보 보호방안을 총괄하고 전향적인 정보 활용 방안을 마련할 것

위에서 단일안이 마련되었으며, 김병욱 의원이 대표 발의한 신용정보법 개정안을 토대로 정무위원회의 단일안이 마련되었고, 두 개정안 모두 법제사법위원회를 거쳐 2020년 1월에 국회 본회의를 통과했다. 이처럼 이 정책변동은 법률의 개정을 포함하고 있다. 데이터 3법의 주요 개정 내용을 정리하면 〈표 8-3〉과 같다.

셋째, 조직 측면이다. 2020년 1월 국회를 통과한 개인정보보호법 개정에 따르면 대통령 소속 위원회 조직으로 되어 있는 보호위원회를 국무총리

〈표 8-3〉 데이터 3법의 주요 개정 내용

법률	주요 내용
개인정보 보호법	• 개인정보 개념 체계를 개인정보, 가명정보, 익명정보로 명확히 함 • 가명정보는 통계작성, 과학적 연구, 공익적 기록보존의 목적으로 처리할 수 있도록 하며, 서로 다른 개인정보 처리자가 보유하는 가명정보는 대통령령으로 정하는 기준에 따라 보안시설을 갖춘 전문기관을 통해서만 결합 • 가명정보를 처리하는 경우에는 대통령령으로 정하는 안전성 확보조치를 하고, 특정 개인을 알아보는 행위를 금지하는 한편 이를 위반하는 경우 형사처벌, 과징금 등 벌칙 부과 • 보호위원회를 국무총리 소속 중앙행정기관으로 격상하고, 현행법상 행정안전부 및 방송통신위원회의 관련 기능을 보호위원회로 이관하여 개인정보보호 컨트롤 타워 기능을 강화 • 보호위원회의 소관 사무에 '정보주체의 권리침해에 대한 조사 및 이에 따른 처분에 관한 사항'을 명시
정보 통신망법	• 개인정보보호에 관한 사항을 삭제하고 개인정보보호법으로 이관 • 방송통신위원회의 권한의 일부를 방송통신위원회의 소속기관의 장에게 위임할 수 있는 근거를 명시적으로 마련
신용 정보법	• 개인신용정보로서 가명정보의 개념을 도입하고, 통계작성 등을 위해서는 가명정보를 신용정보주체의 동의 없이도 이용하거나 제공 가능 • 신용정보회사 등은 가명정보를 보호하기 위하여 일정한 기술적·물리적·관리적 보안대책을 수립·시행하도록 하며, 가명정보를 이용하는 과정에서 특정 개인을 알아볼 수 있게 된 경우 처리를 즉시 중지토록 하는 등의 의무 부과 • 신용조회업무의 정의를 바꾸어 개인신용평가업, 개인사업자신용평가업 및 기업신용조회업으로 구분 정의하고, 전문개인신용평가업과 기업신용조회의 일부 업무에 대한 허가요건을 완화 • 신용조회회사는 원칙적으로 영리를 목적으로 하는 다른 업무를 겸업할 수 없도록 한 규제를 폐지하면서 신용정보주체 보호 및 신용질서를 저해할 우려가 없는 업무에 대해서는 겸업 허용 등

소속 중앙행정기관으로 격상하고, 행정안전부가 담당하던 관련 기능을 개인정보위원회로 이관하게 된다. 또한 보호위원회가 관계 중앙행정기관의 장에게 공동조사를 요청하거나 처분 등에 대한 의견제시를 할 수 있게 함으로써 보호위원회의 컨트롤 타워 기능을 강화하였다. 아울러 보호위원회의 사무를 처리하기 위하여 사무처를 두게 된다. 아울러 같은 시기에 정보통신망법도 개정되어 온라인상의 개인정보 보호와 관련된 규제 및 감독의 주체가 방송통신위원회에서 보호위원회로 변경되었다.

넷째, 예산 측면이다. 먼저 〈표 8-4〉에서 보는 바와 같이 행정안전부의 개인정보보호 관련 예산의 연도별 변화를 살펴보면, 정보보호 인프라 확충 부문의 예산이 2020년에 상당한 수준으로 증가한 것을 볼 수 있는 반면에 다른 부문에서는 연도별 예산액의 변화에서 특이점을 발견하기 어렵다. 이는 개인정보의 활용은 제도나 운영 측면이 강하기 때문에 예산 측면에서는 별다른 변화가 없기 때문이 아닐까 생각된다.

한편 대통령은 2018년 8월 경기도 판교에서 열린 '데이터경제 활성화 규제혁신 현장방문'에서 국가전략투자 프로젝트로 데이터경제를 선정했음

〈표 8-4〉 행정안전부 각 연도별 개인정보보호 관련 예산

(단위: 백만원)

구 분	2015	2016	2017	2018	2019	2020
정보보호 인프라 확충	8,491	9,843	9,285	10,807	9,309	15,207
개인정보 유출 및 오·남용 방지	9,907	8,485	7,591	8,594	7,299	8,963
개인정보보호 국내·외 협력체계 구축	–	–	482	782	524	640

출처 : 행정안전부(2020: 14-15) 등 매년도 세입·세출예산 개요를 토대로 정리

<표 8-5> 개인정보 보호·활용 정책의 정책승계 특징

정책승계의 특징		개인정보 보호·활용 정책 해당 여부	주요 내용
기본성격	의도적 성격	○	• 정부와 국회가 의도를 가지고 정책을 추진
법률측면	몇몇 법률 대체	○	• 데이터 3법의 개정
조직측면	최소한 조직 이상의 변화 수반	○	• 개인정보보호위원회를 국무총리 소속 중앙 행정기관으로 격상하고 분산된 감독권한을 일원화
예산측면	몇몇은 기존예산 존재	○	• 행정안전부의 개인정보보호 예산 존재 • 대통령의 2019년 데이터산업 1조원 투자공표

을 밝혔다. 핵심기술 개발을 지원하고, 전문인력 5만명, 데이터 강소기업 100개를 육성할 것이며, 이를 위해, 내년 데이터 산업에 총 1조원을 투자하겠다고 천명한 바 있다. 이어서 2019년 1월에는 관계부처합동으로 '데이터·AI경제 활성화 계획('19년~'23년)'을 발표하였다. 여기서는 '데이터 시장규모 30조원 달성과 AI 유니콘 기업 10개 육성을 통한 데이터·AI 경제 선도국가 도약'을 목표로 3개 전략과 9개 과제를 제시했으나, 5년간의 재정투자계획을 밝히지 않은 점은 아쉽다. 다만 2019년 중점추진사업에 1,913억 원을 투자하는 계획은 밝혔다. 이상에서 기술한 개인정보 보호·활용 정책의 정책승계 측면에서의 특징을 정리하면 〈표 8-5〉와 같다.

제4절 정책과정의 평가와 문제점

개인정보 보호·활용 정책은 이제 정책형성 단

계가 막 종료된 상태다. 따라서 정책집행의 효율성이나 정책효과에 대해서는 평가를 할 수가 없기 때문에 포괄적 평가모형(comprehensive evaluation)[3]에 입각하여 정책의제 설정단계와 정책형성 단계에 대해 정책결정의 합리성을 중심으로 평가하고자 한다.

1. 정책의제 설정의 평가와 문제점

개인정보의 보호에서 한 걸음 나아가 활용에 방점을 두는 정책으로의 전환은 정부부처, 대통령 직속 4차산업혁명위원회 및 국회의 주도 하에 추진되었다. 정부 부처 중에서는 국무조정실, 행정안전부, 과학기술정보통신부 및 산업통상자원부 등이 정책의제 설정에 중요한 역할을 하였다. 이러한 사실은 정부가 전경련 등의 요청을 받아들여 개인정보를 비식별 조치하여 활용할 수 있도록 '개인정보 비식별 조치 가이드 라인'을 제정했거나, 관계부처 합동으로 만든 '지능정보사회종합대책', '4차산업혁명대응계획'. '과학기술기본계획' 및 '제3차 개인정보보호 기본계획(2018~2020년)'에 관련 내용을 반영한 것과 행정안전부의 업무추진계획 보고 자료에 그러한 내용을 담은 데서 알 수 있다.

특히 대통령 직속 4차산업혁명위원회가 2018년 2월부터 4월까지 개최한 해커톤을 통해 산업계, 시민단체 등의 의견을 수렴해 개인정보의 개념체

---

3) 포괄적 평가모형은 평가란 목표달성모형보다는 좀 더 포괄적인 성격을 가져야 한다는 생각에 그 뿌리를 두고 있다. 즉 평가와 관련된 판단과정에서는 프로그램이 달성한 결과만을 그 대상으로 제한해서는 안 되며 최소한 집행 및 어떤 경우에는 기획단계까지도 포함해야 한다는 것이다(에버트 비둥, 1995: 95-96).

계 및 가명정보의 이용목적 등을 합의 한 것이 큰 전환점이 되었다. 또한 국회 '4차산업혁명 특별위원회'가 2018년 5월에 개인정보의 보호와 활용 관련 정책권고 및 입법권고를 한 것도 정책의제 설정에 큰 의미가 있다. 아울러 '제3차 개인정보 보호 기본계획(2018~2020년)'에는 그 목표에 '이해관계자들의 능동적 개인정보 보호 활동 강화'를, 대응방향으로 '개인정보의 안전한 활용을 위한 탄력적 제도 운영'을, 세부과제 중 하나로 '지능정보 기반의 개인정보 보호 및 산업 활성화'를 명시하고 있다.

정책의제의 설정과정은 Cobb와 Elder(1972)의 논의처럼 대략 사회문제 → 사회적 이슈 → 공중의제 → 정부의제의 단계로 변화하지만 모든 사회문제가 이런 경로를 밟는 것은 아니며, 사회문제가 바로 정부의제로 바뀌는 경우도 있다(정정길 외, 2003: 265-270). 개인정보 보호·활용 정책의 경우가 바로 사회문제가 정부의제로 채택된 사례로 생각된다. 사회적 이슈나 공중의제의 단계를 거치지 않고, 바로 정부에 의해 정부의제로 채택되어 관련 부처가 합동으로 수립한 종합계획 등에 반영되었기 때문이다. 정부가 제4차 산업혁명이라는 흐름 속에서 데이터를 기반으로 신제품과 새로운 서비스 및 신산업을 발전시키기 위해 개인정보 활용의 활성화를 정책내용으로 반영함으로써 정책변동이 일어난 것이다.

정책의제 설정유형은 일반적으로 외부주도형, 동원형 및 내부접근형으로 나누어진다. 동원형(mobilization model)은 정부 내의 정책결정자들이 주도하는 유형으로서, 정치지도자들이 사회문제를 정부의제로 채택한 다음 정부의 PR 등을 통해 이슈를 확산시켜 공중의제가 되도록 하는 유형을 말한다(정정길 외, 2003: 272-276). 개인정보 보호·활용 정책의 경우가 바로 정부 관료가 주축이 되어 사회문제를 정부의제로 설정하였기 때문에 '동원형'으로 판단된다.

다만 이 과정에서 정부가 '제4차산업혁명 대응계획' 등을 수립하기 전에 제4차 산업혁명이라는 주제로 공청회를 열어 의견 수렴을 하였지만, 개인 정보 활용에 초점을 맞추어 여론을 수렴한 적이 없다는 점은 아쉬운 부분이 다. 아울러 4차산업혁명위원회가 해커톤을 개최하여 상당한 합의도 이루었 지만, 시민단체와 산업계가 서로 다른 의견을 제시하여 합의에 이르지 못한 부분도 있었다.

2. 정책형성의 평가와 문제점

정부안이 반영된 '데이터 3법'에 대한 개정안은 2018년 11월에 발의된 이후 1년 2개월 정도 경과한 후에야 의결되었다. 2016년 1월 다보스포럼 을 기점으로 본다면 4년이 걸려 법을 개정한 것이다. 국회의 의사결정에 이 렇게 시간이 오래 걸린 것은 적시성 측면에서 문제가 있다. 빠르게 변화하 는 제4차 산업혁명을 법률적으로 뒷받침하여 기업들이 데이터를 기반으로 새로운 제품과 서비스를 개발하고 해외로 진출하도록 지원하는 것이 중요 하기 때문이다.

그간의 추진경과를 보면 개인정보보호법 개정안의 경우 다섯 차례의 법 안심사소위원회 회의를 거쳐 2019년 11월에 행정안전위원회를 통과한 것 이다. 신용정보법은 정무위원회 법안심사소위원회에서 네 차례 논의를 거 쳐 2019년 11월에 정무위원회를 통과한 것이다. 정보통신법은 데이터 3법 의 모법 격인 개인정보보호법 개정안이 먼저 행정안전위원회에서 통과돼 야 한다는 이유를 들어 법안심사를 하지 않고 있다가 2019년 12월에야 과

방위의 법안심사소위원회와 전체회의를 통과한 것이다. 이후 데이터 3법은 법제사법위원회의 심의와 의결을 거친 후 2020년 1월에야 국회 본회의를 통과했다.

이처럼 법안심사가 늦어진 것은 여당과 야당이 정치적인 문제로 정쟁을 계속하면서 국회의원들이 개정안 심의를 지지부진하게 한 것이 1차적인 요인이다. 아울러 법률 개정을 위한 대통령의 적극성이 부족했던 것도 사실이다. 대통령은 2019년 10월 28일 네이버 개발자 콘퍼런스 행사에 참석해 "데이터 3법이 연내 통과될 수 있도록 국회와 적극 협력하겠다"고 말은 했지만 좀 더 능동적으로 역할을 하는 모습은 찾아보기 어려웠다. 미국의 오바마 전 대통령이 재임시절 의료보험체계 개혁안(일명 '오바마 케어')에 대해 반대하는 공화당과 민주당의 의원들을 직접 접촉하거나 만나서 설득한 사례에 비추어 본다면 더욱 그러하다.

여당인 더불어민주당이 2019년 10월 30일 기상정보업체인 케이웨더에서 개최한 현장 최고위원회에 참석한 소프트웨어 업체 대표가 "데이터 3법이 발의됐을 때 산업계에서는 투자도 하면서 기다렸는데 굉장히 많은 업체가 어려움을 겪고 있다. 데이터 산업의 발전은 클라우드 산업 발전 없이는 어려운데 규제 때문에 진행을 못하고 있다. 정부에서 R&D 자금을 많이 줘도 (규제 때문에) 시장이 만들어지지 않으면 기술이 사장(死藏)된다"(조선일보, 2019가)라고 말한 데서도 법률 개정 지연에 따른 문제점을 알 수 있다. 실제로 바이오 벤처들이 핵심 개인정보를 뺀 의료정보를 활용해 신약을 개발하거나, 암 발병을 예측하는 유전자 검사 서비스를 준비하는 등 6조 건이 넘는 의료 빅데이터를 산업분야에 활용하려고 했으나 법률 때문에 막혀 있었던 것이다(조선일보, 2019나).

한편 개인정보에 대한 보호·활용 정책의 목표에 대해 살펴보면, 국회 행정안전위원회의 개인정보보호법 개정안의 제안 이유에 "개인정보의 보호를 강화하면서도 관련 산업의 경쟁력 발전을 조화롭게 모색할 수 있도록 현행법을 보완하려는 것임"(행정안전위원회, 2020: 3)이라고 명시하고 있다. 이와 같이 개인정보의 보호와 활용의 조화를 목표로 제시하고 있으므로 정책목표 설정은 적절한 것으로 판단된다.

다음으로 정책도구에 대해 살펴보고자 한다. 정책도구의 적절성을 살펴보는 데는 개인정보 보호·활용 측면에서 앞서가는 나라들과 법률과 제도적인 측면에서 비교해보는 것도 좋은 방법이다. EU의 GDPR은 이제 유럽을 넘어 국제적인 기준으로 자리매김 하고 있으며, GDPR이 규정한 정보의 역외이전은 우리에게도 영향을 미치기 때문에 중요한 비교 대상으로 볼 수 있다.

EU는 1995년에 제정한 'Data Protection Directive'를 대체하기 위해 2016년 4월 27일 회원국의 별도 입법조치 없이 바로 효력을 발휘하는 규정으로 GDPR을 제정 공포했고, 2018년 5월 25일부터 발효되었다. GDPR은 전문(Recital) 173항과 본문 11장(Chapter) 99개 조항(Article)으로 구성되어 있으며, EU 밖에 있는 기업이나 국가가 EU 국민의 정보를 취급할 경우에도 적용된다. GDPR은 개인정보 보호가 개개인의 국적 또는 거주지에 상관없이 개인의 기본적 권리와 자유(fundamental rights and freedoms)로써 존중되어져야 함을 기본원칙으로 하며, 자유, 안보 및 정의와 경제연합 분야의 성과, 경제 및 사회적 발전, 역내 시장 경제의 강화 및 통합, 그리고 개인의 복지 증진에 기여함을 목적으로 한다(The European Parliament and The Council of The European Union, 2016: 2).

GDPR은 기업의 책임을 강화하였으며, 정보주체의 처리제한권, 정보이동권, 프로파일링 제한권 등을 통해 권리를 강화하였으며, 위반사항에 대해 과징금을 부과하였다. GDPR에 따른 주요 변화를 정리하면 〈표 8-6〉과 같다. GDPR은 정보처리 행위 일체에 대해 원칙적으로 정보주체의 동의를 요구함과 동시에 공공의 이익 및 정보주체 이익을 침해하지 않는 정보처리자의 정당한 이익을 위해 필수적인 경우 등에는 면책가능성을 열어놓고, 추가적인 정보주체의 사후통제권을 강화한 것이 그 특징이라고 할 수 있다(오승한, 2018: 392-393).

EU 집행위원회는 국가별로 개인정보 보호 수준이 GDPR 기준에 맞는지 아닌지를 따져 보는 적정성 평가를 하고 있다. 특히 개인정보의 역외이전

〈표 8-6〉 GDPR에 따른 주요 변화

구 분		주요 내용
기업의 책임강화		• 개인정보보호책임자(DPO; Data Protection Officer) 지정 • 개인정보 처리활동의 기록유지 • 개인정보 영향평가 실시 • 역내 대리인 지정
정보주체 권리 강화	처리제한권 (신설)	• 정보주체가 본인에 관한 개인정보의 처리를 차단하거나 제한을 요구할 권리
	정보이동권 (신설)	• 정보주체가 본인의 개인정보를 본인 또는 다른 사업자에게 전송토록 요구할 권리
	삭제권 (강화)	• 정보주체가 본인에 관한 개인정보의 삭제를 요구할 권리
	프로파일링 거부권 (강화)	• 정보주체가 본인에게 중대한 영향을 미치는 사안에 대해 프로파일링 등 자동화된 처리에 의한 결정을 반대할 권리
과징금 부과		• 일반적 위반 사항에 대해서는 전 세계 매출액 2% 또는 1천만 유로(약 125억 원) 중 높은 금액 • 중요한 위반 사항에 대해서는 전 세계 매출액 4% 또는 2천만 유로(약 250억 원) 중 높은 금액

출처 : 행정안전부 (2018나: 1)를 토대로 수정함

관련 규제가 있는 GDPR의 적용을 직접 받게 되는 우리나라 기업들에게는 이 평가가 매우 중요하다. 한국은 2017년 1월 일본과 함께 적정성 우선 평가 대상국으로 지정됐지만, 발 빠르게 제도를 정비한 일본만 2019년 1월에 적정성 결정을 받은 상황이다.

EU 적정성 평가에서 핵심적인 사항은 감독기구의 독립성이며, 특히 보호위원회의 조사·처분 권한을 가장 핵심적인 부분으로 파악하고 있다(국회사무처, 2019다: 18). 인재근 의원이 대표 발의한 개정안은 GDPR의 예를 따르려고 노력하여 만들어진 부분이 있다(국회사무처, 2019나: 27). 행정안전부는 EU와 적정성 결정과 관련한 회의를 수차례 했고, 적절성 결정은 초기 결정이 중요한데 인재근 의원 안대로 진행하면 초기 결정이 긍정적인 가능성이 있다는 답변을 받았으며(국회사무처, 2019다: 19), 이 법안 개정으로 적정성 평가기준을 충족할 수 있을 것으로 판단한 바 있다(국회사무처, 2019가: 20).

일본은 2012년 '액티브 재팬(Active Japan ICT)' 전략을 통해 빅데이터를 미래 핵심 전략으로 삼았고, 데이터 활용가능성을 높이고자 1단계 조치로 2015년에 '개인정보의 보호에 관한 법률'을 개정해 '익명가공정보' 개념을 도입했으며, 2단계로 2017년에 개인정보를 제거한 고객정보를 본인 동의 없이 2차 이용(상품 및 서비스 개발) 및 제3자 판매가 가능하도록 개정하였다. 우리나라의 데이터 3법 개정은 일본이 4년 전에 완료한 1단계 준비에 불과하다(민기영, 2019).

미국은 EU와 달리 연방 차원의 통합적인 개인정보보호법은 존재하지 않고, 각 산업 분야별로 해당 규제법이 직접 개인정보보호와 관련된 내용을 규정하는 형태를 취하고 있다. 각 분야별 개인정보보호 체계는 관련분야의 규제기관이 제정한 기준과 규칙 등에 따라 구체적으로 실행되는데, EU의 개인정보 보호수준 보다 더 높은 보호가 이루어지는 부분도 있고, 그 보다 약한 보호수준에 머무는 경우도 존재한다(오승한, 2018: 393-394). 하지만 미국은 비식별 정보를 활용할 때 사전 동의를 배제하여 상대적으로 자유롭게 유통하는 것이 가능하다. 심지어 중국도 정부 주도로 2015년부터 데이터를 자유롭게 사고파는 '빅데이터 거래소'를 운영하고 있는 점(황병상, 2019: 23)을 중시할 필요가 있다.

국회를 통과한 개인정보보호법 개정안은 일부 조항에서는 GDPR보다 강화된 측면이 있다. 예를 들면 GDPR이 가명정보 처리에 관한 일반적인 규정만 있고 기업 간 결합에 대해서는 안전조치 관련 규정이 없는 것에 비해 보안성이 확보된 공간에서 제한적으로 결합 분석하고 분석 결과만 반출하도록 한 것 등이다. 그러나 전반적으로 보면 개정된 법률안은 여전히 사전 동의 및 형사 처벌 위주의 규제가 중심이 되어 있고, 개인정보의 활용 측면은 부족한 것으로 생각된다.

제5절 정책혁신 방안

이상의 분석을 종합하여 향후 정책혁신 방안을 제시하면 다음과 같다. 첫째, 정책과정에서 보다 많은 정책행위자들의 참여가 요구된다. 개인정보 보호·활용 정책은 정부가 주도하는 동원형으로 정책의제설정이 되었고, 대통령직속 4차산업혁명위원회에서 여러 이해관계자가 참여하는 해커톤을 통한 합의도 부족한 측면이 있었기 때문이다. 앞으로 산업계, 시민단체, 일반시민 등 보다 다양한 행위자들의 참여와 토의, 그리고 미래지향적인 합의가 필요하다.

둘째, 정책 의제설정 및 형성 측면에서는 정부와 국회가 좀 더 단기간에 관련 법률을 개정할 수 있도록 할 필요가 있다. 개인정보 관련 법률을 개정하기 위해 정부가 정부안을 만드는데 거의 2년 반이 소요되고, 국회 심의 과정에 거의 1년 2개월이나 걸렸기 때문이다. 이러한 지체 현상은 급속하게 진전하는 제4차 산업혁명이라는 상황 속에서 산업계에 필요한 법률 인프라를 적시에 제공하지 못한 것이다. 정책혁신에는 내용 못지않게 속도와 타이밍이 중요함을 인식해야 한다.

셋째, 개인정보의 보호뿐만 아니라 활용 측면도 법률에 명시하는 것이 필요하다. 구체적으로는 개인정보보호법 제9조에 규정된 개인정보 보호 기본계획에 포함할 사항에 개인정보의 활용도 추가하는 것이 바람직하다. 예를 들면 '개인정보 보호의 기본목표와 추진방향'과 '개인정보 보호와 관련된 제도 및 법령의 개선'을 '개인정보 보호 및 활용의 기본목표와 추진방향'과 '개인정보 보호 및 활용과 관련된 제도 및 법령의 개선'으로 개정하는 것이 필요하다.

넷째, GDPR의 조항 중 받아들일 만한 가치가 있는 조항을 일반법인 개인정보보호법에 반영하는 것이 필요하다. 즉 개인정보의 정의와 정보주체

---

4)　프로파일링은 특히 자연인의 업무성과, 경제적 상황, 건강, 개인적 선호, 관심사, 신뢰성, 행태, 위치 또는 이동경로에 관한 측면을 분석하거나 예측하기 위해 행해지는 경우로서, 자연인에 관련한 개인적인 특정 측면을 평가하기 위해 개인정보를 사용하여 이루어지는 모든 형태의 자동화된 개인정보의 처리를 말한다(The European Parliament and The Council of The European Union, 2016: 111).

의 권리를 좀 더 확대하고, 정보처리자의 책임성을 좀 더 강화하는 것이다. 이를 좀 더 자세하게 정리하면 〈표 8-7〉과 같다. 참고로 GDPR의 개인정보 이동권과 프로파일링4)을 포함한 자동화된 의사결정의 대상이 되지 않을 권리는 신용정보법에는 개인신용정보를 대상으로 반영되었지만, 개인정보 보호법에는 반영되어 있지 않은 상황이다.

〈표 8-7〉 GDPR을 참조한 개인정보보호법의 향후 개정 방향

구 분	개인정보보호법	GDPR을 참조한 향후 개정 방향
개인정보의 정의	• 성명, 주민등록번호 및 영상 등을 통하여 개인을 알아볼 수 있는 정보 • 다른 정보와 쉽게 결합하여 알아볼 수 있는 정보 • 가명처리한 정보 • 다른 정보와 쉽게 결합하여 알아볼 수 있는 정보	• 다음의 내용을 개인정보의 정의에 포함 - IP 주소, 쿠키(cookie) ID, RFID 태그 등 (전문 제30항) - 위치정보 (제4조 제1항) - 민감정보에 인종 또는 민족, 유전자 정보, 생체정보를 추가 (제9조 제1항)
정보주체의 권리	• 개인정보의 처리에 관한 정보를 제공받을 권리 • 개인정보의 처리 여부를 확인하고 개인정보에 대하여 열람을 요구할 권리 • 개인정보의 처리 정지, 정정·삭제 및 파기를 요구할 권리 등	• 다음 내용을 법률에 추가 필요 - 개인정보 이동권 : 정보주체는 컨트롤러에게 제공한 자신에 관한 개인정보를 기계판독이 가능한 형식으로 제공받을 권리가 있으며, 그 정보를 다른 컨트롤러에게 제공할 것을 요구하거나 직접 이전할 수 있음 (제20조 제1~2항) - 프로파일링을 포함한 자동화된 의사결정의 대상이 되지 않을 권리 (제22조)
정보처리자의 책임성 강화	• 안전조치 의무 • 개인정보 처리방침의 수립 및 공개 • 개인정보 보호책임자의 지정 • 개인정보파일의 등록 및 공개 • 개인정보 영향평가 등	• 다음의 내용을 법률에 추가 필요 - 설계 및 기본설정에 의한 개인정보 보호 (Data protection by design and by default)5)의 원칙 (제25조, 전문 74~78항)

* 괄호 안의 조항은 GDPR의 조항

5) 설계 및 기본설정에 의한 개인정보 보호(Data protection by design and by default)라는 개념은 캐나다의 앤 카부키안(Ann Cavoukian) 박사가 제안한 Privacy by Design이란 개념으로 처음 소개되었으며, 설계 단계에서부터 기술적으로 프라이버시를 보호하는 구조를 만드는 것을 의미한다(한국인터넷진흥원, 2018: 115).

다섯째, 개인정보의 보호뿐만 아니라 활용 부문에도 적절한 예산 배정이 필요하다. 데이터 산업을 증진하기 위한 정부의 투자방침과 '데이터·AI경제 활성화 계획(2019년~2023년)'의 2019년 중점추진과제에 예산투자계획을 밝혔지만, 세부사업에서 개인정보 활용 증진을 위해 적절한 예산배정이 필요하다. 아울러 행정안전부 등 정부부처의 기존 개인정보 관련 예산에서도 개인정보 활용에 일정한 투자가 필요하다.

제6절 결론

제4차 산업혁명의 흐름에 따라 EU, 미국, 일본, 중국 등 각국은 데이터 활용과 정보보호를 통한 데이터 기반의 혁신성장을 앞 다투어 추진하고 있는 상황이다. 스위스 국제경영대학원의 자료(IMD, 2017: 107; IMD, 2019: 105)에서 보는 바와 같이 빅데이터 활용과 분석 수준에서 한국은 전 세계 63개국 중 2017년에 56위에서 2019년에 40위로 다소 오르기는 했지만 아직 데이터 활용 수준이 낮은 상황이다.

우리나라는 2011년에 개인정보보호법을 제정하여 시행하여 오다가 2016년 초부터 제4차 산업혁명이라는 새로운 물결이 밀려오면서 개인정보의 보호와 함께 활용을 증진하는 방안을 모색하게 되었다. 이에 정부와 국회는 2018년 11월에 데이터 3법에 대한 개정안을 만들어 논의를 시작했고, 2020년 1월에 국회를 통과하였다.

이제 국내·외적으로 그 다음 단계를 추진하는 것이 필요하다. 국외적으로는 EU 집행위원회의 적정성 평가를 통과하는 것이다. 개인정보보호위원회의 독립성과 조사처분권이 중요한 요소로 작용하는 것으로 알려진 이 평가를 잘 준비할 필요가 있다[6]. 국내적으로는 데이터 3법의 시행령과 시행규칙 개정이 남아있다. 이미 정부는 데이터경제활성화 TF를 구성하여 시행령·시행규칙 개정과 금융·의료 등 다양한 영역에서 데이터 축적·개방을 확대하는 등 후속 정책방안 마련에 착수했다.[7] 논의 결과를 토대로 '데이터 경제 활성화 계획(안)'을 마련하고, 이후에도 TF를 주기적으로 운영해나갈 계획이다.

아울러 장기적으로는 필자가 제시한 다섯 가지 혁신방안에 따른 정책과정의 혁신,개인정보보호법 개정 및 세부 예산 배정 등이 필요하다. 즉 정책과정에서 보다 많은 정책행위자들의 참여가 요구되며, 정책 의제설정 및 형성 측면에서는 정부와 국회는 좀 더 단기간에 관련 법률을 개정할 수 있도록 해야 한다. 개인정보보호법에 개인정보의 활용 측면을 반영하며, GDPR의 장점도 법률에 반영하는 것이 필요하다. 아울러 개인정보의 보호뿐만 아니라 활용 부문에도 적절한 예산 배정이 필요하다.

빅데이터는 데이터로부터 추출된 지식이며, 데이터의 활용은 개인정보가 기반인데 그동안 우리나라의 법제는 데이터 활용의 장을 마련해주지 못

---

6) 한국인터넷진흥원은 EU의 GDPR 적정성 결정은 2020년 상반기에 완료될 전망이라고 밝혔으며, 이렇게 되면 우리 기업에 적용되는 개인정보 역외이전 관련 규제 준수 부담이 해소될 것이라고 밝혔다(조선비즈, 2020. 3. 29.).

7) 2020년 3월 30일 정부는 데이터 3법의 시행령 개정안을 입법예고 했다. 이 예고는 2020. 3. 31.부터 동년 5월 11일까지 실시된 후 공청회, 법제처 심사 및 국무회의를 거쳐 2020년 8월 5일 공포·시행될 예정이다.

한 측면이 있었다. 약간 지체된 면이 없지 않지만 데이터 3법 개정이 데이터 경제(Data Economy)로의 전환이라는 세계적인 환경 변화와 제4차 산업혁명이라는 새로운 물결에 부응하는 계기가 될 것으로 생각한다. 특히 데이터의 수집-생산-유통-활용 전 과정을 통해 관련 산업기반이 갖추어져 나가는 계기가 되기를 기대한다.

참고문헌

4차산업혁명위원회 (2018가), ‘(보도자료) 개인정보 관련 법적 개념 체계 정비 합의, 전자서 명법 개정을 통한 다양한 전자서명 활성화 방안 논의’. 2018. 2. 5.

_____ (2018나), ‘(보도자료) 가명정보의 활용 범위와 목적 등에 대한 합의, 클라우드 이용 활성화를 위한 정보등급 체계 개편, 드론산업 발전을 위한 업계의 애로 해소 방안 논의’. 2018. 4. 5.

_____ (2019), 「4차 산업혁명 대정부 권고안」.

강병훈 (2019), 「시스템 보안 및 신뢰 실행 환경 기술에 기반한 개인정보 활용 및 보호정책」, 제24차 혁신과 미래정책 포럼 자료, 충남대 국가정책연구소 및 정보통 신기획평가원, (201910.23.).

개인정보보호위원회 (2016), “제3차 개인정보 보호 기본계획(2018~2020년)”.

고순주 (1997), 「환경정책변동의 맥락과 특성에 관한 연구 : 정책기조, 목표 및 수단을 중심으로」, 충남대학교 대학원 박사학위 논문.

과학기술정보방송통신위원회 (2019), “정보통신망 이용촉진 및 정보호보 등에 관한 법률 일부개정 법률안(대안)”.

관계부처합동 (2016), “혁신성장을 위한 사람 중심의 지능정보사회 중장기 종합대책”.

_____ (2017), “혁신성장을 위한 사람중심의 4차 산업혁명 대응계획”.

_____ (2018), 「2040년을 향한 국가과학기술 혁신과 도전: 제4차 과학기술기본계획(‘18~ ’22)(안)」.

_____ (2019), “데이터·AI경제 활성화 계획”.

국가과학기술자문회의 (2015), “초연결사회를 대비한 사이버 보안 정책 제언”, 이슈페이퍼 15-01.

국회 4차산업혁명 특별위원회 (2018), “국회 4차산업혁명 특별위원회 활동결과보고서”.

국회사무처 (2019가), “제367회 국회 (임시회) 행정안전위원회 회의록”, 제2호, 2019. 4. 1.

_____ (2019나), “제371회 국회 (정기회) 행정안전위원회 회의록”, 제2호, 2019. 9.27.

_____ (2019다), “제371회 국회 (정기회) 행정안전위원회 회의록”, 제3호, 2019.10. 1.

김진수·최방호·조기환 (2019), “산업 영역에서 빅데이터 개인정보 보호체계에 관한 연구”, 「스마트미디어저널」, 8(1) : 9-18. 한국스마트미디어학회.

김일환 (2017), “초연결사회에서 개인정보보호법제 정비방안에 관한 연구”, 「성균관법학」, 29(3) : 35-73, 성균관대학교법학연구소.

민기영 (2019), “일본은 4년 전에 해낸 ‘데이터 3법’ 개정”, 매일경제 (2019.08.16.).

성준호 (2017), "신용정보법상 개인신용정보의 합리적 규율에 관한 법체계적 연구", 「공공 사회 연구」, 7(특별호) : 54-92. 한국공공사회학회.

에버트 비둥 (1995), 「정책평가개론」, 이경옥 옮김, 한울아카데미.

오승한 (2018), "빅데이터 산업의 활성화와 개인정보 보호를 위한 법제도 개선의 연구", 「아주법학」, 11(4) : 369-412, 아주대학교 법학연구소.

이찬구 외 (2018), 「한국 제4차 산업혁명 연구」, 임마누엘.

인재근 외 (2018), '개인정보보호법 일부개정법률안(인재근의원 대표발의)', 의안번호 16621, 국회.

정무위원회 (2019), "신용정보의 이용 및 보호에 관한 법률 일부개정법률안(대안)".

정정길 외 (2003), 「정책학원론」, 대명출판사.

정준현 (2019), "사물인터넷 환경과 개인정보보호의 법적 문제", 「일감법학」, 42 : 255-286. 건국 대학교 법학연구소.

조선비즈 (2020), "KISA, EU 적정성결정, 올 상반기 완료... 후속조치 속도", (2020. 3.29.).

조선일보 (2019가), "데이터 3법 처리에 손 놓고 있다가 뒤늦게 현장으로 달려간 與 지도부", (2019.10.31.).

_____ (2019나), "규제 풀어줄 듯 말듯… 동물화장트럭·화상투약기 희망고문 1년", (2019.12. 24.).

한국인터넷진흥원 (2018), 「우리 기업을 위한 'EU 일반 개인정보보호법(GDPR)' 가이드북」.

행정안전부 (2018가), "2018년 업무추진계획".

_____ (2018나), "GDPR 이해하기".

_____ (2019), "2019년도 세입·세출예산 개요".

_____ (2020), "2020년도 세입·세출예산 개요".

행정안전부·경찰청·소방청 (2019), "모두가 안전한 국가, 다함께 잘사는 지역".

행정안전위원회 (2020), "개인정보 보호법 일부개정법률안(대안)".

홍선기·고영미 (2019), "개인정보법의 DDPR 및 4차 산업혁명에 대한 대응방안 연구", 「법학논총」, 43(1) : 313-337, 건국대학교 부설 법학연구소.

황병상 (2019), "한국 제4차 산업혁명 정책의 발전방향 논고", 「과학기술정책」, 2(1) : 5-30. 과학 기술정책연구원.

황병상 외 (2018), "제5징 제4차 산업혁명과 정책혁신", 이찬구 외, 「한국 제4차 산업혁명 연구」, 임마누엘.

Alan F. Westin (1967), *Privacy and Freedom*, Atheneum, New York, 1967.

BITCOM/VDMA/ZVEI (2016), *Implementation Strategy Industrie 4.0 Report on the* results of the Industrie 4.0 Platform.

Cobb, Roger W. and Elder, D. (1972), *Participation in American Politics: The Dynamics of Agenda Building*, Boston: Allyn and Bacon, Inc..

Hogwood, B. W. and G. Peters (1983), *Policy Dynamics*. New York: St. Martin's Press.

IMD (2017), *IMD World Digital Competitiveness Ranking 2017*.

IMD (2019), *IMD World Digital Competitiveness Ranking 2019*.

Simon L. Garfinkel (2015), *De-Identification of Personal Information*, NISTIR 8053: 3-8, Oct., 2015.

The European Parliament and The Council of The European Union (2016), *General Data Protection Regulation*.

Wachter, S. and Mittelstadt, B. (2019), "A Right Resonable Inferences: Re-thinking Data Protection Law in the Age of Big Data and AI", *Columbia Business Law Review*, 2019(2): 1-130.

9

연구개발 지원 정책
R&D 예비타당성조사 제도를 중심으로

고 순 주

"

중장기 마스터플랜을 기반으로
간소화된 절차를 통해
R&D 사업이 전개될 수 있는
시스템이 필요하다.

"

제1절 서론

1. 연구개발 지원 정책의 개요

연구개발 지원 정책(이하에서는 「R&D 지원 정책」이라 한다.)이란 연구
개발, 즉 R&D(Research & Development)를 지원하는 정책을 말한다. 연
구개발사업에는 국가연구개발사업과 민간연구개발사업이 있는데[1] 본 연
구는 국가연구개발사업을 대상으로 연구개발 지원 정책을 살펴보고자 한
다. 국가연구개발사업이란 '중앙행정기관이 법령에 근거하여 연구개발과제
를 특정하여 그 연구개발비의 전부 또는 일부를 출연하거나 공공기금 등으
로 지원하는 과학기술 분야의 연구개발사업'이다(「국가연구개발사업의 관
리 등에 관한 규정」, 제2조(정의)의 1).

국가연구개발사업에 대한 지원은 「과학기술기본법」, 「국가연구개발사업

---

1)   과학기술기본법 제16조에는 정부는 기업 등 민간의 연구개발을 지원하고 기업간 기술 공유와 공동
활용을 장려하며, 기술의 실용화 등을 촉진하기 위하여 인력 공급, 세제, 금융 지원, 우선구매, 신기술·신제
품 인증 등 다양한 시책을 세우고 추진하여야 한다고 규정하고 있다.

의 관리 등에 관한 규정」, 「국가연구개발사업 등의 성과평가 및 성과관리에 관한 법률」 및 각 부처의 훈령·예규·지침에 근거하여 추진된다. 대표적으로 과학기술기본법 제5조 제1항은 "정부는 과학기술정책의 수립과 추진을 통하여 과학기술이 국가의 경제적·사회적 문제를 해결하고 미래전략을 달성하는 중추적인 역할을 할 수 있도록 필요한 자원을 최대한 동원하여 창의적 연구개발과 개방형 과학기술 혁신 활동을 적극적으로 지원하여야 한다"고 규정하고 있다.

이와 같이 국가연구개발사업에 대한 지원이 법령을 통해 다양하게 서술되어 있음에도 불구하고, 지원 정책의 범주나 수단 등이 체계적으로 다루어지지 않고 있다.

2. R&D 지원 정책의 범위와 수단

1) R&D 지원 정책의 범위

본 장에서의 연구대상을 명확히 하기 위해 우선 R&D 지원 정책을 살펴보고자 한다. 이를 위해 먼저 국가연구개발사업이 추진되는 단계를 구분해 보고, 각 과정에서 어떠한 지원 정책 수단이 실제로 언급되고 있는지를 통해 지원 정책의 내용을 범주화하고 정의해 보고자 한다.

국가연구개발사업의 추진단계는 관리의 관점에서 보면 '기획 → 관리 → 평가 → 활용'으로 구분된다.[2] 그러나 R&D 관점에서 보면, 'R&D 수행 이전 → R&D 수행 → R&D 수행 이후'로 구분해 볼 수 있다. 여기에서 R&D

---

2) 추진단계는 「국가연구개발사업의 관리 등에 관한 규정」의 목차를 기준으로 보았다.

수행 이전은 '기획단계', R&D 수행은 'R&D 수행단계', R&D 수행 이후는 '활용단계'에 해당된다.[3]

기획단계는 어떤 국가연구개발사업이 필요한가, 정부가 어떤 R&D에 투자할 것인가를 준비하는 단계이다. 예를 들어, 기술수요 조사, 기술수준 조사, 중·장기 연구개발 기본계획 수립과 기술 로드맵 작성, 전략프로그램의 개발, 예비타당성조사 등은 기획단계에서 이루어지는 활동이다.

R&D 수행단계는 매우 좁게는 실제로 R&D가 이루어지는 단계(과제수행)로 볼 수 있지만, 좀더 넓게 보면 과제선정 - 과제수행 - 결과평가에 이르는 과정을 포함한다. 연구개발을 위한 예산이 집행되는 단계이기도 하다. 따라서 과제선정 제도, 결과평가 제도, 연구비시스템, 시험·인증·테스트베드 등은 이 단계에서 이루어지게 된다.

활용단계는 연구결과의 재활용(기초연구의 경우)이나 사업화가 이루어지는 단계로 기초연구 결과를 활용한 응용·개발연구, 기술이전, 창업, 시장진출 등이 핵심적인 활동이다.

이 외에 R&D 추진단계는 아니지만 연구개발 결과가 성공적으로 기술적·산업적 성과로 창출되기 위해서는 R&D를 둘러싼 환경적 요인도 중요하다. 산업적·기술적 인프라나 생태계 조성이 갖추어져야 연구개발 결과가 꽃을 피우기 쉽기 때문이다.

따라서 국가연구개발사업의 추진단계를 기준으로 R&D 지원 정책을 크

---

3) 국가연구개발사업 연구관리 표준매뉴얼에서는 관리의 효율성 차원에서 국가연구개발사업의 추진체계를 설명하면서 단계를 사업기획, 사업공고 및 신청, 과제평가 및 선정, 연구협약, 연구비지급, 결과보고 및 최종평가, 연구비 정산 등으로 구분하고 있다(KISTEP, 2017.6.2.: 14).

게 3가지 범주로 구분해 볼 수 있다. 첫째, 가장 넓은 의미로 연구개발사업이 전개되는 기획 → 수행 → 활용단계 뿐만 아니라 이를 둘러싼 환경을 포함한 R&D 지원 정책이다. 둘째, 일반적으로 연구개발사업이 전개되는 기획 → 수행 → 활용단계에서 이루어지는 R&D 지원 정책이다. 셋째, 좁은 의미로 연구개발사업 활용 이전에 1차 R&D 성과가 최대한 산출될 수 있도록 지원하는 정책이다. 이 경우 R&D 지원 정책은 사업의 기획 → 수행단계에서 이루어지는 지원 활동이 해당된다.

일반적으로 정책효과는 단일 차원으로 끝나지 않는다. 즉 정책에 의한 직접적·단기적·계량적·1차적 효과로서 정책산출(policy output)이 나타나고, 이어서 2차적 효과로서 정책결과(policy outcome)가 나타나며, 질적·장기적·3차적 효과로서 정책영향(policy impact)이 나타난다(강근복, 2016: 98). 연구개발사업의 경우, 논문·특허·프로그램·시제품 등은 1차적 연구산출물(output), 시장에서의 매출액, 인력양성, 창업 등은 2차적 연구성과(outcome), 기업의 경쟁력 향상, 기술수준 제고, 국민 삶의 질 향상 등

(그림 9-1) R&D 지원 정책의 범주화

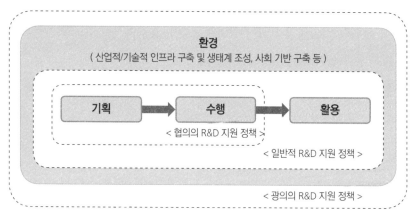

은 장기적 3차적 연구영향(impact)으로 볼 수 있다. 1차적 연구개발 성과는 수행단계에 포함되는 반면, 2차적 연구성과는 활용단계, 3차적 연구성과는 환경적 변화에 포함된다.

2) R&D 지원 정책의 수단

R&D 지원 정책의 수단이 무엇인가는 체계적으로 제시되고 있지 않다. 다만 정부에서는 R&D 정책의 기조와 정책방향에 따라 이를 추진하기 위해 기존에 활용하던 수단이나 새로운 수단을 채택하여 추진하고 있다.

제4차 산업혁명에 대응하기 위해 활용되고 있는 R&D 지원 정책 수단을 중심으로 살펴보면 다음과 같다.

2017년 11월에 발표된 혁신성장을 위한 사람 중심의 「4차 산업혁명 대응계획」은 지능화 혁신 프로젝트 추진을 위해 기술적·산업적·사회적 추진과제를 제시하고 있다. 이 중에서 기술적 추진과제인 '성장동력 기술력 확보'를 위한 R&D 지원 정책 수단을 R&D 단계별(기획, 수행, 활용)로 구분해 정리해 보면 〈표 9-1〉과 같다.

위의 R&D 지원 정책 수단들은 추진하고자 하는 기술 분야 또는 전략적 연구개발 프로그램에 따라 선택적으로 활용되고 있다. 기술수준, 연구단계, 연구 커뮤니티와 같은 R&D 수행 환경, 연구개발 결과의 활용목적, 기술정책 방향 등이 이러한 선택에 영향을 미친다. 예를 들어, 본 계획에서 스마트 의료 분야는 보건의료 데이터 구축·개방, 진료정보 교류시스템 실증, 온라인 진료정보 전자교류의 건강보험 수가 반영을 위한 법·제도 개선, 창업 초기 기업 금융지원, 보건산업혁신창업 지원센터 운영, 혁신형 의료기기 기업 지정 및 조세 지원, 신기술·신제품에 대한 규제 가이드라인 마련

<표 9-1> 기술적 추진과제의 R&D 지원 정책 수단 유형

구 분	R&D 단계	R&D 지원 정책 수단
단계별 지원 정책 수단	기획	• 종합계획 수립 • 기술개발 로드맵 수립 • **예비타당성조사** • 기획 활동의 개방성 • 기획연구사업 추진(경쟁 연구 등 포함)
	수행	• 선정 평가 제도(공정성·전문성 확보) • 과제 수행(R&D 예산 배분) • 연구비관리시스템 • 양식 및 절차 간소화 • 연구개발 플랫폼 구축 • 전문연구기관 설립 • 성과평가 제도(책임성, 연구자부담 최소화, 평가의 유연성 등) • 인센티브 및 보상 • 인증사업 • 안정성 평가 • 시험/인증 인프라(실증사업, 시범사업, 테스트베드 구축)
	활용	• 기술이전 지원 • 특허심사 및 절차(신속성, 간소화) • 창업·사업화지원센터 설립 • 서비스 모델 개발 • 초기판로 및 해외 진출 지원 • 금융지원(정책자금, 기술보증, 융자 등) 및 세제지원 • 구매·조달지원
전체에 적용되는 지원 정책 수단	법제도 개선	가이드라인 제정, 규제샌드박스, 법률 제·개정
	데이터 활용	데이터 개방, 데이터플랫폼 구축, 데이터셋 구축
	연구장비 활용	대형 연구장비 활용체계 구축 등
	토탈지원	기술개발–산업활성화–제도개선 연계 서비스

출처 : 관계부처 합동(2017.11.)

등의 지원 정책 수단을 활용한다. 기술분야가 다르면 활용되는 지원수단이 달라질 수 있다(〈표 9-2〉 참조).

한편 과학기술정보통신부는 2018년 7월에 R&D 뿐만 아니라 인력양성, 기술사업화, 산업 등 국가 전반의 혁신역량 고도화를 위해 「국가 R&D 혁신

<표 9-2> R&D 지원 수단과 기술분야별 관계

구분		기술분야 / R&D 프로그램				
		스마트의료	제조업 디지털 혁신	스마트 이동체	스마트 금융물류	········
R&D 지원 정책수단	A	○		○	○	
	B	○	○		○	
	C		○	○		
	D	○				
	E		○	○		

방안」을 발표하였다. 이 방안은 높은 R&D 투자 비중에 비해 질적 성과가 미흡한 Korea R&D Paradox 극복과 제4차 산업혁명, 삶의 질 요구 증대 등 미래사회 변화 대응을 위해 선도형 R&D 시스템으로 전환을 목적으로 ① 연구자 중심, 창의·도전형 R&D 지원체계 강화, ② 혁신주체 역량 제고, ③ 국민이 체감하는 성과 창출을 주요 내용으로 하고 있다(과학기술정보통신부, 2018).

이 중에서 R&D 지원체계 부문은 R&D 기획 → 수행 → 활용 전 단계의 혁신에 해당하며, 이를 위한 다양한 R&D 지원 정책 수단이 제시되고 있다. "연구자 중심, 창의·도전형 R&D 지원체계 강화"를 위한 4대 추진 과제별 R&D 지원 정책 수단을 R&D 단계별로 매칭해 정리해 보면 〈표 9-3〉과 같다.

앞의 「4차 산업혁명 대응계획」의 기술적 추진과제가 R&D 전체 단계에 적용되는 지원 정책 수단을 포함하고 있다면, 「국가 R&D 혁신방안」은 R&D, 특히 기획 → 수행 단계를 지원하는 정책수단에 집중되어 있는 것으로 보인다.

<表 9-3> 연구자 중심, 창의·도전형 R&D 지원체계 강화 주요 내용과 R&D 단계

추진과제	세부 지원 수단	연구개발 단계
연구자 중심으로 R&D 제도 혁신	연구개발 프로세스 혁신	전체
	연구개발 규정 정비	전체
R&D 관리체계의 전문성·효율성 강화	연구관리전문기관 정비·효율화	전체
	연구관리 전문성 강화(PM 제도 개선)	전체
	연구비·과제지원시스템 통합·정비	수행
	대형 연구개발 사업 점검·관리체계 강화(연구장비 관련)	전체
고위험 혁신연구 지원 강화	고위험 혁신형 연구개발 지원체계 마련	기획/수행
	신기술·신산업 규제 혁신	전체
	4차 산업혁명 핵심기술 확보	기획/수행
R&D 투자의 전략성 강화 및 적시적소 투자체계 구축	정부 연구개발 투자원칙 확립 및 부처간 역할 조정	기획
	연구개발 예비타당성조사 제도 개선	기획
	패키지형 연구개발 투자 플랫폼 개발·적용	전체
	과학기술전략프로그램 도입	기획

출처 : 과학기술정보통신부(2018)

3. 본 연구의 분석 대상 : R&D 예비타당성조사 제도

본 연구는 정부의 R&D 지원 정책을 정책변동의 관점에서 재구성하여 제4차 산업혁명이라는 패러다임적 전환이라는 정책환경에 정책이 얼마나 효율적으로 대응 또는 선도하여 왔는지를 분석하는데 목적이 있다. 그런데 위에서 살펴본 바와 같이 R&D 지원 정책의 범위가 너무 광범위할 뿐만 아니라 이에 따른 지원 정책 수단도 매우 다양하고 지원 정책 수단간의 계위도 상이해서 이를 전체적으로 파악하는 것은 무리가 있다.

이에 본 연구는 제4차 산업혁명이 정책에 어떠한 변화를 가져왔는지 좀 더 세밀하게 분석하여 좀더 실질적인 정책혁신 방향을 제시하기 위해 R&D

지원 정책 수단 중 하나를 선택하여 살펴보고자 한다. 다만 이 경우 제4차 산업혁명이 R&D 지원 정책의 전반에 미친 영향을 파악하는 데 한계가 있을 수 있어, 보완적으로 R&D 지원 정책 기조의 변화를 먼저 살펴본다.

본 연구에서 분석하고자 하는 R&D 지원 정책의 수단은 R&D 수행에 가장 큰 영향을 미칠 뿐만 아니라 최근에 가장 많이 개선된 R&D 예비타당성조사(이하에서는 필요한 경우를 제외하고 간략하게 "예타"로 칭함)이다. 예타 제도는 ① 「4차 산업혁명 대응계획」 뿐만 아니라 제4차 산업혁명에 대응해 추진하는 「국가 R&D 혁신방안」에서도 중요한 혁신과제로 제시되고 있는 점, ② 제4차 산업혁명이라는 환경에 대응해 가장 많은 변화가 있었던 점, ③ 대규모 R&D 사업의 경우 예타를 통해 R&D 투자 여부가 결정되는 점, ④ R&D 일몰제[4] 도래에 따라 대부분의 중장기 R&D 프로그램이나 프로젝트가 예타를 기획하였거나 추진하고 있는 점, ⑤ 기획단계에서 주로 활용되는 미래예측, 기술수요조사, 기술수준, 기술로드맵, 기획위원회 등의 주요 수단들이 예타 과정에 포함되는 점 등에서 매우 중요한 R&D 지원 정책 수단에 해당된다고 보았다.

---

4) 2015년 7월 10일 국가과학기술심의회에서는 미래창조과학부에서 제출한 '2016년도 정부연구개발사업 예산 배분·조정(안)'을 심의하였다. 여기에는 정부연구개발사업의 투자 효율화를 위해 장기계속사업에 대한 일몰제 도입이 포함되어 있다. 이는 장기적으로 계속되어 온 정부연구개발사업에 대해 목적 및 특성에 따라 "계속지원형"과 "일몰형"으로 분류하고, 일몰형의 경우 2016년~2020년까지의 범위 내에서 일몰시점을 설정하는 것이다. 이에 따라 일몰시점이 도래하는 장기계속사업은 2016년 18개, 2017년 16개, 2018년 80개, 2019년 52개, 2020년 20개, 2021년 2개 등 총 188개 사업이 일몰사업으로 분류되었다. 일몰형 사업은 일몰 도래 시 적정성 재검토를 통해 연장 여부를 결정하거나 재기획을 해야 한다(미래창조과학부, 2015.7.10.).

제2절 R&D 지원 정책 기조의 변화

1. 개요

제4차 산업혁명이 정부의 R&D 지원 정책 기조에 어떠한 변화를 초래했는가를 살펴보기 위해 제4차 산업혁명에 대한 논의가 본격화된 2017년을 기준으로 살펴보았다. 이런 맥락에서 박근혜 정부의 「정부 R&D 혁신방안」과 문재인 정부의 「국가 R&D 혁신방안(안)」을 비교하였다. R&D 혁신방안에 국가 연구개발사업의 중점 투자분야와 이를 위한 R&D 지원 방향 등이 담겨져 있기 때문이다.

2. 박근혜 정부의 R&D 지원 정책 기조

「정부 R&D 혁신방안」은 2015년 5월 13일 대통령 주재로 개최된 '국가재정전략회의'에서 결정되었다(관계부처 합동, 2015.5.13.).

정부는 국가 R&D 투자규모가 GDP대비 비중 세계 1위임에도 불구하고 전략 없는 R&D 투자로 인해 혁신을 일으키지 못한다고 인식했다. 특히 정부와 민간 간, 산·학·연 간, 부처 간, 25개 출연(연) 간 연구영역이 충돌하고, 협업도 부족하며, 출연(연)과 대학이 시장을 외면한 채 나홀로 연구에만 치중한다는 것이다. 또한 공급자 중심의 복잡한 평가·관리체계로 연구자들은 행정절차에 대한 부담이 크고, 무엇보다도 연구개발사업에 대한 컨트롤 타워 기능이 미흡해 R&D 전략과 투자 우선순위가 부재하다고 보았다.

이러한 문제를 해결하기 위해 5가지 추진방안을 제시하였는데, 첫째, 정부와 민간, 산·학·연 간 중복을 해소하기 위해 정부는 장기 및 기초·원천연구, 중소기업 지원에 집중하고, 상용화 연구는 엄격한 기준에 따라 투자하기로 했다. 이를 위해 기초·원천·상용화 연구별로 지원대상을 명확히 하고, 상용화 연구는 중소·중견 기업이 수행하고, 출연(연)은 미래선도형 기초·원천연구와 중소·중견기업을 지원하는 업무를 수행하는 것으로 하였다.

둘째, 출연(연)을 유형화 하고, 유형별로 연구중점 및 예산구조를 개선하였다. 먼저 산업 현장과의 연계를 중심으로 하는 산업기술연구 중심기관은 한국형 프라운호퍼 연구소로 혁신하고, 민간과의 협력을 강화하도록 하기 위해 민간 수탁 실적과 출연금 지원을 연계하였다. 정부수탁사업을 추진하는 대형·공공연구 중심기관은 정부가 안정적으로 예산을 지원하며, 기업·대학과 협력하여 미래 먹거리를 창출하는 기초·원천연구 중심기관은 출연금으로 수행되는 연구사업을 기관 미션 중심으로 재정비하도록 하였다.

셋째, 중소기업의 역량 강화를 위해 부처별로 중소기업 지원의 전략성을 차별화하고, 출연(연) 내 중소·중견기업 공동연구실 확대, 중소기업 맞춤형 연구과제 확대 등 출연(연)을 중소기업 R&D 전진 기지화 하고, 대학에서도 기업지원을 강화하도록 교수·재정사업의 평가지표에 산·학협력 실적 추가, 기업부설연구소 유치, 중소기업 기술애로센터 설치 및 지원실적 등을 반영하도록 하였다.

넷째, R&D 기획·관리체계 혁신으로 투자의 전략성·적시성 확보를 위해 중장기 R&D 투자전략 마련, 예타 면제 제도화 및 절차 간소화(Fast Track 제도 도입)와 함께 연구단계별 특화된 지원, 성과창출형 평가·관리체계 개편, 연구시설·장비 활용도 제고 등을 추진하였다.

다섯째, 정부 R&D 컨트롤 타워 기능 강화이다. 국가 R&D를 종합적 시각에서 보는 기관이 없다는 판단하에 국가과학기술심의회(국과심) 사무국을 미래부 내 별도 조직(가칭 과학기술전략본부)으로 분리·설치하고, 국과심과 과학기술전략본부 등에 대한 정책지원을 효율적으로 수행하기 위해 KISTEP, STEPI, KISTI 일부 기능을 통합한 (가칭)과학기술정책원을 설립하고자 했다. 이 외에 부처별로 분산되어 있는 전문관리기관을 효율적으로 재편하고, 기획전문가(PM, Project Manager) 확대 등 기획 기능을 강화하기로 하였다.

정부는 「정부 R&D 혁신방안」의 실행력을 높이기 위해 2015년 12월에 '정부 R&D 혁신방안 추진현황과 향후 계획(안)'을 발표하였고, '정부 R&D 혁신방안 추진 점검반'을 구성하여 2016년 5월에 점검결과도 발표하였다 (미래창조과학부, 2016.5.12.).

(그림 9-2) 박근혜 정부의 R&D 지원 정책 기조와 방향

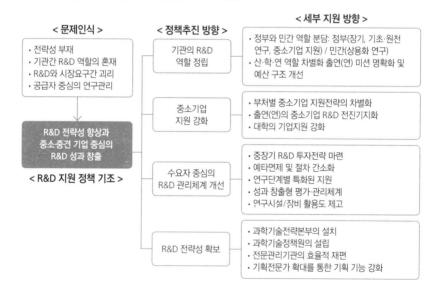

(그림 9-3) 연구주체별 포트폴리오 변경

	대학	출연(연)	기업
기초연구			
목적성 원천연구			
상용화 연구			

→

	대학	출연(연)	기업
기초연구			
목적성 원천연구			
상용화 연구			

출처 : 미래창조과학부(2016.5.12.)

이에 따르면, R&D 전략성 향상과 중소·중견기업 중심의 R&D 성과 창출이라는 정책기조는 유지하면서 산·학·연 차별화된 R&D 체제를 더욱 강화하고, 정부의 R&D 투자 전략성을 강화하는 방향으로 보완·발전하도록 하였다. 먼저 기업은 상용화 연구의 중추적 역할을 수행하고, 대학은 한계 돌파형 기초연구와 인력양성의 기지, 출연(연)은 미래선도 원천연구의 메카로 육성하도록 하는 등 각 연구주체의 역할을 더욱 명확하게 하였다.

또한 R&D 투자에 대한 전략성을 강화하는 차원에서 관행적으로 실시되는 R&D 사업을 과감히 구조조정하고,[5] 미래선도 및 국가전략 분야에 Top-down식으로 집중투자 하는 등 과학기술전략본부의 설치에 따른 R&D 종합조정 및 국가전략 프로젝트 추진을 강조하였다.

3. 문재인 정부의 R&D 지원 정책 기조

2017년 5월 출범한 문재인 정부는 2018년 7월 「국가 R&D 혁신방안」

---

5)   앞에서 언급한 "일몰제"를 말한다.

을 발표하였다. 문재인 정부는 우리나라 R&D의 문제점을 크게 3가지로 보았다.

첫째, 낡은 R&D 지원체계로 산업화 시대의 추격형 R&D 시스템이 한계에 부딪힌 가운데, 현실에서는 여전히 R&D 투자에 있어서 전략성과 신속성이 부족하고, 연구관리체계는 부처별로 산재해 있는 등 비효율성이 나타난다는 것이다.

둘째, 4차 산업혁명 등 새로운 환경에 대응해야 하는데, 부족한 혁신역량으로 연구주체별로 연구역량이 세계적 수준에 비추어 미흡한 상황인데도 공공(연)은 새로운 시대에 맞는 역할을 찾지 못하고 있고, 연구주체별로 상호 융합과 협력도 부족하다는 것이다.

셋째, 느슨한 성과확산 체계인데, 폐쇄적인 R&D 구조로 인해 공급자(연

<표 9-4> 국가 R&D 혁신방안 과제별 주요 방향성

추진전략	추진전략	< As-Is >	< To-Be >
연구자 중심, 창의·도전적 R&D 지원체계 강화	연구제도	연구자의 연구몰입 저해	연구 걸림돌 해소, 규정 일원화
	관리체계	부처별 관리기관 및 시스템 분산	관리기관 정비 및 시스템 통합
	혁신연구	손쉬운 단기성과형 연구에 매몰	HRHR형 연구지원 강화
	R&D 투자	원칙과 전략없는 경제성 위주 투자	R&D 특성에 맞춘 적시·적소 투자 지원
혁신주체 역량 제고	대학	과제 중심, 연구단절 발생	연구자 중심, 안정적 연구비 지원
	공공연구기관	PBS로 인한 수주경쟁, 경직적 관리	자율성을 확대하되 책임성 강화
	기업	예산 확대 위주 뿌려주기식 지원	혁신형 기업 육성, 질 중심 관리
	지역	중앙정부 주도(공급자 위주)	지역(수요자) 주도
	연계·협력	산학연 분절, 국제협력 양적 확대	산학연 및 전략분야 국제협력 강화
국민이 체감하는 성과 창출	미래 신산업	정부 R&D 중심, 획일적 지원 정책	민간참여 확대, 맞춤형 육성전략
	국민생활연구	국민생활과 멀어진 기술개발	국민생활 직결 문제해결 기여
	일자리 창출	과학기술 일자리 창출 효과 미흡	과학기술 통한 민간 일자리 창출 기여
	국민참여	정책수요자로서의 국민	과학기술정책 과정 국민참여 확대

출처 : 과학기술정보통신부(2018)

구자)와 수요자(기업, 국민) 간의 연결이 미흡하여 사업화와 기술혁신으로 이어지지 못하는 등 여전히 나홀로 연구가 지배적이라는 것이다.

여기에 제4차 산업혁명의 도래로 과학기술이 경제·사회변화의 핵심요소로 부각되면서 과학기술의 역할이 경제성장 뿐만 아니라 사회문제 및 국민 삶의 질 영역으로 확대하고 있다고 보았다. 이에 따라 정부는 제4차 산업혁명 등장, 삶의 질 요구 증대 등 새로운 환경변화를 반영하여 발전된 국가과학기술혁신모델(NIS, National Innovation System) 2.0을 제시하고 혁신 방향을 제시하였다.

4. R&D 지원 정책 기조 변화 분석

제4차 산업혁명이라는 큰 변화의 흐름을 중심으로 구분해 본 박근혜 정부와 문재인 정부의 R&D 혁신방안을 통해 살펴볼 수 있는 R&D 지원 정책의 기조 변화는 다음과 같다.

박근혜 정부는 R&D의 전략성 향상과 중소·중견기업 중심의 R&D 성과 창출이라는 R&D 지원 정책 기조 하에 이를 실현하기 위한 중장기 R&D 투자 전략 마련, 예타 면제 및 절차 간소화, 출연(연)과 대학의 중소기업 지원 강화, 기업 수요를 반영한 과제 기획, 기획 단계에서 비즈니스 모델 제시 등의 지원 정책 수단을 중시하였다.

반면, 문재인 정부에서는 제4차 산업혁명에 적합한 R&D 체계 혁신을 위해 연구의 창의성과 자율성 향상과 고위험·혁신형 R&D를 지원하는데 중점을 두었다. 이를 위해 개방형 기획, 연구자들의 R&D 기획역량 강화를 위한 교육 프로그램 제공, 창의적·도전적 연구에 적합한 평가체계 도입, 효율

(그림 9-4) R&D 지원 정책 기조와 지원 수단의 변화

R&D 지원 정책 기조		R&D 지원 정책 기조
R&D 전략성 향상 지원 중소·중견기업 중심 R&D 성과창출 지원	→	연구의 창의성 및 자율성 향상 지원 고위험·혁신형 R&D 지원

주요 지원 수단		주요 지원 수단
• 중장기 R&D 투자 전략 마련 • 예타 면제 및 절차 간소화(적시성 확보) • 출연(연)·대학의 중소기업 연구소화 • 기업 수요 중심 과제 기획 • 비즈니스 모델 제시 • 성과창출형 평가 및 관리체계 개선 • 연구시설장비 공동활용 포털 구축	→	• 개방형 기획, 기획역량 강화 교육프로그램 • 창의적·도전적 연구 평가체계 도입 • 연구관리 규정, 관리기관, R&D 관리시스템 통폐합 및 정비 • HRHR형 연구 프로그램 확대 • R&D 예비타당성조사 개선을 통한 도전적·혁신적 R&D 적기 수행 지원 • 혁신형/융합형 연구개발 규제 개선

적 R&D 지원을 위한 연구관리 규정[6]과 연구관리 전문기관 통폐합, 연구비 관리시스템과 과제지원시스템의 통합·정비,[7] 과학난제, 미래 신시장 창출, 국민생활문제 해결 등 국가전략 분야를 중심으로 High Risk-High Return 형 연구 프로그램 확대, R&D 예비타당성조사 개선을 통한 도전적·혁신적 R&D 적기 수행 지원, 혁신형·융합형 R&D를 저해하는 R&D 규제 개선 등 을 주요 지원 정책 수단으로 제시하였다.

박근혜 정부가 기관간 역할 정립과 R&D 성과 창출을 지원하는 수단을 강조하였다면, 문재인 정부는 창의적·도전적 연구와 기획 역량을 지원하는 수단을 강조하였다고 볼 수 있다.

---

6)   각 부처가 제각각 운영 중인 R&D 규정이 112개로 파악되었다.

7)   17개 부처별로 운영 중인 연구비관리시스템을 2019년 상반기에 이지바로(과학기술정보통신부)와 RCMS(산업부)의 2개 시스템으로 통합하고, 17개 부처 29개 시스템으로 구성된 과제지원시스템도 표준화 하여 R&D 사업·과제·인력 정보를 실시간으로 공유하도록 하였다.

제3절 R&D 예비타당성조사 제도 분석

1. 개요

우리나라 R&D 정책은 제4차 산업혁명이라는 거대한 변화의 물결에 대응해 기존 Fast Follower R&D 모델에서 선진형 First Mover R&D 모델로의 전환 과정에 있으며, 이를 위해 R&D 지원 정책의 과감한 혁신을 요구하고 있다. 그리고 그 혁신은 정부가 어디에 투자할 것인가를 결정하는 기획단계에서 시작되고 있다.

기획단계에서 정부의 R&D 투자 결정에 가장 크게 영향을 미치는 지원 정책 수단은 예비타당성조사 제도이다.[8] 예타는 특성상 전략적 투자성, 투자규모, 투자기간, 관련 집단, 파급효과 등이 매우 크고 광범위하다. 더군다나 2016년부터 2020년에 일몰되는 R&D 사업의 경우, 대규모 사업이 많아 해당 규모로 새로 기획할 때 예타의 대상이 되는 사업이 대부분이다. 이에 정부는 제4차 산업혁명에 대응하여 정부 R&D 투자의 우선순위를 확보하여 미래 신시장을 창출하고, 국가가 해결해야 할 사회문제의 해결에 도움이 될 수 있도록 R&D 예타 제도의 개선을 추진하여 왔다.

예타 제도는 총사업비 500억 원 또는 국고지원 300억 원 이상인 건설·R&D·정보화사업과 중기지출 500억 원 이상인 복지 등 기타사업을 대상으로 예산편성 전 타당성을 객관적으로 검증하는 제도로 1999년

---

8) 물론 일정 규모 이하의 R&D 투자는 예타 없이도 가능하다. 그러나 정부 R&D 투자의 상당한 규모가 예타를 통해 결정된다.

에 건설 분야(SOC 분야)를 대상으로 최초로 도입되었다(관계부처 합동, 2019.4.3.).⁹⁾.

R&D 분야는 (구)과학기술혁신본부가 2007년 1월에 대형국가연구개발 사업에 대한 사전 타당성조사를 실시하였고, ¹⁰⁾ 이것이 2008년 2월 29일 국가재정법이 개정되면서 기획재정부에서 수행하는 예타로 통합되게 되었다(과학기술정보통신부·한국과학기술기획평가원, 2019.1.31.).

아래에서는 R&D 예타 제도가 어떻게 변동되어 왔는지를 Hogwood와 Peters의 정책변동 모형에 기반하여 분석하고자 한다. 다만 Hogwood와 Peters의 정책변동 요소에는 법률, 조직, 예산이 포함되어 있지만, 본 연구에서는 예산의 변동에 대한 분석은 제외한다. 정부 R&D 예산은 큰 틀에서 R&D 정책의 기조를 파악하는데 도움이 되지만, 세부적인 R&D 지원 정책 수단의 변화를 살펴보는 데는 큰 의미가 없다고 판단했다. 따라서 본연구에서는 제도의 기조, 제도 관련 조직, 법령, 내용을 중심으로 분석한다.

2. R&D 예타 제도의 변동 분석

1) 제도 기조의 변화

R&D 예타 제도의 기조 변화는 2가지로 살펴볼 수 있다. 하나는 국가연

---

9)   예비타당성조사는 1999년 건설분야, 2007년 국가연구개발사업과 정보화사업, 2010년 기타 비투자 재정부문사업 등으로 확대되었다(김준경, 2016:15).
10)   과학기술혁신본부는 2007년 4월 사전타당성조사 운용지침을 제정하였다. 이에 따르면, 총 사업비 500억 원 이상으로 추정되는 신규 국가연구개발사업으로서 사업목표 및 계획이 구체화된 사업이 대상이다. http://www.ndsl.kr/ndsl/search/detail/trend/trendSearchResultDetail.do?cn=DT200 700499 참조.

구개발사업의 경제적 타당성보다는 과학기술적 타당성을 중시한 것이다. 시장에서의 중단기적 성과보다는 제4차 산업혁명에 대응하기 위한 과학기술의 혁신성과 도전성을 통한 장기적 경쟁력 확보에 우선순위를 두었기 때문이다.[11] 뒤에서 살펴볼 평가항목별 종합평가(AHP)의 반영 비중 변화가 이를 뒷받침해 준다. 다른 하나는 정부의 역할이 판단자적 관점에서 지원자적 관점으로 변화되었다는 것이다. 기존의 예타는 정부가 평가를 통해 예타 신청 국가연구개발사업에 대해 적합/부적합, 시행/미시행을 결정하는데 초점을 두었다면, 개선된 예타는 사전컨설팅 제도를 통해 기획의 충실성을 확보하게 하고, 예타를 통해 미시행으로 분류된 사업에 대해서도 기획보완을 통해 재도전할 수 있는 기회를 보장하였다. 또한 예타를 신청한 관련 부처의 의견을 서면, 온라인, 대면 등 다양한 방법으로 수렴함으로써 가능하면 예타를 신청하는 국가연구개발사업에 대해 관련 부처가 추진 필요성과 타당성을 충분히 전달하고 평가자들이 이를 이해할 수 있도록 하는데 초점을 두고 있다. 이는 제4차 산업혁명이라는 불확실성 하에서 기획의 정확성, 신속성, 유연성을 동시에 확보하기 위한 변화로 보인다.

2) 담당조직의 변화

R&D 예타 제도 관련 조직은 크게 세 부분으로 구분하여 살펴볼 수 있다. 먼저 R&D 예타 주관기관이다. 2008년 2월 29일 국가재정법 시행령 제13조(예비타당성조사) 대상에 과학기술기본법 제11조에 따른 국가연구개발사업이 포함되면서[12] R&D에 대한 예타가 기획재정부 주관으로 실시되게

---

11) https://www.msit.go.kr/webzine/posts.do?postIdx=332.

(그림 9-5) 예비타당성조사 담당조직의 변화 과정

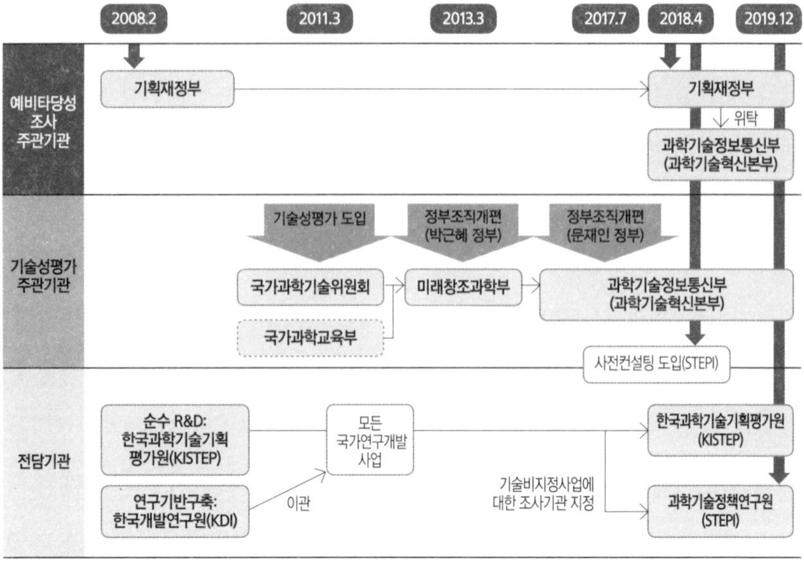

되었다.[13] 이후 10년 동안 기획재정부에서 실시했던 R&D 예타는 2018년 1월 16일 국가재정법 개정으로 2018년 4월부터 기획재정부 주관 하에 과학기술정보통신부(과학기술혁신본부)로 위탁할 수 있게 되었다. 국가재정법 제38조의 3이 신설되어 과학기술법 제11조에 따른 국가연구개발사업에

---

12) 시행령 개정 이전에는 과학기술기본법 제9조 제2항 제5호에 따른 국가연구개발사업으로서 연구단지 조성, 연구개발센터 및 연구장비 구축 등 구체적 산출물이 있는 연구기반조성사업이 예비타당성조사 대상이었다(국가법령정보센터 국가재정법 시행령 제13조, 2006.12.29. 제정, 2007.1.1. 시행)

13) 노무현 정부 시기에 범부처 차원에서 과학기술정책과 계획을 수립하고 각 부처 국가연구개발사업 예산을 배분·조정, 연구개발 성과평가 등을 위해 과학기술 종합조정체계(과학기술혁신본부)가 구축되었고, 2006년 12월 국가연구개발사업에 대해 사전에 타당성을 검토하는 제도를 도입하였다. 2008년 2월 과학기술 종합조정체계가 해체되면서 예산과 평가 관련 업무가 기획재정부로 이관될 때 연구개발의 타당성 검토 제도는 예비타당성조사 제도로 통폐합되었다(권성훈, 2020: 1, 5).

대한 예타에 관해서는 과학기술정보통신부 장관에게 위탁할 수 있게 되었기 때문이다.

다음으로 R&D에 대한 기술성평가 기관이다. R&D 예타는 분야의 특성상, 기술성평가를 사전에 통과하는 사업에 대해 실시하고 있다. R&D 분야에 예타가 시작되면서 2007년 1건이었던 것이 2008년 24건, 2009년 55건, 2010년 57건, 2011년 52건 등으로 급등하였다(김홍범 외, 2013: 1). 이에 따라 예타 대상사업 선정 및 평가 수행에 따른 재정 부담과 행정력 낭비를 방지하기 위해 기술성평가가 필요하게 된 것이다.[14]

2010년 10월 과학기술기본법 개정으로 국가과학기술위원회가 설치되자, 국가과학기술위원회가 기술성평가를 실시하였으며, 평가 결과를 기획재정부에 제출하게 되었다.[15] 이후 정부조직 개편에 따라 미래창조과학부(2013년), 과학기술정보통신부(2017년)로 기술성평가 업무가 승계되었다.

마지막으로 예타 전담기관이다. 본래 예타가 건설사업을 중심으로 도입되었기 때문에 국가연구개발사업에 대한 초기의 예타(연구기반 구축사업)도 예타 총괄기관이었던 한국개발연구원(KDI)이 수행하였다. 그러나 2008년 연구기반 구축사업뿐만 아니라 순수R&D 사업에 대한 예타가 실시되면서 순수 R&D에 대한 예타는 한국과학기술기획평가원(KISTEP)이 총괄하여 수행하였으며, 2012년부터는 국가연구개발사업 전체의 예타는 KISTEP이 총괄하여 수행하였다(KISTEP, 2016.11). 그러나 지난 2019년 11월 과

---

14) 권성훈(2020: 7)은 기술성평가는 과학기술 종합조정체계의 공백(약 3년간) 이후 체계의 복원이 불완전하게 이루어짐에 따라 파생된 다소 기형적인 제도라고 보고 있다.

15) 국가법령정보센터, 과학기술기본법 연혁 참조.

학기술정보통신부는 R&D 예타 수요의 급증과 사업의 다양성에 대응해, KISTEP 외에 과학기술정책연구원(STEPI)을 예타 조사기관으로 추가 지정하였다(과학기술정보통신부, 2019.11.28.).[16] STEPI는 인력양성, 연구개발 역량 강화, 지역 연구개발 등 기술비지정사업(기술을 특정하기 어려운 사업)의 예타를 전담하게 된다.

이 외에도 국가연구개발사업에 대한 예타 업무가 과학기술정보통신부로 위탁되면서 과학기술혁신본부는 2018년 6월 국가연구개발사업 기획의 완성도를 제고하기 위해 '국가 R&D 사업 예비타당성조사 사전컨설팅' 제도를 도입하였고, 2018년 하반기부터 과학기술정책연구원(STEPI)에서 이 기능을 지원하고 있다.[17] 사전컨설팅 지원은 기술성평가 및 예타 경험을 지닌 전문가 5~7명으로 구성된 '사전컨설팅지원단'이 기획(안)에 대한 동료평가 방식으로 약 5~6주간 실시하며, 대상사업 기획보고서의 미비점 및 보완사항 등을 중심으로 수행된다.[18]

3) 관련 법령의 변화

예타 제도의 운영상 개선은 관련 법령에 기초해 이루어진다. 2018년 이

---

16) 이를 반영한(제32조) 「국가연구개발사업 예비타당성조사 운용지침」 (과학기술정보통신부 훈령 제101호)이 2019년 12월 26일 제정되었다.

17) 과학기술정보통신부 과학기술혁신본부는 2018년 6월 '국가 R&D 사업 예비타당성조사 사전컨설팅 지원계획'을 확정하고, 2018년 하반기 시범사업을 거쳐 2019년부터 분기별로 4건, 년 16건의 예비타당성조사 지원사업에 대해 사전컨설팅을 지원하기로 하였다(https://www.yna.co.kr/view/AKR20180601160600017).

18) 사전컨설팅 의견의 수용 여부는 사업 소관부처의 재량 사항이며, 컨설팅 결과는 기술성평가 및 예비타당성조사에 영향을 주지 않는다(https://www.yna.co.kr/view/AKR20180601160600017).

전에는 국가재정법 제38조에 근거해, 기획재정부가 정한 「예비타당성조사 운용지침」과 「연구개발부문 사업의 예비타당성조사 표준지침」에 근거하였으나, 2018년부터는 과학기술정보통신부가 정하는 「국가연구개발사업 예비타당성조사 운용지침」, 「국가연구개발사업 예비타당성조사 수행 총괄지침」, 「국가연구개발사업 예비타당성조사 수행 세부지침」에 근거해 수행되고 있다. 여기에서 운용지침은 국가연구개발사업 예타의 대상사업 선정기준·조사수행기관·조사방법 및 절차 등을 규정하고, 수행 총괄지침은 예타 수행절차, 분석방법 및 기준 등을 좀더 명확하게 규정한 것을 말한다. 또한 수행 세부지침은 국가연구개발사업의 예타 수행방법 및 기준 등에 관한 세부사항을 규정한 것으로 국가연구개발사업평가 총괄위원회의 심의를 통해 확정한다(과학기술정보통신부 훈령 제101호, 제5조).

즉, 관련 법령은 지침 제·개정 기관이 기획재정부에서 과학기술정보통신부로 변경되고, 지침이 좀더 세부적으로 구분되어 제정되는 변화가 있었다.

(그림 9-6) 국가연구개발사업 예비타당성조사 운영규정의 변화

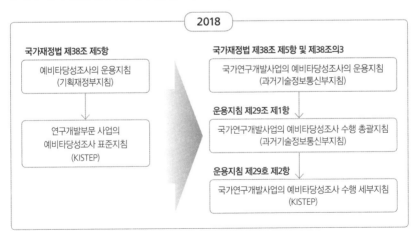

4) 제도 내용의 변화

① 평가 절차의 변화

국가연구개발사업의 예타 절차에서 가장 뚜렷한 변화는 절차의 간소화이다. 2018년 이전에는 예타 주관부서와 기술성평가 주관부서가 구분되어 있었기 때문에 2개 부처를 오가는 절차가 복잡하게 전개되었다. 즉, 관계부처에서 신규사업에 대해 예타를 기획재정부에 요청하면, 기획재정부가 먼저 미래창조과학부에 기술성평가를 의뢰한 후, KISTEP의 기술성평가 결과를 기획재정부에 제출하면 기획재정부가 예타 대상사업으로 확정하여 KISTEP에 예타를 의뢰하고, KISTEP의 예타 결과에 따라 기획재정부가 최종적으로 신규사업의 실시 여부를 결정하게 된다.

그러나 2018년 이후에는 기술성평가와 예타 주관기관이 과학기술정보통신부로 통합됨에 따라 과학기술정보통신부 내에서(과학기술혁신본부) 기술성평가와 예타를 위한 추진체계를 정비하여 수행하였다.

과학기술정보통신부는 2019년 11월 「R&D 예타 제도에 대한 개편(안)」

(그림 9-7) 2018년 이전 국가연구개발사업 예비타당성조사 절차

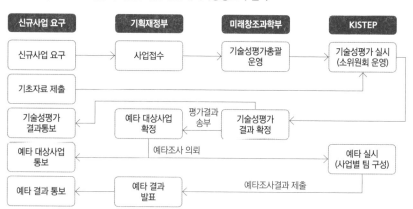

(그림 9-8) 2018년, 2019년 국가연구개발사업의 예비타당성조사 절차

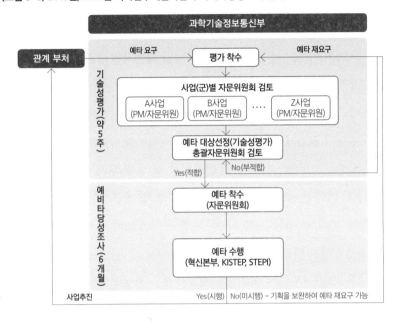

을 통해 기존에 동일한 주체가 수행하던 조사와 평가를 분리하고, 관련 전문가들이 평가에 참여할 수 있도록 절차를 개선하였다(과학기술정보통신부, 2019.11.28.).

(그림 9-9) 국가연구개발사업 평가체계

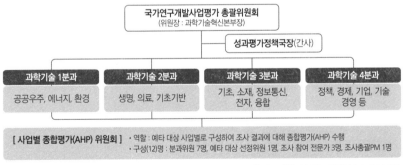

출처 : 과학기술정보통신부(2019.11.28.)

② 평가대상의 변화

R&D 분야 예타의 대상은 큰 변화는 없다. 기존과 같이 국가연구개발사업 중 총사업비가 500억 원 이상이고 국가의 재정지원 규모가 300억 원 이상인 신규사업을 대상으로 한다.

그러나 국가연구개발사업 중 기술성평가를 받는 대상은 2016년 이전까지 총사업비가 500억 원 이상이고 국가의 재정지원 규모가 300억 원 이상인 신규사업 중 연구단지 조성 및 연구시설·장비 구축 사업비가 총 사업비의 30/100 미만인 사업이었다. 연구단지 조성 및 연구시설·장비 구축 사업의 비중이 30/100 이상일 경우 연구기반 구축 사업의 성격이 강하기 때문에, 기술성평가가 필요하지 않았기 때문이다.

그러나 2016년부터는 국가연구개발사업을 통합적으로 검토하여 관리 공백이나 형평성 문제를 해소하고, 기획수준이 낮은 사업의 예타 추진으로 인한 행정력 낭비를 방지하기 위해 총사업비가 500억 원 이상이고 국가의 재정지원 규모가 300억 원 이상인 모든 신규사업에 대해 기술성평가를 실시하고 있다(미래창조과학부·한국과학기술기획평가원, 2017).

(그림 9-10) 기술성평가 대상의 변화

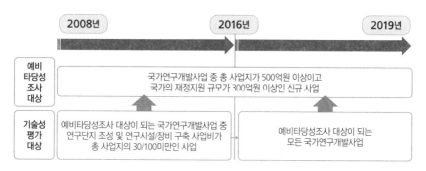

③ 평가내용의 변화

R&D 예타 평가내용은 R&D 사업 유형화, 종합평가 평가항목 가중치, 평가항목별 세부 조사항목, 기술성평가 검토 항목 등으로 살펴볼 수 있다.

첫째, R&D 사업 유형의 다양화다. 기존에 과학기술 R&D 사업은 하나로 통합되어 운영되었다. 그러나 2018년 과학기술의 전문성 강화를 위해 과학기술 R&D의 유형을 기초연구와 응용개발/시설장비 구축 등으로 세분하였고, 2019년 11월에는 다시 사업목적에 기초해 도전·혁신형, 성장형, 기반조성형으로 개편하였다. 이러한 사업 유형의 개편은 사업 유형별 특성을 반영하여 평가항목, 평가기준 등을 차별화 함으로써 평가결과의 실효성을 확보하는데 있었다고 판단된다.

둘째, 종합평가(AHP) 시 사업 유형에 따른 평가항목별 가중치의 차별화다. R&D 예타의 평가항목은 과학기술적 타당성, 정책적 타당성, 경제적 타당성이다. 사업 유형이 구분되기 전에는 각 평가항목별 가중치를 모든 R&D에 기술적 타당성 40~50%, 정책적 타당성 20~30%, 경제적 타당성 30~40%를 획일적으로 적용하였다.[19] 그러나 2018년 4월 제도 개선 시 사업 유형별로 기초연구는 과학기술적 타당성에 50~60%의 높은 비중을 주

(그림 9-11) R&D 사업 유형의 변화

---

19) 사업에 따라서 해당 범주 내에서의 차이는 존재하였다.

는 대신에 경제적 타당성은 5~10%의 비중으로 낮추고, 응용개발/시설장비 구축 등은 과학기술적 타당성에 40~60%, 경제적 타당성에 10~40%의 비중을 두었다.

그러나 2019년 11월 제도 개선을 통해 사업 유형을 사업목적별로 다시 구분하고, 종합평가(AHP) 가중치도 더욱 차별화하였다. 또한 경제성 분석 방법도 비용편익분석(B/C) 외에 비용효과분석(E/C) 등을 도입함으로써 다양성과 불확실성이 높은 연구개발의 특수성을 평가에 반영할 수 있게 되었다(과학기술정보통신부, 2019.11.28.).[20]

셋째, 평가항목별 세부 조사항목의 현실성 반영이다. 평가항목별 세부 조사항목은 2019년 1월 「국가연구개발사업 예비타당성조사 운용지침」을 개정하여 일부 보완·개선하였다. 즉 기존에 과학기술적 타당성 분석 세부

<표 9-5> 사업목적별 유형, 가중치, 경제성 분석방법 개선(2019.11.)

목적별 유형	정의 및 사업의 특징	과학기술성 평가 가중치	정책성평가 가중치	경제성평가 가중치	경제성 분석방법
도전·혁신형	과학기술선도를 목표로 하며 영향력과 파급효과가 크지만 실패확률/불확실성 높은 R&D	55~65%	20~40%	5% 이하	E/C 기본 (예외적 B/C)
성장형	산업지원 목적의 공정·제품·서비스 개선, 기업 역량강화 목적의 R&D	40~50%	20~40%	10~40%	B/C 기본 (예외적 E/C)
기반 조성형	연구인력양성, 연구시설장비구축, 공익증진을 목적으로 하는 공공기술 R&D		30~50%	10~20%	B/C 또는 E/C (사업별 선택)

출처 : 과학기술정보통신부(2019.11.28.)

---

20) 그동안 경제성 분석에 있어서 비용편익(B/C) 분석에의 의존도가 높으면서 R&D 유형이 다양함에도 불구하고, 사업의 목표와 효과가 구체적인 사업을 대상으로 재정 효율화 관점에서 예타 평가가 이루어짐으로써 창의·도전적 연구사업 추진이 저해받고 있다는 문제제기가 많았다(조성호·김용정, 2018: 8-9).

조사항목은 ① 과학기술 개발계획의 적절성, ② 과학기술 개발의 성공가능성, ③ 기존 사업과의 중복성이었으나, 이를 ① 문제/이슈 도출의 적절성, ② 사업목표의 적절성, ③ 세부활동 및 추진전략의 적절성으로 변경하였다

<표 9-6> 평가항목별 세부 내용

평가항목	2018년 이전	2018년 이후(2019.12 현재)
과학기술적 타당성	기술개발계획의 적절성 • 기획과정의 적절성 • 사업목표의 적절성 • 구성 및 내용의 적절성	문제/이슈 도출의 적절성
	기술개발 성공가능성 • 기술추세 분석 • 기술수준 분석	사업목표의 적절성 • 사업목표와 문제/이슈의 연관관계 • 사업목표 달성효과의 구체성 • 성과지표 및 수혜자 표적화의 적절성
	기존 사업과의 중복성	세부 활동 및 추진전략의 적절성 • 세부활동과 사업목표의 논리적 연계 • 적절한 수준의 세부활동 도출 및 세부활동의 성과지표 • 기간 추정과 시간적 선후관계 • 추진전략의 적절성
정책적 타당성	정책의 일관성 및 추진체계 • 상위계획과의 부합성 • 사업 추진체계 및 추진의지	정책 일관성 및 추진체계 • 상위계획과의 부합성 • 사업 추진체계 및 추진의지 • 추가 평가항목(선택)
	사업추진상의 위험요인 • 재원조달 가능성 • 법·제도적 위험요인	사업추진상의 위험요인 • 재원조달 가능성 • 법·제도적 위험요인
	사업특수평가항목(선택)	추가 평가 및 특수평가 항목(선택) • 지역균형발전 • 인력양성효과 • 일자리효과 • 안정성 평가 • 그 밖의 정책효과 등
경제적 타당성	비용과 편익 추정	비용과 편익 추정 비용과 효과 추정

(과학기술정보통신부, 2019.1). 제4차 산업혁명의 기술경쟁력 확보를 위한 고위험·도전형 R&D 사업 추진과 기술 비지정 사업에 적용하기 어려운 '과학기술 개발 성공 가능성' 항목을 삭제하고 사업 기획 및 조사의 논리적 흐름에 맞게 개선한 것이다. 2019년 11월 개편에서는 정책적 평가 시 지역균형 발전뿐만 아니라 인력양성, 일자리, 안전 등 다양한 사회적 가치와 정책효과를 특수평가항목으로 활용하고, 정책 현안과 연구개발사업의 연계성 강화를 위해 소재·부품 관련 연구개발사업에 정책적 타당성 가점을 부여하는 내용도 반영되었다(과학기술정보통신부, 2019.11.28.). 제4차 산업혁명은 특히 새로운 산업구조에 맞는 일자리와 이에 필요한 인력양성이 중요한데 이러한 요소를 조사항목에 반영한 것이라 볼 수 있다.

넷째, 기술성평가 검토 항목의 간소화다. 기술성평가는 먼저 프로그램형과 프로젝트형으로 구분되어 있던 것을 폐지하고 평가항목을 공통적으로 평가될 수 있는 항목 위주로 재구성하였다. 유사 내용은 통합하고, 예타에서 상세하게 분석하는 내용에 대해서는 적절성만 판단하도록 4개 대분류는 유지하면서 30개 세부 검토항목을 10개 세부검토 항목으로 간소화하였다. 그러나 제도 시행 후의 경험을 토대로 예타에서의 기술적 타당성 평가와 차별화하고 사전검토로서의 기술성평가의 취지를 명확화하기 위해 평가명을 기술성평가에서 "예타 대상 선정(기술성평가)"로 변경하고, 검토항목도 다시 기획 완성도에 대한 검토를 중심으로 6개로 개편하였다.[21]

---

21) 과학기술정보통신부 보도자료, 예타 이관 등 환경변화에 따른 기술성평가 제도 개선, 2019.4.9. 본 자료에 따르면 관계부처의 예타신청 수요조사를 실시한 결과 기존에 연평균 40여 건이던 것이 2018년 에만 100여개 사업이 신청될 것으로 파악되었다.

(그림 9-12) 예타 대상 선정(기술성평가) 항목의 간소화

이 외에도 정부는 연구개발의 적기 투자를 지원할 수 있도록 기존에 1년 이상(13.5개월) 소요되던 예타 기간을 6개월로 단축하였으며, 국가연구개발사업의 예타 관련 모든 정보를 제공하기 위해 'R&D 예타로(路)' 사이트(http://www.rndyeta.kr/rndyeta/)를 개설하여 법령·지침, 조사현황, 보고서, 교육관련 정보 등을 제공하고 있다.

3. R&D 예타 제도의 정책변동 특성

정책의 변동은 여러 가지 원인으로 발생한다. 그러나 일반적으로 정책변동의 원인은 정책 자체와 관련된 내부적 요인과 정책을 둘러싼 외부적 환경 요인으로 구분할 수 있다. 정책 자체와 관련된 내부적 요인에는 ① 정책목표의 적합성 결여, ② 정책대안의 적절성 결여, ③ 집행기구·인력·비용·기간 등의 적절성 문제, ④ 순응적 집행의 확보 문제 등이 있다. 한편 정책을 둘러싼 외부적 집행 환경 요인으로는 ① 정책문제의 변화, ② 대상집단의 반응과 요구 변화, ③ 정책환경과 자원의 변화 등이 있다(강근복, 2016:

329-332). 앞에서 살펴본 국가연구개발사업의 예타 제도 변화는 제4차 산업혁명이라는 정책환경적 요인이 가장 크다고 볼 수 있다. 예타 제도의 개선을 포함하고 있는 것이 2017년의 「4차 산업혁명 대응계획」일 뿐만 아니라, 2018년의 「국가R&D 혁신방안」에서 R&D 혁신의 새로운 수요로 제4차 산업혁명의 도래를 언급하고 있기 때문이다. 또한 실질적으로도 제4차 산업혁명을 선도할 수 있는 고위험·도전형 R&D의 추진, 일자리 혁신 등 사회경제적 변화 고려, 불확실성에 대응한 유연하고 신속한 조사, 전문가의 참여 등이 가능한 방향으로 제도 개선이 이루어졌다.

무엇을 정책변동으로 보느냐는 주장하는 학자에 따라 조금씩 다르다. Hogwood와 Peters(1983)는 정책산출물의 변화, 박해룡(1990)은 정책내용이나 정책집행 수단의 변화, 정정길 등(2017)은 정책내용의 변동 뿐만 아니라 정책집행 방법의 변화를 언급하였다(김은미 외, 2018: 413). 그러나 정책변동을 무엇으로 보느냐는 분석대상이 되는 정책의 수준과 범위에 따라 달라질 수 있다고 본다. 예를 들어, R&D 지원 정책 전체를 대상으로 분석한다면, 정책의 산출물 뿐만 아니라 정책내용과 정책수단의 변화를 볼 수 있지만, 본 연구와 같이 연구개발 지원 정책 중 하나의 수단(제도)를 대상으로 한다면, 제도의 기본적인 운영 방향, 즉 제도 운영의 기조와 근거 법령, 담당조직, 제도 운영 내용 등을 살펴보는 것이 바람직할 것이다. 따라서 본 연구는 후자의 관점에서 연구개발 지원 정책 중 기획단계에서 매우 중요한 역할을 하는 예타 제도의 변동 특성을 다음과 같이 정리하였다.

Hogwood와 Peters는 정책변동을 정책혁신(policy innovation), 정책유지(policy maintenance), 정책승계(policy succession), 정책종결(policy termination)로 구분하면서 정책유지는 기존 정책을 낮은 수준으

로 수정하는 것, 정책승계는 동일한 영역에서 존재하는 정책을 의도적으로 대체하는 것으로 조직이나 법률, 예산 등의 변화를 수반한다고 보았다(김은미 외, 2018: 414). 이러한 논리를 적용해 보면, R&D 예타 제도는 일부 정책유지적 성격이 존재하기는 하지만, 정책(제도)기조의 변화, 예타 담당조직의 변화, 운용지침 주관부서의 변화, 제도 내용의 변화 등이 수반된 정책

<표 9-7> R&D 예타 제도의 변동 특성

구분		정책변동 유형
정책(제도) 기조 전환	• 2017년 기준 정책(제도) 기조 변화 – R&D 전략성과 사업화 지원 중심에서 R&D 혁신과 고위험 도전형 R&D 지원 중심으로	정책승계

담당조직의 변화	• 2018년 기준 예타 담당조직의 변화
	  – 기획재정부 주관에서 기획재정부 주관 과학기술정보통신부 위탁 수행으로
	  – 부처 조직개편에 따른 기술성평가 조직의 변화
	• 2019년 예타 조사 전담기관 추가 지정
		혁신적
		정책승계

근거 법령 제·개정	• 2018년 기준으로 대체 지침 및 하위 지침 제정
	  – 국가연구개발사업 예비타당성 운영지침 및 하위 지침 제정
	  – 지침 제정 부처 변경(기획재정부→과학기술정보통신부)
		정책승계

제도 내용의 변화 / 평가절차	• 2018년 기준으로 평가 절차 간소화
	  – 예비검토 폐지
	  – 기술성평가와 예타간 연계 간소화
	• 2019년 조사와 평가체계 개편
		정책승계

제도 내용의 변화 / 평가대상	• 2016년을 기준으로 대상 확대·통합 – 순수 R&D 사업 중심에서 모든 R&D 관련 사업으로	정책유지

제도 내용의 변화 / 평가내용	• 2018년 기준으로 평가내용 혁신
	  – 사업 유형 세분화(1개→2개→3개)
	  – 예타 종합평가(AHP) 항목별 비중 변화
	  – 과학기술적 타당성 평가항목의 합리화
	  – 정책적 타당성 평가시 사회적 가치 고려
	  – 기술성평가 검토항목의 간소화
	  – 예타 소요기간의 단축 등
		혁신적
		정책승계

(그림 9-13) R&D 예타 제도의 정책변동 유형간 관계

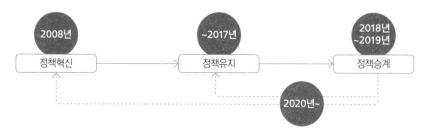

승계적 변동이 강하다. 특히 2018년의 R&D 예타 제도의 변화는 제4차 산업혁명에 대응하여 우리나라 R&D 정책기조와 체계의 혁신을 도모하는 과정에서 전개되었다는 점에서 단순한 정책승계가 아닌 혁신적 정책승계로 볼 수 있다. 또한 제도의 도입 이후 기존 제도 운영, 현재까지의 제도 개선 및 향후의 제도 운영 방향 등을 고려하여 정책변동 유형간의 관계를 보면, 2019년까지는 정책혁신 → 정책유지 → (혁신적) 정책승계의 흐름을 보였다. 그러나 향후 제도 운영 및 개선을 통해 현재의 제도 유지 또는 또 한번의 혁신으로 발전할 것으로 전망된다.

제4절 정책평가 및 정책혁신의 방향

1. R&D 예타 제도 개선 과정의 평가

R&D 예타 제도는 국가연구개발사업 투자의 타당성과 객관성을 확보하기 위한 R&D 지원 수단의 하나이다. 따라서 정책적 관점에서 정책의제 설

정-정책형성-정책집행-정책효과 등 일련의 정책과정을 평가하는 데는 한계가 있다. 다만 정책수단의 관점에서 제도가 개선되는 과정을 중심으로 R&D 예타 제도 재정립(형성) 과정의 합리성과 집행과정의 효율성 관점에서 평가해 보면 아래와 같다.

먼저 R&D 예타 제도 업무가 과학기술정보통신부로 위탁된 것은 제4차 산업혁명이라는 새로운 정책환경, 이에 대응하는 R&D 정책과 이에 따른 지원 정책 기조 변화, 국가연구개발사업 일몰에 따른 예타 수요 증가 등에 대응한 합리적 결정이었다고 판단된다. 국가연구개발사업에 대한 사전 타당성조사는 2006년 12월 「과학기술기본법 시행령」 제21조의3에 근거해 연구기반조성사업을 제외한 사업으로서 총 사업비가 500억 원 이상으로 추정되는 국가연구개발사업에 대한 사전 타당성조사 근거가 설립되면서 시작되었다(권성훈, 2020: 5).

당시 국가연구개발사업에 대한 사전 타당성조사는 (구)과학기술혁신본부에서 담당하였다. 그러나 2008년 2월 이명박 정부의 조직개편으로 (구)과학기술혁신본부가 폐지되면서 「과학기술기본법 시행령」의 사전 타당성조사 규정은 삭제되고, 기획재정부에서 수행하던 예비타당성조사 대상에 국가연구개발사업 전체가 포함되었다. 2010년 10월 27일 (구)과학기술혁신본부가 담당하는 기능을 복구하는 내용으로 「과학기술기본법」이 개정되었으나, 이전에 담당했던 연구개발 사전 타당성조사 제도 대신에 기술성평가 제도가 신설되었으며(권성훈, 2020:5), 국가과학기술위원회로 하여금 예비타당성조사 대상사업 선정을 신청한 국가연구개발사업에 대해 기획재정부에서 예비타당성조사 대상사업을 선정하기 전에 해당 사업의 기술성을 평가하여 적합 여부에 관한 의견을 기획재정부 장관에게 제출하도록 하였

다. 그리고 2018년 1월 「국가재정법」 개정으로 2018년 4월부터 국가연구
개발사업에 대한 예비타당성조사는 과학기술정보통신부로 위탁되었다.

이와 같이 국가연구개발사업에 대한 정부 예산투자의 사전 타당성조사
는 여러 차례의 조직 개편과 관련 법령의 개정을 통해 때로는 과학기술 관
련 부처에서 때로는 기획재정 관련 부처에서 담당해 왔으나, 2018년 1월
「국가재정법」 개정으로 본래 처음 수행했던 과학기술 관련 부처로 돌아오
게 된 것이다. 물론 여전히 국가연구개발사업의 예비타당성조사 소관 부처
가 기획재정부이고, R&D 예타 제도의 개선을 위해서는 기획재정부와 협의
해야 할 뿐만 아니라 기획재정부가 2년 주기로 예타 운영에 대한 평가를 하
고 제도 개선을 권고하는 체계이지만, 실제 예타 업무는 위탁받은 과학기술
정보통신부에서 수행함으로써 연구개발의 특수성을 반영한 예타 제도 설계
와 제도의 실질적 운영 권한을 확보하게 된 것이다.

<표 9-8> R&D 예타 제도의 재정립(2018.4.)

구 분	주요 내용
기간단축	• 기존에 1년 이상(평균 13.5개월) 소요되던 R&D 예타를 6개월에 완료 하도록 개선
연구사업 유형 분류 및 평가 가중치 개선	• 연구사업 유형을 기초연구, 응용·개발, 시설·장비 구축으로 분류 • 유형별로 과학기술적, 정책적, 경제적 타당성 가중치 조정
예타 기회 확대	• 예타 재도전 허용 : 기존에는 탈락(미시행)된 사업은 예타 재도전 불가, 기획 보완 후 재도전 가능하도록 개선
예타 사전 컨설팅 제도 도입	• 사업 기획서상의 부족한 부분을 예타 요구 전에 점검할 수 있는 '예타 사전컨설팅' 지원 • 예타 사전컨설팅을 위해 STEPI에 조직 신실
정보 제공 및 지원 확대	• 'R&D 예타로' 홈페이지 개설, 예타 관련 모든 정보 제공 • 예타 교육 확대(년 1~2회 → 년 4회) • 예타 매뉴얼 제공 등

출처 : 과학기술정보통신부(2019.5.31.)의 내용 재구성

다만, 권성훈(2020: 6)이 지적한 바와 같이 향후에는 R&D 예타 제도가 건설공사 중심의 예비타당성조사의 틀에서 벗어나 R&D 특수성을 충분히 반영하여 발전할 수 있도록 하기 위해서는 R&D 예타 소관 부처를 과학기술정보통신부로 완전히 이관하는 것도 검토할 필요가 있다고 판단된다.

다음으로 R&D 예타 제도의 운용(집행)과정에서도 효율성을 확보하고 있다고 판단된다. 과학기술혁신본부는 2018년 4월 R&D 예타 시행에 앞서 기존 R&D 예타 제도를 개선하였을 뿐만 아니라, 2019년 1월과 11월 2차례에 걸쳐 제도 운영상의 문제점을 개선하였다.

먼저 2018년 4월의 제도 개선에 있어서는 신속성·유연성을 제고하고 평가보다는 지원하는 예타로의 변화를 중심에 두었다. 또한 2019년 1월에는 R&D 예타의 대상을 선정하는 기술성평가의 효율적 운영을 위한 제도 개선을 시행하였다(〈표 9-9〉 참조). 과기정보통신부는 예타 신규사업 설명회('19.1월과 4월), 연구제도혁신기획단 운영('18.9월~'19.2월), 제도개편 설명회('19.3월) 등을 통해 제도 개선 이슈를 도출하였으며, 2019년 5월 31일에는 「국가연구개발사업 예비타당성조사 수행 1년 성과분석 및 개선 추

〈표 9-9〉 기술성평가 절차 및 기준 간소화(2019.1.29.)

구 분	주요 내용
기술성평가 명칭 변경	• 예타 평가항목인 '기술적 타당성'과의 혼란 방지 • 예타 대상 선정(기술성평가)으로 변경하여 평가의 취지 명확화
평가절차의 간소화	• 예비검토 절차 폐지
평가항목 개선	• 예타에서 하는 심층분석 항목 비중 감소 • 사업 기획의 완성도 관련 항목 중심 개편 및 간소화
소통기회의 보장	• 평가의견에 대한 소명 기회 방법의 확대 : 서면 → 서면, 발표

출처 : 과학기술정보통신부(2019.1.29.)의 내용 재구성

진(안)」을 통해 1년간의 제도 운영 성과와 향후의 제도 개선을 위한 과제를 발표하였다. 그리고 2019년 11월 28일 '현장 중심의 R&D 예타 제도 전면 개선(안)'을 발표하고 2019년 12월 29일 관련 지침 개정을 통해 2020년 1월부터 점차로 개선 내용을 적용하고 있다(〈표 9-10〉 참조).

　R&D 예타 운영과정에서의 정부의 이러한 개선 노력은 집행전략의 효율성, 정책도구의 합리성과 효율성, 집행주체의 순응성과 정책대상 집단의 수용성을 확보함으로써 전체적으로 제도 집행의 효율성을 확보하기 위한 것으로 판단된다.

<표 9-10> 현장 중심의 R&D 예타 전문 개선(2019.11.28.)

구 분	주요 내용
사업유형 개선과 가중치 개선	• 기존의 연구개발단계 구분(기초연구, 응용·개발, 시설·장비)을 사업목적에 따라 도전·혁신형, 성장형, 기반조성형으로 구분 • 사업목적별 유형에 따라 과학기술성, 정책성, 경제성 가중치 조정
경제적 타당성 조사 방법 개선	• 도전·혁신형의 경우 원칙적으로 B/C가 아닌 E/C를 적용
정책적 타당성 평가에 다양한 정책가치 반영	• 지역경제 파급효과 뿐만 아니라 인력양성, 안정성 등 추가 • 연구개발 현안, 과학기술정책, 대형연구개발사업의 연계를 강화하기 위해 핵심 소재·부품 분야 국가연구개발사업에 대해 정책적 타당성 가점 부여
종합평가체계 개편	• 조사와 평가를 수행하는 주체의 분리(사업별 종합평가위원회 설치) ('20.8월~)
조사기관 추가 지정	• KISTEP에 더해 STEPI를 조사기관으로 추가 지정하고 기술비지정사업에 대해 예타를 수행하도록 함('20, 상반기)
의사소통의 강화	• 조사 단계에 사업부처와 자문위원간 설명과 토론 과정 추가 • 온라인 의견수렴 허용

출처 : 과학기술정보통신부(2019.11.28.)의 내용 재구성

2. R&D 예타 제도의 혁신 방향

과학기술정보통신부에서 R&D 사업에 대한 예타를 실시한 이후, 2020년 1월 말 현재까지 이관 사업을 포함하여 총 92개 사업에 대해 예타조사를 실시 했거나 또는 실시 중에 있다. 이 중에서 예타가 종료된 사업은 67개이며, 현재 진행중인 사업은 25개이다. 제도 혁신을 통해 지향한 바와 같이 짧은 기간에 R&D 예타를 효율적으로 운영한 결과로 보인다.

앞에서도 살펴본 바와 같이 과학기술정보통신부가 R&D 예타를 위탁받아 수행한 이후 정부는 집행과정에서 나타난 문제점을 해결하기 위해 여러 차례 제도 개선을 시행하였으며, 큰 환경적 변화나 정책적 필요성이 제기되지 않는다면 점진적인 개선을 통해 제도를 유지해 갈 것이다. 그러나 한편에서는 R&D 예타에 대한 좀더 혁신적인 개선 필요성이 지속적으로 제기되고 있는 것도 사실이다. 권성훈(2020: 12)은 ① R&D의 특수성을 충분히 반영할 수 있도록 R&D 예타 업무를 과학기술정보통신부로 완전히 이관, ② 예타 대상선정(기술성평가)과 예비타당성조사 업무의 중복성 해소를 위한 제도의 통·폐합 등 개선, ③ R&D 예타 조사 및 평가 담당 업무의 독립성과

<표 9-11> 과학기술정보통신부 주관 예비타당성조사 현황(2020.1월 현재)

구 분		2015-16	2017년	2018년	2019년	계
종료 사업	시행	–	4	31	5	40
	미시행	2	7	15	3	27
진행중		–	–	–	25	25
계		2	11	46	33	92

출처 : R&D 예타로(http://www.rndyeta.kr)

중립성 확보 등이 필요하다고 보았다.

국가가 대규모 예산을 투입하는 R&D에 대해 세밀하게 투자 필요성과 타당성을 조사·평가하는 것은 반드시 필요하다. 그러나 오늘날과 같이 기술의 진화 속도가 빠르게 변화하고 있는 상황에서 5년, 10년 후의 R&D 내용을 미리 예정하고 미래가치를 판단하는 것은 어려울 뿐만 아니라, 오히려 이러한 노력이 기술의 진보나 환경 변화에의 대응력을 떨어뜨리는 원인으로 작용할 수 있다. 특히 과학적 난제나 혁신적이고 도전적인 R&D 영역은 더욱 그렇다.

정부가 인식하는 대로 제4차 산업혁명 시대에는 과학기술이 경제성장에 국한되지 않고 사회문제와 국민 삶의 질 영역에까지 확대되어 매우 중요한 역할을 할 것으로 보인다. 현재 사회시스템의 핵심 인프라인 인터넷과 통신 기술은 이미 범용기술이 되었으며, 제4차 산업혁명의 핵심기술이라고 불리는 인공지능과 빅데이터 분석, IoT 등도 미래 사회를 위한 범용기술에 도전하고 있다.[22]

이런 관점에서 보면, R&D 예타 제도는 2018년 이후 혁신적인 제도 개선에도 불구하고, 제4차 산업혁명 이후의 변혁적 미래를 선도적으로 대응하는 데는 한계가 있는 게 분명하다. 따라서 향후의 R&D 예타 제도 혁신에 있어서는 아래와 같이 3가지 시나리오를 기반으로 정책설계의 실현성과 파급효과 등을 고민해 볼 필요가 있다.

---

[22] 특히 인공지능의 범용기술론에 대한 논의는 2017년부터 본격화 되고 있다. 그러나 우리나라의 제4차 산업혁명을 이끄는 기술분야의 경쟁력은 선도국인 미국이나 유럽을 따라가지 못하고 있고, 최근에는 중국이 우리를 급격하게 추격하여 경쟁력을 확보하고 있다.

첫째, 가장 근본적이고 장기적 관점에서의 혁신 시나리오로 R&D 사업에 대한 예타 제도의 폐지와 이를 대신할 국가연구개발사업의 재설계를 고려하는 것이다. 현재 정부는 국가가 긴급하게 추진해야 할 중요 R&D 사업뿐만 아니라 국가 주요 프로젝트[23]에 대해 예타를 면제해 주고 있다.[24] 물론 예타가 면제되는 경우에도 예타에 준하는 '사업계획 적정성 검토'를 거쳐야 한다.[25] 보통 R&D 사업의 예타 신청을 위해서는 1~2년의 기획 기간과 최소 10~30여 명의 관·산·학·연 전문가가 기획업무에 참여한다. 또한 실무 전문가의 시간 및 기획역량 부족과 한계로 외부 전문기관(용역)을 활용하는 경우도 허다하다. 많은 비용이 소요되는 것이다. 만약 R&D 사업에 대한 예타가 폐지된다면 예타를 준비하는 전문 인력과 비용을 본래의 업무에 집중함으로써 해당 분야의 성과 향상에 크게 기여할 것이다. 대신 정부는 R&D 예타를 위한 자원을 활용하여 R&D 예타에 준하는 국가연구개발사업 전체에 대한 재설계를 해야 한다. 국가연구개발사업 전체를 대상으로 한 예타인 셈이다. 중장기 마스터플랜을 기반으로 간소화된 절차를 통해 R&D 사업이 전개될 수 있도록 하는 시스템으로 가야한다. 이 경우 개별 사업별 예타에 비해 정부 R&D 투자에 대한 우선순위, 전략적 의사결정, 정부

---

23) 2019년 1월 기획재정부는 「2019 국가균형발전 프로젝트」를 통해 국가균형발전을 위해 필요한 대규모 공공투자 프로젝트를 신속하게 추진하기 위해 예타를 면제하겠다고 발표하기도 하였다(관계부처 합동, 2019.1.29.).

24) R&D 사업에 대한 예타 면제는 「국가연구개발사업 예비타당성조사 운용지침」(과학기술정보통신부 훈령 제101호) 제17조에 근거하고 있다.

25) 예타 면제사업 중 필요한 경우에는 예타에 준하는 재원조달방안, 중장기 재정소요, 효율적 대안 등을 분석해 그 결과에 따라 예산을 편성하거나 기금운용계획 수립에 반영하는 '사업계획 적정성 검토'를 활용할 수 있다(동 지침 제20조).

R&D 예산의 효율적 배분과 조정 등이 실질적인 효과를 낼 것이다. 이와 더불어 전체 R&D 포트폴리오에 대한 구성, 투입보다는 산출, 즉 R&D 성과 중심의 평가체계, 대학, 출연(연), 기업 등 연구수행 주체 중심의 R&D가 아닌, 연구수행 주체간 경계를 초월한 연구커뮤니티 중심의 R&D 수행구조 등 창의적이고 혁신적인 R&D 지원 정책이 뒷받침되어야 한다.

둘째, 예타 제도의 유연한 운영 관점에서의 혁신 시나리오로 권성훈(2020)이 제안한 바와 같이, 사업목적별 유형 중 도전·혁신형 연구는 예타를 면제하거나 과학기술성 평가만을 수행하고, 성장형과 기반조성형에 대해서만 예타를 실시하는 것이다. 실제로 2018년~2019년 종료된 예타(사업계획 적정성 검토 포함)는 모두 응용·개발 유형에 해당된다(www.rndyata.kr). 현재 정부가 고려하고 있는 예타 대상기준을 1,000억 원 이상으로 상향하는 것도 의미 있지만, 예타 대상 사업의 특성을 고려하여 예타 대상 사업 유형을 축소하는 것도 한 방법이다. 이런 의미에서 도전·혁신형 연구의 경우, 정부가 일정한 규모의 연구 예산을 미리 확보하고, 우수 연구자와 우수 성과자 중심으로 안정적으로 예산을 지원하는 방향으로 제도를 재설계해야 한다. 현재에도 개인연구 지원사업(리더연구, 중견연구, 신진연구, 재도약연구, 기본연구, 생애첫연구, 창의·도전연구 기반지원, 보호연구, 지역대학 우수과학자 등)과 집단연구 지원사업(선도연구센터, 기초연구실 등)을 통해 우수 연구자와 우수 연구집단을 지원하고 있다. 그러나 이에 대해 형식화된 틀 안에서의 제도 운영보다는 상호 신뢰에 기반하여 좀더 연구자의 자율성을 보장하는 등 유연한 제도 운영의 필요성이 제기되고 있으며, 무엇보다도 연구내용의 우수성과 창의성 및 연구책임자의 역량을 중심으로 평가가 강화되어야 한다는 의견도 나오고 있다. 따라서 도전·

혁신형 연구 분야에 대해 R&D 예타의 한계 및 현재의 제도 운영 실태 등을 종합적으로 분석하여 추가적인 제도 개선이 필요하며, 이에 따라 유연한 R&D 지원 정책이 만들어질 필요가 있다.

마지막으로 현 제도의 운영과정에서 나타나는 문제들을 개선해 나가는 시나리오이다. 권성훈(2020)이 제안한 바와 같이 기술성평가와 예비타당성 조사 중복성 문제의 해소, 예타 조사·평가 업무의 독립성과 객관성 확보뿐만 아니라 예타를 통해 정부 예산이 투자된 사업이 본래의 계획과 의도대로 실행되고 있는지에 대한 주기적인 진행 상황 점검도 필요하다. 어렵게 예타를 통과한 사업 중에는 계획한 대로 예산이 집행되지 않는 경우도 많기 때문이다.

현재까지의 R&D 예타 제도 혁신에 대한 정책효과가 나타나기까지는 다소 시간이 걸릴 것으로 보인다. 따라서 위에서 제시한 시나리오는 제도 개선에 따른 정책효과와 더불어 종합적으로 논의되는 것이 바람직하다. 중요한 것은 제도 혁신 그 자체가 아니라 제도 혁신을 통한 바람직한 정책효과의 도출이기 때문이다. 또한 R&D 예타 제도의 혁신은 전체 R&D 정책과 지원 정책 수단과도 연계되어 있기 때문에 정부의 R&D 정책기조, 지원 정책 수단 간의 관계, 자율적인 연구환경의 조성 등 전체적인 맥락에서 살펴보아야 한다.

3. R&D 지원 정책에의 시사점

R&D 예타는 정부 부처에서 미래 핵심원천기술 확보, 제4차 산업혁명 대응 산업의 지능화, 기술 자립을 위한 외산 장비의 국산화, 중소기업 기술

및 사업 역량 제고 등 다양한 목적을 가지고 추진한다. 정부는 추진하고자 하는 R&D 사업 유형에 따라 목표로 하는 성과를 창출하기 위해 정부가 활용할 수 있는 모든 R&D 지원 정책 수단을 동원하게 된다. 이에 따라 R&D 예타를 통과한 사업들을 분석하면, 정부가 어떤 부분에 투자하여 어떤 성과를 창출하고자 하는지, 이를 위해 어떤 지원 정책과 수단들을 활용하고 있는지 알 수 있다. 예를 들어, 최근 사업계획 적정성 검토가 완료된 중소벤처기업부 주관의 'Tech-Bridge 활용 상용화 기술개발사업'은 기술이전을 통한 소재·부품·장비 분야 R&D 사업화 성공률 제고를 목표로, 정부가 상용화를 위한 후속 R&D 지원, 기술이전, 사업화 등을 위해 기술금융 지원과 이를 위한 플랫폼 구축을 핵심 수단으로 하고 있다. 또한 2018-4차 예타를 통과한 과학기술정보통신부 주관 '뇌연구고도화사업'은 국제적 우수연구자 저변 확대를 통한 뇌연구 기초역량 강화를 목표로 개인연구자/집단연구 중심의 자율경쟁형 프로그램 도입을 핵심 수단으로 하고 있다.

모든 국가연구개발사업이 예타 대상이 아니기 때문에 R&D 예타만으로 정부의 R&D 지원 정책을 모두 설명하기는 어렵다. 그러나 대규모 예산이 투자되는 만큼 정부의 R&D 지원 정책 기조뿐만 아니라 핵심적인 지원 정책 수단 등을 파악할 수 있으며, 정부가 기본계획 등을 통해 밝히고 있는 혁신 방향과의 일관성 여부도 분석 가능하다.

참고문헌

KISTEP (2016.11.), 「연구개발부문 사업의 예비타당성조사 표준지침(제2-1판)」.

_____ (2017.6.2.), 「국가연구개발사업 연구관리 표준매뉴얼」.

강근복 외 (2016), 「정책학」, 대영문화사.

과학기술정보통신부 (2018), '국가기술혁신체계(NIS) 고도화를 위한 국가R&D 혁신방안(안)', 토론회 발표자료.

_____ (2019.1.), 「국가연구개발사업 예비타당성조사 운용지침(개정본)」.

_____ (2019.1.29.), '(보도자료) 국가연구개발사업 예타 대상선정(기술성평가) 평가 절차 및 기준 간소화'.

_____ (2019.11.28.), '(보도자료) 현장 중심의 연구개발 예타 제도 전면 개선'.

_____ (2019.5.31.), '국가연구개발사업 예비타당성조사 수행 1년 성과분석 및 개선 추진(안)'.

과학기술정보통신부 훈령 제100호 (2019.12.26.), 「국가연구개발사업 예비타당성조사 수행 총괄지침」.

과학기술정보통신부 훈령 제101호 (2019.12.26.), 「국가연구개발사업 예비타당성조사 운용지침」.

과학기술정보통신부·한국과학기술기획평가원 (2019.1.31.), '2019년도 제1차 예타 대성선정(기술성평가) 설명회 자료'.

과학기술정보통신부지침 (2018a), 「국가연구개발사업 예비타당성조사 운용지침」.

_____ (2018b), 「국가연구개발사업 예비타당성조사 수행 총괄지침」.

관계부처 합동 (2015.5.13.), '정부 R&D혁신방안'.

_____ (2017.11.), '혁신성장을 위한 사람 중심의 4차 산업혁명 대응계획'.

_____ (2018.11.14.), '국가R&D 혁신방안 실행계획(안)'.

_____ (2019.1.29.), '2019 국가균형발전 프로젝트'.

_____ (2019.4.3.), '예비타당성조사 제도 개편방안'.

권성훈 (2020), "국가연구개발사업 예비타당성조사 제도의 현황과 개선방향", 「현안분석」 제112호, 국회입법조사처.

김은미 외 (2018), "Hogwood와 Peters의 이론을 적용한 여성과학기술인력 육성지원 정책 변동 분석", 「한국행정논집」, 30(2), 한국정부학회.

김준경 (2016), 「예비타당성조사 제도의 이해」. KDI 공공투자관리센터.

김홍범 외 (2013), 「대형국가연구개발사업에 대한 기술성 평가 방법론 개발」, 연구보고 2013-030, KISTEP.

미래창조과학부 (2015.12.), '정부 R&D혁신방안 추진현황과 향후 계획(안)'.

_____ (2015.7.10.), '2016년도 정부연구개발사업 예산 배분·조정(안)'.

_____ (2016.5.12.), '정부 R&D 혁신방안'.

미래창조과학부·한국과학기술기획평가원 (2017), '2017년도 예비타당성조사 요구 국가연구개발 사업에 대한 기술성평가 가이드라인'.

박해룡 (1990), "정책변동에 관한 연구". 「한국행정논집」. 제2호, 한국정부학회.

정정길·이시원·정광호·최종원·정준금. (2017). 「정책학원론」. 대명출판사.

조성호·김용정 (2018), R&D 「예비타당성조사의 현안 및 중장기 발전 방안」, KISTEP Issue Weekly 2018-03(통권 제221호), KISTEP.

한국과학기술기획평가원, 「국가연구개발사업 예비타당성조사 수행 세부지침」.

Hogwood, B. & Peters, B. G. (1983), *Policy Dynamics*, New York: St. Mar-tin's Press.

http://www.law.go.kr/(국가법령정보센터)

https://www.rndyeta.kr/rndyeta(예타로)

https://www.msit.go.kr/webzine/posts.do?postIdx=332

"

Innovation Direction of
The 4th Industrial Revolution Policy

"

제6부

제4차 산업혁명 정책의
혁신 방향

통합혁신 관점에서의 혁신 방향 – 이찬구 · 황병상 · 이향숙

통합혁신 관점에서의 혁신 방향

이찬구 · 황병상 · 이향숙

> 제4차 산업혁명 정책의 성공을 위해서는
> 기존 학문과 영역별 정책,
> 그리고 공공 부문과 민간 부문을 연계할 수 있는
> 혁신의 통합과 연계가 필요하다.

제1절 서론

　　　　　　　　이 연구를 관통하는 핵심적인 주장은 제4차 산업혁명은 과거의 산업혁명들과는 달리 기술과 경제 중심의 정책으로는 성공적인 추진이 어렵다는 것이다. 이러한 이유로 연구진은 범국가적 제4차 산업혁명 정책은 기술혁신, 경제혁신, 사회혁신이 통합적으로 수행되어야 하며, 영역별 혁신 활동을 지원하고 선도하기 위한 정책내용과 정책과정을 포함하는 정책혁신이 동시에 이루어져야 함을 주장하고 있다. 이상과 같은 기본적인 관점에서, 본 장에서는 앞의 9개 장에서 수행한 혁신 영역별 우리나라 제4차 산업혁명 정책의 추진과정과 정책효과에 대한 포괄적인 평가를 통해 밝혀진 문제와 한계를 극복하기 위한 정책혁신 방향을 논의하고자 한다.

제2절 제4차 산업혁명 정책의 정책변동 종합

통합혁신의 관점에서 분류한 4개 혁신 영역에서 9개의 제4차 산업혁명 정책을 정책변동의 관점에서 분석한 결과는 〈표 1〉과 같이 종합할 수 있다. 이는 현재의 제4차 산업혁명 정책이 문재인 정부의 국정과제라는 최상위 수준(mega level)에서는 정책혁신이라고 할 수 있을 것이나, 상위 수준(macro level) 또는 중범위 수준(meso level)을 구성하는 각 부처의 주요 정책 수준에서는 정책유지와 정책승계가 좀 더 빈번하게 나타나고 있는 것으로 분석할 수 있다.

일반적으로 제4차 산업혁명 정책의 주요 내용으로 논의되는 기술혁신 영역의 정책에서는 새로운 환경에 대응하기 위한 정책혁신 사례가 상대적으로 많이 나타나는 것으로 분석되었다. 그러나 제4차 산업혁명의 실질적인 효과를 국민들이 체감하게 되는 경제혁신과 사회혁신 영역에서는 정책

<표 1> 주요 제4차 산업혁명 정책의 정책변동 종합

혁신 영역	주요 정책	정책변동 유형
기술혁신	핵심기술 연구개발 정책	정책혁신, 정책유지
	빅데이터 통합플랫폼 개발·활용 정책	정책혁신, 정책유지·승계,
경제혁신	신성장 정책	정책승계
	중소기업 지원 정책	정책유지
사회혁신	일자리 정책	정책혁신, 정책유지·승계
	인력양성 정책(SW 인력양성)	정책유지(과학기술인재육성) 정책승계(SW 인력양성)
정책혁신	규제개혁 정책	정책혁신(명목상), 정책승계(실질적)
	개인정보 보호·활용 정책	정책승계
	연구개발 지원 정책(R&D예비타당성조사 제도)	(혁신적)정책승계, 정책유지

유지 또는 정책승계가 좀 더 보편적인 정책변동의 형태로 나타나고 있다. 또한 정책혁신 영역에서도 기존 정책의 수정과 보완 중심의 정책유지와 정책승계 형태로 정책변동이 이루어지고 있음을 알 수 있다.

따라서 이하에서는 제4차 산업혁명 정책을 '범국가적 혁신 정책'의 설계와 집행이라는 대전제하에, 4개 혁신 영역별 정책들의 혁신 방향과 발전방안을 논의하고자 한다. 다만, 영역별 혁신 방향 논의에서는 패러다임 전환이라는 제4차 산업혁명 정책의 핵심적인 특성을 반영하기 위하여 정책의 경로의존성 극복과 정책혁신을 달성하기 위한 정책 방향들을 좀 더 많이 다루고자 한다.

제3절 통합혁신 관점에서의 혁신 방향 논의

앞으로 본격적으로 전개될 제4차 산업혁명은 기술, 경제, 사회 등 모든 영역에서 과거와는 다른 변화를 가져오고 각각은 상호 영향을 주고받을 것으로 논의되고 있다. 또한 기술, 경제, 사회의 영역에서 나타나는 다양한 변화에 대응하기 위한 정부정책 역시 과거와는 다른 과정(process)과 내용(contents)이 되어야 할 것이다. 이런 관점에서 연구진은 이미 제1부에서 제4차 산업혁명 정책을 해석하기 위한 새로운 관점으로 기술·경제·사회·정책 혁신의 통합적 접근을 제시한 바 있다.

한편, 제4차 산업혁명 정책의 통합적 접근이라는 원칙적인 내용을 기술혁신, 경제혁신, 사회혁신 및 정책혁신으로 재구성하여 각각의 주체, 활동,

결과, 대표적인 성과, 그리고 각 영역을 대표하고 있는 학문 분야를 직관적으로 표기하면 (그림 1)과 같이 제시할 수 있을 것이다. 연구진은 이러한 통합혁신의 구성요인 및 연관도를 제시함으로써, 기존과는 다른 관점에서 국가혁신 정책이 추진되어야 함을 제안하고자 한다. 즉, 제4차 산업혁명 정책은 과거처럼 기술혁신과 경제혁신 영역만을 강조할 것이 아니라, 새로운 지식을 창출하는 전방위(foreward) 활동인 과학으로 확장해야 함은 물론, 과학, 기술, 경제로부터 나타나는 결과(result)를 다양한 형태로 활용하게 되는 후방위(backward) 활동인 사회와 정책의 영역까지도 포함하는 새로운 관점을 견지해야 한다는 점을 강조하고자 하였다.

따라서 제4차 산업혁명 정책의 성공을 위해서는 기존 학문과 영역별 정책, 그리고 공공 부문과 민간 부문을 연계할 수 있는 혁신의 통합과 연계가

(그림 1) 통합혁신의 구성요인 및 연관도

주체	공공			민간
활동	연구 Research	개발 Development	생산 Production	소비 / 활용 Consumption/Utilization
결과	발견 Discovery	발명 Invention	혁신 Innovation	선택 / 대응 Choosing/Adopting
대표성과	논문	특허	제품 / 서비스	효용증가 / 문제해결
학문분야	과학 Science	공학 / 기술 Engineering/Technology	경영 / 경제 Business	사회 / 정책 Society/Policy
혁신영역	기술혁신 / 경제혁신 / 사회혁신 / 정책혁신(정책내용) / 정책혁신(정책과정)			

주 : 위 그림에서 각각의 영역 구분은 실증적·분석적이기보다는 논의 전개를 위해 직관적·규범적으로 제안하는 것임.

필요하고, 이를 뒷받침하기 위한 정책 참여자들의 조정이 절대적으로 필요하게 될 것이다. 즉, 제4차 산업혁명 정책을 통한 국가 사회의 성장과 발전을 위한 혁신성장이 가능하기 위해서는 과거와 같은 정부 주도의 성장·발전 정책에서 벗어나 민간과 시장의 적극적이고 자발적인 참여를 유도하는 범국가적 혁신 정책(national innovation policy)을 추구할 필요성이 매우 크다 할 것이다.

제4절 기술혁신 정책의 혁신 방향

기술혁신 영역의 세부 정책으로는 (1) 핵심기술 연구개발 정책과 (2) 빅데이터 통합플랫폼 개발·활용 정책을 선정하여 향후 합리적인 정책집행과 바람직한 정책효과를 창출하기 위한 정책혁신 방안을 논의·도출하였다. 이하에서는 독자들의 이해를 돕기 위하여 먼저 정책내용을 간략히 기술한 다음, 핵심적인 정책혁신 방향을 제시하고자 한다.

1. 핵심기술 연구개발 정책

1) 정책 개관

2017년부터 제4차 산업혁명 패러다임이 정부의 과학기술 투자전략에 반영되기 시작하면서 과거의 연구개발 정책에서는 보이지 않던 변화들이 나타나고 있다. 정부의 핵심기술 연구개발 정책의 변화는 ① 정부 R&D 투자방향 및 예산 배분조정 계획, ② 4차산업혁명위원회의 기술 분야 투자전략, ③ 제4차 과학기술기본계획(2018-2022), ④ 혁신성장동력 추진계획 및 혁신성장 전략투자 방안, ⑤ 소재·부품·장비 경쟁력 강화대책 및 투자전략과 혁신대책(안)(2019.8.) 등에서 찾아볼 수 있다.

우선, 정부 R&D 투자방향 및 기준과 예산 배분조정 계획을 살펴보면 핵심기술 관련 예산이 크게 증액되어 왔다. 2017년은 ICT의 첨단기술을 접목한 제조업 스마트화, 5G 이동통신, 스마트자동차, 지능형 반도체, SW 등 미래성장 분야와 산업현장 맞춤형 인력양성 등에 대한 투자가 확대되었고, 2018년에는 전략적 투자범위를 기초과학(과학, 뇌과학 및 산업수학 등), 핵심기술(AI, 빅데이터, IoT 등), 기반기술(이동통신, 반도체 등), 융합기술(자율주행, 무인기 등), 법·제도 개선(AI 윤리 헌장, 데이터 IP 등) 등으로 설정하고, 25.6% 증액된 1조 5,200억원의 예산 투자전략을 수립하였다. 2019년 핵심기술 관련 예산은 13.4% 증액되었다. 2020년에는 전년 대비 17% 증액된 1조 7,800억원이 투자될 계획이다.

다음으로 4차산업혁명위원회의 핵심기술 분야 투자전략은 '초연결 지능형 네트워크, 드론, 스마트공항 추진'(2017.12.), '스마트시티 추진전략'(2018.1.), '인공지능 R&D전략 및 데이터산업 활성화전략'(2018.6.), '클라우드컴퓨팅 발전계획'(2018.9.), '헬스케어 발전전략 및 로봇 시장 창출 전략'(2018.12.), '도시혁신 및 미래성장동력 창출을 위한 스마트시티 추진전략'(2019.1.), '5G 시대 선도를 위한 실감 콘텐츠산업 활성화 전략'(2019.5.), '인공지능 R&D 전략'(2019.7.), '스마트 국방혁신 추진계획'(2019.7.), '스마트공장 고도화전략'(2019.10.) 등으로 구체화되었다.

한편, 혁신성장동력 추진계획(2017.12., 2018.5.)에서는 핵심기술 205

개의 도출과 13대 혁신성장동력 분야를 설정하였고, 특히 소재·부품·장비 경쟁력 강화대책(2019.8.)에서는 초경량·고강도 소재(미래차, 로봇), 저전력·고감도 소재(IoT), 고성능 저전력(AI, 빅데이터) 소재 특성에 주목하고 대응책을 마련하였다.

이처럼 핵심기술 연구개발 정책은 기존의 단일기술 개발, 공급적 관점의 기술투자, 산업별 투자, 기술혁신과 별개의 산업혁신전략 등이 융합·협업적 관점, 수요 지향, 사회혁신과 연계한 기술투자, PIE 플랫폼 등으로 변화하였다. 기술·산업·사회·제도 혁신을 통합적으로 접근하는 기술투자 방식의 도입 등은 정책혁신과 정책승계 등의 과정을 거치며 새로운 긍정적 변화의 양상을 보이고 있다.

2) 혁신 방향

종합적으로 핵심기술 연구개발 정책의 혁신 방향으로는 다음의 5가지를 제안하고자 한다.

첫째, 정부 R&D 예산 배분·조정 구조의 혁신이 필요하다. 특히 과학기술 예산 배분·조정의 실질적인 권한이 국가과학기술자문회의와 혁신본부에 주어질 수 있도록 혁신본부의 강화와 자문회의 예산 조정 최종심의안의 통보 시한을 현행 6월에서 8월 정도로 늦춰 심도 있는 검토와 심의를 할 수 있도록 해야 할 것이다.

둘째, 4차산업혁명위원회에서 제안한 내용을 구체적으로 추진하고 정부 R&D 투자방향과 내용에 접목할 체계를 구축하거나 각 부처의 기술 관련 정책을 상호 교차로 검토하는 프로세스 도입이 필요하다. 이 과정에서 2020년 과학기술정보통신부가 추진하려고 하는 DNA(Data, Network,

AI), 디지털플랫폼과 R&D 플랫폼 사업을 제4차 산업혁명 기술혁신으로 연결되도록 해야 할 것이다.

셋째, 제4차 과학기술기본계획은 핵심기술을 별도로 분류하고 기술트리를 만드는 작업이 필요하며, ICT 기술 관점을 넘어 파괴적 혁신기술의 진화, 상호작용과 융합, 사회혁신과의 연결고리 등을 잡아낼 수 있도록 보완이 필요하다. 특히 과학기술기본계획이 2040년의 비전을 포함하고 있고 제4차 산업혁명이 2040년에 미칠 파괴적 영향이 상당히 클 것으로 예상되기 때문에 기술투자 전략, 상호융합 전략, 사회혁신 연계를 통해 기본계획을 보완하거나 시행계획에 더 중장기적인 연계가 가능하도록 재구성하는 것이 필요하다. 또한 소재·부품·장비 분야 R&D 투자 및 투자 확대가 실질적인 효과로 연결되려면 PBS 패러다임을 탈피하여 전략적으로 유형화하고 맞춤형 지원을 추진하는 한편, PIE형 투자와 국가연구실 지정 투자 등의 방식을 대폭 확대해야 할 것이다.

2. 빅데이터 통합플랫폼 개발·활용 정책

1) 정책 개관

제4차 산업혁명의 원유라고 불리는 빅데이터가 활발하게 생산되고 유통되며 가치를 창출하기 위해서는 플랫폼 기반의 빅데이터 전략이 중요하다. 데이터를 바탕으로 가치를 창출하는 수요자와 데이터를 생산하고 공급하는 공급자, 그리고 그 데이터를 가공하거나 유통하는 서비스업자 등 다양한 참여자들이 하나의 플랫폼에서 서로에게 가치를 제공할 수 있어야 한다.

근래 데이터 기반의 가치창출이 강조되면서 구체적인 활용 목적을 염두에 둔 빅데이터의 체계적인 생산, 유통, 활용 전략의 중요성이 높아지고 있고, 이는 '빅데이터 마스터 플랜(2012년)'과 '데이터 산업 활성화 전략(2018년)'으로 수립되었다. 따라서 빅데이터 관련 정책들 가운데 플랫폼 전략의 관점에서 빅데이터의 생산·유통·활용과 관련된 '산업별 빅데이터 구축 및 거래체계 구축' 등을 중심으로 살펴보았다.

빅데이터와 관련하여 전통적으로 지속되어온 정책은 공공데이터의 활용을 촉진하기 위한 관점에서 접근되었다. 빅데이터 전반 보다는 공공데이터의 개방, 연계, 활용성 제고 등의 관점에서 추진되었다. 이후 제4차 산업혁명을 달성하기 위해 각 영역별로 계획과 과제들이 추진되었으나, 실제로는 영역별 지능화 혁신을 구현하는 과정에서 활용가능한 데이터의 질적·양적 수준이 크게 부족한 현실에 직면하였다. 이에 4차산업혁명위원회를 통하여 '데이터산업 활성화전략'(2018. 6.)을 발표하였으며, 데이터 관점에서 통합된 접근이 시도되었다. 또한 데이터+AI경제 활성화 전략(2019) 등을 수립하였고, 이를 통해 빅데이터는 제4차 산업혁명의 다양한 기술 분야 투자 중 부분적 전략에서 경제의 중심적 전략으로 역할이 재조정되었다.

공공데이터의 공개나 부문별 ICT 융합 관련 영역의 정책들은 종래에 부처별로 추진해 오던 과제들이 이합집산 되는 경향도 존재한다. 반면 빅데이터 플랫폼 구축, 데이터 바우처 지원 정책 등은 의도성, 신규성 등의 측면에서 데이터 의존적인 제4차 산업혁명의 특징을 고려한 정책혁신에 해당되는 것으로 판단된다. 데이터 관련 정책들은 제4차 산업혁명에 대한 논의의 진전과 현장 적용의 과정을 거치며 지속적으로 효과성을 높이기 위한 정책으로 다듬어져 가고 있다는 점에서 긍정적으로 평가될 수 있다.

2) 혁신 방향

향후에 빅데이터 통합플랫폼 개발·활용 정책이 당초 의도했던 정책목적을 달성하기 위해서는 다음과 같은 혁신방안이 마련되어야 할 것이다.

첫째, 데이터 생태계에 대한 지속적인 모니터링과 개선 노력이 필요하다. 모든 정책은 그 경과와 효과를 주의 깊게 관찰할 필요가 있지만, 플랫폼을 구축하기 위한 정책적 접근은 더욱 그러하다. 아직 운영 초기이기는 하지만 빅데이터 플랫폼의 데이터 관리가 소홀하고 시인성이나 접근성이 떨어진다는 우려도 제기되고 있다는 점은 지속적인 관리와 개선이 필요함을 시사한다.

둘째, 정책의 목표가 파편적인 과제 목표 위주로 설정되어 있으며, 상위목표와 하위 목표 간 연계가 뚜렷하지 않은 점은 보완될 필요가 있다. 플랫폼 개수, 개방되는 데이터 개수 등이 아니라, 이들의 달성을 통해 기여할 수 있는 상위 목표를 설정하고 이를 위한 종합적이고 유기적인 정책으로 발전되어 가는 것이 필요하다.

셋째, 플랫폼 간 연계 활용성 등을 제고하기 위한 방안으로 공공 부문의 수요 견인 역할이 강조되는 것이 필요하다. 빅데이터는 구축된 데이터의 연계 및 활용이 중요하다. 빅데이터의 특징상 활용 목적이 한 분야에 국한되지 않기 때문에 다양한 형태의 활용을 유도해내는 것이 중요하다. 공공행정 및 공공서비스 개선, 사회문제 해결 등의 영역에 빅데이터의 활용을 도입하게 되면, 국가 행정을 고도화할 뿐 아니라 데이터 산업의 발전에도 기여할 수 있다. 인공지능을 활용한 빅데이터 분석은 근래 다양한 공공서비스에 적용되기 시작하였으며 많은 사회적 가치를 창출할 것으로 기대되고 있다. 빅데이터 플랫폼 구축을 위한 정책적 노력이 민간·공공의 데이터 공급과 수요 촉진으로 연결되어 성공적인 플랫폼과 선도적인 글로벌 서비스들의 마중물 역할을 해내기를 기대한다.

제5절 경제혁신 정책의 혁신 방향

경제혁신 영역의 세부 정책으로 (1) 신성장 정책과 (2) 중소기업 지원 정책을 선정하여 향후 합리적인 정책집행과 바람직한 정책효과를 창출하기 위한 정책혁신 방안을 논의·도출하였다. 먼저 독자들의 전체적인 이해를 돕기 위한 정책 내용을 살펴보고, 각 정책의 핵심적인 정책혁신 방향을 논의하고자 한다.

1. 신성장 정책

1) 정책 개관

신성장 정책은 기술혁신을 통해 기존 산업을 고도화하고, 새로운 산업을 육성하여 부가가치를 높이는 것이다. 이런 의미에서 신성장은 새로운 개념이라기보다는 우리나라를 비롯해 거의 모든 국가들이 계속해서 추진해오고 있는 정책이라고 할 수 있다. 박근혜 정부의 창조경제와 미래성장동력으로 대표되던 신성장 정책은 문재인 정부에서는 제4차 산업혁명과 혁신성장 동력으로 이어지고 있다.

문재인 정부의 신성장 정책은 크게 기반정책, 실행정책, 분야별 정책으로 구분해 볼 수 있다. 기반정책은 상위의 철학을 담고 있는 '경제정책 방향'과 '산업정책 방향', 그리고 '4차 산업혁명 대응계획' 등이며, 실행정책은 '혁신성장동력 추진계획', '혁신성장동력 실행계획', '혁신성장 전략투자 방향', '혁신성장 확산·가속화 전략'이 포함된다. 또한 분야별 정책으로는 '데이터산업 활성화 전략', '인공지능 국가전략', '시스템반도체 비전과 전략', '핀테크 활성화 로드맵', '바이오헬스 산업 혁신추진방안' 등이 될 것이다. 분야별 세부정책은 너무 다양하고 범위가 넓기 때문에 보다 큰 틀에서의 기반정책과 실행정책들을 중심으로 신성장 정책을 살펴보면 다음과 같다.

우선, 경제정책과 산업정책의 방향을 살펴보면, 문재인 정부는 출범 첫해인 2017년 7월 대통령 주재 국무회의를 통해 저성장과 양극화를 극복하기 위한 경제 패러다임 대전환을 시도하여 분배와 성장이 선순환을 이루는 사람중심 지속성장을 경제정책 방향으로 정했다. 한편 2017년 12월, 산업통상자원부는 혁신성장을 뒷받침하기 위한 '새 정부의 산업정책 방향'을 발표했는데, 주요내용은 '산업→일자리→소득'으로 이어지는 성장 톱니바퀴를 재가동하고, 주력산업과 신산업이 함께 성장하는 산업혁신, 대·중견·중소기업이 함께 상생 발전하는 기업혁신, 지방과 수도권이 균형 발전하는 지역혁신 등이다. 또한 4차산업혁명위원회는 21개 부처가 합동으로 작업한 '혁신성장을 위한 사람 중심의 4차 산업혁명 대응계획'을 확정해 발표했는데, 이 계획은 제4차 산업혁명과 관련해 문재인 정부 5년간의 구체적인 청사진을 담은 계획이라는 점에서 중요한 의미가 있다고 할 수 있다.

한편, 혁신성장동력을 위해 과학기술정보통신부가 '혁신성장동력 추진계획', '혁신성장동력 추진전략' 등을 마련하였는데, '혁신성장동력 추진계획'은 기술 제품, 산업 범위 등에서 지원 대상을 선정한 후 조기상용화 분야와 원천기술 확보 분야로 유형화하였고, 혁신성장동력은 역량과 보유기술, 소요기간, 시장규모와 민간수요 등을 고려해 조기 상용화 분야와 원천기술 확보 분야로 유형을 나누어 그에 맞는 맞춤형 지원계획을 담고 있다.

2) 혁신 방향

경제성장 과정에서 지속적인 성장을 위해서는 경제발전단계에 맞추어 적절한 성장전략의 전환이 필요하다. 우리 경제는 이미 요소투입형 경제발전 단계를 넘어 생산성 중심의 혁신주도형 발전 단계에 정착했다. 혁신주도형 경제에서 성장전략의 핵심은 물적 자원 기반의 확충보다는 기술혁신, 그리고 제도 개선 등을 통한 생산성 제고에 정책의 초점이 맞추어져야 한다. 향후에 신성장 정책이 당초 의도했던 정책목적을 달성하기 위해서는 다음과 같은 혁신방안이 마련되어야 할 것이다.

첫째, 혁신주도형 경제와 정부의 역할, 즉 정부가 시장에 개입하는 철학과 형태가 달라져야 한다. 지금까지의 집중 지원과 선택적 자원배분 위주의 전통적 혁신정책과 산업정책에서 탈피하여 새로운 정책 패러다임을 정립해 나갈 필요가 있다.

둘째, 신성장 정책은 특정 부문 또는 특정 기업을 보호하고 성장시키는 차원을 넘어 혁신을 통해 경제시스템 자체가 업그레이드 될 수 있도록 정책 프레임이 설계되고 추진되어야 한다. 혁신은 단순한 기술적 진보가 아니라 기술과 사회의 복잡한 상호작용을 통해 일어나는 것이기 때문에 단순하게 R&D 투자를 확대하거나 특정 핵심산업을 지정하여 육성하는 것만으로 성장을 기대하는 것은 무리다. 따라서 신성장 정책은 혁신정책을 넘어, 경제정책, 규제정책, 노동정책, 교육정책 등을 포괄하고 이들 다양한 정책들을 어떻게 연계하여 한 방향으로 정렬할 것인가가 중요하다.

셋째, 새로운 성장동력과 혁신시스템을 갖추어야 한다. 제4차 산업혁명기의 신성장 분야들은 대부분 기술변화 속도가 매우 빠르고 불확실성이 높은 분야들이다. 이런 분야에서 경쟁력을 갖기 위해서는 매우 탄력적이고 유연한 혁신시스템이 뒷받침 되어야 한다. 제4차 산업혁명 시대의 핵심적 성공 요소는 속도와 다양성이다. 제4차 산업혁명은 단순하게 기술만의 변화를 넘어 산업, 기업, 비즈니스 플랫폼 자체가 변화하는 것으로 노는 물이 달라지고, 경제가 작동하는 게임의 법칙이 바뀌는 것이기 때문에 기존과는 다른 시각으로 위험과 다양성을 관리하고 새로운 성장시장에 신속하게 자원을 재분배하는 전략이 필요하다.

마지막으로, 신성장 정책은 당장의 경제성장만을 위한 먹거리가 아니라 미래의 성장까지 담보할 수 있는 먹거리를 발굴하는 지속성장을 고려한 정책이어야 한다. 따라서 보다 먼 미래까지 바라보는 장기적인 로드맵을 만들어 추진할 필요가 있다. 혁신성과에 대한 조급한 기대를 버리고 장기적인 안목에서 투자가 이루어질 수 있도록 해야 혁신의 성과가 발현되고 지속적인 경제발전을 추동 가능하다는 점을 잊지 말아야 한다.

2. 중소기업 지원 정책

1) 정책 개관

우리나라는 지금까지 대기업 위주로 경제성장이 이루어졌으나, 이제는 중소기업의 위상 및 역할이 강조되고, 중소기업이 경제의 중추적 역할을 담당해야 한다. 이에 정부는 다양한 중소기업 지원 정책을 실행 중이지만, 정책내용이 지나치게 다양할 뿐만 아니라 비효율성도 높아 개선이 필요하다는 주장이 꾸준히 제기되고 있는 상황이다.

주요 중소기업 지원 정책으로는 R&D 지원 정책, 창업 지원 정책, 스마트 팩토리 지원 정책, 동반성장 정책 등이 있는데 이를 부처별로 살펴보면 다음과 같다. 중소벤처기업부는 중점기술 R&D 지원 추진, 온라인수출 통합플랫폼 구축, 벤처·창업 활성화 등을 추진한다. 한편, 과학기술정보통신부는 중소기업의 원천기술 확보를 위한 R&D 지원과 시범 인프라 구축, 미래 신시장 선점 및 복지·산업 동반 육성 등을 추진하고 있다. 기획재정부는 '중소기업지원 정책방향'에서 창업생태계 조성을 위해 유망 창업기업을 성장단계별로 지원한다고 제시하였다.

그러나 중소기업 지원 정책에 대해서는 복잡다기한 사업, 점검 없는 장기 지원사업의 지속, 무분별한 신규사업 수립 등에 따라 유사중복 사업의 발생, 특정 기업 중복수혜 발생, 성과 없는 장기사업 지속, 뚜렷한 조정기능 부재에 따른 사업조정 실효성 저감 등의 문제가 제기되고 있기도 하다.

2) 혁신 방향

향후 중소기업 지원 정책이 당초 의도했던 정책목적을 달성하기 위해서는 다음과 같은 혁신 방안이 마련되어야 할 것이다.

첫째, 제4차 산업혁명시대에 맞게 중소기업 정책거버넌스의 개편이 필요하다. 이를 위하여 먼저 중소기업 정책에 대하여 국가 차원의 기획과 조정이 이루어질 수 있도록 정책거버넌스를 개편해야 할 것으로 보인다. 중소기업 지원 정책을 범국가적 과제로 설정하기 위해 '중소기업 최우선의 원칙'을 마련하고 부처별로 중소기업을 전담하는 부서 설치와 함께 각 부처별

정보공유가 필요하다. 또한 중소기업 규제영향평가의 집행력과 실효성을 높이기 위한 조직을 도입하여 중소기업 관련 규제 차등화의 적용·이행을 강화할 필요가 있다. 또한 중소기업 성장체제를 반영하는 정책의 가치와 지향성을 중소기업기본법에 제시할 필요가 있다.

둘째, 지속가능한 중소기업 생태계의 소성이 필요하다. 이를 위해서는 먼저 기업 성장에 필요한 자금과 인재를 중개해 주는 기관을 지정·운영할 필요가 있는데, 이 경우 성장 이력별 맞춤형 정책을 용이하게 추진할 수 있다. 또한 공정 경쟁 여건을 조성하기 위해서는 불공정거래의 억지력을 제고할 수 있도록 실태조사와 제재 수단을 보다 강화하는 것이 필요하다.

셋째, 정보 균등화와 지방 참여 강화가 필요하다. 중소기업 종사자 개인의 디지털 역량 차이로 인해서 특정 계층·개인이 제4차 산업혁명의 편익을 충분히 활용하지 못하는 문제가 발생하지 않도록 해야 한다. 아울러 제4차 산업혁명의 과제는 대부분 중앙정부가 추진하는 것이어서 지방자치단체의 참여가 미흡하여 지방의 수요가 상대적으로 과소 반영되고, 지방의 제4차 산업혁명 대응역량 제고의 기회가 낮아지고 지역 간 편차도 크게 발생할 우려가 있으므로 대책이 필요하다.

제4차 산업혁명에 기반을 둔 중소기업 지원 정책은 중소기업 중심 경제 구조로의 전환을 위해 중소기업의 '혁신역량의 강화,' '숙련 인력의 확보,' '지속성장 경로의 마련,' '기업가 정신의 함양' 등을 유도해야 한다. 중소기업 지원 정책의 고도화와 효율화를 위해 지원의 내용, 방식, 체계 등에 대한 전반적인 혁신이 필요한데, 특히 수요자 맞춤형 지원이 가능하도록 정책을 설계하고 인센티브 지원방식을 적용함으로써 정책의 실효성을 제고해야 할 것이다.

제6절 사회혁신 정책의 혁신 방향

제4차 산업혁명 정책 중 사회혁신 영역의 정책은 기술혁신 및 경제혁신과 비교할 때 시간지체(time lag) 현상으로 현 시점에서는 구체화하기가 쉽지 않은 것이 현실이다. 그럼에도 불구하고 이 연구에서는 사회혁신 정책의 세부 정책으로 (1) 일자리 정책과 (2) 인력양성 정책, 특히 SW 인력양성 정책을 선정하여 향후 합리적인 정책집행과 바람직한 정책효과를 창출하기 위한 정책혁신 방안을 논의·도출하였다. 다른 부분과 동일하게 여기에서도 독자들의 전체적인 이해를 돕기 위한 정책내용을 간략히 기술하고, 개별 정책의 핵심적인 정책혁신 방향을 논의하고자 한다.

1. 일자리 정책

1) 정책 개관

2016년 세계경제포럼(WEF)은 제4차 산업혁명의 확산으로 미국, 중국, 일본, 프랑스, 독일 등 15개국에서 2015~2020년에 716만 5,000개의 일자리가 없어지고 202만 1,000개의 일자리가 새로 생겨 총 514만여 명이 실업할 것을 전망하였다. 이후 전 세계적으로 제4차 산업혁명으로 인한 일자리 파괴에 대한 우려가 대두되고, 한국에서도 인공지능으로 인한 일자리 대체 가능성에 대한 우려가 확산되었다.

과거 일자리 정책은 산업의 변화에 따른 인력 수요와 기술의 숙련에 대한 미스매치를 해소하기 위하여 정형화된 직업교육훈련을 제공하고 이를 통해 취업을 활성화하는 정책이었다. 이는 산업인력 양성을 위한 전형적인 산업사회 대비(1970~1990년대 초), IMF 및 글로벌 경쟁으로 인한 실업자 증가, 고용 불안정성 문제를 극복하기 위한 사회안전망의 역할(1990년대 후반~2010년 초)이 기조를 이루어왔다.

그러나 신산업·신기술 출현, 새로운 고용형태 등 그에 따른 직무역량 변화에 따라 일자리 정책도 변화하고 있다. 자기주도적으로 직업교육훈련에 참여하는 환경이 요구되고 있고, 창의력, 추상적 사고능력, 문제해결능력이 여전히 중요한 역량이며, 하이브리드형 직업의 등장에 따라 새로운 지식과 역량 습득, 아울러 역량 간 융합에 대한 요구가 증가할 것으로 예상된다. 특히 일자리 안전망 강화에 대한 부분은 최근 디지털 플랫폼을 기반으로 하는 공유경제 확산과 함께 기업들이 필요에 따라 계약직이나 임시직으로 인력을 고용해 쓰는 경제 모델인 긱 경제(Gig Economy)가 새로운 경제모델로 빠르게 자리 잡으면서 플랫폼 노동자가 확산될 우려를 반영하고 있다. 긱 경제에 따른 유연한 일자리 환경의 변화에 따라 대두되는 탄력적 근로시간제의 합리화도 강조되고 있다.

정부는 일자리 정책을 추진하기 위해 2017년 대통령 직속기구로 '일자리위원회'를 설치하였다. 위원회는 일자리 정책의 기본방향 설정 및 중장기 기본계획 수립, 일자리 창출과 일자리 질 개선에 영향을 미치는 정책의 발굴·조정 및 평가, 일자리 상황 관리 및 이행상황 점검·평가 등 일자리 관련 주요 정책 등에 관한 사항을 심의·조정하는 기능을 수행한다. 특히 정부는 고용없는 저성장, 청년실업, 노동시장 격차 확대 등으로 일자리 위기가 심화되면서 핵심 경제비전으로 소득주도 성장과 일자리 중심의 포용적 경제를 제시하고 일자리 중심의 국정운영을 선언하였다. 이를 위해 범정부 일자리 추진체계 강화, 정부지원 체계 개편, 일자리 중심 기관평가라는 추진전략과 세부 추진과제 등을 추진하고 있다.

2) 혁신 방향

직무와 직업 환경의 빠른 변화에 따라 근로자 생애 전반의 평생 직업교육이 강조되면서 직업능력개발 지원 및 기회 보장이 중요한 과제로 제시되고 있다. 특히 평생직업능력개발을 강조하는 점은 최근 일자리 정책이 직업능력개발정책과 동반 집행되어야 한다는 트렌드가 조성 중이다. 향후 일자리 정책이 당초 의도했던 정책목적을 달성하기 위해서는 다음과 같은 혁신방안이 마련되어야 할 것이다.

첫째, 공공부문을 중심으로 한 일자리 창출이 민간부문에서 활성화될 수 있도록 민간부문의 각종 규제를 개선해야 한다. 현재의 일자리 창출은 정부 주도로 이루어져서 산업화 시대 경제개발계획에 근거한 공급자 중심의 고용정책에 머물러 있는 측면이 있으므로 제조업, 서비스업 등 지역별 산업 특성을 고려한 전략적 일자리 정책을 모색해야 할 필요가 있다. 또한 법률 제·개정 측면에서는 민간 일자리 창출을 위하여 규제자유특구, 규제샌드박스 등 규제혁신이 필요하다. 일자리 질을 제고하기 위하여 대기업과 중소기업 간 임금 격차 및 양극화 해소를 위한 법령(대·중소기업 상생협력 촉진에 관한 법률), 비정규직 근로조건 차별 해소 등에 관한 법령(기간제 및 단시간 근로자 보호 등에 관한 법률) 등의 개정이 요구된다.

둘째, 일자리 변화 예측 및 사회안전망 구축을 위하여 국가 전체 일자리 변화보다는 지역별 일자리 변화 예측으로의 정책기조 전환이 요구된다. 또한 근로자가 빠른 일자리 변화에 대응하게 하기 위하여 평생직업능력개발

기회를 확대할 필요가 있으며 이를 위한 직업능력개발에 관한 법률(근로자 직업능력개발법)의 개정도 필요하다.

셋째, 혁신형 일자리 창출을 위해서는 우선 신산업 활성화를 가로 막는 각종 규제를 개혁하는 방안과 창업 및 R&D 사업의 일자리 창출 효과가 높은 혁신형 중소기업 및 스케일업 창업기업 중심의 정책기조가 요구된다. 또한 민간기업의 의견을 수렴하기 위하여 정부-민간 통합형 거버넌스 재설계가 요구된다.

넷째, 경력개발 설계 지원·강화를 위해서는 근로자의 경력개발 설계 지원을 위한 금전적 지원보다는 노동시장에 정착하고 자신의 역량에 기반하여 평가받아 성장할 수 있도록 역량 기반 채용 및 인사관리, 고용환경 개선, 후학습 및 경력개발 지원을 위한 사회정책을 강화하는 방향으로 전환되어야 한다. 또한 경력개발의 기준이 되는 일-교육-자격을 연계한 한국형 국가역량체계(Korean National Qualification Framework)에 관한 법률 제정이 요구되며, 산업부문별 특성에 따라 경력개발 경로가 다르다는 점에서 산업부문별 민간 중심의 거버넌스를 구축하여 산업현장에서 인정되고 통용되는 실질적인 경력개발 체계를 마련해야 한다.

2. 인력양성 정책 : SW 인력양성을 중심으로

1) 정책 개관

정부는 2018년 5월 D.N.A(Data. Network. AI) 경제 구축의 일환으로 'AI R&D 전략'을 발표하였다. 향후 5년(2018~2022년)에 걸쳐 총 2조 2,000억원을 투자하여 세계적 수준의 AI 기술력 확보, 개방 협력형 연구기반 조성 및 최고급 인재양성의 세부계획을 마련하였다. 이를 위해 인공지능(AI)대학원 신설, 대학연구센터 AI 지원 강화, 국제공동연구 및 인턴십 등의 방안을 제시하고 있다. 특히 AI 기반 프로젝트형 교육을 강화함으로써 일선 현장의 목소리를 반영하는 융·복합 인재양성을 강조하였다.

최근에는 2030년까지의 'AI 국가전략' 청사진을 마련하였는데, 주요내용은 지능형 반도체와 AI 기초연구에 투자하여 선진국과의 기술 격차를 줄이는 한편, 생애주기에 따라 초·중등, 대학교, 군대 및 기업에서 AI 교육을 확대한다는 것이다. 한편, '4차 산업혁명 선도인재 집중양성 계획'에서도 인력양성 관련 전략투자방안을 마련하였는데, 2023년까지 혁신적 인재양성 교육기관 설립, 제4차 산업혁명의 핵심 분야를 선도할 인재양성 등이 주된 골자이다.

한편, SW 인력양성 정책은 2015년 교육부와 미래창조과학부(현 과학기술정보통신부)의 '소프트웨어 중심 사회'를 지향하는 SW 교육정책 계획에서 시작되었다고 볼 수 있다. 'SW 중심 사회를 위한 인재양성 추진계획'에 따르면 ① 초·중등 SW 교육 본격 확산, ② 산업 현장의 요구를 반영한 대학 SW 교육 혁신, ③ 민·관 협력으로 친 SW 문화 확산의 3대 과제를 제시하고 있다. 동 계획의 특이점으로는 SW 교육과 산업현장에 필요한 SW 인력양성을 병행한다는 점이다. 초·중·고등학교에서 SW 교육을 강화하는 한편, 대학 SW 교육을 현장 수요 중심으로 재편하는 창의·융합형 인재육성을 통한 SW중심사회를 지향하고 있다.

'SW 중심 사회' 선언 이후 SW 조기교육, SW 인재양성 및 SW 일자리 창출을 위해 교육부, 미래부 및 산업부 등 범정부 차원의 노력이 집중되고 있다. 2015년부터 SW 신규 학과 개설, 유사 학과 통합을 유도하는 SW 중심대학을 운영하고 있으며, 2017년부터는 기존에 추진하던 융합인재교육 (STEAM), 과학기술문화예술교육 및 과학기술영재교육과 별개로 SW 융합교육 추진을 강조한다. 즉 SW 융합대학, SW 융합전공(학과), SW 융합인재양성센터, 심지어 SW 융합클러스터와 같이 SW 융합 생태계 조성을 강조하고 있다.

2) 혁신 방향

그동안 정부의 인력양성 정책은 소양, 역량 및 인성 측면을 강조하였다면, 이제는 창의, 융합형 인력양성의 중요성을 강조하고 있다. 제4차 산업혁명 시대에 가장 핵심적인 자원으로 인식되는 SW 인력양성을 위한 정책혁신 방안을 다음과 같이 제안하고자 한다.

첫째, 탑다운 방식의 SW 인력양성 정책이 지양되어야 한다. SW와 AI처럼 융합 가능성이 높은 기술일수록 범부처 인력육성정책을 조정하고 통합하는 추진체계 마련과 운영이 긴요하다.

둘째, 역량개발과 축적을 위해 컴퓨팅 사고력, 창의력 및 다면적 문제해결능력을 함양할 수 있는 SW 교육이 중요하다. 초·중등 SW 교육에서 컴퓨팅 사고력은 코딩, 알고리즘 및 프로그래밍 위주의 SW 개발 역량이 중요하다. 한편 창의적 문제해결능력은 다학제적 융합인재교육(STEAM)과 연계를 시도하는 동시에, 문제해결중심의 교육(예. PBL)을 확대하는 방향으로 가야 한다.

셋째, SW 인력양성에서 시의 적절한 제도적, 정책적 지원은 아무리 강조해도 지나치지 않는다. 특히 SW 창의융합인력은 정책의 고도화 노력도 필요하나, 기업, 산업 및 사회적 수요를 고려하는 맞춤형 인력양성 정책의 수립과 집행이 인적 자원의 경쟁력을 결정할 것이다. 즉 이론교육, 사례수업과 함께 산·학협력을 통한 프로젝트 위주의 체험교육과 훈련이 전제되어야 한다.

넷째, SW 인력양성 정책일수록 교육 당국과 교육 수요자의 이해관계 충족의 출발점은 바로 교육 공급자의 전문성이다. 특히 양질의 SW 교육서비스 제공 목적을 달성하려면 각종 SW 교육, 학생지도, 산·학협력, 현장학습 및 과제 프로젝트를 충실히 수행할 수 있는 SW 전문가 확보가 절실하다.

다섯째, 현재 SW 인력양성 정책은 인적 자원의 잠재력을 확인하고 잠재 역량이 실제 구현되기까지 상당한 시간이 소요되는 '축적의 시간'을 필요로 한다. 특히 융합인력양성 정책일수록 시간적 격차는 더욱 커질 것이기 때문에 기존과 다른 SW 인력양성 정책의 평가체계를 고민해야 할 것이다. 즉 정량적 평가 및 정성적 평가방식 혼용과 함께, 정책과정에 대한 평가(assessment)와 정책결과에 대한 평가(evaluation)를 구분하되 이를 종합적으로 통합하는 접근법이 필요하다.

지금까지 여러 차례의 산업혁명이 주는 역사적 교훈은 기회와 위협은 공존한다는 사실이다. 마찬가지로 제4차 산업혁명의 격변기를 맞아 일정 부분 일자리 감소는 피할 수 없는 측면이 있다. 다만 정보기술 소양, 다학제적 지식 및 창의적 문제해결역량을 갖춘 미래 세대의 인재를 배출하는 인력양성 정책은 그 어느 때보다 긴요하다.

제7절 정책혁신 정책의 혁신 방향

이미 여러 번 논의하였듯이, 제4차 산업혁명 정책과 같은 범국가적 혁신 정책은 혁신의 원천으로 작용하는 파괴적 기술(지식)혁신이 선행되어야 하고, 기술혁신의 성과가 산업 및 경제체제와 사회제도로 확산(diffusion) 및 이전(transfer)되어 경제혁신과 사회혁신이 동반하며 나타나야 할 것이다. 그런데 이 과정에서 정책이 능동적·적극적인 매개자 또는 촉진자가 되기보다는 오히려 걸림돌로 작용하는 현상이 종종 발생하게 된다. 따라서 국가 사회 차원의 혁신성장과 같은 총체적인 정책문제의 해결을 위해서는 기술혁신, 경제혁신, 사회혁신과 같은 영역별 혁신 정책은 물론 이러한 개별적인 혁신 정책을 연계하고 통합할 수 있는 정책(정부) 역량 자체의 혁신(정책혁신)이 절대적으로 필요하게 된다. 즉, 정책혁신은 범국가적 혁신 정책의 성공을 위한 기반구조(infra)로서 역할을 하게 될 것이다.

이런 관점에서 이 연구에서는 정책혁신 영역의 정책으로 (1) 규제개혁 정책, (2) 개인정보 보호·활용 정책, (3) 연구개발 지원 정책, 특히 R&D 예비타당성조사 제도를 선정하여, 향후 합리적인 정책과정 설계와 바람직한 정책효과를 창출하기 위한 정책혁신 방향을 논의·도출하였다. 독자들의 전체적인 이해를 돕기 위한 정책내용을 간략히 기술하고, 개별 정책에서의 핵심적인 정책혁신 방향을 제안하면 다음과 같다.

1. 규제개혁 정책

1) 정책 개관

　문재인 정부에서는 제4차 산업혁명이라는 기존의 산업구조와는 차원이 다른 환경변화에 직면하자 포괄적 네거티브 규제로 대표되는 혁신적인 규제개혁을 표방하면서 경로창조를 시도하고 있다. 규제개혁(regulatory reform)이란 규제제도의 불합리한 요소를 혁신하는 과정(불합리한 규제는 보완, 불필요한 규제는 폐지, 필요한 규제는 신설)이다. 규제개혁의 큰 방향은 경제적 규제는 대폭 완화하고 사회적 규제는 합리적으로 강화하며 행정적 규제는 감축(cutting red tapes)하는 것이다. 문재인 정부의 규제개혁 추진과제 4가지는 미래 신산업 지원, 일자리 창출 지원, 민생부담 해소, 국민편익 증진이다. 그 중에서도 제4차 산업혁명과 관련된 추진과제는 미래 신산업 지원과 관련된 것이다.

　신산업 분야 네거티브 규제 전환은 빠른 환경변화 대응을 위해 규제체계의 민첩성과 유연성을 확보하기 위하여 기존 네거티브 리스트 규제(원칙허용-예외금지) 개념을 확대하여, 포괄적 네거티브 규제(사전허용-사후규제) 전환을 추진하는 것이다. 구체적으로는 첫째, 입법방식 전환이다. 법령 개정 없이도 신제품·서비스를 수용하는 방식이다. 법령의 한정적·열거적인 개념 정의를 포괄적 개념 정의로 전환하거나 제품·서비스 관련 시장의 경직된 분류체계를 유연한 분류체계로 전환하는 것이다. 둘째, 혁신제도의 도입이다. 기존 규제가 있음에도 불구하고 신사업 시도가 가능하도록 '규제 샌드박스'를 도입하는 것을 의미한다. 규제샌드박스(regulatory sandbox)는 어린이들이 자유롭게 노는 모래 놀이터처럼 제한된 환경에서 규제를 풀어(탄력적용) 신사업을 테스트(시범사업)하도록 하는 것으로 영국에서 핀테크 산업 육성을 위해 최초로 시도하였다.

포괄적 네거티브 규제의 성과는 한 달 내 첫 승인을 시작으로 196건이 완료되었고(2020년 8월 12일 기준), 지역특화발전특구 분야는 지역특구법 시행 이후 10개 시·도 특구계획을 공고하였으며, 1차와 2차에 걸쳐 14개 규제자유특구를 지정하였다.

2) 혁신 방향

앞에서 논의한 규제정책의 분석 결과를 활용하여 규제개혁 정책의 정책혁신 방향을 제안하면 다음과 같다.

첫째, 제4차 산업혁명과 혁신성장을 정부가 주도하기보다는 산업현장이 주도하는 의제설정 과정이 필요하다. 둘째, 규제혁신 5법의 집행과정을 지속적으로 점검하여 정책혁신을 유지해야 한다. 셋째, 협력적 거버넌스에 기초한 정책집행을 통해 현장의 수용성을 제고하는 노력이 요구된다. 넷째, 가시적인 산출에 매몰되지 않고 현장의 문제해결을 통해 성과가 나타나는지 지속적으로 확인해야 한다.

무엇보다 문재인 정부에서 지속적인 정책혁신의 성과를 얻기 위해서는 현장과 소통하는 정책기조의 유지 강화와 더불어 국회에 상정된 관련 근거 법률의 제·개정을 통한 제도적 기반의 제공, 중앙정부와 지방정부의 협력구조의 재설계를 통한 혁신성장의 지원, 규제자유특구지정을 통한 지역예산 배정의 확대 등의 정책방안이 필요하다.

특히, 제4차 산업혁명에 따른 혁신성장 과정에서 새로운 산업의 시장 진입으로 인한 다양한 갈등을 해결해나가는 조정 역할도 요구된다. 대통령령인 「적극행정 운영규정」에 따라 불합리한 규제를 개선하는 등 공공의 이익을 위해 창의성과 전문성을 바탕으로 적극적으로 업무를 처리하는 적극행정 차원의 논의도 필요하다. 제4차 산업혁명 시대에 우리 산업이 서로 폭넓은 연결을 이루고 융합하는 속도가 증가하도록 규제제도가 산업을 지원하고 혁신을 촉진하는 방향으로 작동하기를 기대한다.

2. 개인정보 보호·활용 정책

1) 정책 개관

우리나라는 2011년 개인정보보호법을 만들어 시행해 왔다. 그러나 이 법은 개인정보 활용 시 매번 동의를 받아야 하고, 개인을 특정할 수 없도록 가명처리한 정보를 사용하는 경우에도 불법이기 때문에 정보 활용보다는 정보 보호에 중점을 둔 것이었다. 제4차 산업혁명이 본격적으로 진행되면서 사회는 초지능, 초연결 및 융합을 특징으로 '초연결사회'로 발전해 가고 있고, 초연결사회는 데이터의 공개와 공유가 핵심이다. 따라서 개인정보를 포함한 데이터를 어떻게 보호하며, 어떻게 공유·공개하며, 활용을 증진할 것인지가 관건이 된다.

'개인정보 보호·활용 정책'을 정부의 문건에서 정확히 언급한 자료는 없지만, '개인정보를 보호함과 동시에 활용을 증진하기 위한 정책'으로 정의하며, 주요내용은 개인정보보호법 및 정부의 종합계획 등에서 찾아볼 수 있다. 기존의 개인정보보호법은 개인정보 개념의 모호성 등으로 혼란이 발생하는 등 일정한 한계가 노출되어 왔고, 개인정보 보호 감독기능은 행정안전부, 방송통신위원회 및 보호위원회 등으로, 개인정보 보호 관련 법령은 이

법과 함께 '정보통신 이용촉진 및 정보보호 등에 관한 법률' 등으로 각각 분산되어 있어 감독기구와 개인정보 보호 법령의 체계적 정비 필요성이 각계로부터 제기되어 왔다.

이에 정부는 국가 차원의 종합계획을 통해 개인정보의 보호와 함께 산업적 활용을 증진하기 위한 계획을 수립하였다. 즉, 2016년 12월에 수립한 '제4차 산업혁명에 대응한 지능정보사회 중장기 종합대책', 2017년 11월에 수립한 '혁신성장을 위한 사람 중심의 4차 산업혁명 대응계획' 및 2018년 2월에 수립한 '2040년을 향한 국가과학기술 혁신과 도전: 제4차 과학기술기본계획('18~'22)' 등이 바로 그것이다.

아울러 대통령 직속 4차산업혁명위원회, 국회 4차산업혁명 특별위원회, 행정안전부 및 국회 행정안전위원회 등의 노력으로 데이터 3법(개인정보보호법, 정보통신망법, 신용정보법)에 대한 개정안이 마련되어 2018년 11월에 국회에 상정되었고, 2020년 1월에 본회의에서 통과되어 8월부터 시행될 예정이다.

2) 혁신 방향

개인정보 보호·활용 정책의 정책과정 즉, 정책의제 설정과 정책형성에 대한 평가와 분석을 토대로 정책혁신 방안을 제시하면 다음과 같다.

첫째, 정책과정에서 보다 많은 정책행위자들의 참여가 요구된다. 개인정보 보호·활용 정책은 정부가 주도하는 동원형으로 정책의제가 설정되었고, 대통령직속 4차산업혁명위원회에서 여러 이해관계자가 참여하는 해커톤을 통한 합의도 부족한 측면이 있었기 때문에 앞으로 산업계, 시민단체, 일반시민 등 보다 다양한 행위자들의 참여와 토의, 그리고 미래지향적인 합의가 필요하다.

둘째, 정책의제 설정 및 형성 측면에서는 정부와 국회가 좀 더 단기간에 관련 법률을 개정할 수 있도록 할 필요가 있다. 개인정보 관련 법률 개정을 위한 정부안을 만드는데 거의 2년 반이 소요되고, 국회 심의과정에 거의 1년 2개월이나 걸렸는데, 이러한 지체 현상은 급속하게 진전하는 제4차 산업혁명이라는 상황 속에서 산업계에 필요한 법률 인프라를 적시에 제공하지 못한다. 정책혁신에는 내용 못지않게 속도와 타이밍이 중요하다.

셋째, 개인정보의 보호뿐만 아니라 활용 측면도 법률에 명시하는 것이 필요하다. 구체적으로는 개인정보보호법 제9조에 규정된 개인정보 보호 기본계획에 포함할 사항에 개인정보의 활용도 추가하는 것이 바람직하다.

넷째, EU가 2018년 5월부터 시행하고 있는 GDPR(General Data Protection Regulation)의 조항 중 장점은 우리나라의 일반법인 개인정보보호법에 반영하는 것이 필요하다. 즉 개인정보의 정의와 정보주체의 권리를 좀 더 확대하고, 정보처리자의 책임성을 좀 더 강화하는 것이다.

다섯째, 개인정보의 보호뿐만 아니라 활용 부문에도 적절한 예산 배정이 필요하다. 세부사업에서 개인정보 활용 증진을 위해 적절한 예산배정이 필요하고, 아울러 행정안전부 등 정부부처의 기존 개인정보 관련 예산에서도 개인정보 활용에 일정한 투자가 필요하다.

약간 지체된 면이 없지 않지만 2020년 1월 데이터 3법 개정이 데이터 경제(Data Economy)로의 전환이라는 세계적인 환경 변화와 제4차 산업혁명이라는 새로운 물결에 부응하는 계기가 될 것으로 생각한다. 특히 데이터의 수집-생산-유통-활용 전 과정을 통해 관련 산업기반이 갖추어져 나가는 계기가 되기를 기대한다.

3. 연구개발 지원 정책 : R&D 예비타당성조사 제도

1) 정책 개관

우리나라 R&D 정책은 제4차 산업혁명이라는 변화의 물결에 대응해 기존 Fast Follower R&D 모델에서 선진형 First Mover R&D 모델로의 전환과정에 있으며, 이를 위해 R&D 지원 정책의 과감한 혁신을 요구하고 있다. 그리고 그 혁신은 정부가 어디에 투자할 것인가를 결정하는 기획단계에서 시작되고 있다. 기획단계에서 정부의 R&D 투자 결정에 가장 크게 영향을 미치는 지원 정책 수단은 예비타당성조사 제도이다.

예비타당성조사 제도는 총사업비 500억원 또는 국고지원 300억원 이상인 건설·R&D·정보화사업과 중기지출 500억원 이상인 복지 등 기타사업을 대상으로 예산편성 전 타당성을 객관적으로 검증하는 제도로 1999년에 건설 분야(SOC 분야)를 대상으로 최초로 도입되었다. R&D 분야는 (구)과학기술혁신본부가 2007년 1월에 대형국가연구개발사업에 대한 사전 타당성조사를 실시하였고, 이것이 2008년 2월 29일 국가재정법이 개정되면서 기획재정부에서 수행하는 예비타당성조사로 통합되게 되었다(이하 '예타'라고 함).

현재 국가 R&D 사업의 예타 절차에서 가장 뚜렷한 변화는 절차의 간소화이다. 2018년 이전에는 예타 주관부서와 기술성 평가 주관부서가 구분되어 있었기 때문에 2개 부처를 오가는 절차가 복잡하게 전개되었다. 그러나 2018년 이후에는 R&D 예타를 과학기술정보통신부로 위탁할 수 있게 됨에 따라 과학기술정보통신부 내에서(과학기술혁신본부) 기술성 평가와 예타를 통합하여 추진할 수 있게 되었다.

이외에 주요 변화는 첫째, R&D 사업 유형의 다양화다. 2018년 과학기술의 전문성 강화를 위해 과학기술 R&D의 유형을 기초연구와 응용개발/시설장비 구축 등으로 세분하였고, 2019년 11월에는 다시 사업목적에 기초해 도전·혁신형, 성장형, 기반조성형으로 개편하였다. 둘째, 종합평가 시 사업 유형에 따른 평가항목별 가중치의 차별화다. 2019년 제도 개선을 통해 사업 유형을 사업목적별로 구분하고, 종합평가 가중치를 차별화하였다. 셋째, 평가항목별 세부 조사항목의 현실성 반영이다. 과학기술적 타당성 분석 세부 조사항목을 문제/이슈 도출의 적절성, 사업목표의 적절성, 세부활동 및 추진전략의 적절성으로 변경하였다. 넷째, 기술성평가 검토 항목의 간소화다. 기술성평가는 먼저 프로그램형과 프로젝트형으로 구분되어 있던 평가항목을 공통적으로 평가될 수 있는 항목 위주로 재구성하였다.

2) 혁신 방향

과학기술정보통신부에서 R&D 사업에 대한 예비타당성조사를 실시한 이후 2020년 1월 말까지 이관 사업을 포함하여 총 92개 사업에 대해 예비타당성조사를 실시 또는 실시 중에 있다. 짧은 기간에 R&D 예비타당성조사를 효율적으로 운영한 결과로 보이기도 하지만, R&D 예비타당성조사에 대한 좀 더 혁신적인 개선이 필요하다. 따라서 향후의 R&D 예비타당성조사 제도 혁신에 있어서는 아래와 같이 3가지 시나리오를 고려한 정책기획 및 정책설계가 필요할 것으로 생각한다.

첫째, 가장 근본적이고 장기적 관점에서의 혁신 시나리오로 R&D 사업에 대한 예비타당성조사 제도의 폐지와 이를 대신할 국가연구개발사업의 재설계를 고려하는 것이다. 보통 R&D 사업의 예타 신청을 위해서는 1~2

년의 기획 기간과 많은 비용이 소요된다. 만약 R&D 사업에 대한 예타가 폐지된다면 예타를 준비하는 전문 인력과 비용을 본래의 업무에 집중함으로써 해당 분야의 성과 향상에 크게 기여할 것이다. 대신 정부는 R&D 예타를 위한 자원을 활용하여 R&D 예타에 준하는 국가연구개발사업 전체에 대한 재설계를 해야 한다. 국가연구개발사업 전체를 대상으로한 예타인 셈이다. 중장기 마스터플랜을 기반으로 간소화된 절차를 통해 R&D 사업이 전개될 수 있도록 하는 시스템으로 가야 한다.

둘째, 예비타당성조사 제도의 유연한 운영 관점에서의 혁신 시나리오로, 사업목적별 유형 중 도전·혁신형 연구는 예비타당성조사를 면제하거나 과학기술성 평가만을 수행하고, 성장형과 기반조성형에 대해서만 예비타당성조사를 실시하는 것이다. 도전·혁신형 연구의 경우, 정부가 일정한 규모의 연구 예산을 미리 확보하고 우수 연구자, 우수 성과자 중심으로 안정적으로 예산을 지원하는 방향으로 제도를 재설계 하는 등 유연한 R&D 지원 정책이 만들어질 필요가 있다.

셋째, 현 제도의 운영과정에서 나타나는 문제들을 개선해 나가는 시나리오다. 기술성 평가와 예비타당성조사의 중복성 해소, 예비타당성 조사·평가 업무의 독립성과 객관성 확보 뿐만 아니라 예비타당성조사 제도를 통해 정부 예산이 투자된 사업이 본래의 계획과 의도대로 실행되고 있는지에 대한 주기적인 진행 상황 점검도 필요하다.

"

Concluding Remarks

"

연구를 마무리하며

황 병 상

▌ 연구를 마무리하며

한국기술혁신학회는 2017년도의 학회 창립 20주년을 기념하기 위한 기획연구를 통해, 2018년 10월에 「한국 제4차 산업혁명 연구 : 기술·경제·사회·정책 혁신의 통합적 접근」이라는 책을 발간하였다. 이 책은 2019년도에 문화체육관광부가 우수 도서로 인증하는 '세종도서'에 선정됨으로써 우리 학회의 위상을 높이는 데에 작은 기여를 할 수 있었다. 이 책은 미래의 사회변화 관점에서 제4차 산업혁명의 개념을 규정하고, 제4차 산업혁명의 성공에 필요한 혁신을 기술혁신, 경제혁신, 사회혁신, 정책혁신으로 분류하여 변화 양상과 혁신 방향을 논의함과 동시에 혁신의 통합 관점에서 국가 사회의 미래 대안을 제시하였다. 따라서 제4차 산업혁명이라는 새로운 흐름에 대한 광범위하고 개괄적인 내용이 주가 되었다.

상기한 책에서 한 발 더 나아가 좀 더 실천적이고 구체적인 대안을 담은 내용의 책을 펴낸다면 국가 사회적인 차원뿐만 아니라 학회 차원에서도 의미 있는 작업이 될 수 있겠다는 생각을 하게 되었다. 이에 2018년 11월의 추계학술대회에서 2019년 학회장으로 선임된 현병환 교수님에게 책 발간의 필요성을 건의하였고, 2019년 1월에 정책총서위원회를 구성함으로써 기틀이 마련되었다. 연구기획 과정에 충남대 이찬구 교수님과 부경대 옥영석 교수님이 합류하였고, 우리 학회와 충남대 및 부경대가 공동으로 비용을 부담하여 책을 펴내는 것으로 정해졌다. 이어 2019년 4월에 정책 콜로키움을 개최하여 연구의 방향을 잡고, 각 분야의 전문가 총 10인으로 집필진을 구성하여 연구에 착수하였다. 각자의 연구결과를 총 4회의 국내 및 국제 학술대회에서 발표하고 토론하면서 지속적으로 검증하고 수정·보완함으로써 책을 완성할 수 있었다. 이 연구의 전체적인 일정과 주요 내용은 〈표 1〉과 같이 정리할 수 있다.

〈표 1〉 연구 일정 및 주요내용

주요 활동	일시 및 장소	주요 결과
책 발간 제안	2018. 11. (추계 학술대회 / 제주도)	• 황병상 부회장이 현병환 교수(2019년 학회장)에게 책 발간을 제안하였고, 정책 총서위원회를 구성하기로 함.
정책총서위원회 구성	2019. 1월 초	• 총 5인으로 구성
연구기획	2019. 1월	• 이찬구 교수와 옥영석 교수가 연구기획에 합류하여 연구계획(안) 마련
정책 콜로키움	2019. 4. 12 (충남대)	• 30여 명의 학계, 연구계 전문가 참여 • 주제발표 : 이찬구 교수
1차 FGI 회의	2019. 5. 8.	• 연구 세부분야 1차 도출
2차 FGI 회의	2019. 5. 13.	• 연구 세부분야 2차 도출
집필진 구성	2019. 5.	• 집필진 총 10인 위촉
원고 작성지침 등 마련	2019. 6. 26.	• 원고 작성지침, 원고 샘플 및 참고문헌 작성방법 마련
1차 발표회	2019. 8. 30. (하계 학술대회 / 부경대)	• 원고 발표 및 토론
2차 발표회	2019. 10. 4. (ASIP* Conference / Philippins)	• 원고 발표 및 토론 (총 4편)
3차 발표회	2019. 11. 8. (추계 학술대회 / 제주도)	• 원고 발표 및 토론
4차 발표회	2020. 2. 14. (충남대)	• 원고 발표 및 토론

*ASIP : Asian Society for Innovation and Policy

이 연구서는 한국기술혁신학회를 구성하는 다양한 학문 분야의 전문가들이 참여하여 많은 토론을 통해 도출한 결과물로서 제4차 산업혁명이라는 큰 흐름을 한국의 정책 관점에서 연구한 것이다. 즉 한국의 제4차 산업혁명 정책을 정책변동 관점에서 세부 정책별로 정책평가를 하고 정책혁신 방안을 제안하였다. 이 책이 세부정책 분야에서 실효성 있는 정책대안으로서의 역할을 해 주기를 기대한다. 아울러 학회의 설립목적인 '융·복합 학술연구'와 '정책문제 해결'의 좋은 사례가 될 수 있기를 바란다.

이 책이 나오기까지 많은 분들의 수고와 도움이 있었다. 연구를 주관해 주신 충남대 이찬구 교수님(2017년 학회장), 연구를 지원해 주신 대전대 현병환 교수님(2019년 학회장)과 부경대 옥영석 교수님(2020년 학회장)께 먼저 감사드린다. 1년 정도의 집필 작업 기간 동안 열정을 쏟으신 모든 집필진께 감사드리며, 연구결과 발표회에서 좌장 또는 토론자로 좋은 의견을 주신 과학기술정책연구원의 이정원 박사님, 정보통신기획평가원의 이효은 박사님, 한국직업능력개발원의 황규희 박사님, 부산대의 송성수 교수님께 감사드린다.

우리나라 태극기의 태극(太極)은 홍색(紅色)과 청색(靑色)이 조화를 이루고 있다. 2018년에 발간한 책의 표지가 홍색이라 이번에는 청색으로 정하였다. 이 책이 한국의 제4차 산업혁명 정책을 다루었고, 연구와 정책이 조화를 이루기를 바라는 의미를 갖고 있다. 두 권을 나란히 꽂아두고 태극이 가진 근원(根源), 진리(眞理) 및 원융(圓融)의 의미에 대해 생각해 보는 것도 좋을 듯하다.

동양의 핵심 경전 중 하나인 역경(易經)에는 "혁언삼취 유부(革言三就 有孚)"라는 구절이 있다. "개혁에 관한 말이 세 번 성취된 후에야 믿음이 생긴다"라는 뜻이다.[1] 이렇듯이 모든 일은 세 번 정도 이루어져야 다른 사람들에게 믿음을 줄 수 있다고 생각한다. 2018년에 발간한 책과 2020년에 발간하는 이 책에 이어 우리 학회가 세 번째 저작물을 낸다면 사회와 학계로부터 믿음이 더 커질 것으로 생각한다. 세 번째 책 출간을 소망한다.

입추(立秋)를 지나, 가을의 어귀에서
황병상(한국기술혁신학회 부회장 겸 정책총서위원장)

---

1)   서대원 (2004), 「새로 풀어 다시 읽는 주역」, 도서출판 이른아침, 505쪽.

한국기술혁신학회 창립 20주년 기획연구 ❸

한국 제4차 산업혁명 정책
: 평가와 혁신

초　　판　2020년 8월 20일

연구총괄　이찬구·황병상
지 은 이　이찬구·황병상·고영주·장필성·최병철·조석홍
　　　　　안재영·김장훈·김창수·고순주·장문영·이향숙
펴 낸 곳　충남대학교 국가정책연구소(공진화정책연구단·과학기술정책사업단)
　　　　　34134 대전광역시 유성구 대학로 99 사범대학(W15) 210호
　　　　　Tel. 042.821.8066　Email. stp_gnppcnu@cnu.ac.kr
　　　　　https://coev.cnu.ac.kr/policy
디 자 인　이성현
발 행 처　임마누엘
　　　　　등록번호: 대전 중구 143호 (2002년 11월 27일)
발 행 인　오인탁
　　　　　디자인연구소: 소장 김윤학, 선임연구원 이성현
　　　　　대전광역시 중구 선화로 106 (임마누엘 빌딩 1층)
　　　　　Email. 2536168@hanmail.net　Tel. 042.253.6167~8　Fax. 042.254.6168
총　　판　가나북스 www.gnbooks.co.kr
　　　　　문의. 031.408.8811　Fax. 031.501.8811

ISBN 978-89-98694-43-2 93350 (값 15,000원)